巨变时代的
实践自觉

学思践悟集

洪大用 著

Reflections of the Great Transformation

中国社会科学出版社

图书在版编目（CIP）数据

巨变时代的实践自觉：学思践悟集/洪大用著.—北京：中国社会科学出版社，2020.7
ISBN 978-7-5203-6780-6

Ⅰ.①巨… Ⅱ.①洪… Ⅲ.①社会学—文集 Ⅳ.①C91-53

中国版本图书馆CIP数据核字（2020）第118003号

出版人	赵剑英
责任编辑	马 明 赵 威
责任校对	胡新芳
责任印制	王 超

出 版	中国社会科学出版社
社 址	北京鼓楼西大街甲158号
邮 编	100720
网 址	http://www.csspw.cn
发 行 部	010-84083685
门 市 部	010-84029450
经 销	新华书店及其他书店

印 刷	北京君升印刷有限公司
装 订	廊坊市广阳区广增装订厂
版 次	2020年7月第1版
印 次	2020年7月第1次印刷

开 本	710×1000 1/16
印 张	31.5
插 页	2
字 数	516千字
定 价	168.00元

凡购买中国社会科学出版社图书，如有质量问题请与本社营销中心联系调换
电话：010-84083683
版权所有　侵权必究

前　言

最近花费了一些时间，回顾了自己学习、研究和工作历程，将此过程中围绕中国社会学学科建设、社会转型、社会治理、生态文明建设以及高等教育教学改革所作的若干思考和实践，整理汇编成《学思践悟集》，经斟酌又加上主标题"巨变时代的实践自觉"，以此从一个角度反映身处巨变社会中的个人思想轨迹。为了方便读者理解本书，我还是先做点说明。

一

一段时间以来，为了健身，我在工作之余尽量去住家附近的颐和园行走，湖光山色，赏心悦目。偶尔关注湖中倒影，颇有朱熹老夫子"半亩方塘一鉴开，天光云影共徘徊"的感慨。感慨之余，也曾思考过一个有点另类的问题：这山、这水、这倒影是啥关系？一年四季，陆上的风景不同，水中的倒影也不同；不仅如此，即便是陆上同样的风景，不同水域、水文的变化也影响着倒影的成像，有的全面，有的局部，有时清澈，有时模糊，有时还是碎片化的。其实，人们对于外部世界的认识，又何尝不是如此，只不过人们的认识是能动的，外部世界在人们心中的"倒影"不是复制的，而是生成的，是一种实践自觉。

人们常说"实践是理论之源、时代是思想之母"，且不说实践与时代本身是变化多端的，单就理论、思想而言，也是常常因人、因时、因地而异，每个人心中的"方塘"映射的往往是不一样的风景，这里反映了认识主体的差异性。所以，为了寻求共识，沟通与对话是非常必要的，而将自己的所思所想发表出来，就是沟通对话的一种形式。如果有人同样觉得这些发表出来的所思所想有道理，那么大家似乎就看到了同样的风景，有着同样的实践自觉。

当今中国的社会巨变是史无前例的，我们每个置身其中的人都会有这样那样的体验与感受，但是彼此感受的角度和内容不一定相同。我所受到的触动和所发表的观点，受到我自身因素的影响，这些因素包括成长经历、专业背景、所承担的实际工作以及价值观等。

我出生于皖南偏僻山区，成长的过程伴随着急剧的社会变迁。这种变迁包括了从菜油灯、煤油灯到电灯，从古徽道、板车路到汽车路，从黄梅戏台、电视机到手机，从大集体、包产到户到进城务工，从计划社会、市场社会到村落消解，从村庄、都市到全球等一系列方面，是一种结构性整体性的变迁，一种没有停顿而又前途不明的变迁。在这样一种变迁的社会中，我们每个人都处在不断地拓展视界、调整适应和创新实践的过程中，所以思想认识也一直在不断变化和发展。

在中学教育之后，我所受的专业教育主要是历史学和社会学两个方面，这两个学科的训练使得我养成一种看待和分析社会现象的综合性整体性视角，我总是力图在自己的认识能力范围内把握社会现象的趋势性概貌和结构性内涵。特别是在社会学共同体学习成长的经历，使我关注社会的秩序与发展，关注社会运行的底线条件，关注民生改善与弱势群体支持，关注社会转型与社会治理，我对这些议题比较敏感，也乐于做些思考。

从2000年开始，除了我个人的教学科研和社会服务工作，我还先后担任过中国人民大学社会学系副主任、社会与人口学院副院长兼党委书记、研究生院副院长、教务处处长、副校长等，并从2004年开始参与中央实施马克思主义理论研究和建设工程社会学教材编写组工作，2008年被聘为首席专家。2018年，我被组织上调离中国人民大学，担任国务院学位委员会办公室副主任兼教育部学位管理与研究生教育司司长。这些岗位的工作，要求我学习思考的范围超越了个人教学科研领域，我不得不在实践中学习探索，摸索中国社会学学科建设、高等教育教学管理和改革的规律性，由此也就产出了部分的认识成果。

毋庸讳言，我的研究议题选择和观点形成也受到我的价值观的影响。往高处说，这种价值观似乎体现为一种心忧天下、情系苍生的态度，我总希望自己的研究能够为促进社会进步、增进人民福祉做点什么贡献，也算是遵循学以致用的中国学术传统吧。范文正公曾言及"不以物喜，不以己悲；居庙堂之高则忧其民，处江湖之远则忧其君。是进亦忧，退亦忧。然则何时而乐耶？其必曰'先天下之忧而忧，后天下之乐而乐'乎！"。自忖距此甚远，然心有戚戚焉。

毫无疑问，领导和推动中国社会巨变的是中国共产党，党的历次全国代表大会都对中国革命、建设和改革产生了重大影响。要深刻认识中国社会巨变，追踪社会巨变在人们心中的投影之源，学习和研究党的重大决策就十分重要。自我出生以来，党已经召开了11次全国代表大会。幼时对九大、十大、十一大没有深刻印象，但从1982年党的十二大起，我对历次大会及其主题都是有所关注的。特别是在独立开展教学科研工作之后，我很注意学习理解大会报告，从中分析中国社会巨变的轨迹和方向。收入本书的一部分内容即是我学习研究党的政策的体会，这也是一种学思践悟。

二

编辑本书，最初是学习研究期间的一个偶然想法。因为接受《人民日报》《光明日报》等报纸的约稿，我想把曾经发表在两份报纸和《求是》杂志的有关文字汇在一起看看，后来扩展到《中国社会科学报》和《中国教育报》《中国社会报》《中国环境报》等行业性报纸以及曾经发过文字的《福建日报》等。搜集下来，发现积累了数十篇，这些文字往往直奔主题、短小精干，在以前大多数都没有列入我的专业研究成果清单。回过头去看，其中的一些文字还是有点意思，值得整理。所以，我从中选了30篇，构成了本书的基础部分。

进一步，我把编选的范围扩大到了行业性杂志和主要面向社会公众的刊物，例如《中国高等教育》《中国大学教学》《学位与研究生教育》《中国研究生》《世界环境》《环境保护》《绿叶》《中国党政干部论坛》《社会学家茶座》《社会治理》等，在发表于其中的相关文字中选了20篇，这些文字大多是围绕实际工作和针对重大社会议题、重大社会趋势所作的分析与研判，有些是对工作实践的总结、思考和展望。

在阅读过程中，我发现以上文字实际上围绕的是五大主题：一是社会学的学科建设，包括学科建设方向、分支社会学、教材建设、科学研究、社会服务和人才培养等；二是社会转型研究，包括当代中国社会转型的总体特征、丰富内涵、基本趋势和主要矛盾等；三是社会治理研究，包括社会治理的本质、社会治理格局演变、社会治理现代化、社会政策与社会治理等；四是生态文明研究，包括环境问题演变、环境保护工作、生态文明内涵、绿色发展与绿色生活以及生态文明建设实践等；五是高等教育教学改革，包括大学评估、"双一流"建设、本科教育改革、研究生教育发展、创业教育以及拔尖创新人才培养等。

由此，我又补充检视了曾经发表过的其他文字，从中选取了相关的9篇，这些文字包括了为《李景汉文集》（2019）和《人大社会政策讲义》丛书（2019）所作的序，以及发表在《天津社会科学》《教学与研究》《学习与探索》《河海大学学报》《社会建设》《中国社会科学评价》等专业期刊上的几篇文章。得益于电子文档的保存，在检索过程中，我还意外地找到未曾正式发表的一些会议致辞、主题发言、学术演讲和工作报告等，从中选取了8篇相关文字。这样加起来，总共汇集了67篇文献，使得以上五个主题所包含的内容大体相当，各自也都比较充实，比较能够反映我在这些主题上的一些主要思考。

从时间上看，收入本书的文字跨越了23年，不过主要是在近十年里完成的。最早的一篇发表于1997年《天津社会科学》第5期上，那一年也是我的而立之年。该文评论的是郑杭生先生主编的《转型中的中国社会和中国社会的转型》一书。为了撰写书评，我比较系统地学习了郑杭生先生当时所完成的主要著作，并建立了社会转型分析和评判的概念性框架。这篇文字也是本书收录的20世纪90年代完成的唯一一篇。在2000年到2009年写作的文字中，本书收录了12篇，另外54篇都是在2010年到2020年间完成或者发表的。我在编辑各部分的文字时，大体上是按照完成时间顺序排列的，有时也兼顾了同类内容的相对集中，并考虑了各部分的第一篇文字和最后一篇文字的意义，这种考虑就没有完全拘泥于时间顺序，而是为了方便读者理解。从文字内容上看，已经正式发表的部分，原则上坚持按发表出来的收录，少数因为报刊版面原因删节较多的，则尽量恢复了保存的原稿。对于未正式发表的文字，除个别文字校订外，都是收录当时记录和完成的原稿。这种尊重历史的处理办法，可能导致个别观点、表述和资料上的前后些许差异，但也客观反映了不同阶段思想的时代印记、认识程度和深化轨迹。学思践悟永远在路上，一个人的自我总在今昔对话中不断调整发展。

总体而言，本书并不包括我在环境社会学、社会救助等领域所做的其他专门研究，发表在专业学术期刊上的文章基本都未收录，专门研究有其自身的套路。本书所选文字大体是另外一种风格，突出观点的倾向比较明显，相对集中地反映了我对巨变社会中一些重大问题的分析、重大趋势的研判、重要政策的解析和重点工作的思考。这些学思践悟体现了社会学者的实践关怀和理论视角，其中有的观点和学习体会已经引起了理论与实际工作者的关注，产生了一些影响。但是，自认大部分文字都还很粗浅，反映出学得不够深、悟得不够透、做得更是有不足，甚至还有不够精准和谬误之处。我把它们编辑在一起，有着面向同行和后学、面向实际工作者、面向社会大众的考虑，有着方便读者较为全面地了解我之所思所想的考虑，但更多的是一种自我梳理、自我提醒，有着立此存照、以为序章的意涵。

三

因为工作岗位变化的原因，我现在已经难得有时间走进田野开展社会学的经验研究，绝大多数时候只能转换"田野"或者见缝插针地学习一些同行著作，特别是温习前辈著作。在重读《费孝通文集》时，我发现费老青少年时期的一些思想很有意思。1928年正月，当时他18岁，写过一篇文字叫"年终"。其中提到："在这荆棘蔓蔓的人生道上，随处都给你看见许多值得留意的事情，同时启示你了宇宙人生的意义。我这愚蠢的笔，固不能在道上随处记出一些给后面很努力赶来的同类们作一些参考，但是我却又不愿这许多值得留意的东西，在未经人注意的时候，随着无名无声的浪花流星般的熄灭。我自己认为这是我惟一的责任。"（《费孝通文集》第1卷，群言出版社1999年版，第32页。）

我想，边走边看、且行且思、且学且悟，是费老一生治学的好习惯之一，也是我们后学需要认真学习并践行的。我们是社会的一分子，与时代同行中总会遇见很多人，遭遇很多事，碰到很多困惑，社会学的训练就是要求学者们在此过程中保持反思性，多观察、多思考、多记录，没有反思也就没有社会学。当然，也有哲学家认为人类一思考，上帝就要发笑，无忧无虑、无言无说，乃是大智慧。如此一想，可能自己还是层次不够、智慧不足，常常有意无意做些"无谓"的思考，并不惮繁琐，努力表达出来，积极尝试实践。这样既是给自己一个说法，自我解锁，同时也如费老所言，或许还能让人注意到一些值得留意的东西。毕竟，我们生活的这个世界，惑于自然、惑于社会、惑于人自己者众，大家还是有着求知解惑、审时度势的共同心，以及努力创造美好生活的实践意愿。

回到前文所言朱熹老夫子的《观书有感》，还有一句："问渠那得清如许？为有源头活水来。"能够倒映出天光云影的方塘，必须保持自身的清澈，不断更新自己。身处巨变社会，我们要努力达成对其接近于真理的认识，保持心中"倒影"的清晰和正确，我们也必须不断地给自己充电，加强学习，善于学习，如前人所说，要有"活到老、学到老"的心态和习惯。在变迁如此迅疾的社会，我们无法停止学习，也不能停止学习。对于社会学者而言，更应在不断学习中改造自己、完善自己，以求著述表达更趋近时代、揭示真理并服务于实践。我希望以此书为起点，以过往为序章，继续结合工作实际学思践悟，并努力雕刻新的时光，呈现新的记录。我也诚挚地欢迎读者对本人所思所想之不足予以批评指正，这是学习研究不断进步的动力之一。

在我学习、工作的每一个阶段，总能遇到良师益友，在此难以一一述及，我对在人生轨迹每个节点相伴而行、给与指点、施以援手的前辈、领导、同行、同事、家人乃至后学等，始终心怀感恩之情，我将努力前行以为报答。在本书的编辑过程中，我的博士研究生顾海娥协助做了不少工作，人民出版社编辑刘仲翔博士、中国政法大学张森教授义务帮助审读、编辑文稿，在此特致谢意！同时，我还要感谢为相关文字提供发表机会的报刊杂志，感谢邀请我参加会议和演讲的相关单位和同行，感谢为部分文字的写作提供支持与合作的相关同志。最后，本书得以顺利出版，还要感谢中国社会科学出版社社长赵剑英先生和副总编辑王茵女士！

衷心祝愿巨变社会不断增进人民福祉，期望与巨变同行者都能保持清晰的实践自觉，并在心中生成美好社会的倒影，这是我们回馈并影响社会的一种方式，需要大家共同的努力。

洪大用教授
2020 年 5 月

目 录

【学科建设】

迈向人民的哲学社会科学 …………………………………………（3）
追寻社会学的核心价值 ……………………………………………（12）
关于编写社会学教材的几点想法 …………………………………（18）
"四个全面"战略布局的社会学意义 ………………………………（21）
在双重重建的良性互动中发展中国社会学 ………………………（27）
在中国泥土里培植中国的社会学 …………………………………（32）
为社会治理实践提供更加深入的学理支撑 ………………………（35）
增强社会学的实践自觉 ……………………………………………（40）
增强中国社会学的主体意识 ………………………………………（45）
中国社会学学科自信之源 …………………………………………（50）
在实践中创新发展的中国社会学 …………………………………（53）
中国人要知中国事 …………………………………………………（61）
积极推进中国环境社会学的学科建设 ……………………………（69）
社会学如何培养专业人才？
　　——怀念作为教育家的郑杭生先生 …………………………（81）

【社会转型】

社会运行与社会转型 ………………………………………………（99）
应对高风险社会 ……………………………………………………（103）
抗击"非典"：双重转型社会的挑战 ………………………………（117）

推动"亚现代社会"向现代社会转变……………………（121）
以更高水平社会进步引领经济新发展……………………（126）
在深入推进"五位一体"总体布局中促进共享发展………（131）
在新阶段更好地推进以人民为中心的发展………………（137）
科学把握社会主要矛盾新概括的深刻内涵………………（140）
着力满足新时代人民群众新需求…………………………（144）
美好生活的丰富内涵和实现之道…………………………（148）
防范和化解新型社会风险…………………………………（153）
迈向更高水平的社会进步…………………………………（158）

【社会治理】

利益协调、制度建设与和谐社会…………………………（175）
中国治理现代化始终以增进人民福利为依归……………（181）
与时俱进创造现代社会治理新格局………………………（190）
社会治理的关键是治理流动性……………………………（197）
在社会治理现代化进程中强化历史思维…………………（204）
社会治理现代化不断取得新进展…………………………（208）
在新时代更好发挥密切联系人民群众的优势……………（213）
社会组织体制改革的目标和着力点………………………（218）
关于社会救助立法的几点思考……………………………（224）
完善贫困治理体系，推进贫困治理现代化………………（232）
强化社会政策兜底保障功能………………………………（236）
完善民生工作的社会政策支撑……………………………（243）
迈进中国社会政策新时代…………………………………（248）
在持续深化改革中丰富社会建设的中国经验……………（254）
补短板、促民生，更好满足人民美好生活需要…………（259）

【生态文明】

"生态文明"引领发展新境界………………………………（279）
正确处理环境保护工作中的十大关系……………………（282）

绿色生活：冬天里的畅想 …………………………………………（296）
环境保护是民生之基 ……………………………………………（305）
如何减轻环境突发事件的社会损害 ……………………………（313）
以社会影响评价推动双赢 ………………………………………（318）
关于中国环境问题和生态文明建设的新思考 …………………（324）
迈向绿色城镇化 …………………………………………………（342）
长汀县水土流失治理实践对推进生态文明建设的理论启示……（354）
推进基本环境服务城乡均等化 …………………………………（361）
精心打好生态文明建设持久战 …………………………………（366）
加快建设绿色发展体系 …………………………………………（375）

【教育教学】

建设一流大学需要科学的评估体系 ……………………………（379）
由密歇根大学的教学体验看一流人才培养 ……………………（382）
主体教育与全面发展——创造通识教育的"人大模式" ………（388）
国际小学期推进在地国际化与双向国际化 ……………………（403）
积极探索人文社会科学拔尖创新人才培养模式 ………………（414）
研究型大学需要什么样的本科人才培养体系？ ………………（423）
创新创业教育不能本末倒置 ……………………………………（428）
打造创新创业教育升级版 ………………………………………（431）
在"双一流"建设中大力加强本科人才培养 …………………（437）
在"双一流"建设中正确处理好几对关系………………………（450）
立德树人，追求卓越，迈进研究生教育新时代…………………（457）
为新时代研究生教育发展提供更好的智力支撑 ………………（465）
以制度建设统领学位与研究生教育工作 ………………………（475）
扎根中国大地加快建设研究生教育强国 ………………………（479）

【学科建设】

迈向人民的哲学社会科学[*]

1979年3月,邓小平同志在党的理论工作务虚会上发表讲话指出:"我们已经承认自然科学比外国落后了,现在也应该承认社会科学的研究工作(就可比的方面说)比外国落后了。我们的水平很低,好多年连统计数字都没有,这样的情况当然使认真的社会科学的研究遇到极大的困难。"[①] 他还指出,一些主要的社会科学,例如政治学、法学、社会学以及世界政治,过去多年受到忽视,需要赶快补课。[②] 现在回过头去看,邓小平同志是极有远见的。

进入21世纪,繁荣发展哲学社会科学更是成为社会关注的焦点。继江泽民同志在北戴河、中国人民大学和中国社会科学院发表重要讲话之后,2004年,中共中央更前所未有地用3号文件的形式发布了《关于进一步繁荣发展哲学社会科学的意见》,充分强调了哲学社会科学的重要性,指出繁荣发展哲学社会科学是建设中国特色社会主义的一项重大任务。本文结合哲学社会科学的人民性,就推动哲学社会科学进一步迈向人民、服务人民、更好地满足广大人民的迫切需求谈点学习体会。

繁荣发展哲学社会科学是人民的迫切需要

在社会主义初级阶段,我们始终面临着一个突出的矛盾,这就是落

---

[*] 该文完成于2004年5月,曾以《迈向人民大众的哲学社会科学》为题发表在《中国教育报》,2005年9月21日,发表时有删节。

[①] 《邓小平文选》第2卷,人民出版社1994年版,第181页。

[②] 参见《邓小平文选》第2卷,人民出版社1994年版,第180—181页。

后的生产力与人民群众不断增长的物质文化需要之间的矛盾。中国共产党领导全国人民开展社会主义建设，推动改革开放，就是为了努力解决这个矛盾，更好地满足人民群众的需要。

由于新中国是在一穷二白的基础上建立起来的，所以人民群众在物质上的匮乏十分突出，满足人民群众的物质需要十分迫切。为此，中国共产党领导全国人民大力发展经济，特别是改革开放以来，坚持以经济建设为中心，取得了突出成就。2003 年，我国人均国内生产总值已经超过 1000 美元。

随着经济持续增长，我国人民生活水平在整体上稳步改善。从生活质量看，城镇居民的恩格尔系数已经降到 35% 左右，农村居民的恩格尔系数也下降到 45% 左右。就城乡整体而言，人民群众已经初步进入小康型生活；单就城镇居民而言，已经开始进入宽裕型生活了。这样的成就是史无前例的，它在很大程度上标志着我们这个社会正在进入一个新的阶段，人民群众的需要结构正在或即将发生重大变化，其中一个突出特点就非物质需要的满足变得更为迫切了。择其要者而言，突出体现为以下几个方面：

第一，人民需要全面发展，需要提升素质，过一种有尊严的生活。人之为人，在于其有思想、有情感、有丰富的精神世界，这是人类与其他动物区分开来的重要标志。人类同动物一样，有着与生存相关的物质需要。但是，随着物质需要的逐步满足，人类其他方面的需要就开始凸显起来，正是在追求这些需要的满足中，人类才感受到作为人的价值与尊严。温饱问题解决了，人民需要学习更多的知识，需要谋求更为充实的精神世界，需要树立正确的世界观、人生观、价值观，需要成为文明人，这是最为突出的需要的变化。

第二，人民越来越关心正在经历急剧变革的社会。人类作为具有社会性的动物，对周围社会环境的变化是敏感的。当今中国可以说是正在经历亘古未有之变局，随着现代化、全球化进程的加速，我们这个社会真正可以说是日新月异，无论是物质层面、制度层面，还是精神层面，都是如此。我们这个社会究竟在发生什么样的变革？这种变革的方向是什么？作为社会成员，又如何适应变革？随着生存问题的逐步解决，已经有越来越多的人关注这些问题了。

第三，人民越来越关心制度创新与制度建设，以谋求规避社会风险，降低生活的不确定性。在一个急剧变革的社会中，社会风险在扩大，人民生活的不确定性在增加。而当生存问题解决之后，人们更为关心社会秩序与社会安全，更希望有明确、有效的制度安排来化解日常生活中的各种风险，例如人身伤害、失业、陷入贫困、罹患疾病、变老、环境污染以及社会交往陷阱，等等。简而言之，人们越来越关注什么样的制度安排能够保障和谐的人与人、人与社会以及人与自然之间的关系。

第四，人民需要一致的精神信仰。每个人都有不同的精神世界，但是要凝聚所有的社会成员，就必须有能够统领所有人的、崇高的、一致的精神信仰。没有这种信仰，社会合作与社会协调就没有基础，人民作为一个整体也就没有灵魂和一致的认同。这样一种状况，无疑是会损害所有人利益的。可以说，一致的精神信仰，关系到所有社会成员的长远利益和根本利益。在思想越混乱、价值越多元的社会，人民越需要一致的精神信仰，否则就会迷失个体，损害整体。

很明显，要满足人民群众以上新的迫切需要，单靠片面理解生产力，发展经济，增加物质财富，是不行的；单靠片面理解科学，发展自然科学，提高技术水平，也是不行的。我们必须着眼于全面理解生产力、全面理解科学。而全面理解生产力和科学的一个关键就是把哲学社会科学纳入生产力和科学的范畴。哲学社会科学也是生产力，而且是先进生产力的组成部分；哲学社会科学也是科学，它与自然科学有着同等重要的地位。哲学社会科学的研究能力和成果，是一个国家综合国力的重要体现。

简单地说，哲学社会科学主要是对人和社会进行系统研究的科学，它的研究内容与以上人民群众的迫切需要密切相关。哲学社会科学是否发达，直接决定了能否很好地满足以上人民群众的新需要。在某种程度上，社会主义初级阶段的基本矛盾在当下中国又更突出地体现为作为生产力之重要组成部分的落后的哲学社会科学与人民群众不断增长的非物质需要之间的矛盾。从本质上讲，正是这一矛盾的存在呼唤着繁荣发展哲学社会科学，将这种呼唤转变为现实的政策正是中国共产党的英明之处。

何谓迈向人民的哲学社会科学

繁荣发展哲学社会科学的深层背景是为了满足人民群众日益增长的新需要。基于这种认识，我们的哲学社会科学就应该更加贴近人民、服务人民，要繁荣发展真正迈向人民的哲学社会科学。

何谓"迈向人民的哲学社会科学"？笔者认为它至少具有以下突出特征：

（1）实践性。知识源于实践。人民群众的伟大实践是中国哲学社会科学取之不尽、用之不竭的唯一源泉。不关注我国人民在实践中的创造，不研究人民群众所关心的实际问题，不研究我国正在推进的改革开放和现代化建设，就谈不上推动理论创新，更谈不上繁荣发展哲学社会科学。

哲学社会科学工作者提出问题、研究问题和解决问题，应当坚持理论联系实际，一切从实际出发，深入人民群众的实践中去，观察、体验、研究、分析，而不是从主观判断出发，不是从本本、教条出发，成为坐在安乐椅上的专家。没有调查研究就没有发言权。一切有成就的学术大师，无不关注人民群众的实践，从实践中获得灵感和启迪。

实践还是检验真理的唯一标准。哲学社会科学研究是否发现了真理，是要运用到实践中才能得以证明的。在实践中不能为人民群众所接受的成果，不能对人民群众的实践起推动作用的成果，甚至是违背实践规律的成果，都不能说是优秀的成果。这样的哲学社会科学研究是脱离人民的。

（2）本土性。哲学社会科学与自然科学的最重要区别就是研究对象不同。自然科学是研究自然现象的，哲学社会科学主要是研究社会现象的。自然现象并不会因地域和社会的不同而表现出不同的规律性，而社会现象在本质上是一种文化现象。社会现象的发展演变虽然具有一些普遍的规律性，但是不同国家、不同民族，由于文化的不同，其社会现象的规律性又有很大差异。

迈向人民的哲学社会科学必须关注这种差异。这就意味着，哲学社会科学工作者要正确对待本民族、本国家的历史文化，深入研究它、分析它，继承本民族的优秀传统，绝不能搞历史虚无主义，更不能照搬照抄其他文化的东西。事实上，不研究本民族的历史，就不能理解本民族，因而也就不能理解本民族的实践活动，不能得出关于本民族实践的科学认识。进而言之，在全球化的进程中，这样的哲学社会科学研究也就失去了特色，失去了与其他国家哲学社会科学对话的优势。

（3）大众性。迈向人民的哲学社会科学必须服务于广大人民群众，必须反映广大人民群众的现实要求，必须为广大人民群众谋福利。这是繁荣发展哲学社会科学的一个关键取向，广大哲学社会科学工作者应该有清醒的头脑。那种脱离人民大众的、孤芳自赏式的哲学社会科学研究是不足取的，那些有损甚至根本违背广大人民群众利益的哲学社会科学研究更是要坚决抵制的。

随着社会主义市场经济的发展，我国社会分化加速，各种利益群体日益多样化，而且利益分割日趋明显，不同利益群体都在谋求自己的代言人。在这方面，一些强势利益群体比弱势群体更有优势，更能培育自己的代言人。事实上，有的哲学社会科学研究者也有意无意地成为强势群体的代言人，从而导致了所谓"知识精英"与强势群体"结盟"的问题，这种倾向是极其危险的。须知广大人民群众才是中国稳定与发展的重要基础，须知我国是一个朝向中国特色社会主义奋斗的国家。

（4）普及性。迈向人民的哲学社会科学，意味着其研究成果应当为广大人民所掌握、所利用，而不只是留在专家学者的脑子里、放在专家学者的书桌上，仅在专家学者之间流通、交流。哲学社会科学成果从书斋走向社会就是一个向大众普及的过程。这种工作现在做得还不够，正因如此，中央在3号文件中予以突出强调。

要加强哲学社会科学成果的普及工作，首先要求哲学社会科学工作者使用人民群众喜闻乐见的形式表述成果，而不应故作高深，刻意造作地创造新概念、新理论。优秀的成果总是能够深入浅出的。其次，应当完善哲学社会科学成果的普及机制，充分利用大众媒体、专家论坛、公益讲座、成果交流会等形式，普及哲学社会科学知识，在国民教育中也应加大哲学社会科学知识教育的比重。最后，应当高度重视面向干部的哲学社会科学知识普及工作。干部是人民群众中的先进分子，面向干部的普及工作做好了，可以通过他们更好地向广大群众宣传普及，更好地推动哲学社会科学成果的应用。

（5）参与性。现代哲学社会科学，在很大程度上像自然科学一样，是一种体制化的科学，专家权威主导着研究进程。专家们在提出研究问题、制定研究计划和实施研究工作方面，具有重要的影响力，普通公众是很难参与其中的，他们在很大程度上只是作为被研究的对象。这种体制化的知识生产模式越来越受到公众信任和认同危机的压力，在发达国家出现的对于"公民科学"的呼吁，在发展中国家出现的对于"本土知识"的关注[1]，都可以看作是对体制化知识生产的反思和修正。

要繁荣发展迈向人民的哲学社会科学，有必要适当调整现有的研究方式，鼓励公众对于科学研究的参与，鼓励专家与公众之间的互动，要尊重公众的意见、智慧和经验性知识，把公众看作参与研究的主体之一，而不纯粹是被动的研究对象。保证这种参与性，对于防止专家偏见和错误，促进哲学社会科学的研究和应用都很重要。

总而言之，繁荣发展哲学社会科学必须突出以上特征，这样才能保证哲学社会科学是真正迈向人民的，也才能真正提高哲学社会科学的地位，充分发挥哲学社会科学工作者的作用。否则，就有可能像毛泽东同志分析文艺工作者时所说的那样，哲学社会科学工作者也有可能因为不熟悉自己的研究对象，不能使用人民群众的丰富的生动的语言，而"英雄无用武之地"。[2]

哲学社会科学发展需要正确处理的关键问题

迈向人民的哲学社会科学是满足人民群众正在出现的新需要的要求，是哲学社会科学自身繁荣与发展的要求，更是创建中国特色、中国气派、中国风格的哲学社会科学的要求。

要建设迈向人民的哲学社会科学，目前应当着重处理好以下几个哲学社会科学研究中的关键问题：

第一，迈向人民的哲学社会科学与加强马克思主义理论研究和建设之间的关系问题。

繁荣发展迈向人民的哲学社会科学与加强马克思主义理论研究和建

---

[1] 参见梅丽莎·李奇、詹姆斯·费厄海德《对垒的知识体系：西非和加勒比海地区的"公民科学"与"本土知识"》，《国际社会科学杂志》2003年第3期。

[2] 参见《毛泽东选集》第3卷，人民出版社1991年版，第850页。

设，坚持以发展着的马克思主义为指导，在本质上是一致的。马克思主义揭示了人类社会历史发展的规律，是人民认识世界、改造世界的强大理论武器。中国人民在革命、建设和改革过程中，选择了马克思主义，并以发展着的马克思主义指导实践，取得了中国革命的成功和社会主义建设的巨大成就，创造了马克思主义中国化的优秀成果——毛泽东思想、邓小平理论和"三个代表"重要思想。

实践证明，在中国社会主义现代化建设进程中，进一步高扬马克思主义的伟大旗帜，是极端重要的。实践同样证明，马克思主义具有与时俱进的优秀品质，总是在随着人民群众的实践的丰富而不断发展，并更有效地指导人民群众的新的实践，更好地服务人民、引导人民。

在繁荣发展哲学社会科学的过程中，加强马克思主义理论研究和建设，用马克思主义中国化的最新成果指导哲学社会科学研究，并根据人民群众的伟大实践不断发展马克思主义，这样不仅是哲学社会科学发展的正确方向，而且符合广大人民的根本利益，更有利于哲学社会科学服务人民。如果动摇了马克思主义的指导地位，就会导致思想混乱，加剧信仰危机，不仅会使哲学社会科学的发展步入歧途，背离人民群众的需要，而且会引发社会动荡乃至政治剧变，给国家和人民带来巨大灾难。

第二，哲学社会科学迈向人民与引导人民的关系问题。

我们强调凸显哲学社会科学的实践性、本土性、大众性、普及性和参与性，促进哲学社会科学迈向人民，并不是说哲学社会科学工作者只应简单地迎合民众，尤其是迎合低级趣味。

事实上，服务人民和引导人民，对于现阶段的哲学社会科学工作者而言，同样重要。一方面，现阶段人民群众的文化知识水平和科学素养还有待提高，掌握哲学社会科学知识，运用哲学社会科学思维的能力还很有限；另一方面，随着社会主义市场经济的发展和对外开放的扩大，社会分化日益明显，社会上出现各种各样的价值观念和思想认识，这种状况对于刺激思想解放，激励理论创新是有意义的，但是也存在着造成思想混乱的危险。作为专业的哲学社会科学工作者必须对此有着清醒的认识和判断，并基于此正确引导人民、提高人民。

需要注意的是，引导人民并不是强制灌输一家之言、一己之说，而是要从人民的立场出发，关注人民的利益，采取科学的方法，以真正先进的文化说服、教育和引导人民，使人民了解正确的前进方向，得到真正的提高。特别是，要坚决反对与人民利益相悖的各种误导，坚决反对以腐朽的、落后的、僵化的、反动的东西误导人民。

第三，哲学社会科学国际化与本土化的关系问题。

在全球化进程日益加速的时代，繁荣发展哲学社会科学必须要有世界眼光，要有洞察世界大势的勇气和格局，要有借鉴吸收世界优秀文化成果的胸怀。关门主义、狭隘的民族主义和经验主义，是显然不利于哲学社会科学的繁荣与发展的。

前文提到，早在改革开放之初，邓小平同志就注意到我国哲学社会科学研究落后于发达国家的问题，并提出要赶快补课。近年来，学术界对于与国际"接轨"的呼声也很高，一些科研成果的评价指标也凸现了国际标准。毫无疑问，这样对于规范哲学社会科学研究，提升研究者的学术水准是有积极意义的。

但是，需要引起高度重视的是，哲学社会科学既是知识体系，又是价值体系，具有科学和意识形态双重内涵，体现出比较明显的民族性、阶级性和文化性。因此，评价哲学社会科学成果很难有一致的标准。我们决不能简单地说与国际"接轨"，更不能简单地以西方发达国家的所谓学术标准来衡量和判断中国的哲学社会科学研究。

事实上，每一种文化中的哲学社会科学，其关注的核心问题都是本文化中演绎出来的或是基于本文化的。西方发达国家在现代化的过程中，逐步实现了问题研究方式的变革以及研究表达话语体系的转换，从而催生了现代哲学社会科学，但是就其所关注的一些基本问题而言，还是其文化中的问题或由其文化的视点而观察到的问题，我们对此必须有清醒的认识。与国际接轨，侧重点应当是研究问题的方式、研究表达的规范以及不同知识背景、理论背景之间的交流与沟通，而不是其他。我们关心的问题，我们研究问题的视角应当是基于本土的，应当是有本土特色的。

第四，学者的学术自由与社会责任的关系问题。

每一个社会成员都应享有充分的自由，但同时也必须意识到并切实履行自己的社会责任。对于哲学社会科学工作者而言，更应如此。追求学术自由，保障学术自由，做到"百花齐放，百家争鸣"是应该的，但是学者对于自己的言论负责也是应该的，不能只图一时之快。须知，一言可以误国，一言可以兴邦，是有着深刻道理的。

有的人认为，学者只对自己的动机、对自己观点的表达负责，而对由此观点所造成的社会效果不负责任，这种看法是片面的、错误的，至少是不严肃的。毛泽东同志在20世纪40年代就曾指出，"一个人做事只凭动机，不问效果，等于一个医生只顾开药方，病人吃死了多少他是不管的"[1]，这明显是很荒唐的。

作为优秀的哲学社会科学工作者，必须把学术自由与社会责任很好地统一起来，既要自由思考，又要谨慎立说，高度关注学术行为的社会效果，这样的学者才是严肃认真的学者，才是有可能达致真知的学者。借用毛泽东同志的话说，"只有这种立场，才是正确的立场。同时也只有在这种严肃的负责的实践过程中，才能一步一步地懂得正确的立场是什么东西，才能一步一步地掌握正确的立场。如果不在实践中向这个方向前进，只是自以为是，说是'懂得'，其实并没有懂得"[2]。

---

[1] 《毛泽东选集》第3卷，人民出版社1991年版，第873页。
[2] 同上书，第874页。

追寻社会学的核心价值[*]

今年是中国改革开放三十周年，中国社会学的恢复重建也即将迎来其三十周年。

1979年3月30日，邓小平同志在党的理论工作务虚会上，作了题为《坚持四项基本原则》的著名报告，指出："我并不认为政治方面已经没有问题需要研究，政治学、法学、社会学以及世界政治的研究，我们过去多年忽视了，现在也需要赶快补课"，"我们已经承认自然科学比外国落后了，现在也应该承认社会科学的研究工作（就可比的方面说）比外国落后了"。[①] 这一"补课说"直接开启了中国社会学的恢复重建阶段。

当其之时，中断了将近三十年的中国社会学百废待兴。在党和政府的支持下，以费孝通、雷洁琼等为代表的老一代社会学家带领全体社会学界同仁，借助境外学者的支持，为重建中国社会学付出了艰苦努力，并取得了显著成就。这些成就体现在很多方面，择其要者而言：

一是社会学的组织机构建设大大加强。我们现在既有全国性的中国社会学会，也在很多地方建立了区域性的社会学会。在各个社会学会下面还建立了促进专业教学和研究的专门委员会。与此同时，在全国各级各类高等院校、社会科学研究机构、党校、行政学院中，有很多建立了专门的社会学系（学院）、社会学研究所、社会学研究中心或社会学教

---

[*] 本文以《公正、和谐、发展——追寻社会学的核心价值》为题，发表于《教学与研究》2008年第6期。

[①] 《邓小平文选》第2卷，人民出版社1994年版，第180—181页。

研室等机构。相应地，在这些机构从事专业社会学教学与研究的人员也大大增加，从而表明中国社会学体制性力量的大大增强。

二是社会学的学科建设大大加强。在现在的学科体系中，社会学已经成为一门独立的一级学科，包括了社会学、人口学、人类学和民俗学四个二级学科，并开设了社会学和社会工作两个本科专业。国内一些大学已经获得社会学一级学科博士学位授予权，自主开展学科建设的能力增强了。还有若干学校的社会学学科因为建设成效突出被评为国家重点学科，一些学校的社会学、社会工作本科专业被评为教育部特色专业。

三是科学研究取得一些突出成就。在恢复重建过程中，通过国家社会科学基金等各种基金的支持，学者们不仅就社会学的研究对象、社会学的学科体系和学科地位、社会学的研究方法、西方社会学理论、马克思主义社会学理论、中国社会学史、中国社会思想史等开展了深入研究，而且结合中国社会转型的实际，对中国社会的婚姻与家庭、心理与行为、经济与社会、组织与制度、城市与农村、阶级与阶层、变迁与发展、社会政策与社会服务等领域开展了卓有成效的研究，提出了一系列的研究观点，特别是初步形成了一些具有中国特色的社会学理论，例如小城镇理论、中华民族多元一体理论、社会运行论、社会转型论、社会互构论，等等。为了促进社会学研究的整合、推动重大研究成果的产出和服务社会实践，教育部还在少数学校建立了社会学重点研究基地。在科学研究的基础上，社会学的一些分支学科也得到了发展，目前有影响的分支学科至少已有十几门。

四是人才培养取得显著成绩。这方面最直接的指标就是人才培养体系逐步健全和专业人才培养数量迅速增加。目前在一些重点大学已经形成了从本科到博士的分层次的、多方向的人才培养体系。在各类人才培养数量方面，增加的趋势也很明显。当然，人才培养方面的进展还体现在教材建设加强和人才培养模式创新等方面。仅就教材建设而言，一些出版社出版了很有影响的系列教材，总体上可说是数量大大增加、质量不断提高，学生的选择范围不断扩大。

五是国际交流不断扩大。社会学的恢复重建过程始终伴随着国际交流，在某种程度上甚至可以说是国际交流的不断扩大推动着中国社会学的恢复重建。三十年来，国内社会学机构与国外社会学机构的合作交流越来越多，合作的内容不断丰富，合作的层次逐步提高，中国社会学已经有了一定的国际影响。特别是，2004年我们举办了世界社会学大会，让世界了解中国社会学，推动中国社会学走向世界，产生了重要影响。近年来，东亚地区，特别是中日韩社会学家的交流也更加频繁。

总之，通过恢复重建，中国社会学作为一门学科正在日渐成熟，不仅其体制上的合法性不断增强，其在公众中的知晓度也在不断提高。但是，关于什么是社会学以及社会学究竟有何用途的问题依然萦绕于我的脑际并时常被人问起。

为什么会这样？很明显，我们恢复重建起来的社会学在某种程度上还没有很好地回答这个问题，至少是很多人从对现有社会学的认识和了解中还觉得有些模糊。这就促使我们在看到社会学恢复重建所取得的上述突出成就的同时，也应当正视其存在的一些值得忧虑的倾向，特别是重建社会学过程中在某种程度上存在的工具主义取向。这种取向表现为三个基本方面：一是很少反思地吸取西方社会学的知识；二是仓促开展应用研究以增进社会学的合法性；三是为学科建设而学科建设的自我封闭取向。

在恢复重建社会学的过程中，我们确实在某种程度上本着"拿来主义"的态度，直接请境外和国外的学者讲课，直接引进国外的社会学教材和著作，直接到西方国家去取经，直接学习西方社会学的研究方法和研究模式。我们既有空乏已久的动力，又有面对西方社会学长足发展而产生的压力，使得我们来不及仔细思考和咀嚼社会学知识体系的本质。特别是，在恢复重建之初的特殊社会背景下，我们主要强调的又是学习社会学的基本知识和方法，而且主要是"拿来"美国的实证主义社会学，对于社会学理论的重视不够。这样一种技术知识层面的学习毫无疑问限制了更深层次的理论思考。与此同时，由于急于展示社会学的应用价值，使恢复重建社会学增添合法性，我们又过分热衷于一些缺乏理论指导的经验研究，很少反思地运用社会学的知识和技术来满足一些现实的客户需求。而在社会学恢复重建的后期，一些学者又过于从学科建设的角度反思社会学的应用研究，强调社会学的专业性、科学性和规范性，由此使得社会学在某种程度上有远离活生生的社会实践和社会大众的倾向，成为社会学家们的自留地。

在此背景下，恢复重建以来的社会学确实积累了美国社会学家布洛维所说的工具性知识①，但是我们对于什么是社会学缺乏深入的反思，对于为什么开展社会学研究缺乏深入的反思，反思性知识的积累非常不足。如果用一个不太恰当的比喻，那就是使得中国社会学在四肢逐渐发达的同时，却在某种意义上缺乏非常充实的灵魂，甚至出现因缺乏基本认同价值而表现出的某种程度的学科碎片化倾向，让人们一踏入社会学就像进了万花筒而不得要领。

因此，在社会学恢复重建三十年即将来临之际，在中国社会经济发展进入新阶段之际，我们确有必要在原有一些学者自觉努力的基础上更进一步、更加深入地追寻社会学的核心价值，以便赋予中国社会学更加鲜活的灵魂，促进中国社会学更加健康快速的发展，并为中国现代化实践作出更大的贡献。

那么，什么应是社会学的核心价值？从社会学的产生和发展历程看，秩序关怀一直是社会学的重要关怀。我国社会学家郑杭生先生在恢复重建社会学阶段非常明确地提出：社会学是研究社会运行和发展，特别是社会良性运行和协调发展的条件与机制的综合性具体社会科学。从当前中国社会实践看，和谐与发展也是实践的呼唤。而实现和谐与发展的重要前提与机制就是促进社会公正。由此，笔者认为社会学这门学科实际上有着三项重要价值追求，即：追求公正、追求和谐、追求发展，公正、和谐、发展可以说是社会学的核心价值。

我们知道，在资本主义社会，在不否定具有内在局限的资本主义制度的前提下，追求公正只能是空想，追求和谐也只能是建立在剥夺和强制的基础上，追求发展最终也只能是少数人的、片面的、不可持续的发展。这是西方社会学的悲哀。但是，我们今天所处的社会已经发生了巨大变化。我们确立了以公有制为主体的所有制形式，初步建立了社会主义制度，目前正处在社会主义初级阶段。可以说，追求公正、追求和谐、追求发展，在我们社会主义初级阶段依然是客观的需要，但是已经有了变成现实的可能。我们的社会学如果能在恢复重建以来所取得的显著成就的基础上，进一步明确申明自己学科的核心价值，即追求公正、追求和谐、追求发展，着眼于研究我们社会主义初级阶段依然存在的不公正、不和谐以及不适当发展的具体表现、原因、过程、影响以及改变

---

① ［美］麦可·布洛维：《公共社会学》，《社会》2007年第1期。

途径，等等，这样就可以在促进中国特色社会主义建设实践过程中，创造学科自身更加辉煌的未来。

当然，我们应当清醒地意识到，由于国际国内形势的变化及其相互作用，我国社会主义初级阶段的社会公正实际上面临着财富分配和风险分配的双重挑战。一方面，由于生产力发展的程度还很有限，我们在物质财富的分配方面还存在着种种不公正的现象；另一方面，由于传统社会风险、工业社会风险和晚期工业社会风险的叠加以及全球风险社会的到来，我们社会正在面临风险分配不公正的问题，包括国际层面不公正的问题。由此，我们社会学在追求公正的价值指引下，实际上有着巨大的研究空间和众多的研究话题。

我们也应当意识到，在今天追求社会和谐，社会学者实际上有着多元化的行动选择。根据美国社会学家布洛维的说法①来演绎，在西方社会发展的不同阶段，社会学维护社会秩序的努力实际上有着不同的表现。早期的社会学家主要是抵制和批判市场暴力，表现出强烈的社会批评和道德关怀；后来随着国家角色的转变，社会学者协助国家制定社会政策，建立福利制度；再后来随着国家和市场的合谋，一些社会学者深入公众中为保卫社会而努力。很明显，当代中国发展与西方社会发展不同，西方社会不同的发展阶段在中国社会同步出现，由此使得社会秩序与和谐面临多种挑战，我们社会学工作者追求社会和谐也需要多重努力。

但是，在社会学者追求和谐的各种努力中，配合国家的行动加强制度建设，以制度建设促进社会和谐应是一种主要的努力。制度是协调社会利益、维系社会秩序、促进社会和谐的重要设置。我国目前在经济发展的基础上越来越重视社会发展和社会建设，其核心就是制度建设。这就要求我们社会学者积极参与，不仅要从整体上考虑我们的社会建设制度设计，而且要将各种具体的制度设计建立在科学基础上，特别是要加快与社会主义市场经济相适应的社会福利制度改革设计。这个方向上的完善的制度设计将在现阶段促进社会和谐方面发挥重要作用。

最后，我们也应当意识到，在今天追求发展，我们社会学者应有对发展的更为全面、更为科学、更为深入的理解。一方面，世界上其他国

---

① ［美］麦可·布洛维：《公共社会学》，《社会》2007年第1期。

家的发展为我们提供了经验和教训；另一方面，我国自身的发展也积累了很多经验教训。社会学这门学科并不反对发展。特别是，当代中国依然是一个发展中国家，我们的发展压力还很大，不发展是没有前途的，也不可能真正实现社会公正与社会和谐。但是，社会学所追求的是一种以人为中心的、全面的、可持续的发展。社会学应为促进全体人民共享发展成果作出贡献，应为促进人的全面发展作出贡献，应为保障社会发展的可持续性作出贡献。这就要求社会学者能够秉持自己的核心价值，基于反思的立场和整体性视野，对当下的发展进程保持建设性的批判力和参与性的影响力，以促进适当的发展。

总而言之，中国社会学不应当回避其价值主张，而应进一步明确表述其核心价值追求，并以此统领社会学研究，谋求社会学界的集体认同，促进社会学学科发挥实际作用。正如国内外很多社会学家已经明确指出的，社会学从来不是一门价值中立的学科，社会学家不仅需要理解世界，而且需要改变世界。回避价值主张不仅会限制社会学的发展，甚至会使社会学误入歧途。就当今中国社会学而言，追寻其核心价值不仅是学科进一步健康发展的内在要求，也是社会发展新阶段的期待和考问使然。

关于编写社会学教材的几点想法[*]

编写高质量的社会学教材,是传承社会学知识、规范教学活动、培养专业人才的关键环节。在改革开放以来中国社会发生巨大变化的背景下,在中国社会学恢复重建取得突出成就的基础上,组织编写全国通用的社会学教材,我认为具有十分重要的意义。这项工作不仅有利于学科的规范和发展,而且有利于推动社会学更好地为中国现代化服务。我们应坚持科学的态度,既讲继承又讲创新,既重理论又重实践。

关于社会学教材的编写工作,我想注意以下几个方面是非常重要的:

第一,要以科学的态度继承已有的社会学知识。社会学自诞生以来,已经有160多年历史,这门学科传入中国也有100多年历史。一代又一代社会学工作者为这门学科奠定了坚实的基础,贡献了真知灼见。我们编写社会学教材,首先要讲继承,也就是继承社会学的已有知识,这是学科发展的基础。

但是,讲继承必须要有科学分析的态度,不是全盘照搬已有的社会学知识,这样做既不科学,也不现实。我们要继承的应该是社会学知识传统中的优秀成分,特别是能够解释中国社会的成分。为此,在社会学的知识传统中作出以下几个方面的区分是很重要的:(1)哪些是马克思主义的,哪些是非马克思主义的;(2)哪些是关于人类社会运行和发展的一般知识,哪些是关于西方资本主义社会的特殊知识;(3)哪些是中国学者基于中国社会研究的独特发现,哪些是引进的国外学者的

---

[*] 本文以《坚持科学的态度》为题发表于《人民日报》,2004年10月28日,发表时略有删节。

观点；(4) 哪些社会学知识能够经受当代社会发展的检验，哪些社会学知识存在着时代的局限。认真细致地做好以上几个方面的工作，可以使我们在继承已有社会学知识方面保持清醒的头脑。

第二，要以本土的视野建构社会学的知识体系。我们知道，研究社会现象的社会科学与研究自然现象的自然科学不同。一般而言，社会科学会因所处文化与社会的不同，而表现出不同的学科品格与学科内涵。我们在建构社会学的知识体系时保持这个方面的自觉是很重要的，事实上就是要有意识地推动社会学的本土化。

我们认为，编写中国社会学教材，首先一点就是不应满足于简单地介绍已有社会学知识，而应从中国文化出发去理解社会学知识，努力完成社会学知识的中国化，要在中国文化中找到社会学的根基，这是非常艰巨而又非常重要的工作，可能需要不断尝试。其次，应该按照中国人的思维习惯组织教材的内容，从而方便读者学习和理解。最后，在中国社会学教材中，应当体现对中国现代化实践的关怀。一方面，应当突出现代化实践是如何启示我们理解社会学之本质的；另一方面，中国现代化实践的成就与问题也应体现在教材中。中国社会学教材缺乏对于中国社会实践的关注，这是说不过去的。在某种意义上，中国版的社会学教材应该是以理解中国社会为导向的社会学教材。

第三，要以发展的实践丰富社会学的知识体系。时代在演进，社会在发展，以探索和认知人类社会为己任的社会学，自然也需要不断创新研究领域、研究观点、研究方法和研究范式，并以创新的成果丰富已有的社会学知识体系。我们应当承认，当今中国和世界的一些巨大变革，已经超出了传统社会学的知识视野和理解范围，社会学的知识体系需要丰富和发展，否则无法对变化了的实践作出有效的回应。

事实上，有很多学者正在从不同的角度对传统社会学进行反思。例如，有的学者批评传统社会学的"人类中心主义"倾向，认为这种倾向限制了社会学对于当代环境危机的解释；有的学者指出随着全球化进程的加速，局限于民族国家范围内的社会学研究已经暴露出巨大缺陷；有的学者认为当代社会已经进入全球风险社会，相比以前的社会形态，这种社会的运行逻辑发生了很大变化，传统社会学的一些理论范畴和概念必须加以改造；还有学者认为，目前已经显现出不同于传统现代性的所谓新型现代性，与传统现代性相对应的传统社会学必须加以改造，以关注新型现代性。

我们认为,在社会学的教材中,至少应该体现实践发展所提出的理论问题。特别是,传统社会学基本上是在关注资本主义现代化的过程中发展起来的,要深入理解中国社会主义现代化,有必要以中国正在发生的事情、正在遭遇的问题为中心开展研究,在此基础上丰富和发展社会学的知识体系。

第四,要以应用的效果检验社会学教材的编写。归根结底,教材是要应用到教学活动中去的,广大教师和学生是不是愿意用,是不是喜欢读,是不是能够从教材中获益,这是检验教材质量的重要标准。如果编出来的教材不能进课堂、进头脑,这样的编写工作是失败的。

毫无疑问,如果我们在编写教材时,确实对已有的社会学知识采取了科学分析的态度,确实体现了中国人的视野,确实关注了发展着的实践,这样就有利于教材质量的提高,有利于教材进课堂、进头脑。但是,仅仅如此还是不够的。我们还应尊重读者的阅读习惯和学习兴趣,采用一些技术性的手段,增强教材的趣味性、可读性。例如,使用简练通俗的语言、插入必要的图表以及相关的经验材料、突出教材的关键概念和要点、设计合理的版式,等等。

"四个全面"战略布局的社会学意义[*]

全面建成小康社会、全面深化改革、全面依法治国、全面从严治党，协调推进"四个全面"战略布局不仅仅是新形势下党和国家各项工作的战略目标和战略举措，而且是当代中国马克思主义的最新成果，体现了对于中国特色社会主义现代化进程中社会运行规律的深刻把握和对社会良性运行与协调发展的深切关怀，是当代中国社会学研究及应用的重要参照系和方法论，对于引领中国特色社会学的新发展具有重要意义。

"四个全面"战略布局深刻阐述了中国社会建设的根本要求

社会建设的实践几乎与人类历史一样久远。现代社会建设关注的是技术经济变革基础上的持续性的社会重建，其实质是社会关系的不断协调和重构。"四个全面"战略布局充分体现了对于社会建设规律不断深化的认识，其所着力强调的全面建成小康社会对于当下社会建设实践是一种硬约束，也是一种倒逼机制，对于加快推进社会建设各方面工作提出了更新更实的要求。

社会建设是追求社会各个子系统、各个层次、各个方面相互协调的实践过程，这是广义社会建设的深层内涵。在现代技术经济发展基础上的社会变迁具有明显的不均衡特点。先期发生的技术经济子系统的变化必然引发相应的社会、政治、文化和生态环境子系统及其内部各要素发

---

[*] 本文发表于《光明日报》，2016年4月20日。

生变化，但是这种变化并不必然是一个同步的、协调一致的过程，在实践中往往出现差距、错位，并因此造成社会系统的失序。更重要的是，现代化进程中的社会变迁是一个持续不断的进程。因此，在深入研究现代社会运行规律的基础上，我们对社会运行进行必要的、科学的、动态的干预和建设，不断促进其各子系统之间的协调，这就是一种社会建设的过程。"四个全面"战略布局深刻认识到中国改革开放是一场深刻而全面的社会变革，需要统筹考虑全面推进经济建设、政治建设、文化建设、社会建设、生态文明建设，促进现代化建设各个方面、各个环节相协调。

　　社会建设是不断推动社会结构走向协调的实践过程，这是社会建设的中层含义。所谓社会结构，是各种社会要素之间彼此关联的形式，具体表现为人口结构、阶级阶层结构、城乡结构、区域结构等多种结构类型。"四个全面"战略布局清晰地认识到我国社会结构变迁中的失衡现象，特别注意到了城乡结构和区域结构的失衡，突出强调了共享发展的战略和措施。同时，习近平同志还特别指出，全面建成小康社会，当然要以各地发展为基础。但是，我国幅员辽阔，各地发展差距较大，生产力发展水平多层次，不可能是"同一水平小康"，各省区市甚至各市县的人均地区生产总值届时都同步达到全国平均水平也不现实。把全面建成小康社会目标解读为本地人均生产总值达到全国平均水平，然后倒推出一个增长速度作为目标，这是违背规律的，也是难以做到的。这些科学论断对于推动社会结构协调的实践有着重要的指导意义。

　　社会建设最为直接的内容就是切实保障和改善民生，让人民群众得到实惠，这是社会建设的具体内涵，也是实际工作的直接抓手。"四个全面"战略布局充分强调了全面深化改革要"以百姓心为心"，以促进社会公平正义、增进人民福祉为出发点和落脚点，不断克服各种有违公平正义的现象，使改革发展成果更多更公平惠及全体人民，特别是要实现好、维护好、发展好广大普通劳动者根本利益。推进社会建设要从保障和改善民生做起，按照"守住底线、突出重点、完善制度、引导舆论"的思路，采取有力措施解决好群众生活中的实际困难和问题，协调推进教育、就业、收入分配、社会保障、医药卫生、保障性住房等方面的工作，完善基本公共服务体系。

"四个全面"战略布局明确指出了中国社会治理的主要规律

为了保障基本的社会秩序与活力，引导社会发展的合理方向，任何形态的社会都存在着表现为政策干预等形式的治理实践。在社会发展的不同阶段，在不同的社会制度背景下，不仅社会治理的需求存在差异，社会治理的主体、目标、方式和手段也存在差异，因而社会治理的类型和内涵也在不断变化。"四个全面"战略布局针对中国社会现实，明确指出了中国社会治理现代化的主要规律。

中国社会治理现代化是中国特色社会主义制度的自我完善过程。十八届三中全会提出推进国家治理体系和治理能力现代化，其中内在地包含着社会治理的现代化。随着我国社会经济的快速发展，传统的社会治理理念、思路、体制、机制和设施等方面都表现出很大的不适应，既是对社会活力的制约，又在很大程度上难以有效应对社会失序和安全挑战，推进社会治理现代化是中国社会发展的客观需要。但是，社会治理的现代化不是西方化、资本主义化，也不能虚无历史。我们在看到传统社会治理之不足的同时，应当充分肯定其历史性的贡献，应当充分认识到中国特色社会主义在支撑社会治理现代化方面的巨大潜力和长期优势，始终着眼于中国特色社会主义制度的自我完善。事实上，一个国家的治理体系和治理能力是与这个国家的历史传承和文化传统密切相关的。解决中国社会治理问题，需要学习和借鉴人类文明优秀成果，但归根结底只能在中国大地上探寻适合自己的道路和办法，从中国现实条件出发来创造性地前进。

中国社会治理现代化特别需要正确处理改革和法治的关系。一方面，面对传统社会治理体制机制的不足和约束，我们迫切需要全面深化改革。相比以前的改革，我们更需要突出改革的系统性、整体性、协同性。特别是，考虑到实践在不断发展，新形势新问题新挑战不断出现，我们的改革实际上是一个不断推进的动态过程，"只有进行时，没有完成时"。另一方面，现代社会的治理必须遵循法治的理念和框架。法律是治国之重器，法治是国家治理体系和治理能力的重要依托，必须依靠法治解决各种社会矛盾和问题。在对改革与法治关系的认识上，以任何一方面否定另外一方面都是错误的,我们需要在法治下推进改革,在改革中完善法治,坚持改革决策和立法决策相统一、相衔接,改革和法治同步推进。立法主动适应改革需要,积极发挥引导、推动、规范、保障改革的作用,做到重大改革于法有据。

中国社会治理现代化必须着眼于创新社会治理体制。体制改革与建设,既是实际工作的抓手,又是改进和加强社会治理的长期保障。《中共中央关于制定国民经济和社会发展第十三个五年规划的建议》中明确提出中国社会治理体制的基本特征是"党委领导、政府主导、社会协同、公众参与、法治保障"。创新社会治理必须着眼于不断完善这一体制,加强社会治理基础制度建设,推进社会治理精细化。特别是,要致力于健全利益表达、利益协调、利益保护机制,引导群众依法行使权利、表达诉求、解决纠纷。增强社区服务功能,实现政府治理和社会调节、居民自治良性互动。应该指出的是,在上述社会治理体制中,最为重要的是强调了党委领导,这是中国特色社会主义最本质的特征。坚持党的领导是党和国家的根本所在、命脉所在,那种简单地将党和政府与社会公众对立起来,片面强调党和政府退出、社会自组织跟进的观点和做法,是明显错误和十分危险的。

"四个全面"战略布局科学强调了中国社会整合的基本遵循

社会现代化首先是一个社会持续分化的过程,在分化的基础上不断促进社会的一体化就是社会整合。分化与整合的良性互动,是持续推进现代化的重要前提。在此方面,"四个全面"战略布局结合中国实际情况,科学强调了促进当代中国社会整合的基本遵循。

科学认识当代中国社会分化现状并明确继续推进新发展的大方向是促进中国社会整合的重要前提。改革开放以来,我国经济体制深刻变革、社会结构深刻变动、利益格局深刻调整、思想观念深刻变化,这些都是社会分化的重要表现。可以说,一方面,我国社会分化的速度是迅速的、范围是广泛的、形势是严峻的、影响是深远的,特别是不同主体之间的利益差距和价值差异非常明显;另一方面,我国社会分化仍然是发展过程中的、不均衡的、整体水平较低的分化。由此,新时期的社会整合面临着严峻挑战，既要约束和引导一些方面的异常分化，又要明确为新的发展创造更好的社会基础，避免发展中的困境和陷阱。毕竟，发展仍是党执政兴国的第一要务，我们在发展中出现的问题还是需要通过新的更好的发展来解决。《中共中央关于制定国民经济和社会发展第十三个五年规划的建议》明确指出，要着力破解发展难题，厚植发展优势，切实贯彻创新、协调、绿色、开放、共享的发展理念，增强发展的平衡性、包容性和可持续性，努力认识、把握和引领经济新常态，推动经济新发展。

必须认识到中国共产党是当代中国社会整合的核心力量，坚持全面从严治党，密切党与人民群众的联系是促进社会整合的关键所在。不同类型的社会有着彼此差异的整合核心。比如说，有些社会是以宗教信仰及其组织作为社会整合的核心力量，有些社会则是以祖先崇拜及其组织作为社会整合的核心力量。在中国历史上，儒家学说和家族组织曾经共同对社会整合发挥着基础性作用。中国革命、建设和改革的历史与经验表明，对马克思主义的信仰，对社会主义和共产主义的信念以及以此为灵魂的中国共产党组织，是迈向现代化的中国社会整合不可或缺的核心力量，这也是为中国宪法法律所确认和保障的。实践表明，坚定党的信仰，坚持党的领导，充分发挥党在协调社会全局中的核心作用，我们的社会就繁荣稳定，广大人民就幸福安康。实践也表明，中国共产党是一个善于自我学习、勇于自我批评、不断与时俱进的学习型政党，其执政经验日益丰富、执政能力不断提升，经得起各种巨大挑战的考验。但是，一段时期以来，一些党员、党的基层组织和党员领导干部丧失信仰、脱离群众甚至违法乱纪，使得党在部分群众中的形象受损，党的社会整合作用在一定程度上受到削弱。"四个全面"战略布局突出强调了"治国必先治党，治党务必从严"，确保党在应对国内外各种风险考验的历史进程中始终成为全国人民的主心骨，在发展中国特色社会主义的历史进程中始终成为坚强的领导核心。

党在新时期新形势下充分发挥社会整合作用的最重要方式是在宪法法律范围内活动，全面推进依法治国。可以说，宣传教育、行政命令、社会动员、利益调整，等等，都是社会整合的一些方式。实践表明，党在不同时期也曾有效利用过这些方式。但是，在推动中国特色社会主义现代化的进程中，党对社会的整合越来越要强调通过法治方式进行。党员和党的领导干部，在遵守党规党纪的基础上，要强化法治意识，党自身必须在宪法法律范围内活动。即使我们采用思想的、行政的、经济的、社会的等整合方式，也要更加强调尊重社会运行规律，更加强调于法有据，坚持以法治的理念、法治的体制、法治的程序开展工作。改进党的领导方式和执政方式，推进依法执政制度化、规范化、程序化，越来越成为党更好地发挥社会整合作用的关键所在。

总而言之，"四个全面"战略布局所追求的社会目标与社会学学科的价值追求高度一致，其所着力解决的矛盾是当前中国社会运行中的主要矛盾，其所阐述的促进中国社会良性运行和协调发展的重要路径对于社会建设、社会治理和社会整合研究具有直接指导意义。认真学习贯彻"四个全面"战略布局，必将推动中国社会学者开展更加深入具体的研究和实践，引领中国特色社会学的新发展。

在双重重建的良性互动中
发展中国社会学[*]

非常荣幸能被邀请参加《社会学研究》创刊三十周年庆典，并作为"最高产机构奖"代表在此发言。其实，我也是一个作者、读者和学者的代表。首先，我谨代表我所在的机构中国人民大学，同时也代表各个"最高产机构"，向《社会学研究》杂志创刊三十周年表示热烈祝贺，向为举办杂志付出卓越努力的历任主编、编辑人员和学界同仁表示崇高的敬意，特别是，我要衷心感谢《社会学研究》杂志对我校社会学学科建设和发展所给予的大力支持！我校社会学学科重建的奠基人郑杭生先生，就曾在《社会学研究》的创刊号上发表了《社会学对象问题新探》这篇重要论文。

学术杂志的创办，直接关系到学科发展。所以，今天庆典的主题是非常鲜明的："一本杂志、一门学科与一个时代"。大家知道，创办于121年前（1895年）的《美国社会学杂志》（AJS），对于促进芝加哥大学社会学学科的建设，乃至美国社会学的发展，都作出了巨大贡献。该杂志历经百年而不衰，至今仍然是国际著名的社会学杂志。大家也知道，创办于101年前的《新青年》杂志，虽然只办了11年，但是以其为主要阵地的新文化运动，在很大程度上影响乃至改变了现代中国。

大约正是意识到创办杂志的重要性，尤其是创办学术杂志以支撑学科建设的重要性，费孝通先生在牵头重建中国社会学时，就提到了"五脏六腑"的基础建设。"五脏"包括了学会、研究所、学系、图书资料

---

[*] 本文依据2016年10月29日在《社会学研究》创刊三十周年庆典上的发言记录整理，2017年6月8日，《人民日报》以《植根实践构建中国特色社会学》为题摘要发表。

中心、书刊出版部;"六腑"就是六门基本专业课程:社会学概论、社会调查方法、社会心理学、城乡社会学、比较社会学(社会人类学)、西方社会学理论。① 毫无疑问,出版社会学杂志应是费老所说的"五脏"内涵之一。按照费老的说法,1979—1985 年,是社会学重建的第一阶段,从 1986 年开始,社会学重建进入了新的阶段。② 而"社会调查与研究"内刊改名为《社会学研究》,正式创刊,这可以看作是新阶段的重要标志之一。

作为一本专业杂志,《社会学研究》在学术界享有非常好的声誉。这种声誉的获得是与杂志主办单位的明确定位,以及杂志编辑人员的精心努力密不可分的,当然,也是与学术界的共同努力密切相关的。三十年来,《社会学研究》一直是社会学者交流学术的重要园地,是社会学机构之间联系的重要桥梁,更是支撑和引领中国社会学学科发展的重要平台。在凝聚社会学社区、促进社会学学术、引领社会学前沿,以及服务于中国社会实践等方面,可以说,《社会学研究》杂志发挥了无可替代的重要作用。

回到《社会学研究》杂志的创刊号,我们重温其"发刊词",可以明显地感受到这本杂志的使命感以及其开阔的视野。该"发刊词"一开头的话就是:"中国,是一个具有七千多年文化、五十多个民族、十亿多人口、约一千万平方千米土地的历史悠久、人口众多、幅员辽阔的国家",接着它指出"今天的中国正处在举世瞩目的社会变革之中","正是为了适应我国伟大的社会改革和社会学发展的需要"而创办《社会学研究》杂志,这本杂志"坚持实事求是的精神,从中国社会实际出发,开展社会学的理论、历史、方法和应用等各方面的研究,贯彻'百花齐放、百家争鸣'的方针,建设具有中国特色的马克思主义的社会学,以服务于中国社会的现代化事业,这就是本刊的根本宗旨"。可以说,明确的办刊宗旨和办刊方向,是保证杂志健康发展的重要前提。

如果进一步去体会,我觉得当时杂志的创办者实际上指出了中国社会学的发展交织了两个重建的进程:一是社会学作为一门学科的恢复和重建进程,二是中国社会改革开放的重建进程。作为一门学科,社会学

---

① 参见费孝通《关于社会学的几个问题》,《社会科学研究》1982 年第 5 期。
② 参见费孝通《重建社会学的又一阶段》,《社会》1986 年第 2 期。

提供观察、研究社会的一种视角，并且为社会重建提供各种参考的路径；作为一种社会实践，中国以改革开放为标志的社会重建，不仅成为社会学的研究对象，也成为社会学重建的客观环境。实践证明，当两个重建进程结合得越紧密，互动越是良性时，中国社会学的发展就越顺利，成就就越明显。反过来，当两个重建过程出现张力之时，中国社会学的发展就会遭遇困境。

当代中国的伟大实践，呼唤着哲学社会科学的大发展。社会学无疑是哲学社会科学的重要组成部分。在经济持续发展并进入新常态的背景下，中国社会建设也进入了新的阶段，并对中国社会学的发展提出了更为迫切的现实需求。值此庆祝《社会学研究》杂志创刊三十年之际，为了推进中国社会学的深入发展，我想重温一下我们重建社会学的出发点，与大家分享前辈们关于中国社会学发展的几点远见卓识：

一是始终坚持从中国社会实际出发。社会学是外来学科，社会学的中国化还远远没有完成。从本本出发，移植国外的社会学，固然有其重要意义，但不能等同于创建中国社会学。以国外社会学的理论与概念，分析中国社会实践，往往有隔靴搔痒的感觉；而简单地以西方工业化、现代化的经验指导乃至规训中国社会实践，往往也会走弯路，甚至走错路。的确，中国正在经历着现代化的巨大社会变迁，但是这种现代化几乎是没有先例的。"传统—现代"的二分法对于认识中国社会变迁的进程固然有其"理想类型"（Ideal Type）的意义，但是中国社会的实践并非是非此即彼的，而是现代与传统的紧密交织。面对这样一种变迁，我们需要直接深入实践，需要基于自身经验的理论建设，需要如费孝通先生所言："在中国泥土里培植中国的社会学。"[1] 我们认识到，无论是在中国历史上，还是在世界历史上，当下中国的社会变革都是前不见古人的伟大创举，这一创举是中国社会学发展的沃土和热土。

二是始终坚持以人民为中心。1980年，费孝通先生赴美国丹佛接受应用人类学会颁发马林诺夫斯基纪念奖时，曾经发表感言："科学必须为人类服务，人类为了生存和繁荣才需要科学。毋庸隐瞒或掩盖我们这个实用的立场，问题只是在为谁实用？用来做什么？我们认为：为了人民的利益，为了人类中绝大多数人乃至全人类的共同安全和繁荣，为

---

[1] 费孝通：《重建社会学的又一阶段》，《社会》1986年第2期。

了满足他们不断增长的物质和精神生活的需要,科学才会在人类的历史上发挥它应有的作用。"这篇感言后来就以《迈向人民的人类学》为题发表①。在当今社会分化加剧的时代,各种利益群体或者利益集团都在形成并且日益显著,社会学学科自身的发展,也使得社会学从业者大可以谋得一个不错的位子,安身立命。所以,社会学是有可能为某些利益群体,或者为社会学从业人员自身服务的,这样无疑会局限社会学者的视野和担当,会使一些人忘记重建中国社会学的初心,忘记我们的一切出发点是为了最大多数人民的利益。当我们不尊重人民的主体地位,不聚焦人民的实践创造,我们就脱离了人民。而当我们远离人民时,人民终将远离我们。我们今天的社会学需要多一点社会关怀,需要更加强调以人民为中心,加快建设人民的社会学。

三是始终坚持以创新为驱动力。发展中国家的发展实践表明,单纯模仿式、赶超式的发展是没有前途的。一门学科的发展,单纯地移植与照搬也是不可能成功的。费孝通先生曾经指出:"社会生活中的许多概念,是不容易在不同性质和不同文化的社会之间传来传去的","我们要赋予我国的社会学以新的内容,这内容必须得之于我国自己的社会,不能向外国去现货现购的"。② 也就是说,我们要理解发生在中国的社会现象,需要有一种文化自觉和理论自觉,需要创造出适合我们自身社会的概念体系、理论体系和话语体系。质而言之,坚持从中国社会实际出发,坚持以人民为中心,就必然要求我们努力创新,而且也一定会催生创新。唯有持续不断地创新,才会有中国社会学的源头活水,才会有中国特色社会学的形成,才能使中国社会学更好地服务于中国人民的福祉。

如果说中国社会学的恢复重建是从 1979 年开始的,那么这一工作已经过去了 37 年,即将迎来她的不惑之年。在一代又一代社会学者的共同努力下,中国社会学已经取得非常显著的成绩,并在世界社会学社区有着越来越大的影响。我认为,这正是中国社会学的主流一直走在正确的道路上的一种结果。我相信,只要我们坚定不移地沿着正确的方向

---

① 参见费孝通《迈向人民的人类学》,《社会科学战线》1980 年第 3 期。费老也提到"人民社会学"的概念,参见其《建立面向中国实际的人民社会学——费孝通教授 1981 年 10 月 6 日在省委礼堂作的学术演讲》,《江苏社联通讯》1981 年第 17 期。

② 费孝通:《关于社会学的几个问题》,《社会科学研究》1982 年第 5 期。

继续前进，积极促进学科重建与社会重建的良性互动，中国社会学就一定会有更加辉煌的明天。

最后，我还想说，作为以人文社会科学为主的综合性大学，中国人民大学与中国社会科学院之间有着广泛而又密切的联系。我们愿意更加积极地参与《社会学研究》杂志的建设，推动我校《社会学评论》《社会建设》与《人口研究》这三本专业期刊与《社会学研究》杂志之间建立更加密切的联系，与中国社会科学院和全国的社会学同仁一起，共同致力于中国社会学的更好更快的发展。

衷心祝愿《社会学研究》杂志越办越好！

在中国泥土里培植中国的社会学[*]

很荣幸能够参加这样一个纪念会及学术会议。今天是陆学艺先生逝世五周年纪念日，我们以学术研讨会的形式，并重印先生的代表作，来纪念一位著名社会学家，此事意义重大。这是对学者的最好纪念。我们纪念陆先生，证明他并未远离，仍然活在我们心中，仍然对当代中国社会学研究和社会学学术社区建设有着重要影响。刚才各位同仁沿着陆先生的研究主题做了很好、很专业的发言，我也很受启发。借此机会，我简单谈一些另外的感受。

1988 年，当时我在中国人民大学历史系学习，跟着金德群教授参与浙江永嘉县《桥头镇志》的编写工作，这是当时的第一部镇志，采用了一些社会学的调查研究方法。金先生在跟我谈到农村研究和社会学时，常常提到陆学艺先生，但是我无缘跟陆先生相识。我正式了解陆先生是在研究生时期，结合课程学习，阅读了陆先生的一些著作及相关文章。1994 年，中国社会学会年会在上海召开，我第一次当面见到陆先生，并有幸跟他一起在一个桌上吃饭。从那以后，因为会议、答辩、评审等活动，我跟陆先生有了越来越频繁的接触，有了更多聆听陆先生教诲的机会。特别是自 2004 年，中央启动马克思主义理论研究和建设工程之后，作为同一课题组的成员，我们经常在一起开会讨论。

陆先生很关心青年人的成长。2008 年，经陆先生等人的协调，中国社会学会下设的人口与环境社会学专业委员会得以改组，正式成立了环境社会学专业委员会，我被推举为会长。陆先生也应专业委员会的邀

---

[*] 本文为 2018 年 5 月 13 日在纪念陆学艺先生逝世五周年学术研讨会上的发言稿，2018 年 8 月 27 日，《中国社会科学报》摘要发表。

请，担任名誉会长。同年，我在《学习与实践》杂志发表题为《中国社会建设三十年：成就与问题》的文章，引入了社会建设分析的历史视角。我记得陆先生曾当面对此予以充分肯定，并将此文收录进他主编的文集。之后，我也受邀参加过他主持的若干相关的学术会议，并获赠了他主编的《当代中国社会结构》等著作。

陆学艺先生的学术成就，以及他对中国社会学学术社区建设的贡献有目共睹。我们纪念陆先生，既是缅怀他的成就，也是为了发扬光大他未竟的事业。那么，我们究竟纪念什么、发扬什么呢？陆先生的很多学术成就都很重要，刚才各位专家也进行了深入的阐述。我认为陆先生的学术方向、学术精神、学术品格更为重要。简单地说，就是他用扎实的行动践行了"在中国泥土里培植中国的社会学"这一主张，为中国社会学的发展指引了正确方向，做出了巨大贡献，把学问写在了中国大地上。

"在中国泥土里培植中国的社会学"，这是费孝通先生1986年发表于《社会》杂志第2期的《重建社会学的又一阶段》一文中提出来的。我认为这一主张内涵十分丰富。第一，我们的方向是要建设中国社会学，不是什么别的；第二，我们要植根于中国实践的"泥土"；第三，我们要植根于中国文化与思想的"泥土"；第四，我们要植根于有着复杂国际环境与生态的中国"泥土"；第五，我们要植根于中国社会需求的"泥土"，特别是中国人民美好生活需要的"泥土"；最后，我们作为社会学者，要付出精心努力，练就好"培植"的功夫，以推进中国社会学为志业。

由此观之，陆先生明显是"在中国泥土里培植中国的社会学"的重要代表之一。他做学问之初，是从关心老百姓吃饭问题开始的。1978年到1980年，陆先生通过对安徽、甘肃等地的包产到户试点调查，写了大量文章，为在全国推行包产到户鼓与呼。后来，大概是他的哲学训练和社会学素养使他意识到，单靠推进家庭联产承包责任制是不够的，所以他呼吁进行农村综合改革。他本人到山东陵县蹲点三年，兼任县委副书记，深入调查研究农村综合改革问题。再到后来，他关注到农民的变化。所以说，早期陆学艺先生是"三农"问题专家，围绕农业、农村、农民开展了大量非常有价值的研究。可以说，这是最接地气的研究，是直接关乎人民群众最关心、最直接、最现实利益的研究，是以我们党和国家正在推进的事业为中心的研究，这种研究深深扎根于中国实践的"泥土"。包括后来陆先生开展的社会阶层结构、社会流动研究和社会建设研究，都贯穿了其鲜明的学术品格。

陆先生非常关注中国历史与文化，他组织了"中国社会思想史研究""北京社会建设60年"等重大课题。陆先生也非常注意拓展国际视野，促进国际交流，非常关注中国社会变迁的复杂国际环境，重视在国际比较研究当中把握中国社会问题的实质和解决问题的方向。比如说，他提出了我国社会结构滞后于经济结构、社会建设就是建设社会现代化等重要观点。陆先生还非常注重围绕中国社会和中国人民变化着的实际情况，注意倾听人民的声音，推进他的研究领域，找准社会学研究的真问题，引导中国社会学健康发展。特别是，陆先生具有为学术献身的精神，即便在生命的最后时刻，其日程上仍然安排着丰富的学术活动。

最终，陆先生在中国"泥土"里汲取营养，抓住中国社会学的核心问题，基于广泛深入的调查，围绕中国社会结构、社会分层、社会流动与社会建设等进行了深入研究，这也是今天社科文献出版社重印的其著作的重要内容。这些研究为推动中国社会学发展做出了扎实的贡献。

我们深知，像陆先生一样，很多前辈社会学家，如费孝通先生、雷洁琼先生、郑杭生先生等，都为我们树立了良好榜样，指引了中国社会学前进的方向，这是我们中国社会学恢复重建四十年来取得重大进展的重要保障。我们一定要传承和发扬老一辈社会学家的精神品格，继续在正确的方向上创造中国社会学的辉煌明天！

为社会治理实践提供更加
深入的学理支撑*

2016年5月17日，习近平总书记在哲学社会科学工作座谈会上发表重要讲话指出："当代中国的伟大社会变革，不是简单延续我国历史文化的母版，不是简单套用马克思主义经典作家设想的模板，不是其他国家社会主义实践的再版，也不是国外现代化发展的翻版，不可能找到现成的教科书。我国哲学社会科学应该以我们正在做的事情为中心，从我国改革发展的实践中挖掘新材料、发现新问题、提出新观点、构建新理论，加强对改革开放和社会主义现代化建设实践经验的系统总结，……提炼出有学理性的新理论，概括出有规律性的新实践。这是构建中国特色哲学社会科学的着力点、着重点。"[①] 我们建设和发展中国特色社会学，也应该直面中国社会建设和社会治理实践，促进理论与实践的良性互动。

中国社会治理实践呼唤更加深入的学理支撑

所谓社会治理，就其基本含义而言，是指维护社会秩序、促进社会团结、涵育社会活力、防范社会风险的一系列体制、机制、组织、技术安排和工作过程。在人类社会发展的不同阶段，在不同的历史文化与体

---

* 本文依据2018年12月1日参加社会变迁研究会、中国社会科学院社会发展战略研究院等单位主办的"改革开放40周年社会变迁与社会治理"高端研讨会的发言记录整理而成，发表于《中国社会科学评价》2019年第1期。

① 习近平：《在哲学社会科学工作座谈会上的讲话》（2016年5月17日），人民出版社2016年版，第21—22页。

制背景下，基于不同的国情和治理需求，社会治理的安排也有不同。改革开放40年来，在中国共产党的领导下，我们坚持中国特色社会主义发展道路，不断探索适应中国实际情况的社会治理路径，促进发展与治理的良性互动，创造了丰富多样的社会治理实践。

特别是党的十八大、十九大以来，在统筹推进"五位一体"总体布局和协调推进"四个全面"战略布局中，我们在加强和创新社会治理方面作出了更加系统的部署。我们已经明确了创新社会治理的大方向是"打造共建共治共享的社会治理格局"；明确了社会治理的基本体制是"党委领导、政府负责、社会协同、公众参与、法治保障"；明确了社会治理的基本路径是"社会化、法治化、智能化、专业化"；明确了社会治理的基本方式是专项治理与系统治理、综合治理、依法治理、源头治理紧密结合；明确了社会治理关键内容包括处理人民内部矛盾、健全公共安全体系、社会治安防控体系建设、社会心理服务体系建设和社区治理体系建设，等等；明确了社会治理重要机制是推动重心向基层下移，发挥社会组织作用，实现政府治理和社会调节、居民自治良性互动；明确了社会治理的关键保障在于加强制度建设，特别是预防和化解社会矛盾的机制建设。如此等等日渐系统并且在实践中发挥了重要作用的社会治理安排，一定体现了对社会运行和发展规律的某种认识和把握，一定是对中国社会研究具有重要理论启示的。我们社会学者的当务之急就是要直面现实、深入分析、深刻总结，揭示出更加清晰的、更有普遍意义的理论与方法，在有效回应社会治理实践呼唤的同时，也切实发展社会学学科自身。可以说，社会学作为一门学科，对当代中国快速发展中的治理实践所能提供的学理支撑，还是有很大不足的。

研究社会变迁与社会治理关系有助于揭示社会治理的规律性

要深入研究社会治理的本质、规律及其表现形式，我们要有一种系统的视角。一方面，有效的社会治理本身肯定是一个不断完善的体系，这个体系涉及社会治理的各种主体、各种要素、各个层次以及各主体、要素、层次之间的关系状态和演变机制，等等；另一方面，社会治理体系也是更大社会系统的一个组成部分，社会治理有其治理环境，这种环境包括特定的社会发展阶段、历史文化条件、社会制度基础、社会需求类型，等等。要深入揭示社会治理的规律性，我们既要重视对社会治理内在体系的研究，更要关注其与外部社会互构共生的复杂关系，必须进行综合性、整体性分析，而这样一种分析方法正是社会学学科的优势。

新世纪以来，社会学界围绕社会治理议题召开了很多次研讨会，做了很多研究，也产出了不少成果。但是，相对而言，我们对发展与治理的关系，或者说是社会变迁与社会治理的关系，还研究不够。今天研讨会的主题将社会变迁与社会治理关联起来，是很有意义的，充分体现了社会学思维。我们要为社会治理实践提供更加深入的学理支撑，就必须把社会治理放在特定的社会发展阶段去考察，将其与宏大的社会变迁进程紧密结合起来。一方面，任何治理实践总是在特定的社会背景下发生的，社会变迁的性质、阶段、方向、规模、方式、深度和广度，等等，都影响甚至规定着社会治理的很多方面。我们只有在社会变迁的大背景下，才能确定社会治理的需求、设定社会治理的目标、设计社会治理的体制与机制、明确社会治理的路径与方向。如果我们脱离社会变迁的具体情境去抽象地讲社会治理，一定会窄化甚至扭曲对社会治理规律的认识，并导致错误的实践。另一方面，社会治理实践也影响、推动甚至决定着社会变迁。无论是所谓自发的社会变迁，还是有计划的社会变迁，都是人们有目的的行动的结果，其区别不过在于人们有目的的行动的组织化程度。在此意义上，人们加强和创新社会治理的实践，本身就是社会变迁的一个组成部分。当代社会治理实践，无论是以解决社会问题为取向，还是在市场扩张和国家建设过程中以社会保护为取向，都在反制、重塑和改变着社会变迁的进程，定义着社会变迁的内涵和方向。所以说，社会变迁与社会治理之间是密切互动、互构共生的关系，深入研究这种复杂关系有助于在更为本质的意义上阐释社会治理的学理性，从而为社会治理实践提供更加科学的理论指导。

当代中国社会变迁与社会治理的互动实践是理论创新的肥沃土壤

当代中国，特别是改革开放以来的中国，"正经历着我国历史上最为广泛而深刻的社会变革，也正在进行着人类历史上最为宏大而独特的实践创新"①。这种前无古人的伟大实践，为探索社会变迁与社会治理的关系，创新社会治理理论提供了强大动力、丰富灵感和广阔空间。只要我们坚持解放思想，破除条条框框，直面现实，深耕实践，我们就一定能够在中国社会变迁与社会治理的互动中发现一般性规律，创造出具有中国特色、时代特点的社会治理理论。

当代中国社会变迁最为显著的特殊性在于，这是拥有数千年文化传统的社会巨变，是具有超大国模人口的社会巨变，是在与发达国家相比落后很多的基础上的社会巨变。而且，这种巨变的速度之快、规模之大、程度之深、影响之广，世所罕见。这样一种社会巨变是在中国共产党领导下，基于社会主义制度而发生的，它挑战了西方传统的现代化理论，开辟了发展中国家迈向现代化的新路径。它既不是基于西方意义上所谓的市场经济，也不是基于传统意义上的计划经济，而是综合了计划、市场等多种资源配置机制，发挥了自上而下、自下而上以及横向学习借鉴和帮扶支持等多个维度的积极性，调动了广泛多元的社会力量。我们在社会巨变过程中根据不同阶段的情况实施了不同形式的社会治理，整体上保持了社会和谐稳定，用实践回答了发展、改革与稳定是可以统筹的。这种统筹当中蕴含了中华优秀传统文化的智慧，体现了马克思主义的伟力，展示了广大人民群众的生动创造，我们把这些内涵更深入地揭示出来，就能更清晰地从学理上阐释社会治理实践，并为新的实践提供有效指导。

放眼全球研究当代中国社会巨变有助于揭示社会治理的一般规律

当代中国社会变迁是有其特殊性的。很明显，独具特色的中国实践必将催生具有中国特色的社会治理理论，推动中国特色社会学快速发展。但是，我们也要充分认识到，当今中国社会巨变也是整个人类社会巨变的重要组成部分，具有一般性，我们不能仅仅从内部去看待和研究这种巨变，也要站在更高的位置，以更加宽广的视野，纵观人类社会发

---

① 习近平：《在哲学社会科学工作座谈会上的讲话》（2016年5月17日），人民出版社2016年版，第8页。

展的脉络，以审视、反思我们正在经历的社会巨变过程，从而对社会巨变的规律性作出更加全面、更加深入、更有前瞻性的分析，也对社会巨变的全球影响作出更加科学、更加符合实际的判断。

如果放眼全球考察社会巨变中的社会治理，我们可以更加丰富社会治理研究的层次和内容，揭示影响一个国家或地区内部治理的外部因素，同时更加清晰地把握哪些治理规律是具有一般意义的普遍规律，哪些治理规律是具有相对特殊性的规律。不仅如此，我们还可以一方面学习借鉴加强和创新社会治理的国际经验，更好地指导中国社会治理实践；另一方面，我们也可以将在中外比较中总结出的社会治理一般规律介绍给世界，为国际学术界做出贡献，增强学术话语权，扩大学术影响力，并为其他国家和地区改进社会治理提供学理参考。在此过程中，中国特色社会学才能既有中国特色，又有普遍意义，真正成为对新时代哲学社会科学发展和中国特色社会主义实践、对人类社会发展都具有支撑作用的重要社会科学。因此，我深信围绕今天会议主题"改革开放40周年社会变迁与社会治理"开展持续深入的研讨和交流是十分重要的，期待会议取得丰硕成果。

增强社会学的实践自觉[*]

现代社会学诞生于19世纪中叶，是西方工业革命和社会转型催生的一门现代社会科学。一百多年来，学者们对于现代社会的体验、研究和理论建构推动着社会学的不断发展。在此意义上，社会学是一门经验性科学，从其诞生之日起，便对社会实践保持着敏感。但是，对社会实践的敏感并不等同于实践自觉，最多只是实践自觉的前提。我们所说的实践自觉是一种理性认识和自觉行动，包括学者直面社会实践及其变化开展学术研究，并对分析研究社会实践及其变化的概念、理论与方法进行清醒的反思，同时在科学认识社会实践的基础上积极投身于社会实践，为人民福祉和社会进步而不懈努力。

我们每个人都生活在社会实践之中，我们的社会行动是社会实践的一部分并影响着社会实践。那么，为什么要提增强社会学的实践自觉呢？主要原因是，社会实践总是历史的、具体的并不断发展变化的，当代中国社会的历史性巨变及其全球性影响与催生现代社会学的西方现代化转型实践有着本质的不同。2016年，习近平总书记在哲学社会科学工作座谈会上的讲话指出："当代中国的伟大社会变革，不是简单延续我国历史文化的母版，不是简单套用马克思主义经典作家设想的模板，不是其他国家社会主义实践的再版，也不是国外现代化发展的翻版，不可能找到现成的教科书。我国哲学社会科学应该以我们正在做的事情为中心，从我国改革发展的实践中挖掘新材料、发现新问题、提出新观点、构建新理论。"[①] 习近平同志的讲话为面向实践的中国社会学指明

---

[*] 本文发表于《人民日报》，2019年5月20日，发表时略有删节。
[①] 习近平：《在哲学社会科学工作座谈会上的讲话》（2016年5月17日），人民出版社2016年版，第21—22页。

了发展方向。但是，由于社会学是一门移植过来的学科，由于中国社会变迁的特殊性，由于社会学教学模式的不够完善以及学习研究社会学的人越来越缺乏直接而深入的社会体验等原因，我们的社会学与中国社会实践还存在一些方面、一定程度的脱节，我们需要对此有充分的自觉认识。

进一步说，由于社会学是一门移植过来的学科，其知识体系基本上还是西方的，包括基本概念、理论与方法，都受着西方历史文化和实践的明显影响，并浸透着西方人的偏好和视角。虽然这些知识对于揭示人类社会运行和发展规律提供了一种参照，具有其科学性的一面，但是我们对这样的知识体系保持清醒的反思与批判非常重要，否则就不自觉地戴上了"眼镜"，透过这种"眼镜"观察、分析和预测当代中国社会实践肯定是不完全契合的，甚至会发生偏差，从而妨碍着我们对于实践的科学认识。更为重要的是，科学研究及其发现都有社会建构的功能，在很大程度上影响着社会实践的进程、形式、内容和方向等。无论有意无意，我们在学习西方社会学的过程中都会养成一种关于社会的认识和判断，并通过研究成果的发表和教学活动产生实际的社会影响。科学，特别是哲学社会科学，从来都不是全然价值中立、与世无涉的，我们需要对运用西方社会学知识体系的社会后果保持清醒的自觉。

最为重要的是，我们要发展的具有中国特色的社会学是在马克思主义指导下的社会学，实践性与人民性是马克思主义社会学的根本属性，这与西方一些社会学者倡导的所谓"价值中立"的纯粹社会学有着本质的区别。我们的社会学不应当，实际上也不可能置身于社会实践之外，而应当有意识地、积极主动地投身于社会实践之中，在实践中认识社会，同时用源于实践的理论指导实践，在改造社会的实践中不断检验、修正和发展理论。2019年全国"两会"期间，习近平总书记在看望文化艺术界、社会科学界联组委员时指出："哲学社会科学研究首先要搞清楚为谁创作、为谁立言的问题，这是一个根本问题。……哲学社会科学工作者要多到实地调查研究，了解百姓生活状况、把握群众思想脉搏，着眼群众需要解疑释惑、阐明道理，把学问写进群众心坎里。"[①]

---

① 新华社中央新闻采访中心编：《直通两会2019 两会热点面对面》，人民出版社2019年版，第94页。

一切有价值、有意义的学术研究，都应该反映现实、观照现实，都应该有利于解决现实问题、回答现实课题。这方面，我们需要保持清醒认识，我们的社会学要为理想社会的实现付出行动上的自觉努力。

事实上，在中国社会学发展史上，一代又一代学者持续推进社会学的中国化，致力于建设中国特色和国际视野兼具的社会学，这当中已经隐含了对于中国社会实践的自觉和对西方社会学知识的反思。费孝通先生在认识到文化现象兼具一般性和特殊性的基础上，提出了"文化自觉"概念，强调生活在一定文化中的人要对其文化有"自知之明"，在理解所接触到的多种文化的基础上确立自己的位置。郑杭生先生更进一步提出了"理论自觉"概念，强调中国社会学需要的是对西方社会学的借鉴，并主要根据中国社会发展和社会转型的实际，结合中国社会历史悠久的丰富传统学术资源，进行原创性的或有原创意义的理论创新，而不是在西方社会学理论或社会理论的笼子里跳舞。毫无疑问，正是对中国社会实践特殊性和中国社会学主体性的充分认识，催生了"文化自觉""理论自觉"概念，并对解构西方社会学知识体系、引导中国特色社会学健康发展发挥了重要作用。我们进一步明确提出并强调"实践自觉"概念，可以说是对文化自觉、理论自觉概念的丰富和发展。在一般意义上讲，实践自觉是文化自觉、理论自觉的基础和前提，文化自觉和理论自觉指导、促进着实践自觉，为实践自觉提供正确的立场观点和方法。同时，实践自觉还更加强调了以人民为中心的建设性学术行动和社会行动。实现文化、理论与实践的充分自觉，更加有助于明晰中国社会学学科建设的正确方向。

立足新时代，增强社会学的实践自觉，一是要求我们加强马克思主义基本理论学习，深化对习近平新时代中国特色社会主义思想的理解，坚持以马克思主义中国化最新成果为指导，科学把握认识和实践的关系，遵循追求真理的一般规律，充分认识到实践是理论之源、时代是思想之母，当代中国的实践巨变是我们学习、创造和发展社会学的重要基础。社会学者既要多读书、读好书，更要读进去、走出来，学会理论联系实际，与时代同步伐，切实做到"从实求知"。二是要求我们掌握并运用科学的社会学方法论，以便更为深入、更为全面、更为系统和更加科学地把握当代中国社会实践的巨变。一方面，我们要深入学习借鉴西方社会学的一般知识；另一方面，我们更要以中国共产党领导人民的伟大创造实践为中心，着眼于中国与世界的复杂互动，着眼于中国社会的科学发展，特别注意运用历史思维、系统思维、辩证思维、批判思维和创新思维，注重分析中国社会现象的历史逻辑和辩证逻辑，在中国社会历史自身的演变轨迹中把握实践的变化，在分析社会矛盾的辩证运动中把握社会实践的发展，在中国与世界的互构共建中把握实践的趋势。这当中，我们要特别注意认识并克服西方社会学文化的、历史的、国家的乃至阶级的种种局限性，更加注重探索创新更接地气、更能解释中国社会实践的概念、理论与方法，努力避免不加批判地以西方理论剪裁乃至误导中国实践的现象。三是要求我们坚定为人民服务的立场，始终着眼于广大人民的现实利益、整体利益和长远利益，不局限于小我、小群体的特殊利益，自觉为人民做学问的使命与责任，注意倾听人民的声音、了解人民的思想、满足人民的需要，围绕保障改善民生、加强创新社会治理、提升社会建设水平、防范新型社会风险和推进社会现代化等重大理论和实践问题深入开展研究，把学问写在中国大地上、写进群众心坎里，做人民社会学家。四是要求我们不断改进社会学的人才培养，落实立德树人根本任务。改革开放以来，我国社会学人才培养取得了显著成绩，但是当前依然存在一些方面的不足。比如说，学习研究社会学的人越来越年轻，深入接触了解社会的机会少，从学校到学校，从书本到书本，社会阅历不足，对社会现象的认识不够深刻和全面；一些学生在学习研究中存在从概念到概念、以西方理论剪裁中国实践或止步于简单地以中国实践验证西方理论、在调查呈现中国实践时缺乏自觉的理论视角和概念抽象等倾向；甚至还有一些人自外于火热的社会实践，成为旁观者或者缺乏建设性的简单批判者。我们要特别针对这类不足，大力开展多种形式的实践教学，推进实践育人，丰富社会体验，培育家国情怀，从而增强学生的实践自觉和学习研究社会学的使命感责任感。

回溯中国社会学的发展历程，我们可以说，增强社会学的实践自觉，是社会学学科在中国落地生根、开花结果的客观要求，是中国社会学贡献于世界社会学并引领其发展的必由之路。增强实践自觉，既是对每个社会学者的基本要求，更是对整个学术共同体的基本要求。没有学术共同体的共同认识、有效分工、科学评价和一致努力，没有代代相传的优良学风传承，我们是很难做到真正的实践自觉的。在此，我们要高度重视对中国社会学发展史的学习和研究，向孙本文、费孝通、雷洁琼、郑杭生、陆学艺等老一辈社会学家学习，汲取其实践自觉的学术素养和学以致用的家国情怀，从治学精神上接续文脉，在研究方法上传承创新，在研究议题上与时俱进，从而推动新时代中国特色社会学的健康发展。

增强中国社会学的主体意识[*]

非常高兴应邀出席"转型中国与中国社会学：学科·理论·实践学术研讨会"，这是中国人民大学社会学学科教学与研究35周年的汇报会，是中外社会学发展的交流会，是对中国社会学恢复重建四十周年的隆重纪念，是对新中国成立70周年的热烈庆祝，更是对中国社会学未来发展的集体展望。我谨代表国务院学位委员会办公室，对本次会议的召开表示热烈祝贺，对中国人民大学长期以来重视社会学学科建设和高层次人才培养表示高度赞赏，对郑杭生先生开创的人大社会学团队的努力工作表示崇高敬意！

今天会议的主题是"转型中国与中国社会学"，名家云集，规模很大。我看到会议设有16个分论坛，内容涉及现代化、农村发展、城市治理、国家与市场、社会分层与流动、社会不平等、网络与权力、劳动就业、社会态度等广泛议题，涉及经济社会学、教育社会学、文化社会学、历史社会学、社会理论、社会研究方法等分支学科建设，实在是一次盛会，将会呈现国内外社会学界围绕中国社会转型开展研究的最新成果。

事实上，"中国社会转型"一直是人民大学社会学团队开展社会学研究和学科建设、人才培养的出发点落脚点。已故社会学家郑杭生先生围绕社会运行、社会转型、社会互构、实践结构以及学科本土化等，提出了比较系统的理论见解，社会转型论是其主要的理论贡献之一，是社会运行论在研究中国社会转型实践方面的应用和发展。现任清华大学社

---

[*] 本文为2019年8月28日在中国人民大学举办的"转型中国与中国社会学：学科·理论·实践学术研讨会"上的致辞，未正式发表。

会学系资深教授李强、中国人民大学中国综合社会调查（CGSS）创始人李路路教授、中国人民大学社会学理论与方法研究中心主任刘少杰教授等，都曾是郑杭生先生开创的人大社会学团队的重要成员，他们在中国社会转型的不同方面也进行了深入而有影响的系列研究。

早在1989年，也就是三十年前，郑杭生先生为《中国社会学年鉴1979—1989》写过一篇题为《转型中的中国社会和成长中的中国社会学》的文章，指出："研究这个转型过程，回答转型过程中面临的种种课题，不仅是中国社会学义不容辞的任务，而且也是它安身立命的根基。可以说，对中国社会的'转型'认识得越深入、越全面，中国社会学的成长也就越扎实、越迅速，而成长了的社会学又转过来推动转型过程的比较顺利、比较健康地前行。"[1] 他还指出："中国社会学必须植根于转型中的中国社会，才有可能具有中国特色。能否从自己特有的角度如实地反映和理论地再现这个转型过程的主要方面，是中国社会学是否成熟的标志。中国社会学离开转型社会的实际，就会成为无本之木，无源之水。"[2]

从那以后，郑杭生先生主持编写过《转型中的中国社会和中国社会的转型：中国社会主义现代化进程的社会学研究》等著作，并在10年前的2009年又发表了《快速转型中的中国社会与日益成熟的中国社会学》。期间，还在2001年组织过"'转型中的中国社会'学术研讨会"，在2010年组织过"社会转型与中国社会学理论自觉学术研讨会"。我想，今天的学术会议也是对人民大学社会学学术传统的一种梳理和传承。

似乎巧合的是，三十年前也是"市场转型"理论提出之时，在座的倪志伟（Victor Nee）教授等人试图建构对中国社会分层以及更为广泛意义上的社会转型进行分析的概念工具。三十年来，该理论在国内外有着广泛的影响，产出了大批研究成果，也培养了不少专业研究者。尽管该理论面临不同的质疑，但是，毫无疑问，它是一种创新的努力，值得予以重视。将该理论运用于中国实践，已经产出一些有趣的研究发现。

---

[1] 中国社会科学院社会学研究所编：《中国社会学年鉴1979—1989》，中国大百科全书出版社1989年版，第20页。

[2] 同上书，第25页。

但是，我个人感到有些困惑的是，在中国现代化进程中，再分配经济体制完全主导的时间并不长，由市场以及市场经济体制发挥作用的时间更长一些。如果说改革开放以来的社会分层和巨变是从再分配体制向市场体制转变的结果，那么，为什么近代以来曾经长期存在的市场和市场经济并没有导致社会平等和中国现代化转型的明显进展？一旦把改革开放以来的巨大变革放进历史演进的长河中进行分析，我们可能就会有一些不同的，甚至是更深层次的发现或者启示。我觉得，在社会研究中，历史视角与制度视角一样重要，甚至更为重要。

由此，我联想到社会学学科发展史上的一些重要理论，比如说现代化、世界体系、依附论、历史终结论、文明冲突论、全球化，等等。这些理论在对社会趋势的概念化和指导社会研究等方面都作出了重要贡献，但并非是完美无缺、普遍适用、永远有效的真理。与其说这些理论是一种完完全全的实证，不如说其是各具特色的包含有预测性的主观建构。这种建构的影响也不仅仅是知识层面的，还影响着广泛的实践，包括中国的实践。可以说，在很大程度上，这些理论是在与中国不同的社会巨变的基础上概括、建构出来的。

相对于西方的现代化转型及其发展，中国巨变的实践有其自身的诸多特点。这些特点不仅仅是简单的时间和空间方面的，不是简单的"晚发""外发"所能概括的。当然，时间空间因素都具有重要的影响。事实上，作为时间上的后来者，行动者的预期、可选择的路径、外部条件以及面临的结构制约等，都与早期现代化转型的国家不一样。经验研究告诉我们，中国现代化转型的实践，与西方发达国家的转型实践相比，有着种种形同质异、形同质同、形异质同、形异质异的情形。这些复杂情形的存在呼唤着理论创新，甚至，这种创新不能停留于对西方理论的检验和改造，而需要更具批判性和革命性的思维。

如果要确立更具批判性和革命性的思维，其前提是主体的觉醒和主体意识的确立。自从近代西方国家坚船利炮的打击和西学东渐之后，我们中国人的自信心受到很大影响。长期以来，我们都是以学生身份"师夷长技"的。在巨大的对比反差下，我们一度甚至丧失了自信，对西方的一切都求之若渴、仰之弥高。在几乎整个社会科学领域，甚至在更为广泛的领域，我们都还是学习者、移植者。社会学的情形也大抵如此，我们曾经几乎忘记了社会学的本质是关于社会的学说。这样一种本质的认识，实际上意味着不同的文化都有关于社会的思想，不同的理论都植根于不同的社会实践，不同的社会实践都具有主体的创造性。而事实上，我们更多地在社会学与西方社会学之间画上了等号，对于社会学的概念、知识、理论和方法，都奉西方社会学为圭臬。在学科建设、研究实践和人才培养中，体现为很大程度地对中国文化和中国社会思想的忽视、对中国社会学理论建构的忽视、对中国社会实践创新的忽视。

或许正是意识到这些方面的不足，老一辈社会学家费孝通先生大声疾呼"文化自觉"，郑杭生先生提出了"理论自觉"。我在学习思考老一辈社会学家思想的基础上，也尝试提出了"实践自觉"的概念，倡导社会学者自觉中国现代化转型的时空背景、内容特色、研究方法以及学术研究的实践导向。基于历史的视角来看，中国社会学的健康发展，需要我们从近代以来的文化震惊中真正走出来，认真梳理我们文化中的社会思想，把社会学的学理接上中国文化的血脉；需要我们从对西方理论的学习和验证中真正走出来，贡献我们自己接地气的理论建构；需要我们从片面的价值中立和实证主义方法论中真正走出来，更加积极地直面我们置身其中的火热的、充满动态和希望的社会实践。

文化自觉、理论自觉和实践自觉，说到底，是确立我们的主体性，增强我们的自信心。我对社会学的了解，是在学习历史中发生的。我在大学本科学习历史学专业，在近代中国历史的研究著作中发现了社会分析的框架，特别是在严复先生翻译的《群学肄言》中接触到了社会学，在"社会学概论"等课程中了解了社会学的概貌，后来从研究生阶段开始比较系统地学习和研究社会学。严复先生翻译的《群学肄言》给我留下很深的印象，这种印象不仅是指其将社会学翻译为"群学"，定义为"用科学之律令，察民群之变端，以明既往测方来也""群学者，将以明治乱盛衰之由"，并使用心与物的概念讨论社会学研究方法，更重要的是其以我为主、纳西学于中学并改进之的眼界与胸襟，以及遵天演而推变革、操正德利用厚生之业的责任感和使命感。很明显，百年之前严复先生的工作是体现了主体性与自信心的。

当然，我们今天强调主体意识，并不是对传统的简单回归和守旧，也不是一句空洞口号，而是在传承弘扬中华优秀文化、植根中国实践和拓展国际视野基础上的再建构、再创造，是一种新主体的形塑过程。在此，马克思主义的唯物史观和辩证法可以为我们提供有力的支持，习近平新时代中国特色社会主义思想可以给我们正确的指引。只要我们回归社会学的本质问题，增强中国社会学的主体意识，坚定文化自信，保持文化开放，洞察巨变世界中的中国以及中国巨变影响下的世界，洞察单向度的现代化转型正在走向互构共生的新转型的必然趋势，始终在党的领导下朝着创建人民社会学的正确方向，我们就可以以更加平等的身份、更为自信的心态，与国际社会学同行沟通对话、合作共建，并在此基础上创造中国社会学的辉煌明天，贡献于世界社会学、全球思想和人类文明的进步，贡献于中华民族伟大复兴事业。

  以上浅见，与同仁分享。不当之处，敬请批评指正！最后，预祝本次学术会议圆满成功，为转型中国的社会学学科建设、理论创新、人才培养和实践推动做出新的贡献！

中国社会学学科自信之源[*]

社会学作为对中国哲学社会科学发展起着重要支撑作用的一个学科，在中国已经有一百多年的发展历程。特别是自1979年恢复重建以来，中国社会学在学科建设、科学研究、人才培养和社会服务等方面取得了显著进展，已经成为影响广泛并日益制度化的学科。在此发展过程中，我们的学科自信日益增强，形成了持续创建中国特色社会学并扩大其国际影响力的重要心理基础。具体来讲，社会学的学科自信之源有以下几个方面。

第一，学科自信源于我们对于西方社会学的"去魅"，这是长期文化和学术交流的一个客观结果。近代中国，在西方列强坚船利炮打击之下，西学东渐，我们经历了深刻的文化震惊，对西方学术思想抱有某种新奇和敬畏，对自身学术传统则产生某种程度的自卑，以西学为师甚至全盘西化的学术风气很盛行。现代社会学在中国的发展最初就是翻译和移植西方社会学，甚至这样一种潮流在改革开放恢复重建社会学的过程中也曾有过突出表现。但是，随着对外开放日益扩大、国际交流日益深入，在数代学人的不懈努力下，我们对西方社会学的了解日益全面深入，不再有简单的迷信和崇拜，更多地表现为越来越理性的对话交流。我们已经非常明确社会学的本质就是关于社会的一种学说，是用科学的方法来探究社会现象规律性的一门经验性学科。对于这样一种学科的建设，我们有自己的文化资源和实践基础，我们可以做到有自信的"平

---

[*] 本文为2019年9月7日在中国社会科学院举办的"学科自信：走近世界的中国社会学"研讨会上的发言，发表于《中国社会科学报》，2019年12月18日。我的博士生曲天词参与了发言记录的整理。

视",而无需仰视和盲目崇拜西方社会学。

第二,学科自信源于我们对西方社会学自身不足的不断认识。随着对西方社会学学习研究的不断深入,我们不仅越来越多地认识到其所谓价值中立的理论原则、西方中心论的理论立场、要么强调个人要么强调社会的两极化理论思维、对西方社会本质上的非批判理论态度、过分强调实证主义的方法论、关于社会发展和现代化的线性对立思维等内在局限,而且对其在密切联系并有效回应当代全球变化、解释和指导发展中国家的发展等方面的不足也有了更加深入的认识。现有的西方社会学,不仅在解释包括中国在内的发展中国家的崛起方面显得捉襟见肘,其对技术进步、环境变化、全球社会和全球挑战的回应也是比较老套、苍白的。西方社会学不是包治百病的万能药,知其优势、析其不足,是我们更加自信地发展中国社会学的又一依据。

第三,学科自信源于中国社会学的不断积累和快速发展。中国社会学自身取得的显著进步是我们增强学科自信的重要源泉。一百多年来,一代代学者持续跟踪西方社会学的发展进程,研究和翻译西方社会学的理论与知识,开阔我们的学术视野。一些有识之士不断推动社会学的中国化,面向中国实践,扎根中国大地,创造以人民为中心的社会学,取得了显著成果。这当中,李景汉、潘光旦、吴文藻、吴景超、费孝通、雷洁琼、陆学艺、郑杭生等先生,都作出了杰出贡献。差序格局、皇权与绅权、小城镇发展、"三农"问题、社会运行、社会转型、社会建设、社会治理等,已经成为中国社会研究的重要概念和理论工具。中国特色社会学正在开放包容的基础上走向成熟。与此同时,我们对中国社会学史、中国社会思想史的研究也在不断加强,特别是景天魁先生团队基于中国学术思想对中国社会学发展历程的自觉整理具有开创性意义。这些研究促进了社会学与中国文化的融合,夯实了中国社会学持续发展的根基。

第四,学科自信源于中华优秀传统文化的博大精深和持续坚韧的生命力。社会科学总是植根于特定的文化传统,并受这种传统的滋润和影响。优秀的文化能够提供丰富的智慧和深厚的价值,支撑并引领社会科学持续发展。当今世界上,中华文化是唯一连续发展不曾间断的活文化。自强不息、厚德载物、民胞物与、实事求是、与时俱进、开放包容等,都是中华文化的核心精神。正是在这些精神的指引下,中华文化总是在社会与环境的发展变化中不断丰富自己、发展自己，形成了独具特色的关于个人、家庭、社会、组织、制度、福利、国家、发展等方面的丰富思想。对于中华优秀传统文化的深入发掘和传承弘扬，实现创新性发展和创造性转化，必将焕发中国社会学的勃勃生机，彰显中国社会学的鲜明特色。

第五，学科自信源于中国人民在社会变革实践中的伟大创造。一百多年来，我国从一个备受欺凌、积贫积弱的国家，日益发展为世界第二大经济体，深刻改变了世界格局。这是中国共产党尊重人民首创精神，领导广大人民努力奋斗，在实践中创新，在创新中发展的结果。中国发展所创造出的道路与模式，既不是简单延续中华历史文化的母版、套用马克思主义经典作家设想的模板、其他国家社会主义实践的再版，也不是国外现代化发展的翻版，而是具有鲜明中国特色的实践创造。实践是理论创新的源泉，伟大实践呼唤和催生伟大理论。只要我们不断强化实践自觉，直面中国社会巨变，在中国变革自身的逻辑中寻找理论灵感，我们一定能够创造出更加成熟的新时代的中国社会学，并为世界社会学发展作出贡献。

第六，学科自信源于我们始终坚持马克思主义指导，特别是坚持以马克思主义中国化最新成果为指导。马克思主义深刻揭示了社会的起源、结构、运行和发展演变规律，并体现了鲜明的以人民为中心的立场，正是马克思主义的指导使得社会学成为一门真正的科学，并彰显出其实践性、辩证性、批判性和开放性。习近平新时代中国特色社会主义思想从理论和实践结合上系统回答了新时代坚持和发展什么样的中国特色社会主义、怎样坚持和发展中国特色社会主义这个重大时代课题，内涵丰富，博大精深，是马克思主义中国化最新成果。只要我们在学术实践中坚持以习近平新时代中国特色社会主义思想为指导，增强"四个意识"，坚定"四个自信"，我们就会更加坚定学科自信，更有成效地推动中国社会学取得兼具中国特色与世界影响的新发展。

在实践中创新发展的中国社会学[*]

习近平总书记在"不忘初心,牢记使命"主题教育总结大会上指出,一个忘记来路的民族必定是没有出路的民族,一个忘记初心的政党必定是没有未来的政党。我想,学科建设与发展也是同样道理,回望来时路,擦亮初心,是学科健康发展的一种必要机制。尤其是在中国社会学恢复重建40周年之际,中国人民大学书报资料中心举办这样的学科回顾与展望活动,很有意义。

我的发言题目是"在实践中创新发展的中国社会学",主要想讲三点内容:一是2019年社会学研究的热点所在,二是2019年社会学研究的焦点所指,三是2020年乃至今后一段时间内社会学发展的重点展望。

2019年社会学研究的热点:
自省、自觉、自信、自强

2019年社会学研究的热点是什么?若要具体罗列相关议题,可以说有很多,其中一个重要方面就是中国社会学恢复重建40周年的回顾与展望。

1979年,在邓小平的指示下,中断了27年的中国社会学开始恢复重建。2019年是新中国成立70周年,也是社会学恢复重建40周年。40年来,中国社会学恢复重建取得了巨大成绩。很多学术单位都以不同的形式召开会议,聚焦不同主题,围绕不同方面,重温中国社会学的

---

[*] 本文为2020年1月9日在中国人民大学举办的"2019年度中国十大学术热点发布会暨哲学社会科学研究展望论坛"上的发言,未正式发表。

发展历程。我参加了西安交通大学、中国人民大学和中国社会科学院等单位举办的相关活动，聆听了众多学者的见解。我在思考的是，透过中国社会学恢复重建 40 周年回顾与展望这样一个热点议题，背后究竟折射出了社会学者什么样的深层关注？我认为这就是学科自省、学科自觉、学科自信和学科自强。

学科自省包括了相互关联的三个方面内容：一是回顾中国社会学学科发展的进程，回顾重建的艰难和发展的迅速，回顾学科建设取得的重要成就与贡献；二是回顾改革开放 40 多年来的巨大成就，回顾中国国内经济社会发展的深刻变化以及全球社会体系的变化；三是回顾社会学学科与实践剧变之间复杂多样的互动，分析社会学学科的实践应用以及实践变化对社会学学科发展的挑战。我们可以看到、听到，很多学者在讨论这些内容。清华大学李强教授最近在《北京日报》撰文回顾中国社会学的本土化，就是其中的一个代表。

学科自觉是建基于学科自省之上的，体现了学者作为主体对学术实践的理性反思。在回顾与展望的过程中，很多学者指出了中国社会学取得的巨大成就，包括费孝通先生在乡镇企业、小城镇和中华民族多元一体等方面的研究；陆学艺先生在"三农"问题和社会阶层结构方面的研究；郑杭生先生在中国特色社会学理论方面的探索，如社会运行论、社会转型论、社会互构论等。也有学者深刻指出了中国社会学发展的不足，包括理论上、方法上、材料上的不足。比如，有的学者认为社会学还没有很好地植入中国思想文化发展的脉络之中，也有学者认为纯粹实证主义范式不一定适合深刻地揭示当代中国社会巨变的逻辑和规律。更进一步，学者们对建设"更加中国"的社会学有了更为强烈的自觉，越来越认识到社会学本土化仍然在路上，大量的社会学研究是在阐释传播西方社会学理论，或者是以中国经验检验论证西方理论。值得注意的是，有学者更加清晰地自觉到当代中国社会学的责任与使命，并提出了"实践自觉"这一重要概念，强调中国社会学的发展要更好地直面中国社会巨变的特殊性并自觉融入中国社会发展进程中，坚持建设性的实践取向，自觉为增进广大人民福祉、为中国国家治理体系和治理能力的现代化做出学科应有的贡献，并在此过程中提升中国社会学的国际影响力。

学科自信既体现为中国社会学发展进程中一种学术心态的建立，也体现为一些学者交流、讨论和倡导的重要议题。在 2019 年的各种学术活动中，我深深体会到学者们对于学术自信的强调和倡导，特别是中国社会科学院景天魁先生组织了学科自信的专题研讨。客观地讲，我们现在拥有了确立学科自信的更为充分的理由：一是我们对西方社会学的了解越来越深入，既了解了其优势，也深知其不足，在很大程度上已经祛除了西方社会学的"光环"，越来越可以平视之了；二是中国社会学发展已经取得巨大成就；三是中华优秀文化可以为社会学提供文化滋养和思想支撑，景天魁先生已经着手从发掘中国传统思想入手对中国社会学史进行重构和阐述；四是中国人民在现代化实践中的卓越创造，刺激了中国社会学发展的灵感并提供了不一样的源头活水，比如说民生、社会建设、社会治理等，都是中国社会学的重要研究对象，并有望成为中国社会学的重要概念建构；五是中国社会学坚持以马克思主义为指导，特别是以不断发展的马克思主义中国化最新成果为指导，保证了指导思想的科学性，从而更有可能建设一门列宁所说的真正科学的社会学。

学科自强是老一辈社会学家的追求，也是近年来学界关注的热点。2019 年在回顾展望中国社会学发展的过程中，一些学者表达了进一步的倡导和坚守。从 1979 年开始，中国社会学在恢复中重建，这与简单的"恢复"原有社会学学科有着很大的区别，更加强调的是重建新的社会学，实际上是新的创造。我们所要建设的社会学不同于解放以前的社会学，也不同于西方的社会学，用费孝通先生的话讲就是要建设"迈向人民的社会学"，用郑杭生先生的话讲是要建设"中国特色社会学"。建设中国特色、世界一流的社会学学科，需要一代又一代学者的接力奋斗，自强不息是我们应有的一种精神状态。学科自强并不是脱离学科历史，而是强调要在更好的传承中自强。近年来，学界更加重视对于中国社会学史、中国社会思想史的研究，中国人民大学、中国社会科学院等学术单位都在推进相关工作。学科自强也一定是在扩大开放中的自强，关起门来永远自强不了，最多是夜郎自大。在全球化时代，我们要以更加宽广的视野看待全球世界，不仅仅是聚焦西方发达社会，也要重视研究发展中社会。学科自强必须加强全方位、多层次、多种形式的交流与合作，包括国内与国际合作。学界越来越意识到，学科自强的奋斗目标是创建具有中国特色、中国风格、中国气派的社会学，要在学科体系、学术体系、话语体系等方面的建设上持续发力。

事实上，中国社会学在回顾与展望中所呈现的对于自省、自觉、自信、自强的深层关注，也是整个哲学社会科学发展热点的一种反映。随着中国实践的快速发展，我们越来越呼唤包括社会学在内的整个哲学社会科学，在自省、自觉的基础上，增强自信，自强不息，为中国社会主义现代化强国建设作出更大贡献。

2019年社会学研究的焦点：
治理、学理、法理、公理

透过热点看焦点，我们可以发现，一段时间以来，特别是在2019年，社会学研究聚焦一个"理"字。深入地看，这个"理"又包含四层意思：社会治理、学术道理、制度建设和普遍规律。

社会学学科的产生和发展，与对社会运行和发展规律的探究是密切相关的。按照郑杭生先生的定义，社会学就是研究现代社会良性运行和协调发展的条件与机制的综合性具体社会科学。所以，一般而言，社会学在促进社会发展的同时，始终关注发展与治理的协调，这是社会学研究永恒的主题。

我们说2019年社会治理继续成为社会学研究的焦点，首先是指众多学术活动和论文发表都聚焦于社会治理。这里有些促动的因素，一是中国社会学恢复重建40周年的纪念与反思，二是新中国成立70周年的纪念庆祝活动，三是党的十九届四中全会专门研究治理现代化并通过了相关决定。进一步看，社会学研究聚焦社会治理，也体现为对社会学本质的一种回归，以及对当代中国重大理论与实践问题的自觉回应。在中国社会主义现代化实践中，发展和治理关系始终是一对需要高度重视并妥善处理的重要关系。党的十八届三中全会明确了坚持和完善中国特色社会主义制度、推进国家治理体系和治理能力现代化的改革目标，十九届四中全会又就这一主题作出了相关决定。围绕社会治理现代化这一重大议题，发挥社会学学科的优势，广泛开展研究，这是很正常的现象。

社会治理研究在本质上是为了探索和总结社会治理实践的规律，在此意义上，探究学理才是焦点之所在。回顾2019年，这种学理上的探究大概体现在三个方面：一是聚焦实践中的治理难题，比如说流动性的治理、基层社区治理和信息技术的应用等，探究解决问题的科学思路与方法；二是深入阐释马克思主义中国化的最新成果，特别是习近平新时代中国特色社会主义思想中的社会治理思想的学理内涵，包括对共建共治共享社会治理格局、社会治理共同体建设，以及党委领导、政府负责、民主协商、社会协同、公众参与、法治保障、科技支撑的治理体系建设的阐释和研究；三是在以社会治理为主题的相关研究中，不断反思西方社会学的思想、理论与方法，推进社会学的本土化，发展基于本土的、适用本土的概念、理论与方法，以更为准确地揭示中国社会现象背后的规律性。

中国社会学有着强烈的经世致用色彩，这也是中国学术的重要传统。我们开展学术研究是为了不断改进实际工作，增进广大人民的福祉。就此而言，过去一段时间里，社会学者越来越明确，要积极推动研究成果向实际工作转化，积极参与立法和制度建设，这就是为现代化"立法"。相关的"问题—政策"导向的研究也更加活跃，水平不断提升。在快速推进的现代化实践中，我们不能满足于做研究者、批评者，更不能只做指手画脚的旁观者，而要更多地做建设者。现代化不仅仅是指经济技术层面的现代化，它内在地包含了治理体系和治理能力的现代化。从社会学的角度讲，现代化意味着社会关系的重组、社会制度的重构和社会治理水平的不断提升，这当中社会学研究应该可以为明晰法理（制度）作出贡献，在推动制度建设、加强制度供给、提升社会运行和发展的制度化水平等方面发挥重要作用。

关注治理，探究学理，服务法理，必然促进中国社会学的快速发展，提升社会学的学科地位，也会扩大中国社会学的国际影响力。在遵循科学规范的基础上，越是基于本土的科学发现越能产生国际性的影响。特别是，在扩大国际视野、深刻理解国外社会学发展的基础上，注重概念与理论的提炼，从区域社会的特殊研究上升到全球社会的一般研究，致力于建构更具有普遍意义的社会学概念、理论与方法，这一过程就是发现、创造"公理"或共同知识的过程。这样的"公理"越多，我们的社会学对世界社会学的贡献就越大，就越能彰显社会学的中国声音，不断改变社会学话语影响力上西强我弱的格局。在过去的一年里，很多学者在反思中国社会学的发展中强化了这种认识，也有不少论著聚焦扩大中国社会学国际影响力的路径。我相信，中国社会学在自省、自觉的基础上更为自信，在治理、学理、法理的探究上不断深入，我们最终是能够在发现更多"公理"基础上走向自强的。

未来中国社会学发展的重点：
学科、学术、学者、学生

展望2020年以及未来一段时间内中国社会学的发展，加强学科布局、提升学术内涵、建设学者队伍、重视学生培养等，应该是我们需要持续推进的重点工作。

学科布局是中国社会学发展的基础工作，目前还有薄弱之处。我们的社会学学科应该是一个大社会学的概念，但在实际工作中，社会学有着越来越窄、越来越小的倾向。在同一个学科内部，社会学与人口学、人类学、民俗学、社会工作、社会政策等学科之间的实质性交流合作还不够活跃，甚至存在着相互区隔乃至分离的倾向，这是很危险的。如果中国社会学走到美国社会学学科发展路径上去，将会遭遇诸多问题，很难获得大的发展。当今社会巨变之中，我们面对的社会问题、社会治理非常复杂，迫切需要加强社会学学科内部的整合，凝聚更强的力量。与此同时，跨学科的视角和交流合作也越来越重要。比如说信息技术革命带来的社会影响，现在很多学科都在研究，我们社会学需要更加重视与其他学科之间的交流，包括与自然科学的交流。应对现代社会运行和发展所面临的能源、资源、环境、健康等方面的重大挑战，也要加强学科间合作，重视交叉学科的发展。可以说，面对中华民族伟大复兴和百年未有之世界大变局，我们比以往任何时候都更加需要开放社会科学，打破学科之间过于僵化的边界，以更为宽广的胸怀建设新社会学。

学术研究乃是学科生命力之所系，有特色、高水平的学术研究成果是学科发展的重要支撑，同时也标志着学科的成熟程度和发展水平。我们需要重视对既有社会学传统的研究，但是更要强调直面实践的巨变，聚焦重大理论问题和实践问题，坚持学术研究的问题导向和目标导向，为加快推进中国现代化提供学理支撑，同时在这种研究中作出中国社会学的原创性贡献。我们要关注当下变化中的社会现象，同时也要强化历史视角，从当下与历史的有机联系中去把握社会现象的本质及其发展的规律性。我们强调学术研究的中国特色，同时也要强化更加宽广的国际视野，要在全球体系的深刻变动中认识和把握中国社会巨变。我们关注日常生活小世界的阐释和研究，关注个体行动分析，同时也要强调宏观结构分析，重视宏大叙事，关注社会结构与体系的变革。可以说，当今社会的体系性结构性变革，例如网络社会的兴起、生态文明建设等，对于每个人的生活机会、发展空间都具有深刻的影响，如果忽视这方面的影响，不仅不能科学地阐释微观社会现象，而且会弱化社会学对重大社会变革的回应能力，妨碍整个学科的发展。

学者是学术研究、学科建设的核心，没有优秀的学者，就产出不了优秀的学术成果，也不能推进学科发展。中国社会学恢复重建以来，学者队伍不断壮大，涌现了一大批优秀的社会学者。现在社会学教学与研究已经成为越来越受国家和社会重视的职业之一。我想说的是，社会学者首先要有敬业精神，建立完善职业伦理并切实遵守之。不仅如此，身居伟大变革的时代，社会学者还应涵养家国情怀、履行社会责任，扎根中国大地做有用之学，推动社会学服务于社会进步。如果有更多的学者以社会学为志业，而不仅仅满足于获得一个职位，少功利之心而志存高远，具有强烈的实践自觉和服务社会的使命感责任感，坚持探索中国和世界巨变中的重大理论问题和实践问题，致力于扩展人类知识范围、增进人类福祉，那么，中国社会学必将迈向卓越，走在引领世界社会学发展的方向上。

学科、学术、学者的持续发展都依赖于优秀的人才培养体系，也就是说我们要高度重视学习社会学的学生，他们将来可以有多种职业选择，但是社会学教学与研究一定是其选择之一。所以，今天学生培养的质量，在很大程度上决定了未来学者的质量。我们现在有很多学校在办社会学学科、专业，培养本科生、硕士生、博士生，但是我们的人才培养体系和培养模式还有不少需要完善之处。比如说，对学生德智体美劳全面发展的认识还有不足；对吸引最优秀的学生学习社会学还重视不够；在知识传承、能力培养和价值引领的关系处理上还有不到位的地方，特别是在价值引领方面还需要加强，要教育学生扎根中国大地，从实求知，服务实践；在开阔学生国际视野、拓展全球研究、更加关注发展中社会方面还有不足，难以适应全球社会演进和中国日益迈进世界舞台中央的新形势；在教学过程中，教师与学生的有效互动也还存在不足。如此等等的不足涉及人才培养的目标定位、培养模式设计以及招生、课程、教材、教学、实践、科研、国际交流等培养环节，也与教师队伍现状等因素有关。中国社会学恢复重建 40 年来，相比快速发展的学术研究而言，我们对人才培养的重视是不足的，这是需要深入检讨和改进的。我们要更加努力，加快培养能够传承过去、适应当下并引领未来的优秀人才，包括以社会学为职业和志业的未来学者。

概而言之，回顾过去，中国社会学的自省、自觉、自信和自强已经成为学界关注和研究的热点，而对治理、学理、法理和公理的探究和追求则是社会学学科焦点之所在。展望未来，在中国快速发展实践中不断创新发展的社会学，需要更加重视学科、学术和学者队伍建设，更加倾心于人才培养工作，从而为社会学的持续健康发展和提升服务社会能力奠定更加坚实的基础。

中国人要知中国事[*]

一百多年来，一代又一代的社会学人为创建和发展中国社会学做出了重要贡献，李景汉先生就是其中的代表人物之一。

李景汉先生1895年出生于北京通州，1917年留学美国，先后在波莫纳学院（Pomona College）、加利福尼亚大学和哥伦比亚大学学习。1924年在加利福尼亚大学毕业并获硕士学位，同年回国出任美国学者甘博（Sidney D. Gamble）创办的北京社会调查所干事。1925年发表《北京人力车夫现状的调查》和《妙峰山"朝顶进香"的调查》。从1926年起，先后任教于燕京大学、北京大学、清华大学、西南联合大学。其间，1928年担任中华平民教育促进会定县实验区调查部主任，开始在定县长达七年的实地调查，并在1933年出版了《定县社会概况调查》和《实地社会调查方法》。1949年到辅仁大学任教，担任社会学系教授兼系主任，并成立辅仁大学社会调查研究室，兼任主任。1953年担任中央财经学院教授。1954年担任中国人民大学计划统计系教授，兼任调查研究室主任。1960—1978年先后到北京劳动学院和北京经济学院工作，1978年调回中国人民大学。1984年底，被聘为中国人民大学社会学研究所顾问，并将全部著作权和藏书资料委托给中国人民大学社会学研究所。1986年在北京逝世，享年91岁。李景汉先生一生著述颇丰，是中国社会学的先行者，在中国社会学发展史上有着重要地位和广泛影响。

编辑出版李景汉先生文集，首先是兑现一份承诺，了却先师郑杭生

---

[*] 本文为组编《李景汉文集》（中国人民大学出版社2019年版）时所作的序言，该题目为出版社微信推送时所加。

教授未了的遗愿。

先师1961年在中国人民大学哲学系哲学专业五年制本科毕业后，即留校任教。1981—1983年在布里斯托尔大学进修社会学和现代西方哲学，回国后于1984年创建中国人民大学社会学研究所，并聘请李景汉先生为顾问。接受李景汉先生的委托，先师承诺编辑出版李景汉先生的系列作品，并在1986年正式出版了其代表作之一《定县社会概况调查》，我在1989年进入师门攻读硕士研究生时有幸获得先师赠送一本。

在中国人民大学从学生到成为一名教师，我与先师相处二十多年，尽管他教学、科研和行政事务非常繁忙，但我多次听到他关于编辑出版李景汉先生文集的打算。在一次搬迁办公室之后，他曾指着很多成捆的资料说，那些都是李景汉先生委托的，一定要挤出时间进行整理。

2003年，先师曾经重启定县（1986年撤县改为定州市）调查，已经有一些整理出版计划了。可是，时如流水，人生难料，2014年先师因病驾鹤，离我们而去。在整理先师办公室和藏书时，我特别关注了李景汉先生委托的所有资料，嘱咐一一装箱留存。从那时起，我们就想尽快组织出版李景汉先生文集，以告慰先师在天之灵，也不负李景汉先生对中国人民大学社会学的嘱托和厚望。

进一步说，编辑出版李景汉先生文集，也是出于一种推进社会学学科建设的自觉。

社会学作为一门学科，是从西方引进的。中国社会学的发展始终面临着三重挑战：与中国文化相融合，以科学思想为指导，接受社会实践检验。一代代学人在其学术生涯中以不同方式回应着这些挑战，推动着中国社会学的不断发展。

认真研究前辈们的学术思想，不仅是了解学科发展过程之必需，也是坚持社会学正确发展方向、建设中国特色社会学之基础。先师郑杭生教授一再强调，社会学学科的基础建设离不开论、史、法三个部分，即理论建设、学术史研究和方法总结。但从整体上看，我们的学科如同其他不少学科一样，对于学术史的重视还有不足，尤其是对中国社会学史整理、分析和发掘不足，这种不足不仅体现在专业人员和研究成果有限上，而且体现为社会学教育过程中普遍存在的缺失和短板。

自改革开放社会学恢复、重建以来，相比数量众多的其他研究成果而言，中国社会学史方面的研究成果是屈指可数的。进入21世纪，情况有所改观。郑杭生和李迎生的《中国社会学史新编》（2000）、杨雅彬的《近代中国社会学》（上下册，2001）、阎明的《中国社会学史：一门学科与一个时代》（2010）等，都是有代表性的研究成果。特别是，李培林等人主编了《中国社会学经典导读》（上下册，2009），《费孝通全集》（全二十册，2009）、《孙本文文集》（2012）以及吴文藻、潘光旦、陶孟和等前辈著作也相继出版，这些都是深化中国社会学史研究、厚植中国社会学发展基础的重要努力。我们编辑出版李景汉先生文集，可以说是这种努力的一部分。

我们编辑出版李景汉先生文集，还有教学科研工作的实际需要。

"实事求是"是中国人民大学的校训，社会科学更应当直面社会实践，在深入实践、研究实践、总结实践的基础上探索社会运行和发展的规律性。先师郑杭生教授常常教导我们，中国社会学要"顶天立地"，既要有开阔的学术视野，立足学科前沿，有理论的高度，又要植根实践接地气，洞察实践的变动，了解人民的需求。可以说，脱离实践的社会学是无根之木、无源之水，这样培养出来的学生也不是真正"专业"的，甚至是不合格的。

在教学科研实践中，我们也确实察觉到了两个方面的倾向：一是学生构成发生变化，很多学生缺乏必要的社会体验，对实际社会的了解不足，特别是对农村了解很不够，从学堂到学堂的应试教育限制了他们接触和了解社会的机会；二是一些教师越来越依赖于文献和二手数据资料开展研究，注重自我表达、概念建构和追踪国外学术动态，显示出某种程度的脱离中国实践倾向。因此，中国人民大学非常强调教学研究基地的建设，以强化实践育人、促进理论与实践相结合。

在学校的支持下，2015年，我主持了中国人民大学科学研究重大规划项目"中国农村社会变迁与治理转型——河北定县农村百年演变的调查研究"，其核心就是想接续中国人民大学社会学的文脉，再次启动定县调查，在深入全面持续的调查研究中培养学生、推进学术，把定县建成中国人民大学社会学长期的教学研究基地。为了开展好这项工作，增进学生对定县历史的了解，训练学生开展社会调查研究的实际能力，我们感到很有必要从系统学习研究李景汉先生的著述开始，因为李景汉先生在社会调查方面的体会和见解是十分深刻的，他组织的定县调查也享誉中外。所以，我们把整理出版李景汉先生文集列入了我们教学科研项目实施的一个部分。

在中国人民大学社会与人口学院、社会学理论与方法研究中心和中国人民大学出版社的大力支持下，我们成立了专门的编辑工作团队。我本人是倡导者、组织者，主持日常工作的是社会与人口学院副院长黄家亮副教授，我的研究生何钧力担任编辑助理。参与搜集、整理、转录和校对工作的是学院的部分研究生和出版社编辑，他们是郝孟哲、韩佳、黄政、胡溢轩、贾雯雯、李阳、刘凌、马颖、谭芷晔、汪永生、杨峥威、张龙、张鉴、郑绍杰、周盼、周孟珂和盛杰等人。

正式开始李景汉先生文集的编辑工作，我们感受到了巨大挑战。

首先面临的是编辑内容确定的困难。编辑小组在整理李景汉先生委托给中国人民大学社会学研究所的资料时发现，他留存的著述中虽然也有一些从未发表过的手稿、照片、录音资料，但是并不完全。编辑小组利用中国人民大学图书馆的《大成老旧刊全文数据库》检索，赴国家图书馆、河北省图书馆、定州市图书馆等地查询，并参照上海书店20世纪80年代末出版发行的《民国丛书》，以及福建教育出版社2005年出版的《民国时期社会调查丛编》、国家图书馆出版社2013年出版的《民国时期社会调查资料汇编》等文献，广泛搜罗、细致甄别，才拟定了初步的编辑内容。好在李景汉先生留下了一份他本人确认的"公开出版著作目录"，方便了我们比照。但是，我们至少发现《罗道庄社会调查》和他在费孝通先生英文版《乡土中国》上的序言还是无法找到。

其次是文献转录工作非常困难。李景汉先生的主要著作发表于1949年之前，并且之后少有再版。因此，编辑小组通过广泛途径所收集到的著述多为竖排、繁体，字迹往往十分模糊，并且篇幅很大。这样一来，寻找排版厂的过程并不轻松，很多排版厂不愿意录入。非常感谢中国人民大学出版社，他们很费力地找到了专业的排版厂，在加大投入、延长时间的条件下才算解决了转录问题，但是依然有可能难以确保录入质量。

转录之后的校对工作是我们面临的第三个挑战。除了以上所说的竖排繁体、字迹模糊、篇幅很大之外，李景汉先生的大量著述为调查报告，其中所涉图表、数字、单位、符号等极容易出错。加之民国时期的诸多表述方式与现在完全不同，给编辑小组的理解造成很大的障碍。尤其是现在的年轻学生，对竖排繁体文献的整理，实际上是一个再学习再认识的过程。为了最大限度地减少错误，编辑小组开展了交叉反复校对。黄家亮副教授还通读全稿，逐字校阅，其中辛苦可想而知。最后还是得益于中国人民大学出版社的编辑们开展了大量细致的专业校对工作。

在文集的编排上，我和编辑小组反复研究，最后决定在综合考虑文献发表时间、主题和篇幅的基础上，侧重按照主题将整个文集分为六卷。

第一卷是"北京社会调查"。李景汉先生在北京开展社会调查始于1924年回国后，调查主题非常广泛，包括人力车夫调查、生活费调查、郊外乡村家庭调查、妙峰山香客调查、天桥调查，等等。正是这些调查为他积累了丰富的社会调查经验和在社会调查领域最初的声誉，也正是有了这些基础，他于1928年被晏阳初先生聘任为中华平民教育促进会定县实验区调查部主任。20世纪50年代，李景汉先生又就以前的一些调查主题进行了追踪调查，撰写了《北京郊区乡村家庭生活的今昔》《北京郊区乡村家庭生活调查札记》等经典论著。该卷收录李景汉先生关于北京郊外乡村家庭调查的两部著作及其他基于北京地区调查的报告、论文、序言等。

第二至四卷是"定县社会调查"。李景汉先生于1928年开始组织了著名的"定县调查"，直到1935年离开定县到清华大学担任社会系教授。在这七年间，除了因病回京休养等少数时间之外，李景汉先生都扎根定县，既开展了概况性调查，也进行了大量深入的专题调查，取得了广泛的调查成果，几乎包括了农村生活的方方面面。综合考虑主题和篇幅，我们将李景汉先生定县调查的成果分为三卷，主题分别为"定县社会概况调查""定县专项调查（上）""定县专项调查（下）"。其中，《定县社会概况调查》一书是李景汉先生关于定县基本情况调查的总结性报告，也是他最重要的代表作，1933年出版后影响经久不衰。由于此书篇幅较大，我们将其单独作为文集的第二卷。经济调查是李景汉先生着力最大的专项调查，《定县经济调查一部分报告书》是这方面的集中体现，该书也曾单独出版。同样考虑其篇幅较大，我们将其单独作为文集的第四卷。文集第三卷则收录了李景汉先生定县调查的其他方面成果，包括赋税调查、地方自治调查、家庭调查、健康与卫生调查、土地调查、人口调查、消费调查、借贷调查、生活水平调查等。

第五、六卷是"社会调查总结"，收录的主要是李景汉先生在社会调查基础上对社会调查方法和社会问题进行总结和反思的一些论著。其中,《实地社会调查方法》是李景汉先生1933年出版的关于社会调查方法的全面总结。该书共16章,并开列了关于社会调查方法与社会调查成例的参考书目,系统论述了社会调查的重要性、类型、历史、困难、途径和实际操作等,是当时社会调查方面的重要著作。考虑到本书体系完整、篇幅较大,因此作为文集第五卷。剩下第六卷的内容则较为庞杂,主要包括了李景汉先生以下方面的著述:第一,基于社会调查对于社会问题的反思,如《中国农村问题》等;第二,在离开定县之后开展的其他社会调查,如关于呈贡县动态人口的调查、关于凉山罗罗("罗罗"二字为古卢鹿之音转,是当时对凉山一支少数民族的称谓)氏族的调查、关于摆夷("摆夷"是当时对云南一支少数民族的通称)民族生活习俗的调查等;第三,对于社会调查方法的总结与反思,如关于社会调查运动的反思、关于县单位调查的反思、关于边疆社会调查的反思等;第四,1949年之后发表的少量文字;第五,少量无法纳入前面几卷的其他文献。

  编辑整理李景汉先生论著的过程,也是我们不断学习的过程。

  对我个人而言,印象最深的是李景汉先生论著中所体现的强烈的实践关怀或者实践自觉。这种意识大概与其在美国的学习经历有关。根据先师郑杭生教授的回忆,李景汉先生曾亲自讲过一个细节:他在美国学习期间,有一次课程讨论涉及各国人口问题,任课教师询问李景汉先生中国人口数、性别比、工资情况和土地分配等信息,由于当时中国没有这方面的调查统计,李景汉先生都回答不上来,而教师询问同班日本人、印度人、澳大利亚人等相关情况,他们都能有根有据地加以回答。这次经历使李景汉先生局促不安、备受刺激,他把这种中国人不知中国事、不重视调查统计的情况看作是国耻,发誓要开创了解中国的社会调查事业。后来,他在《实地社会调查方法》(收入本文集第五卷)一书中,一开始就指出了我国学习西方不断失败的现实,虽然"举凡一切欧美富强的方法,我们无不采用",但"结果与期望不合,且往往适得其反",其关键原因就在于"没有彻底的,深刻的,根本的,恐怕连相当的也没有了解中国的自身,极少的人以冷静的态度,牺牲的精神,科学的头脑,专心致志、连续不断、精密准确的下死工夫来探索中国社会的性质,寻出真正的弱原","数十年来都盲目的随人脚跟,囫囵吞枣。

喊口号，贴标语，如五彩气球之外面冠冕堂皇，内容空空洞洞，一捏即破"。所以，"若要真的找出一条救国的出路，真的要获得有相当把握的建设国家之适当的办法或步骤，必先真的了解中国本身的内容"。很显然，正是这种强烈的实践自觉，使得李景汉先生立志开展科学、系统的社会调查，以便透彻地了解中国社会真相，有效地推动中国社会变革和建设。

除此之外，李景汉先生以学术为业的精神也令人敬佩。1924年他留学回国后曾给自己立下了"三不"戒条：一不做官，二不经商，三不给军阀当爪牙。他的志愿就是毕生搞社会调查，把中国基本国情搞清楚。因此，他的每一个调查都做得扎扎实实、可圈可点。他还认为，社会调查是一项事业，要把事业做好，需要有坚定的信仰，并以此感动别人，赢得别人的支持和尊重。如果把社会调查当作一种普通的职业，满足于按部就班，就做不出大成绩来。在实际调查工作中，李景汉先生还体现出非常科学、非常专业的学术修养，可以说是不唯书、不唯上、只唯实，实事求是，精益求精。李景汉先生也认识到社会调查对于促进社会学中国化的重要价值，并自觉承担起这一使命。他在《实地社会调查方法》一书中指出，"社会调查是产生中国社会学的基础"。有感于当时中国"所用的社会学课本皆为洋文原本或译本，纯为外国社会之材料。近来书店中充满了关于社会学的出版物，及至打开一看，皆属东拉西扯的杂凑成篇，缺少本国的材料，尤其是有系统的材料"，李景汉先生指出：一方面要把已有散乱的材料尽量搜集整理，归类分析，使有系统；另一方面，要抓紧调查社会之各种实况，供给社会学家之研究。如此，才能根据中国社会之事实材料渐渐产生中国的社会学。

不仅如此，李景汉先生开展的社会调查工作也体现了对推动社会建设的责任。他明确指出：社会调查要特别注重应用，而不要纯为研究学理，求得知识，只"为调查而调查"。举行调查"必有一定清楚的目的，使人们根据调查的结果来改善社会实际生活，解决社会问题，增进人类幸福"。

总而言之，我们深切地感受到，编辑出版李景汉先生文集，不仅具有提供史料的重要价值，而且能让我们深入了解前辈社会学家的见识与情怀，这些见识与情怀对于当下中国社会学发展来说，仍然具有重要启示。前事不忘，后事之师。只有深入地发掘中国社会学的优良传统并弘扬光大这一传统，把握好中国社会学扎根中国大地、服务中国人民的正确发展方向，才能开创中国社会学的美好未来。

但是，我们也充分意识到，囿于历史局限，李景汉先生在个别少数民族称谓、研究资料汇集以及针对当时事件的观点方面，或有可斟酌之处。考虑到尊重原著，我们未加改动，适当做了说明。同时编辑李景汉先生文集既有客观困难，也有主观不足，因此最终呈现在读者面前的"当代版"文集一定存在这样那样的错讹之处，甚至还存在某种可能的误识误读。我们诚挚地欢迎读者提出批评指正，以便不断完善社会学经典著作的重印出版工作。我相信，这样一次编辑整理的经验，对于参与其中的人，特别是对于青年学生来说，是十分宝贵的。我们可以从中发现自己的不足，无论是一般文化意义上还是专业学术意义上的不足。同时，我们也能在编辑过程中汲取不少的智慧和营养，从而有利于当下的学业和未来的事业。

最后，本书历时多年得以出版，应该感谢中国人民大学"统筹推进世界一流大学和一流学科建设"专项、中国人民大学科学研究重大规划项目"中国农村社会变迁与治理转型——河北定县农村百年演变的调查研究"的资助。感谢中国人民大学社会与人口学院院长冯仕政教授、社会学理论与方法研究中心主任刘少杰教授的大力支持。感谢黄家亮副教授、何钧力同学和全体参与人员所付出的艰苦努力。中国人民大学信息资源管理学院的张美芳教授和刘江霞老师在历史录音资料的恢复处理方面，为我们提供了非常专业的帮助，特此致谢！中国人民大学出版社人文分社社长潘宇编审、策划编辑盛杰，以及其他各位编辑老师为本文集的出版付出了大量心血，在此一并向多年的老朋友致以特别谢意！

时值先师郑杭生教授辞世五周年，本文集得以出版，也算是一种纪念吧。

积极推进中国环境社会学的学科建设*

耿言虎：洪教授，您本科是学历史学的，后来为什么转向社会学了呢？

洪大用：两个因素吧。不喜欢历史呗（笑），有点逆反。不过，在我看来这是偶然因素。必然因素是历史学与社会学具有很密切的关系。当时人大招社会学研究生是要考历史的，而且我本人对中国近现代史很感兴趣，这样学过历史反倒有了优势。

当时我们阅读的中国近现代史的一些著作，包括剑桥中国史的系列研究，体现了很明显的社会学视角。中国近现代史其实就是中国社会剧变的历史，是中国走向现代化的开端。我看了费正清编的《剑桥中国晚清史》感觉它和传统的历史学研究有很大区别，糅合了比较明显的社会学角度。当然那时候对社会学还没有系统了解，但感觉这种研究角度很适合我。

另外，当时的社会学是一门新兴学科，正在恢复重建，我们学校的社会学研究所就是我入学的前一年1984年建立的。在我们读书期间，它正在快速发展的过程中，郑杭生先生率领一些老师为人大社会学的发展作出了巨大贡献。他的学术团队中的一些成员，现在都已经是中国社会学界的骨干力量，例如李强教授、李路路教授，还有现在北京大学的张静教授等。当时这些老师在人大开了很多社会学课程，包括社会学概论、西方社会学理论、社会研究方法、现代化与社会变迁、中国社会问

---

* 本文为2009年4月25—26日参加河海大学等单位举办的"第二届中国环境社会学学术研讨会"期间接受河海大学社会学系硕士研究生耿言虎的专题访谈记录，发表于《河海大学学报》（哲学社会科学版）2011年第2期。

题等，这些课程我都选修了，觉得还是挺有趣的，开辟了一个新视野。所以毕业的时候就选择了报考社会学的研究生，算是充分结合我所学的历史学与社会学知识吧。

后来做社会学研究做到一定程度时开始感悟到，如果没有一定的历史学训练，没有历史学的视角，在做一些研究时就容易缺乏历史深度，研究成果不够厚重，个人也容易浮躁浅薄。由此，我就跟我的学生说，社会科学研究要想做好的话，起码要有两个基础学科的训练：一个是哲学，一个是历史学。没有历史学的训练，就达不到研究的深度；没有哲学的训练，就难以达到研究的高度。如果要想比较深刻地把握社会现象的本质，同时又在一种动态的历史进程中去分析和把握社会现象，就应该自觉地接受历史学和哲学的训练。因此，我很庆幸自己有机会学习历史学，我觉得这种经历已经不是一种负担，而是一笔财富。

耿言虎：那您在社会学领域的研究重点又是如何转向环境社会学的呢？

洪大用：说来话长。首先应该是中国社会学自身品格的影响。在我的理解中，中国社会科学，包括社会学，都受中国经世致用的学术传统的影响。恢复重建以来的中国社会学，更有明显的实用主义倾向。从费老开始，到郑杭生先生，其实都延续了中国的学术传统。郑先生对社会学的定义是：社会学是研究社会良性运行和协调发展的条件与机制的综合性具体社会科学，其核心是研究社会运行和发展，特别是现代社会的运行和发展；其宗旨是为了促进中国社会的良性运行和协调发展。我从历史学转到社会学的一个基本原因就是更加关注我所处的社会，更加关心当代中国社会的发展问题。

按照我对社会学的理解和个人的社会体验，我觉得中国社会发展的关键问题是三个方面。说得白话一点，就是要处理好人与人、人与社会、社会与环境的关系。再进一步说，就是要协调好社会成员的利益分配，促进社会成员的团结、保障社会的可持续性。我对中国社会发展的研究大概是围绕以上三个重点。在利益分配方面，我更关注的是贫富差距，特别是关注为贫困者提供制度性的社会支持；在促进社会团结方面，缩小贫富差距、追求共同富裕固然很重要，但我还关注作为公共服务的社会福利的发展以及有利于促进社会成员联系的民间组织活动；在保障社会的可持续方面，前面两点也很重要，但环境保护则更为突出。

我的这些学术关怀也是社会关怀,三个方面是密切联系的。不过,围绕环境保护的环境社会学是一门新兴分支学科,这使我更加有兴趣。

其次是个人生活感受的驱动。我对环境问题的关注最初源自我的生活体验。20 世纪 80 年代初在我老家那边,实行林权制度改革,把集体的山林承包给个体农户了。这样,很多人为了快速致富就把山上的树木砍光了。后来,频繁发生的泥石流对村庄的破坏,对农田的破坏都很明显,反而损害了基本的生存条件。我当时就有一种朴素的认识,认为环境保护很重要,即便是为了赚钱,也应该考虑到可持续性。我曾劝说一些人应该多种树,不要光砍树,不种树以后就没有生存资源了,还会穷下来。但是很多人没有这个意识,后来的情况果然如此。不仅这件事,我老家水环境的不断恶化,也是让我一直担忧并感到揪心的。小时候常常在小河里抓鱼,现在不仅鱼很少见,而且水都不能喝了,小河就是排污沟。也不仅是家乡,随着阅历的积累,我看到了太多的环境衰退以及由这种衰退所引发的恶果。由此,我越来越觉得有必要尽自己的力量对环境保护开展一些研究。可以说早期我在李强教授的指导下,做了比较多的关于贫困和贫富差距的研究,包括农村贫困和城市贫困。后来,我自己也独立开展了一些关于城乡居民最低生活保障的研究,并出版过专著。这些研究都是试图为缓解贫困、追求共同富裕做些事情,试图满足我的一种社会关怀。但是,我越来越觉得即使大家都富裕了,如果我们的生存环境不断恶化,那么这种富裕肯定是不可持续的。所以,往后我更多地关注环境问题研究。

另外,我之所以现在被更多地看作是个环境社会学者,也是因为我学术研究的自然积累和演变。我最初的学术研究就包括了环境问题和贫困问题。在 1993 年,我刚留校工作不久,郑杭生先生就开始组织编写《中国社会转型中的社会问题》一书,我撰写了贫困问题与环境问题两章,虽然当时没有建构环境社会学的想法,所写内容也很简单,但是还是做了一些思考。1994 年,李强教授组织编写一本教材,叫《应用社会学》,他觉得环境问题也是社会发展所面临的重大问题,是社会学应用的重要领域,所以希望我承担一章,写一些环境方面的研究与应用。当时我还不知道有门学科叫环境社会学,现在想起来觉得自己实在是很不努力,学问浅薄。我当时只是认定环境问题要深究起来的话,肯定和社会结构、社会过程以及社会类型密切相关,甚至包括社会的文化价值取向。我在写作的过程中，主观想象着应该有一门学科，叫环境社会学或者环境保护社会学。

1995年有个机会，中华环境保护基金会想做一个全民环境意识调查，委托李强教授主持，我是主要助手。我们在全国七大地区做了抽样问卷调查，最后由我执笔撰写了调查报告。这次调查使我了解了一些测量公众环境意识的方法，在调查过程中，我也发现公众的环境认知是个很有意思的研究课题，而我所了解到的公众认知状况更加增添了我对中国环境保护的担忧。可以说这次调查是关于环境社会学的经验研究的开端，尽管当时还是不清楚西方环境社会学的学科状况。

回想起来，我走上自觉地开展环境社会学研究的道路，在1996年有一个很重要的转折点。那一年春天，人大社会学系派我去香港中文大学进修。到了之后一看他们的课程清单，居然有门课程，叫"Environmental sociology"，也就是环境社会学，是李煜绍教授开设的。我顿觉很兴奋，似乎有点踏破铁鞋的感觉，毫不犹豫地就选了这门课，当然也还选了金耀基先生的"高级社会学理论"等其他课程。我在学习环境社会学课程的时候，对老师推荐的必读文献和选读文献尽可能地全面搜集，此外还利用中文大学非常丰富而便捷的图书馆资源，自主搜集各种可能得到的环境社会学文献。值得庆幸的是那时环境社会学所积累的文献还不很多，或者说我能搜集到的还不多，这一方面减轻了我的畏惧感，另一方面又让我充满着希望，有点莫名的兴奋。记得当时在图书馆找到唯一一本以"环境社会学"为名的书就是汉尼根（John Hannigan）以建构主义视角写的，我的课程老师说他也还没看到。那次进修我是满载而归——搜集了当时来说是很大量的研究资料，这些资料为我后来的研究提供了重要基础。

从那以后，我觉得环境社会学是一门完全有可能在中国社会学中发展起来的分支学科，由此我也就多少有点自觉地开展作为一门学科的环境社会学研究了，虽然作为人大社会学系的一员，我还是要积极参与到其他研究课题中去。到了1997年，我面临着博士研究的开题任务。反复研究考虑并征求我的导师郑杭生先生的意见之后，我决定根据自己的研究兴趣、社会感受、对国外学科的了解以及掌握文献资料的情况，选定环境社会学作为自己的一个明确的研究方向，对中国环境问题展开一种社会学的框架性研究。后来，我也参与了几个与日本大学合作的项目，在北京市做了一些公众环境意识调查。最后，几经折磨，死去活来，终于在1999年完成博士学位论文并顺利通过答辩。在这个过程中，我对西方环境社会学的了解更为全面，也开始形成了自己的一些看法。

再到后来，我在2000年有机会访问美国密歇根大学。这次访问我进一步搜集了一些英文文献，了解了西方环境社会学的新进展。回国后，在人大社会学系、国家有关部门的支持和一些前辈、同行的鼓励下，我继续申请相关课题，开展环境社会学研究。环境社会学这门学科也为越来越多的人所了解。

2003年，借助人大社会学系的全国综合社会调查平台，我自觉地设计并实施了全国城市居民环境意识调查，获得了一份很好的数据。利用这个数据，我发表了一些学术论文，并开始了与国外同行的合作与交流。2006年，在我真正接触西方环境社会学10年之后，我又得到学校的支持，有机会再次去美国密歇根大学进行为期6个月的进修访问。这次访问期间，我把主要的精力都用在了环境社会学的研究与交流上。备感荣幸的是，我在进修期间应美国环境社会学创始人之一Riley Dunlap教授邀请，访问了他所在的大学，同他和他的同事进行了有益的交流。Riley对中国环境社会学的发展非常感兴趣，并表达了大力支持的意愿，使我深受鼓舞，也增进了我推进中国环境社会学学科建设的使命感。

2006年11月，在国内同行的大力支持和积极参与下，我在人大组织召开了首届中国环境社会学学术研讨会。紧接着，在Riley Dunlap教授和国际社会学会环境社会学研究委员会，以及人大的支持下，我们又联合河海大学社会学系，在2007年的夏天主办了第一次中国环境社会学国际学术研讨会。这次会议非常成功，赢得了广泛赞誉。当今世界上环境社会学这一学科的大腕们，如Riley Dunlap、Raymond Murphy、William Freudenburg、Arthur Mol等，都亲自参会了。中国环境社会学借着这次会议在国际上亮相了，国内很多学者和青年学生也通过这次会议了解了环境社会学这一学科的状况以及它在国外的发展。

受到2007年国际会议的启发，日本环境社会学会倡议开展东亚地区环境社会学界的交流，密切各国和地区学者之间的联系与合作。这样，2008年10月，中国、日本、韩国和中国台湾地区学者，在日本法政大学召开了首届东亚环境社会学国际研讨会。我们计划持续地将这种会议交流搞下去，今年在台北召开，以后隔年一次，2011年在韩国，

2013年在中国大陆，循环举办。

一路走来，不知不觉已经过去十多年，自己越来越被看作是个环境社会学者了。事实上，走上环境社会学研究这条路源于各种因缘际会，如果说有必然因素的话，那就是个人内心深处的学术关怀和社会关怀。我觉得做学问主要是个人兴趣的问题，就是说某个领域能够引起一种兴奋，并且还是一种持续的兴奋。对于环境社会学而言，从我一开始朦胧地设想有这样一门学科，到后来了解到真有这门学科，再到我自觉地去推动这门学科的建设，都缘于我对环境与社会的关系始终有一种兴趣，这种兴趣是一个内在的动力。

耿言虎：看来，您对中国环境社会学的形成和发展做出了很大贡献！

洪大用：没有，没有，不敢这么说，事实上也不能这么说，只能说我做了一点自己认为有价值的事情。其实，中国环境社会学是中国社会学发展的必然产物。与西方社会学不同，中国社会学的传统并不排斥对于环境因素的关注，不排斥环境问题研究。解放前的中国社会学就有一个重要学派，叫地理环境学派或地境学派，这个学派强调地理环境因素，比如说生物因素、资源因素、物理条件等对社会运行和发展的制约，记得著名社会学家孙本文先生在新中国成立初期的总结分析中曾经提到过，只是后来的社会学者对此有一些忽视。

社会学恢复重建以来，主流的社会学观点也都将环境因素纳入社会分析之中，认为人口、资源环境、文化和物质生产方式是社会运行的重要基础。比如说，郑杭生先生对社会学的定义，强调研究社会的运行和发展，特别是良性运行与协调发展的条件与机制。他曾明确指出环境、人口等是社会运行和发展的重要条件，一个良性运行和协调发展的社会必须有良好的环境基础。他在1993年出版的《社会运行导论》一书中，设立专章讨论了环境状况与环境保护。

所以说，在中国社会学对社会的理解和研究中，内在地包含了关注环境因素的必要性和重要性，甚至蕴含了一些重要的理论视角。这与西方社会学不一样，它在19世纪中期诞生时，面对着地理环境决定论和生物决定论的严峻挑战，所以它很关心与这些观点的区别，强调自己的独特性与学科价值。特别是，它很强调社会和社会研究的特殊性，强调人的因素和文化因素，这就是后来Dunlap所批评的"人类例外范式"。

为了催生环境社会学，Dunlap 等人强调一种与之对立的"新环境范式"。因此，应该说，中国社会学的传统和前辈社会学家的努力，为环境社会学的产生和发展创造了条件，奠定了基础，提供了思想支持。

另外，在环境社会学作为一门分支学科成型之前，已经有一些社会学学者有意无意地开展了相关研究，这些研究对中国环境社会学的发展有着重要价值。例如，中山大学现任人类学系主任麻国庆教授在 20 世纪 90 年代初就讨论了环境研究的社会文化视角问题；北京大学社会学系卢淑华教授也在本溪做过环境污染与社会分层方面的研究。北京大学社会学系马戎教授组织翻译了美国的一本环境社会学教材；中央民族大学社会学系包智明教授则较早翻译介绍了日本的环境社会学。与此同时，其他相关学科的学者也开展了很多研究，包括环境管理学研究、环境哲学研究、环境伦理学研究、环境经济学研究和环境法学研究，等等，这些方面的研究对环境社会学的形成和发展也有所推动和支持。

所以，我认为中国社会学自身的特色、社会学者自主的研究以及相关学科的研究与发展，都为环境社会学这门学科所借鉴和继承，共同为中国环境社会学的发展壮大奠定了基础。我本人只是众多致力于环境社会学研究的学者之一。

耿言虎：郑杭生教授在这次会议上提出社会学要有"理论自觉"，您也提出了环境社会学的本土化或中国特色问题，您认为有何必要性？

洪大用：郑杭生先生提的"理论自觉"我很赞同。我认为人文社会科学有一个最基本的属性，那就是它跟一个国家或地区的文化、社会有密切联系。西方所有的社会科学，包括经济学、政治学、社会学等，其问题意识都植根于西方文化传统与社会状况。在很大程度上，西方现代社会科学是对 18、19 世纪西方社会现代性的发展所引发的社会问题的一种学术回应。当然，现代性的发展是一种世界性现象，中国社会也面临着从传统到现代的问题，但是，现代性在中国文化与社会背景下的发展，具有很多与西方相比的差异性。这样一来，简单地套用西方社会科学的理论与模式，就很难真正解释和预测中国社会的问题。因此，不光是社会学，几乎所有的中国社会科学都面临着处理好借鉴与创新的关系的问题，都需要基于中国本土的理论自觉。

我们知道，环境问题是一种普遍性的问题，但是，不同文化与社会中，导致环境衰退的具体社会原因不会完全一样，环境衰退所造成的社会影响也不完全相同，人们解决环境问题的路径也有可能存在差异。特别是，中国是个人口大国，历史悠久，地域很广，资源匮乏，由此具有更多的特殊性。在这个意义上说，我们并不是主观上非要建立一个有中国特色的环境社会学，而是在中国开展环境社会学研究就必然是具有中国特色的，因为你关注的是中国的环境问题，关注的是中国环境问题的社会原因和社会影响，这些方面必然有其特殊之处。如果简单地套用西方环境社会学的理论，不仅不能有效地解释中国环境问题，而且在国际交流中也失去了中国学者的主体性。

问题的关键在于，如何展示中国环境社会学研究的特殊性？这里有两点需要特别把握好。一是对西方环境社会学研究成果的全面系统的了解，不能做到这一点就谈不上展示相对于西方环境社会学的特殊性。而要做到这一点，则需要学界合理分工、协同努力；二是要深入研究和理解中国社会，把握中国社会的特殊性。要做到这一点，环境社会学者首先要意识到自己是个社会学者，要有对中国社会的深刻理解，特别是要把握中国文化、社会结构、社会过程、人的行为方式以及中国在全球体系中的位置等方面的特殊性。

事实上，环境社会学的发展在世界各国之间已经表现出了差异性。例如，日本环境社会学的产生和发展几乎是与欧美同步的，但日本环境社会学与欧美环境社会学相比还是有很大差异的，体现了日本特色。我觉得日本环境社会学至少有两个很明显的特点：一是密切关注本土的环境问题，例如对水俣病的研究；二是创建了一些具有自己特色的环境社会学理论和概念，比如说"生活环境主义""受害者社会结构论""公害输出论"等。

我觉得中国作为一个大国，尤其是在经济快速发展的基础上，我们的主体意识也在不断强化。一个国家的真正强大，不仅仅是指其经济上的强大，而且需要展现社会的不断进步和文化自觉，这也是费老晚年非常强调的问题。文化自觉必然带来理论自觉，因此，推进环境社会学研究的本土化也是必然之势。进一步说，由于中国社会自身的诸种特殊性，在环境社会学研究中展示出中国特色也是自然而然的事情。何况，世界上一些国家环境社会学的发展已经为我们提供了重要启示。重要的是，在环境社会学研究中展现中国特色，并建构中国特色的环境社会学，这必然是在充分借鉴西方环境社会学的基础上，在深入研究中国社会的基础上，通过学术群体的通力合作才能达成的，不是说一个人就能建立一种具有中国特色的环境社会学。

耿言虎：西方发达国家工业化走的是"先污染后治理"的道路，中国坚持可持续发展道路，但仍然造成了严重的环境问题，经济发展与环境保护似乎是矛盾的，您怎么看二者关系？

洪大用：简单说三点吧。第一点，现代社会的经济增长和传统农业社会的经济增长不是一个概念，因为现代经济体系的基础是工业，工业化是以大量采掘和消耗自然资源、大量制造人工产品以及大量消费这种产品、大量排放废物为主要特征的。现代工业经济体系必然加重环境负荷，甚至造成环境破坏，这种破坏的范围、规模和严重程度都比以前加大。所以，一个国家或地区，只要它走向现代化，就必然选择工业经济体系，也就肯定会破坏环境，只不过程度不同而已。毫无疑问，我们正处在快速工业化以及由此带来的快速增长的过程中，这一过程造成环境破坏具有某种程度的不可避免性。

第二点，所谓"先污染后治理"，在西方是一种事实，有人也说在中国存在这种现象，甚至是不可避免的规律。但是，我想说的是，即使我们存在"先污染后治理"的现象，这里的"先、后"与西方社会的"先、后"有很大差别，造成这种差别的主要原因正是因为我们是迟发展国家，吸取了经验教训，坚持了可持续发展道路。

我们知道，西欧、北美的工业化从 18、19 世纪就开始了，也曾造成严重的环境污染和破坏，但是，西方的环境保护运动是从 20 世纪 60 年代才逐渐开始的，此前虽然也有一些环保活动，但是声势不大。换句话说，西方国家所谓"先污染后治理"的先、后之间相差了一两百年。而我们虽然也存在某种程度的"先污染后治理"，但是先、后之间的时间间隔相差很短。我们真正意义上的快速工业化是从 20 世纪 50 年代开始的，但是我们的环境保护工作几乎是与世界同步的。这就是迟发展的一种效应：一方面，我们可以自主借鉴先发展国家的经验教训；另一方面，由于先发展国家的主导和限制作用，而且环境保护已经是一种世界潮流，我们也不得不适应这种潮流。这样来说，我们最多是"边污染边治理"，而不是，实际上也不可能完全是西方国家那种"先污染后治理"。

第三点，在新的形势下，特别是在技术不断进步、全球环境保护的呼声日益高涨的情况下,我们需要重新看待经济增长与环境保护之间的关系。在很大程度上,保护环境就是经济增长。现代经济体系必须改造,必须推进新型工业化,才有可能掌握经济增长的先机,推动经济持续快速增长。这里的一个重要原因就是人们的价值观念正在发生变化,由此导致社会需求发生变化。当需求发生变化后,它就会引导供给,产生改变供给的压力。当人们更加关注生活质量和健康,越来越意识到破坏环境是不好的,污染环境的产品是不好的,有损健康的产品是不好的,那么他们就不会去消费这些产品。而生产这些产品的企业如果不跟进需求的变化,那就赚不到钱,甚至要关门大吉,这样何谈经济增长?

我们注意到,为了适应变化了的社会需求,现代工业经济体系正在作出调整,寻找新的增长点,由此带来了环保产业的快速发展,这是保护环境就是经济增长的一个证明。一些国家,如日本、美国,对于环境科学研究、环保技术开发、环保产业发展的投资都非常大,正在形成新的比较经济优势。如果我们在这个方面不注意,我们将再一次落后于别人,失去经济增长的先机。只有着眼于环境保护,加快相关研究和技术开发,尽快调整产业结构,转变经济增长方式,才能促进经济又好又快地增长。这里,经济增长与环境保护明显是一致而非矛盾的。

耿言虎:公众环境意识一直是您关心的问题。在实际的调查中,我们也发现,尽管公众对自己的行为会造成环境破坏有清楚的认识,但却没有实际有效的环境保护行动。在您的研究中对此也有所涉及。您认为造成这种意识与行动之间脱节的原因是什么?

洪大用:这个问题比较复杂。虽然我们期望关心环境的人都能作出环境保护的行动,但是这种期望实际上是不完全合理的。首先,因为人的意识结构是很复杂的、多维度的,环境意识只是他的意识的一个方面。比如说,除了关心环境之外,我还要关心工作、收入、家庭,等等。即使在关心环境方面,人们关注的内容也是多样化的,关注的优先顺序也不一样。换句话说,人的意识是一个包括 X、Y、Z……多项多层次内容的集合,与之对应,人的行动也是一个集合,包含着 X1、Y1、Z1……多种内容和维度。在两个复杂的集合之间,很难预期其中的环境意识与环保行动一一对应。

更进一步说,人们作出某种行动选择实际上与特定的情境有密切关系。比如说你平时爱随地扔垃圾,环境意识不强,但是在明显有他人在场监督的时候,你就不一定会乱扔垃圾了,这里是环境意识不强的人作出环保行动的例子。同理,也有环境意识较强的人在一些特定的情境下,受制于各种因素的影响,却不一定作出环保行动,比如说基于社会结构的制约、个人的成本收益考虑、个人当下的优先选择、外部监督的无力,等等。在我们当下的社会中,相关的制度安排不具体、不完善,导致外部约束不力,是一个重要因素。甚至,目前的有些制度安排,实际上是反向的激励,不是支持你作出实际的环境保护行动,而是对作出这种行动的人实施这样那样的限制与惩罚,以至于做好事的人得不到好报。当很多人遭遇这种情况,也就形成了一种社会记忆和经验,限制了其自觉作出环保行动。

在我国,还有一个方面的原因,恐怕是文化上的。费老说过,中国人的公德意识薄弱,往往"事不关己,高高挂起",只有到了环境破坏真正损害到个人利益的时候,才会采取行动。在这种情况下,对环境的关心和行动可能会一致起来,但往往是采取一些激烈的抗议和冲突形式。另一方面,由于另外的文化传统的存在,即使是在上述情况下,一些人也还是倾向于保持沉默、逆来顺受,因为他们知道"枪打出头鸟",了解明哲保身的重要性,期待着别人的奋起或者某种虚无的未来报应。这样一种文化心态的形成原因非常复杂,但是确实是不利于自觉的、常态化的环境保护行动的发生。

耿言虎:您如何看待中国环境社会学的未来发展?

洪大用:总体来说,我是很乐观的。最近几年,特别是从2006年第一次中国环境社会学学术研讨会以来,已经有越来越多的人关注环境社会学,越来越多的环境社会学研究成果发表。环境社会学者之间的交流也越来越多,越来越制度化、国际化。这次第二届中国环境社会学学术研讨会的顺利召开,以及去年10月在日本召开的首届东亚环境社会学国际研讨会、前年在中国人民大学召开的中国环境社会学国际学术研讨会、今年11月即将在中国台湾召开的第二届东亚环境社会学国际研讨会,都是很好的例证。更为重要的是,中国环境社会学学术社区正在形成。去年12月,我们组织了中国社会学会人口与环境社会学专业委员会的换届,得到了很多同行的响应和支持。国内一些高等院校正在形成力量较强、特色鲜明的环境社会学研究方向和研究团队,例如河海大学社会学系、中央民族大学社会学系、中国海洋大学社会学系等。我们中国人民大学社会学系刚刚正式成立了国内第一家环境社会学研究所。

  这次参加会议，我很受鼓舞。我看到了很多充满自信和期待的年轻人，他们加入环境社会学研究队伍中来，是这个学科的一大幸事，未来的前途可以从他们身上看到。环境社会学在中国刚刚发展，所谓老师实际上也是学生，这种师生同修、教学相长的场景是很有特点、很有希望的。我还看到了老一辈社会学家对环境社会学的殷殷期望和大力扶持，像郑杭生先生这样的著名社会学家，始终关注着环境社会学的发展。从这次会议提交的论文看，有很多有价值的经验研究，也有对环境社会学前沿理论与方法的介绍，更有自觉的问题意识与未来研究议程，由此可以切身感受到中国环境社会学的快速发展。

  我个人认为，中国环境社会学虽然是新兴学科，但是并非边缘学科；虽然目前还很弱小，但是大家并不自薄；虽然面对非常复杂的研究对象，但是大家并不畏缩；虽然走向成熟还有漫漫长路，但是大家永不停息，这正是中国环境社会学的希望之所在。

  下一步我们还需要进一步密切环境社会学者之间的交流与合作，使之进一步制度化，同时努力扩大环境社会学的影响。如果我们通力合作，加强环境社会学的研究，关注当下中国的环境问题，积极参与到环境政策的制定和评估中去，重视跟踪国际学术前沿并自觉构建有中国特色的环境社会学学科体系、理论体系，加强环境社会学教材的编写和专业人才的培养，那么，中国环境社会学的美好未来就是指日可待的。

社会学如何培养专业人才?[*]

——怀念作为教育家的郑杭生先生

非常感谢北京市社会学学会,感谢李强会长,感谢清华大学社会学系,在北京市社会学学会2014年学术前沿论坛这样一个特别的场合追思我们的老师郑杭生先生。郑先生在11月9日离开我们,确实比较突然,留下了很多未竟的事业和我们无尽的思念。在郑先生追悼会的当天,中国人民大学社会与人口学院举办了一次追思会,由于时间非常仓促,很多人没有机会详尽表达,我也只是报告了先生病情发展的经过。今天,我想以《社会学如何培养专业人才?——怀念作为教育家的郑杭生先生》为题,做一个补充发言,以纪念一位社会学的巨人。

大家可能已经注意到,在先生的生平介绍中,先生不仅被公认为著名社会学家,同时也是教育家。先生从1961年毕业留校工作,毕生奉献于教育事业,特别是为社会学专业人才培养做出了杰出贡献。

在我进入中国人民大学学习时,先生已经创立了社会学研究所。我与先生的第一次近距离接触是在入学三年后,即1988年底迎接元旦的联欢会上。先生当时已经担任中国人民大学副校长,要到各个院系的联欢会现场看望师生。我当时也在准备报考社会学专业的硕士研究生。经过时任历史系副教授的金德群先生(先生的温州同乡)介绍,我向先生汇报了报考研究生的想法和在温州开展社会调查、编写地方志的经历。先生对我参加社会调查的经历很欣赏,还非常优雅地说欢迎报考,并给予了指导和勉励。1989年9月,我有幸被先生收入门下,从此开

---

[*] 本文为2014年12月21日我在北京社会学学会和清华大学举办的"2014年学术前沿论坛暨郑杭生教授追思会"上的发言整理稿,后经修订发表在《社会建设》2015年第1期。

始了社会学专业硕士、博士研究生的学习以及社会学的教学和研究生涯。

回想与先生相识、相处、相知的26年时间，一幕幕的往事仿佛就在眼前。在今天这样一个特别的场合，我把先生在培养社会学专业人才方面的实践与教导略作梳理，概括为6个方面，与大家分享。这些方面就是：要有强烈的社会关怀；要重视整体的、历史的思维训练；要掌握融通而扎实的专业基础知识；要有传承性理论创新的自觉努力；要秉持坚定的学术立场；要致力于养成宽厚包容的学术心态。

有强烈的社会关怀

社会学，顾名思义是研究社会的。一个没有"社会"观念的学者很难说是一个合格的社会学者，甚至有可能沦为一些学者所批评的、只关注个体利益的"精致的利己主义者"。无论是开展社会学学术研究，还是从事社会服务、社会工作、社会治理和社会建设的实际工作的人，心中都要有一个"社会"的观念，要有强烈的社会关怀，要有创造"美好社会"的责任感和使命感。先生正是这样要求自己的，也是这样实践的。他所开创的社会运行学派就是源于对中国社会在相当长一段时间内陷入恶性运行的一种理论自觉和反思，这个学派的宗旨在于探索社会良性运行和协调发展的条件与机制。

社会关怀直接源于对社会经历的体悟和反思。先生一生阅历丰富，跨越了新中国革命、建设和改革的各个时期，也有着海外"洋插队"的生活经历。他常常会给我们讲到在湖南乡下开展社会主义教育活动（"四清"运动：初期是在农村"清工分、清账目、清仓库和清财物"，后期表现为城市和农村的"清思想、清政治、清组织和清经济"活动）的经历，讲到在江西"五七干校"当石匠打石头的故事，讲到"文化大革命"期间校园内外的派系斗争，讲到在英国留学期间的见闻和感受。每每讲起这些故事，先生总是超越了个人的恩恩怨怨和利益得失，而呈现出对于社会运行的担忧和思考。先生总是说，多点社会经历不是坏事，甚至可以是好事，可以成为人生的一笔财富。记得1989级硕士研究生入学后需要去基层工厂、农村劳动锻炼一年，当时我和在座的刘精明教授等人被安排在北京制呢厂基层车间做工人。考虑到当时的背景,大家思想上多少有一些想不通的地方,所以在先生问起工作情况时也就坦率地说出来了。记得先生说,对于我们的心情他能够理解,但是从长远看,在工厂工作一段时间,对基层社会有更多的了解,是有益于社会学研究和个人成长的,将来回忆起来甚至可以认为是一笔财富。现在看来,像我们这样从农村走出来、从学校到学校的学生,能有在城市国有企业工作的经历,确实还是很有价值的。

社会关怀强调自觉开展社会调查,深入了解社会。现代社会的复杂性已经超越了个人的直接经验,而科学的社会调查是增进对于现代社会了解的重要方法和途径。在先生的领导下,中国人民大学社会学系非常重视开展科学规范的社会调查。我记得在硕士研究生学习期间就参与先生的课题,到贵州惠水县王佑镇的布依族聚居区开展社会调查。2013年夏天,中国社会学会贵阳年会期间,我还陪同先生和师母重访故地,感慨良多。先生很重视社会调查机构建设,1988年就和李强教授一起组建了中国人民大学社会调查中心,我在1992年首次参与了由该中心承担的、中国人民保险公司委托的全国性专项社会调查。1993年我又参与组织实施了李强教授主持的与美国衣阿华大学合作的"社会变迁与社会意识"全国抽样调查,在这次调查过程中遭遇了有关方面的一些误解,先生为此倾尽全力去化解,保证了调查的顺利进行。在此后的多年时间里我连续参与组织实施了先生或李强教授主持的多项全国性的大规模社会调查,深入全国城乡的很多社区和家庭。特别是1995年的全民环境意识调查、1996年的城乡居民个人生活史调查和1998年的城市居民阶层结构调查,这些调查成为我了解社会、研究社会的重要途径,并且积累为我的学术经历中的宝贵财富。应该说,先生和李强教授等人重视社会调查培育了中国人民大学社会学教学和研究的良好传统,并为李路路教授在新世纪创建中国综合社会调查(CGSS)项目奠定了很好的基础。在大力支持李路路教授开展连续性的抽样调查项目(CGSS)的同时,先生还亲自主持了一些典型地区的专题调查项目,其中包括接续李景汉先生文脉所开展的定县调查,延续7年,产出12篇博士学位论文、3篇博士后研究报告;也包括在北京、杭州、郑州、南海、深圳、中山等全国多个城市基层社区所开展的深度调查,产出了《当代中国城市社会发展实地调查研究系列丛书》和《中国特色和谐社区建设系列调查研究报告》两套丛书,培养了一批学子。先生2013年春天曾经跟我说他对全国各地的社区建设经验很熟悉,在基层社区研究领域已经很有名气,很多地方政府、基层街道的负责人都了解他的研究。即使在2014年9月份知悉自己身患绝症的情况下,先生依然带着学生到浙江、广东、陕西等地开展调研活动。正是因为长期关注基层、扎根基层,深入开展社会调查,先生才有对于中国社会的更为全面的认识,才有强调关注自下而上的"中国经验"的底气。

社会关怀重视把握社会的脉动,积极推动学术与社会的互构。先生从事社会学研究非常关注其应用价值,这是对中国经世致用学术传统的传承,是社会关怀的明显体现。先生长期以社会学理论方法及其应用作为其研究领域和培养学生的方向。他所创立的社会运行论,在关怀现实社会运行的同时,提出了社会良性运行和协调发展的理念,这样一种理念从学术话语变成媒体话语,最后转化为政策话语,成为形塑社会的重要力量。类似地,先生创造了社会转型的视角来看待中国社会主义现代化的过程,这一洞见产生了非常广泛的学术影响和社会影响。先生还提出中国社会变迁的过程是个体与社会互构的过程,这种互构已经呈现出了丰富多彩的具有中国本土特色的实践形态,这些思想体现在其社会互构论、实践结构论和社会学本土论等理论观点中,同时也成为看待和形塑社会实践的重要视角和力量。从2002年起,先生一直担任中国人民大学中国社会发展研究系列报告的主编,我们每年围绕不同的社会主题组织研究,产生了很好的学术的、社会的和政策的反响。

重视整体的、历史的思维训练

学习社会学需要有对社会整体的想象和建构,需要有关于社会结构和过程的思维和理解。这种素质的养成,除了必要的天赋和哲学基础知识之外,更多的是要靠对重大社会问题的长期思考和研究,在研究中思考,在思考中体悟。这样一个过程,在开始是非常艰难的,甚至会茫然失措、无从下手,但是只要持之以恒,就会渐入佳境。我很庆幸能在先生的指导下,一开始就注重整体思维的训练。回过头来看,先生曾经安排的一些"命题作文",其实都是有着深意的,让我感觉受益终身。如果一开始就过分专注于具体问题的思考,纠结于社会研究的细节,恐怕很难打开研究者的视野,对于社会学整体思维的训练和社会学想象力的养成都是有很大局限的。

记得在硕士学习期间，先生正在致力于完善他的社会运行论。1991年，师兄郭星华硕士毕业后暂留学校等待报考博士研究生，在我们的宿舍楼有 1 间宿舍。先生当时虽然担任副校长，但是每周都要在郭星华的宿舍召开一次研究生讨论会，主要内容就是分析研究社会运行机制的具体内容，包括社会运行动力机制、整合机制、控制机制、保障机制、激励机制等，研讨的结果后来成为《社会运行导论》这部产生重要影响的著作的一部分基础，参与讨论的人员也被戏称为"机组成员"。我主要负责研究社会运行整合机制，这对于一个涉世未深、才疏学浅的青年人而言是一个思维和写作上的重要挑战。现在看来，当时思索过程的艰辛是很有价值的，让我对于分析社会运行有了初步的理论与实际相结合的思考，习惯性的历史陈述思维也开始有了一点理论思辨的维度。

1994 年中国社会学会在上海召开年会，先生给我出了个题目，让我研究一下城市农民工问题，认为这是中国社会转型中的一个重大的社会学问题。后来我以《重视和发展城市农民工的社会保障事业——社会转型过程中的一个重要问题》为题完成了论文初稿，经过先生修改后提交了年会，并在《学术交流》杂志正式发表（1994 年第 5 期）。为了应邀出席 1995 年联合国社会发展大会，先生还曾让我研究一下中国社会发展中的政府、非政府组织和社区的关系，我努力完成了一个初稿送先生修改，并且另外对中国社会发展面临的挑战提出了几点个人的看法，后来发表在《社会主义研究》杂志（1995 年第 4 期）上。现在看来，政府、非政府组织和社区关系确实是研究社会发展问题的一个关键所在。同样在 1995 年，先生还曾让我研究整理一下当时中国社会转型的趋势与问题，后来此稿的一部分内容经先生修改发表在《社会学研究》杂志（1996 年第 1 期）上。1997 年，中国社会学会在云南召开年会，针对当时学术界的研究热点，先生让我思考一下国家与社会关系问题，这又是一个宏大命题。我结合自己的历史知识，尝试着从文化的角度对国家与社会关系的演变和协调做了一个初步的分析，得到先生的很好评价，并合作发表在《云南社会科学》（1997 年第 5 期）上。2003 年的"非典"事件产生了广泛的政治的、社会的和学术的影响，经过多年的学术训练，我已经能够强烈地意识到中国社会发展正在进入一个新的阶段。在跟先生的讨论中，我提出中国社会进入高风险时期，需要关注社会安全问题。后来又与先生合作撰写《中国转型期的社会安全隐患与对策》，发表在《中国人民大学学报》2004年第2期，引起了广泛关注。大概正是考虑到经过多年训练，我在整体性把握中国社会发展状况与趋势方面已经有了一定的学术的和经验的积累，先生在2002年重新担任中国人民大学中国社会发展研究系列报告主编的时候，就委托我做副主编，迄今已经出版12卷。

除了整体思维的训练，历史思维的训练对于社会学专业人才培养也很重要，这是先生的又一个卓识。先生认为历史学和社会学都是综合性社会科学，前者面向过去，后者面向现在和将来；前者侧重揭示社会发展的纵向过程，后者侧重分析社会运行的横向过程，两者都是深入研究和认识社会的重要学科。所以，先生在初创社会学硕士点时，非常强调考察学生的历史学基础，在考试科目中专门设置了"中国近现代史"。事实上，先生不仅认为学习社会学需要有一定的历史知识，而且要有一种历史辩证法的观点，强调对于历史发展的过程要一分为二，具体问题具体分析，要有发展的眼光。先生曾经说过，社会历史发展的大趋势是不断前进的，前进中的历史也有它的问题，不能用一面来掩盖另外一面，这种观点对于分析转型中的中国社会是有着重要指导意义的。更重要的是，先生明确意识到社会学是一门自外引入的学科，没有科学的历史思维，不与中国社会思想对接，不在中国历史发展的脉络中找准位置，社会学就很难落地生根、发展壮大。因此，先生非常强调中国社会思想史和中国社会学史的教学与研究，力主将之列为社会学专业主干课程，积极推进社会学学科的本土化。先生很早就想用社会运行论的观点组织编写中国社会思想史，我在硕士毕业留校工作后也参加了他的课题组，参与了一些著名思想家的选择和史料汇集工作，遗憾的是一直没有开始写作。但是，先生一直念念不忘，在完成其他课题之后，又陆续招收博士研究生和博士后，推动中国社会思想史的研究和教材编写，并组织编写了在国内外具有影响的中国社会学史教材。可以说，先生对于历史思维和历史意识的强调，不仅有助于社会学学科的本土化和中国特色社会学的发展，也有利于社会学者在中国历史发展和世界体系演变的大脉络中找准中国社会研究的真问题，把握社会发展的大趋势，科学地认识和引导中国社会变迁。

掌握融通而扎实的专业基础知识

社会研究是一项非常复杂的工作,需要有宽广的知识基础。除了对其他人文社会科学和自然科学知识有必要的了解外,对于社会学学科发展过程中所积累的知识更要有系统的理解和把握,先生非常强调这一点。

记得当初留校工作时,先生说起人大社会学系的一项授课规定:每一位新进教师都必须讲授"社会学概论"这门课程。他说只有能够讲好这门课,才能对社会学学科有一个整体的了解,有通观的能力,而不至于是盲人摸象;也只有讲好这门课,才能更好地开展专门领域的研究,否则视野就会受限,专业研究也很难深入,而且不好与其他研究沟通协调。最为重要的是,因为社会学学科本身是非常多元化的,学习者和研究者很容易满足于一个理论、一种视角、一块领域,很容易固步自封、自说自话,而丧失对于整个社会运行关键问题的把握和分析能力。就我个人的经验而言,先生确实是有远见卓识的。时下一些社会学专业人员确实出现了先生当年所说的情形,精专有余,融通不足,甚至已经成为影响社会研究和社会学学科发展的重要因素之一。

先生不仅要求社会学系教师讲授"社会学概论"课程,而且鼓励教师们参与"社会学概论"教材编写。先生主编的《社会学概论》教材,从1987年以《社会学概论新编》名称出版,到1994年更名为《社会学概论新修》,后于1998年、2003年和2013年不断修订再版,累计已经发行200余万册,产生了非常广泛的社会影响,很多人都是读着这本教材进入社会学领域或者了解社会学的。先生在主持编写教材时,非常强调集体编写,强调青年人的参与,他把编写"社会学概论"教材作为系统掌握社会学基础知识的一种训练。我很荣幸在毕业留校工作不久的1993年就参与了《社会学概论新修》的编写,当时先生和李强教授安排我编写"社会群体",我感觉压力非常大,因为自己并没有太深入的研究,怕编出来误人子弟。但是,现在看来,这个编写的过程其实更多的是一个学习的过程,是一个逼着自己搜集资料、广泛学习的过程,是一个向其他编写者学习交流的过程,也是一个在了解已有研究的基础上寻找自己研究起点的过程,确实是一个很好的知识梳理和融通的机会,还有助于磨练心性,以免囿于一孔之见而孤芳自赏,甚至狂妄自大。在多次参加教材编写之后,我确实感觉受益良多。2013年,先生主持教材修订再版时,将我增补为副主编。

除了要求讲授"社会学概论"课程和参与教材编写,先生还给我机会参与全国社会学专业课程建设和人才培养规划工作,更进一步地开阔我的眼界。1999年,高校社会学学科教学指导委员会决定组织编写"社会学专业主干课程教学基本要求"。当时先生担任主任委员,委员会确定的10门专业主干课程是:社会学概论、国外社会学理论、中国社会思想史/中国社会学史、社会调查研究方法、社会统计学、经济社会学、发展社会学/社会现代化、社会工作概论、社区概论、社会心理学。受先生委托,我联系编写工作,并参与了"社会学概论"和"中国社会学史"课程教学基本要求的编写。编写完成后上报教育部高等教育司,后于2003年以高等教育司组编的名义在高等教育出版社出版。2000年8月,高校社会学学科教学指导委员会暨社会学系系主任联席会议威海会议决定,要加强面向21世纪的社会学类专业人才培养的发展战略、目标和模式研究。受先生委托,我又面向全国社会学系组织调查研究,特别是在北京大学、中国人民大学、南开大学、南京大学、吉林大学、中山大学、武汉大学、山东大学、复旦大学等校社会学系的大力支持下,我协助先生完成了《21世纪社会学专业人才培养研究报告》并撰写主报告,于2004年上报教育部高教司。

2007年,为了纪念改革开放30周年,中国社会科学出版社策划出版"近30年的中国人文社会科学"丛书,委托先生主持编写社会学卷。先生又一次把这个总结和通览中国社会学恢复重建成就的机会给了我,让我组织编写。当时先生和我一起商量了编写体例和内容,然后面向全国社会学教学研究机构征求作者。很荣幸,该项工作得到了很多兄弟单位和学者的响应与支持。最终,我们按照"社会学理论与方法""分支社会学"和"社会学的其他二级学科"三编,完成了29章内容的编撰,涉及20个社会学的分支学科,以《中国社会学30年(1978—2008)》为书名,于2008年10月由中国社会科学出版社出版。我在参与写作和编辑此书的过程中,对中国社会学恢复重建以来的各个领域的研究成果有了更为全面的了解。

先生还曾委托我策划、组织很多次学术会议,给我与同行交流、向同行学习的机会，同时引导我围绕一些重要议题促进知识整合。其中，印象比较深的学术会议包括先生主持的社会学理论与方法研究中心获批为教育部重点研究基地之后首次举办的"社会结构与社会公平学术研讨会"（2001年3月），2001年12月举办的"转型中的中国社会学术研讨会"，2002年5月举办的"当代中国社会分化与政策选择学术研讨会"，2004年10月举办的"现代化的反思：理论与政策学术研讨会"，2005年9月举办的"中国特色社会学：历史·现状·未来学术研讨会"，2008年6月举办的"中国社会体制改革三十年学术研讨会"，2010年7月举办的"社会转型与中国社会学理论自觉学术研讨会"，等等。策划、组织和聆听这些学术会议的过程，确实是一个宝贵的融通社会学专业知识的机会。

有传承性理论创新的自觉努力

一个学科没有创新就不会有发展，甚至会失去存在的价值。但是创新总是基于对传统的继承和超越，尤其是在人文社会科学领域，完全脱离传统学术积累的创新活动是几乎不可能的，有些所谓创新不过是很浅薄的自说自话。先生非常强调传承性的学术创新，也就是他经常说的社会学研究要注重"开发传统，超越传统"。

先生被公认为中国社会学社会运行学派的创始人和旗手，但是先生一直强调社会运行论的提出实际上是传承了严复先生关于社会学的理解。他曾说过，用"治乱兴衰"来评价社会运行状况，在我国已经有数千年的历史。作为学贯中西的大学者，近代的严复先生在翻译出版《群学肄言》的时候把社会学看成是一门研究社会治和乱、兴和衰的原因，揭示社会所以达到治的方法或规律的学问，这是将社会学置于中国社会思想史脉络中的最先尝试，充分体现了中国特色。先生自认是受到严复的启发、沿着严复的思路，结合对新中国成立以来社会运行状况，特别是对"文化大革命"期间恶性运行状况的反思，才提出了社会运行与发展的三种类型——良性运行与协调发展、中性运行与模糊发展、恶性运行与畸形发展，并进而提出了其独具特色的社会学定义，奠定了社会运行论的基石。在先生晚年大力倡导社会学的理论自觉并引起广泛响应的时候，他也曾明确表示其"理论自觉"的概念与费孝通先生提出的"文化自觉"概念是一脉相承又有所区别的。先生指出：与"文化"概念相比，"理论"是个小概念，"理论自觉"是"文化自觉"的一种形式，社会学的"理论自觉"是"文化自觉"在社会学这门学科中的特殊表现。费孝通先生对"文化自觉"的论述，在一般意义上讲，对说明"理论自觉"也是适用的、是有很强启示意义的，只是理论是文化的系统化形态，是对文化现象的提炼概括，所以理论自觉又有其特殊内容、特殊表现和特殊要求。对于类似以上内容的学术传承关系，先生在正式发表的论文和著作中，也是从不讳言的。先生对于学术传承的强调并没有淹没他的创新成果，反倒使其创新成果更有历史感、更加厚重，因而也就注定将有更加深远的学术影响。

在指导学生撰写论文时，先生总是鼓励学生多读书，非常强调对于文献的搜集、阅读和分析，尤其是强调要科学地选择文献，力求通观而不要一叶障目。先生常常依据一篇论文所引用和参考的文献就能针对该论文给出一些中肯的评价。先生鼓励学术传承，特别是创造性地发扬光大已有的社会学研究。针对一些学生盲目求新的浮躁倾向，先生总是特别叮嘱要有耐心，要对已有的研究，包括对导师的有关研究，做积极主动的思考和应用，这种应用本身就是创新。作为社会运行论的创立者和倡导者，先生鼓励学生们将社会运行论运用于各个领域的研究，在深入研究中不断发展创新社会运行论的观点和方法。根据我个人的经验，先生如此主张并不只是为了创建和发展社会运行学派，实际上是体现了对于学术创新规律的遵循，体现了深化社会研究的需要，也是对社会学研究新手的有效指引。

对于自觉运用社会运行论研究中国社会、开辟新的研究领域的学术努力，先生总是大加鼓励和支持。我从1995年开始在职跟着先生攻读博士学位。我对社会运行的环境基础有着一种自然的关心，自从1995年参与组织实施全民环境意识调查并撰写调查报告之后，这种关心变得更为强烈，所以我就有了从社会学的角度，特别是从社会运行和转型的视角分析中国环境问题，并将其作为博士学位论文主题的想法。当我把这个想法汇报给先生时，他以高度的学术敏感很快就给予了充分肯定，由此我就开始了研究和写作。由于当时我对环境社会学还知之甚少，国内的相关研究也是凤毛麟角，文献搜集非常困难，加上自己的理论功底薄弱，理论思路常常中断或者拧巴了，整个写作过程非常艰辛。我至今还清晰地记得，先生 1998 年在日本讲学期间，利用当时算是非常先进的电子邮件技术与我保持联系，帮我理清思路。在最困难的时候，我几乎是每完成一章就发给先生，经过先生的指点，得到先生的肯定，我才敢继续往下写。我同时还请李强教授利用出国讲学的机会帮我搜集资料。最后，我终于在 1999 年勉强完成了博士学位论文并顺利通过答辩。直到论文答辩通过，我才清晰地意识到自己走在一条探索社会学研究新领域的路上，但是先生可能早就认识到了这一点。没有先生的远见和坚持，我恐怕也难以完成博士学位论文，更谈不上有后来的进一步发展。

在我完成博士学位论文之后，先生积极鼓励我修订论文公开出版并欣然作序。他在序中指出拙著继承和发展了社会运行论的思想，深化了社会转型视角在中国环境问题的社会学研究中的应用，提出了中国环境社会学的新观点，开创了一个大有希望的研究领域。在拙著出版之后，先生又不断地给我创造条件，大力支持作为一门分支学科的环境社会学的发展。2006 年，在先生的支持下，我组织召开了首届中国环境社会学学术研讨会，他亲自出席会议并讲话，做出一些重要指示。这是国内环境社会学研究者的第一次集结。2007 年，我又在先生及其主持的社会学理论与方法研究中心的支持下，组织召开了首届中国环境社会学国际学术研讨会，先生同样亲自出席并发表演讲。后来，中国环境社会学学术研讨会逐步制度化，先生主持的社会学理论与方法研究中心一直是主办单位之一。2009 年在河海大学召开了第二届中国环境社会学学术研讨会，2011 年 7 月在中国社会学会江西年会上召开了"环境风险与社会转型"分论坛，2012 年在中央民族大学召开了第三届中国环境社会学学术研讨会，2013 年在河海大学召开了第四届东亚环境社会学国际学术研讨会，这些会议先生都坚持出席指导，一次也不落。

非常遗憾的是，2014 年 10 月在中国海洋大学召开第四届中国环境社会学学术研讨会，先生当时已知身患绝症，我也知道，实在不忍心继续劳动他。但是，他开始还是表示要出席，直到最后才跟我说：这次就不外出了吧。谁知这一次的缺席就成为先生与中国环境社会学的永别！这么快先生就离开了我们！

回想起来，先生不仅大力支持和参与环境社会学的学术会议，而且还与陆学艺先生、李培林研究员等一起，积极推动环境社会学的学术组织建设。2008 年 12 月，在先生和中国社会学会的支持下，人口与环境社会学专业委员会第四届理事会议在中国人民大学召开，我有幸被推选为会长，先生和陆学艺研究员、童乘珠女士受邀担任名誉会长。2009年，在中国社会学会西安年会上，人口与环境社会学专业委员会正式更名为环境社会学专业委员会，并在后来得到民政部正式批准，成为组织开展环境社会学学术研究和交流的重要组织平台。与此同时，在先生的支持下，我还在中国人民大学建立了环境社会学研究所。可以说，中国环境社会学的发展与先生长期以来的支持和鼓励是密不可分的，这门分支学科的发展路径也遵循着先生所倡导的传承性创新的路径，目前已经成为中国社会学的重要分支学科，并且产生了一定的国际影响，不知道这一点是否能够让先生在天之灵心有所慰。

秉持坚定的学术立场

学问如人生。做人有做人的原则，学术有学术的立场。先生是一个以学术为业的人，随着他的学术积累越深，我对此体会也越深。作为一个学术人，先生非常强调要有远大的学术抱负，要有坚定的学术立场。先生始终认为，做学问坚持正确的立场、观点和方法非常重要，否则难成大器。

我以为，先生最为坚定的学术立场是推进社会学的中国化，创建中国特色的社会学学派，这是先生从事社会学研究一开始就为自己确立的目标，并且为之奋斗终身。他在社会学领域最初的具有广泛影响的著作中，都使用了"新探"或者"新编"的名称，鲜明地表达了自己的主张。他和李强教授等概述社会运行论的著作《社会运行导论》一书的副标题就是"有中国特色的社会学基本理论的一种探索"，其生前自编出版的社会学学术历程也是以中国特色社会学理论的探索、拓展、应用、深化为鲜明主题。先生晚年在倡导理论自觉时明确指出，"理论自觉"的主要内容或者首要自觉，是对需要什么样的中国社会学的自觉。先生认为中国社会学应把世界眼光、中国气派兼具作为自己的奋斗目标，也就是说需要在对西方社会学合理借鉴的基础上，主要根据中国社会发展和社会转型的实际，结合中国传统中丰富的学术资源，进行原创性的或有原创意义的理论创新，而不是在西方社会学理论或者社会理论的笼子里跳舞，使自己的理论与经验研究成为西方社会学的一个案例、一个验证或是某种中国版。先生是这么说的，也是这么做的，直到生命的最后时刻。

先生始终强调在社会学研究中要坚持以马克思主义为指导，不断创新和发展马克思主义社会学。他曾指出，要把马克思主义的根本判断和具体观点区分开来。马克思主义的根本判断始终具有科学性，而一些具体观点可能会因为时间、地点和条件的变化需要修正。先生认为，坚持实事求是是坚持和发展马克思主义的科学的方法论，做学问一定要一切从实际出发、理论联系实际，不能走极端，不搞片面性。先生的这种立场也曾遭到一些人的非议：在一些极右的人看来，先生非常"左"；在一些极"左"的人看来，先生又非常右。先生曾经用自嘲的口吻给自己做了一副对联：是"左"是右任人说，不"左"不右行我路；横批：我还是我。事实上，先生坚持的是唯物辩证法，运用的是中国传统文化的中庸智慧。

先生还非常强调在中国社会研究中要秉持建设性反思批判的立场，这是与他对马克思主义社会学发展的理解以及对中国社会发展的关怀密不可分的。先生在1985年就提出马克思主义社会学具有两种主要形态：革命批判性形态和维护建设性形态，而且指出前者只是马克思主义社会学的过渡性、预备性形态，后者才是马克思主义社会学的主要形态，甚至可以说是本来意义上的马克思主义社会学。先生也曾多次说过：中国社会是一个转型中的社会，在这样一个转型阶段，你可以找出一百条证据证明它的问题，同样也可以找出一百条理由证明它的进步，关键是我们到底希望它朝哪个方向发展？对中国社会的成功转型是否有坚定的信心？他说，每一个社会学人都不是旁观者，而是转型的参与者。先生对中国社会发展的未来前景充满信心，坚信中国发展道路的独特性，坚持社会学要关注民生、服务于广大人民的根本利益。他认为，秉持建设性反思批判的立场，就是在分析中国社会时，通过反思批判这样一种理性思维活动，实事求是地肯定该肯定的东西，否定该否定的东西，并根据这种分析提出积极的建设性的改进意见和方案，以增促社会进步、减缩社会代价，这种立场才是有助于引导中国社会成功转型、符合最广大人民根本利益、符合中华民族伟大复兴需要的学术立场。

大概是考虑到先生长期坚持的学术立场和在中国社会学界的影响，2004年，中共中央在组织实施马克思主义理论研究和建设工程时，委托先生和景天魁研究员组织"社会学概论"教材的编写工作,担任首席专家。首批主要成员包括陆学艺研究员、李培林研究员、李强教授、王思斌教授、谢遐龄教授、我以及有关部委领导,后来又增补了宋林飞教授、刘少杰教授为主要成员。2008年5月,我和李培林研究员被增补为首席专家。我作为一位青年学者,能够有机会参与这样高层次的工程,肯定也离不开先生的大力举荐和支持。在长达6年多的教材编写工作中,我协助先生和其他首席专家,组织实施了全国性的"社会学概论"教学调查,召开了各种相关会议近50次,撰写工作简报60余期,并在先生的指导下参与教材编写、协调、修改和统稿等工作。从2006年1月开始,课题组根据中央批准的提纲开展教材编写工作,于2008年1月形成教材送审稿,后经工程咨询委员会四次审议,累计修订13稿才最终付印。于我个人而言,参加这次教材编写,大大开阔了我的眼界,深化了对于中国社会的认识以及对于发展中国社会学的认识,也向一些社会学界和其他学科的前辈学习了很多东西,受到了非常宝贵的全方位的锻炼,而且对先生所强调的学术立场有了更进一步的认识和体会,同时也更加坚定了我的学术立场和开展社会学研究的方向和方法。

致力于养成宽厚包容的学术心态

海纳百川,有容乃大。作为人所景仰的社会学大家,先生一直非常强调要有宽厚包容的学术心态,他甚至将此作为人品的重要内涵。记得在我攻读硕士、博士学位研究生的时候,先生曾经在课堂上提到:作为一个学者,学问与人品都很重要,一般来讲应该是七分学问三分人品,在特殊的情况下,甚至可以倒过来,三分学问七分人品。人品对于学问有着定向作用,关系到学者之间的合作,也对学者的社会角色有着重要影响。一个缺乏包容心态的人,不仅难以与人合作,终究也是难成大家的。社会学的人才培养要始终坚持德才兼备的原则。

先生一直倡导学派建设,但是反对宗派意识、主张和实践,主张多些学派、少些宗派。先生说,健康的学派肯定要努力捍卫自己的学术立场和观点,不断深化本学派的研究,不断改进人才培养,向社会学共同体贡献有特色的理论视角、知识积累和学术人才,但是并不是盲目排斥其他学派的研究和观点,甚至与其他研究者为敌。在学派成长的过程中,肯定要与其他学派、学者发生学术论争,甚至论争也可能发生在学派内部,但是这些论争只能局限在学术层面,不能牵涉其他非学术因素。他主张在学术问题上学者们可以争论得面红耳赤,但这不应影响学者之间的友谊,因为这是两个不同的领域——学术领域和非学术领域。如果在学术讨论和批评中掺进种种非学术因素,或者因为学术观点不同而影响到学者之间原有的友谊,那就是不适当的。他也以此多次谆谆告诫同门的师兄弟们。

据我所知,先生在创建和发展社会运行学派的过程中,曾经在一些关键问题上与其他学者发生过论争。例如,在社会学研究对象问题上与苏国勋研究员发生过论争;在价值中立问题上与李金老师有过交锋;还与有的教授讨论过社会学基本问题,并就中国社会转型问题与相关学者有过争论。其中,我印象最深的是先生与苏国勋研究员之间的论争,先生有过多次提及。但是,先生也总在说他与苏国勋研究员是很好的朋友,日常生活中的交往也不少,而且是客客气气的。我也确实见过两位先生同桌畅饮叙旧的情形。与先生一样,苏国勋先生也是非常随和、坦率和友好的。

先生的宽厚包容使得他善于团结人、凝聚人。先生辞世后,在很多学界同仁的追忆中,对此都有提及,认为他在凝聚社会学界力量、促进社会学者团结、加强社会学学术社区建设方面发挥了重要作用。我所直接体会到的是,在先生的领导和垂范下,中国人民大学一直有个包容、和谐、稳定而又富有活力的社会学团队。李强教授、李路路教授、张建明教授、林克雷教授、潘绥铭教授、夏建中教授、郑也夫教授、刘少杰教授、胡鸿保教授、郭星华教授、刘精明教授、李迎生教授、陆益龙教授、冯仕政教授等,都曾经是或者依然是这个团队的重要成员,我个人也非常荣幸能够成为这个团队的成员之一。这个团队的成员都在从不同的角度为中国人民大学的社会学学科建设,为中国特色社会学的发展做出贡献。

按照民间的风俗,先生离开我们已经快到满七了。但是,先生的音容笑貌犹在眼前,就像从来没有离开。作为学生,我不及先生十之一二,但是仍存孜孜以求、好好学习之心。今天,我将个人的几点粗浅体会说出来,与大家分享,希望能够与大家一起践行先生的遗愿,发扬光大先生未竟的事业,为中国社会学学科发展和人才培养做出自己力所能及的贡献。

【社会转型】

社会运行与社会转型[*]

社会学作为一门学问,有两个问题是最为基本的,必须作出回答。第一个问题是,社会学是什么,也就是社会学研究对象和内容的问题;第二个问题是,社会学如何认识和研究现实社会,也就是社会学的应用问题。这两个问题实际上应当是一致的,成熟的社会学应当兼容两个方面。中国人民大学社会学系郑杭生教授的三部代表性著作——《社会学对象问题新探》(1987)、《社会运行导论》(1993)和《转型中的中国社会和中国社会的转型》(1996)——正是针对上述两个问题所作出的初步回答,是创建有中国特色的社会学的一种探索。

在理论上,最新出版的《转型中的中国社会和中国社会的转型》一书(首都师范大学出版社1996年版),与郑先生以前的著作是一致的。在《社会学对象问题新探》一书中,他根据对社会运行和发展三种类型(良性运行和协调发展、中性运行和模糊发展、恶性运行和畸型发展)的研究,提出了一种关于社会学对象的新的看法:社会学是关于社会良性运行和协调发展的条件和机制的综合性具体社会科学,并分别从理论、实践和历史三个方面,对这一新观点作了较为详细、系统的论证。在《社会运行导论》一书中,他和他的学术群体则对社会运行的条件和机制作了深入、展开的分析,分别阐述了人口条件、环境资源条件、经济条件、文化条件、社会心理条件、社会转型期的转型效应和迟发展社会的迟发展效应对社会运行的影响,并分析了社会运行的五大机制:动力机制、整合机制、激励机制、控制机制和保障机制。《转型中

---

[*] 本文是对郑杭生先生主编《转型中的中国社会和中国社会的转型》所作的书评,原载《天津社会科学》1997年第5期。

的中国社会和中国社会的转型》一书正是在上述基础上认识和研究当代中国社会的一种尝试。

具体地说,《转型中的中国社会和中国社会的转型》一书有以下一些特色：

第一，本书恰当地概括了当代中国社会的总体特征，即处在由传统型社会向现代型社会转型的过程之中，它既不是完整的传统社会，也不是完全的现代社会，而是转型期社会。从形式上看，这种转型是从农业的、乡村的、封闭半封闭的传统社会，向工业的、城镇的、开放的现代社会转型；从实质上看，这种转型包含了社会结构的转型、社会运行机制的转型和社会价值观念的转型。

这种观点与那种关于社会的"传统—现代"、非此即彼的简单二分的观点形成对照。它的形成既是对现实的经验总结，又是郑先生社会学理论的自然延伸。他在研究社会运行状态时，就已区分出良性运行、中性运行和恶性运行三种运行状态，这种三分法是颇具创见的。从总体上看，转型期的社会是一种混合着传统与现代的、中性运行的社会。研究当代中国社会需要这种理论创新。

作者在书中历史地分析了近现代中国社会的转型过程，他指出1840—1949年是社会转型的第一阶段，1949—1978年是社会转型的第二阶段，从1978年开始，中国社会转型进入加速期，具有了以往不曾具有的特点。本书主要是围绕这一转型新时期的社会状况进行研究的。

作者还强调指出："中国社会转型的关键在农村。在某种意义上说，中国农村的转型程度，就是整个中国社会的转型程度；在中国农村实现现代化之前，是很难谈得上中国社会现代化的。同时，随着第三阶段社会转型加速期的来临，各个方面的社会问题变得明显和突出"（该书"前言"），这些是研究转型中的中国社会时所必须注意的。

第二，本书有着鲜明的社会学视角，在某种意义上说，是郑先生社会学理论的实际应用。作者认为，社会学的视角，最主要的就是"社会运行和发展的条件与机制"的视角，特别是"社会良性运行和协调发展的条件与机制"的视角。本书的主要内容"社会转型中的利益格局""社会转型中的社会控制体系""社会转型中的文化模式""转型中的社会支持系统"，既是按照这一视角进行的选择，也正是透过这一视角进行分析的。

在某种意义上说，本书是以结构转型期社会运行机制的转换为核心内容或分析主线的，"社会转型中的利益格局"主要研究的是社会转型期利益（收入）分配的状况及调整利益（收入）分配的对策，这实际上主要是分析转型社会中的动力机制；"社会转型中的社会控制体系"主要是分析转型社会中的控制机制；"社会转型中的文化模式"主要是探讨转型社会中的整合机制和激励机制；"转型中的社会支持系统"则主要是研究转型社会中的保障机制。当然，各部分的内容也有所交叉。而这五大机制的理论分析则体现在《社会运行导论》一书中。

上述众人瞩目的社会转型过程中的几大实际问题，与郑先生的理论推演不谋而合，这显示了其理论的生命力。重视对这些重大问题的深入研究，不仅有助于促进中国社会的顺利转型，而且对中国社会学理论的发展也有着重大意义。

第三，本书有着明显的实践取向，书中的许多研究结论有着重要的实践意义。作者指出，中国社会转型产生了多种多样的结果，"包括正面的、积极的结果，这通常是主要的；也包括负面的、消极的结果，这通常是次要的"（该书"前言"）。全书的研究目标，正如本书的副标题"中国社会主义现代化进程的社会学研究"所揭示的那样，是研究有中国特色的社会主义现代化的道路与模式，是为了促进有中国特色的社会主义现代化的实现，也就是促进中国社会的顺利转型，这就明确了转型的向度问题。作者指出："我们要研究和搞清楚：在社会转型过程中，哪些是促进社会主义现代化的良性因素，哪些则是妨碍社会主义现代化的恶性因素，而哪些是向前发展可以成为良性因素、向后倒退又可以成为恶性因素的中性因素。"（该书"前言"）本书的一些具体结论，经过运作，都是可以成为促进社会转型的具体政策的，如：对先富者给一个"先富起来的利益群体"的名分；加强政府行为，调节收入分配；建立一种既充满活力和生机，又能保证社会主义主导地位的文化模式；提高犯罪成本以控制犯罪率；调整和建立多层次的社会支持系统以支持社会脆弱群体；等等。

第四，本书的分析和立论建立在丰富的实证材料基础上，具有很强的科学性。书中除了引用一些统计年鉴数据，其他单位的调查数据和报刊杂志上的部分资料外，大量调查数据和资料来自中国人民大学社会学系组织的多项社会调查，其中包括1992年四个典型农村社区（贵州省惠水县王佑镇、黑龙江省绥化市利民镇、山东省济宁市安居镇和江苏省南通市姜灶乡）调查、1994年的全国抽样调查、1994年的北京市和石家庄市抽样调查、1995年的全国部分省市的抽样调查等。到实践中去，用事实说话，而不是坐而论道，这是本书的又一特色。

总之，本书是近年来不可多得的一项研究成果，是郑杭生教授"社会运行论"的深化和发展。本书有理论、有观点、有材料，是中国社会转型研究的一项突破性成就，有着重大的理论意义和实践意义。

应对高风险社会[*]

2003年刚刚过去，然而人们对于这一年的各种风险和灾难记忆犹新。年初的"非典"危机不说，年中安徽芦岭、河南安阳等地发生严重矿难以及淮河流域的大水灾也不说，就在2003年末2004年初，重庆市开县的"12·23"气矿井喷特大事故，已经导致数百人死亡；被世界卫生组织官员警告为猛于"非典"的禽流感，又在中国多个省份被发现。亲历多种风险确实使人们感受到：我们这个社会正在进入一个高风险社会。

社会转型期的风险共生

当代德国社会学家乌尔里希·贝克曾经区分了三类风险：前工业时代的灾难、古典工业社会的风险和晚期工业社会的大规模灾难。具体来说，它们分别体现为地震、飓风等外部危险，职业事故风险以及大规模的生态、核、化学以及基因风险。

中国目前正处于社会转型时期，社会形态说不上是纯粹传统的还是纯粹现代的，实际上是一种混合形态的社会。在这种社会里，历时性的社会形态和社会生活共时态地存在，从风险分析的角度看，也就表现为历时性的风险类型共时态地存在，即所谓风险共生现象。一个很明显的事实是，在中国现阶段，传统类型的风险，例如传染病、自然灾害依然

---

[*] 本文曾以《应对高风险社会（上）》《应对高风险社会（下）》为题，分别刊载于《社会学家茶座》2004年第1期（总第6辑）和第3期（总第8辑），收录本书时将上、下合并了。

构成对人民生活和社会安全的威胁，而在以工业化、城镇化为标志的现代化进程中，失业、贫富分化、生产事故、劳资冲突和刑事犯罪等社会风险还不断涌现和加剧。此外，在局部意义上讲，中国社会也出现了晚期工业社会或现代化晚期的社会形态，社会的个体化趋势初露端倪，高新技术日益发展，从而预示了新型社会风险，其对社会生活和自然环境的威胁都在不断积聚、加大，并在一定程度上显现出来。

社会转型期的风险共生还有另外一层含义。中国的社会转型表现为结构转型与体制转轨的同步启动，即在实现以工业化、城市化为标志的现代化的同时，还要完成从以计划经济为特征的总体性社会向以市场经济为特征的多元化社会的转变。这样一种转变过程大致从 20 世纪 70 年代末期开始，到现在还远未结束，但其基本趋势是市场化、非集中化、流动化和多元化。正因为这样一种转型过程还没有结束，旧的社会资源分配体系、控制机制、整合机制正在趋于解体，而新的体系与机制尚未完善并真正起作用，所以诱发和加剧了一些特殊类型的风险，比如说贫富差距过大、社会越轨乃至犯罪激增、传染病控制难度加大、族群冲突加剧、道德失范、信任危机以及控制失灵，等等。

转型社会自身的脆弱性

处于转型期的中国社会自身有着一些重要缺陷，这些缺陷的存在弱化着转型期风险控制的效果，但却放大着各种风险对于社会安全的威胁。甚至可以说，转型社会的缺陷本身就是风险之源。

从大的方面讲，转型社会的缺陷主要体现在两个方面：一是非均衡转型所导致的社会多个层面的断裂现象；二是与体制转轨和文化堕距相关的社会失控现象。

首先来看中国社会存在的结构性断裂。通常人们关注的是以下几个方面：第一，在社会等级与分层结构上，一部分人被甩到社会结构之外，而且在不同的阶层和群体之间缺乏有效的整合机制；第二，在地区之间，断裂社会表现为城乡之间的断裂；第三，社会的断裂还表现在文化以及社会生活的许多层面。事实上，从管理与控制的角度看，行政集团与普通民众之间的关系也表现出某种程度的疏远、断裂，这种断裂主要是由行政系统和民主社会不对称发展造成的。特别是在基层，规模庞大的行政集团越来越内卷化,并有着很强的自利倾向,越来越脱离群众,由此导致大家常说的干群关系紧张乃至对立、冲突。

存在着结构性断裂的社会,很难发现共同的利益基础,从而导致难以确立社会共识、进行广泛社会动员以及实施有效社会控制的困境。不仅如此,由于断裂所造成的各个部分之间的猜忌与隔阂,极大地妨碍着社会信任的确立,刺激着各种纯粹自利的短期行为。很明显,这种情形非常不利于防范社会风险或控制风险危害。

再来看中国社会的失控现象。这种失控主要是由两个客观进程所导致的。一是由总体性社会向多元社会的转变。在这种转变过程中,多元社会主体并没有形成有效的自律,各个主体之间的关系也缺乏调适,因而社会运行常常出现冲突和无序。二是文化变迁过程中客观存在着文化堕距,进而导致控制滞后。在文化变迁时,文化内部各个组成部分的变迁速度并不一致。通常来讲,物质技术层面变化最快,制度层面次之,最后观念层面才真正发生变化。由此,不可避免地会产生各个部分之间的差距与错位,并进而诱发各种社会控制问题。从这种意义上讲,一定程度的失控是转型社会的必然现象。

转型社会的失控还表现在没有一种主导的控制手段能够发挥作用。在传统社会,依靠礼治和道德可以有效地维护社会秩序;在一个现代社会,法制也可能成为社会控制的主要手段。而在社会转型时期,道德与法制的效用都受到限制,很多人的行为几乎不受任何规则的约束。

应对风险的极化思维

尽管风险本身可能同时意味着机遇与危害,但是一般人都倾向于规避风险的发生,因此风险管理与控制成为保障社会安全与个体安全的重要手段。然而,我们这个社会面临高风险的又一个重要原因恰恰在于我们在应对风险时存在极化思维。

这种极化思维的表现有二:其一,对于任何一种类型的风险都很自然地想到实施技术性的控制,希望以此规避风险的发生。但是,不同的风险,在不同的社会阶段是有不同的应对策略的。简单地采取一种控制思路不可能解决所有的风险问题,甚至会诱发新的风险。据有关媒体报道,20世纪50年代,在印度尼西亚的婆罗洲,当地许多达雅克人身患疟疾，世界卫生组织采取喷射 DDT 的办法，杀死了蚊子，控制了疟疾的传播。但是，没过多久，就出现了大范围的后遗症。由于 DDT 在杀死蚊子的同时也杀死了寄生的小黄蜂，而这种黄蜂是屋顶茅草中毛虫的天敌，由于杀死了黄蜂，导致很多人的屋顶纷纷倒塌。与此同时，DDT 毒死的虫子又成为壁虎的食物，而猫又吃壁虎。这样，DDT 在食物链中传播、富集，并对猫产生了杀伤力，致使猫的数量减少。猫的减少导致了老鼠的大量繁殖，继而造成大规模爆发斑疹伤寒和森林鼠疫的风险。为此，世界卫生组织不得不向婆罗洲空降 1.4 万只猫，英国皇家空军就是这次奇特的"降猫行动"的执行者。这个故事的本意在于启示人们生态系统自身具有复杂性，简单技术手段不能解决所有问题。而社会系统与生态系统一样具有复杂性，同样是不能靠简单的技术思维操纵的。如此操纵，只会给社会带来更大的灾难。其二，极化思维表现为只看到风险的危害，而忽视了风险内在的机遇。从而把风险管理变成单纯消极的防止风险发生以及减轻风险的危害，没有考虑到积极利用风险的内在机遇，促进社会变革以及人们思维方式、行为方式和生活方式的变革。从成本效益分析的角度看，这样的风险管理是不经济的，而且使得人类始终处于被动应付的状态。

贝克曾进一步指出，前工业社会应对风险的策略主要是敬畏上帝、效法自然和人类自责；古典工业社会则通过强化控制逻辑，发展风险计算、保险以及相关的监管标准和组织来控制风险；晚期工业社会的风险管理则需要推动反思性现代化，实行权利分配，技术民主化，营造公共领域，并建立全球风险防范体系。对于多种历时态风险共存的当代中国社会来说，风险管理显然是要采取多元化的策略，只有如此，才能确保社会安全。

传统的方法还有什么意义？

传统的通常被认为是落后的。在一个快速走向现代的社会，实际上很少有人能够真正反思传统。

很明显，在当代中国，当风险发生时，依靠一些传统的手段是不可能控制风险的。比如说，在自然灾害发生时，通过祈求神灵是解决不了问题的；在面临失业时，埋怨命运也无济于事；当发生传染病时，各种迷信的手段也是非常荒唐的。就像2003年"非典"危机期间，一些人希望通过烧香拜菩萨或者燃放鞭炮来规避风险，显然不能起作用，甚至有可能扩大风险。

然而，传统的应对策略依然有它的价值。比如说，敬畏自然、效法自然，谋求天人协调，这种策略对于当今时代仍然极具启发意义。众所周知，现代社会的人对于自然越来越没有敬畏之心了，他们把自然看作是可以任意取夺的对象，过分相信人类的力量可以战胜自然，要按照人的意志为自然立法，而不再是效法自然。事实上，现代社会的许多风险正是这种观念的逻辑结果。

再比如，传统的应对策略包括责备人类自身，约束人类自身的行为，这种反求诸己的精神与当代社会先进的风险管理策略也是有相通之处的。事实上很多风险是人为的。

此外，传统的风险应对策略还锻炼了人们的坚强意志。在一次又一次风险的袭击下，人们抱着求生的希望，发挥群体的力量（很多宗教或迷信仪式虽然不能直接抗御风险，但是对于凝聚集体力量是有重要价值的），勇敢地面对风险，真正体现了人类的尊严和强大的生命力。

而在我们今天的社会，人类似乎越来越脆弱，越来越没有耐力，越来越容易陷入恐慌，这样明显是无助于抵抗风险的。

现代风险控制的价值与局限

在工业革命以来的几百年里，人类社会已经取得了巨大进步，控制和降低了很多类型的风险，比如说婴儿死亡率持续下降，人均预期寿命大大延长，财富丰足，人民生活水平迅速提高，科学技术创造了全新的世界并大大增进了人类福利，福利国家的发展为社会成员编织了舒适的安全网，等等。这些成就的取得归功于自然科学、社会科学以及管理科学的发展。人类利用科学知识开发技术，设计制度，有效地改进了风险管理，从而增强了人类控制风险的信心。

然而，基于工具理性的现代风险控制策略也越来越暴露出其局限性。首先是工具理性与社会系统的复杂性严重不对称，一项技术手段或制度安排解决了某个问题，又引发了新的问题，甚至是更为严重的问题。其次，现代工具理性的片面发展，逐步消解了传统与自然。西方一些学者已经提出，工业社会以来，正是自然和传统的消解，人类力量的过分扩张，使得整个社会处于风险之中。正如贝克1986年所指出的："在自然和传统失去它们的无限效力并依赖于人的决定的地方，才谈得上风险。"再次，一些在工业社会前期行之有效的风险管理策略（例如保险）已经无法为晚期工业社会提供安全，因为"核风险、化学产品风险、基因工程风险、生态灾难风险已经彻底摧毁了风险计算的四大支柱"。

英国社会学家吉登斯甚至对工业社会创造出来以规避社会风险的福利国家制度提出尖锐批评。他指出，这种制度产生于"自然界仍是自然界，传统仍是传统"的社会背景之中，是在外部风险的假设基础上建立的，为人们防范诸如疾病、伤残、失业等事故提供集体保险。但是，随着风险社会的到来，这种旧式的福利制度出现了日益严重的危机，其表现并不单纯是财政上的，更是一种在人为风险占主导地位的社会中出现的风险管理危机。因为这种福利制度不但创造了一种依赖性的文化氛围，甚至导致了一种"道德公害"，即人们理性地利用福利制度所提供的保障来改变自己的行为，比如人们利用福利救济逃避劳动，就在事实上制造了新的失业。因此，福利国家自身成了风险之源。

当代西方风险管理思想的启示

针对工业社会前期风险管理策略的局限，贝克和吉登斯都指出，风险管理策略需要创新。在晚期工业社会，风险管理的首要策略是推动反思性现代化，这对于目前中国社会是极具启发意义的。

现代化作为一个客观的社会进程，是既创造，也毁灭的。它在带给人们可见的许多实惠的同时，也使整个社会处于越来越大的风险之中。比如说，现代化的进程降低了婴儿死亡率，提升了人们的知识水平，改善了人们的生活条件，但是，它也同样使婴儿在成长过程中面临着过量辐射、污染、药物滥用甚至各种专家"虐待"所造成的风险；继续扩大着人们未知的边界，从而强化着人们的不确定感；越来越使人们远离自然，甚至使自然"消失"，人类越来越朝自己编制的"金丝笼"里迈进。与此同时，现代化还创造了并继续创造着足以毁灭整个人类的东西，例如核武器、基因技术。

目前这种现代化进程，造成巨大社会风险的根源在于其对自然和社会的控制逻辑。如果不对这种逻辑进行深入的反思，我们步入现代社会越快，面对高风险的威胁也越大。因此，在西方发达国家，很多学者和公众、媒体，都在积极反思现代化进程，反思整个现代性，探索新的人类未来之路。事实上，必要的反思意识、反思机制和反思力量是保障社会安全的重要途径之一。问题的关键恰恰在于，在我们这个一路高歌走向现代的社会中，几乎没有反思的声音！

此外，在日益全球化的时代，风险管理的主体也不能局限于民族国家，单一的民族国家治理是难以有效控制社会风险的。全球化时代抗御风险需要更为广泛、更多层次的国际合作，包括民族国家之间的合作、各国企业之间的合作以及全球公民社会之间的合作，等等。例如，美国的反恐战争、中国和东南亚地区控制"非典"以及禽流感等传染病、全球环境保护，等等，都一再证明有效的国际合作对于成功控制风险是极端重要的。

鉴于以上分析，中国社会转型现阶段的风险管理策略应当是而且必然是多元化的、灵活而富有弹性的，不能局限于一种思路，一种策略。对于一些类型的风险，我们还要继续借鉴传统中的积极成分进行管理；对于另外一些类型的风险，我们依然要借鉴发达国家的经验，充分利用那些行之有效的知识、技术与制度，把风险的危害控制在最小范围内；与此同时，我们必须保持高度清晰的头脑，正确判断中国社会风险形势的变化，及时反思、调整和改造整个社会体系。

快速推进的城市化

从整体上说，中国在初步踏入小康社会的同时，也迎来了高风险时代。不过，在局部意义上讲，中国城市社会面临着更大的风险，在繁荣表象的背后，实际上隐含着无数可能发展为现实灾难的安全隐患。2003年的"非典"危机显然更多地伤害了城市，其后一系列的火灾、拥挤踩踏等灾难，也多发生在城市。城市安全正在进入公众、官员和学者的视野。

从社会学的角度看，所谓城市化是指在一个国家或社会中，城市人口增加、城市规模扩大、农村人口向城市流动以及农村中城市特质增加的过程。城市化在本质上是社会经济发展的一种自然结果，近代工业化和社会开放迅速推动了城市化，极大地改变了人口的城乡分布。

不过，在中国，城市化的进程一度因人为的干预而几近于停滞。特别是由于户籍制度的限制，使得城市和工业迅速发展的同时，大量人口被控制在乡村，从而导致所谓"城乡分治，一国两策"的局面。直到1978年，中国城市人口仅占总人口的12.5%。

自改革开放以来，特别是20世纪90年代以来，随着不断加速的工业化、市场化进程以及户籍制度的松动，中国城市化才得以加速。进入21世纪，城市化更被看作是扩大内需、促进经济快速增长的重要手段而受到行政力量的大力推动，一些地区甚至一夜之间宣布"取消"了农民。

衡量城市化水平的指标一般是城市人口占总人口的比例。1990年第四次全国人口普查时，我国市镇人口为29651万人，占总人口的26.19%；到2000年第五次人口普查时，我国市镇人口已达45594万人，比1990年增长53.8%，占总人口的比重也上升到36.09%。

我们也可以从城市数量的增加来看城市化进程。从1990年到2000年，我国建制市由467个增加到663个，增长41.79%。在1990年到2001年的11年间，我国地级城市数量由188个增加到269个，市区非农业人口超百万的特大城市由31个增加到41个。

城市区域面积的扩大也可以看作城市化的重要指标。2001年，我国城市覆盖的面积达到408.9万平方千米，比1990年增加了219.2万平方千米；其占国土面积的比重由1990年的20%增加到2001年的42.6%。如果考虑到中国国土地貌的特点，可以说中国城市已经覆盖了大部分的平原地区。

一般而言，在城市化水平低于30%时，是城市化的低速增长阶段；当城市化水平在30%—60%之间时，是城市化的高速增长阶段；当城市化水平超过60%时，开始进入成熟的城市化社会。由此可见，在未来的一段时期内，我国城市化将继续快速推进。考虑到目前我国城市化水平仍然低于世界平均水平，仅接近于发展中国家的平均水平，因此城市化的参照空间还很大。有专家预计，到2020年，我国城市化水平可能达到60%，此后才会进入稳步发展阶段。

快速推进的城市化是我们每个人所亲身经历和体验的社会过程。以笔者为例，在1980年代中期进入今天所在的大学时，它的四周还有大片农田，人口密度并不大，颇有点乡村风光。而经过近二十年，这里已经是高度城市化地区了，大学的周边全部是林立的高楼和拥挤的人口，使人真真切切地感受到变化之快。

孤立与分裂的城市

在城市化快速推进的同时，我们的城市也日趋走向孤立与分裂。

我们说城市正在走向孤立，主要有两层意思：第一是孤立于自然；第二是与乡村的分离。

目前中国急速推进的城市化是以人工建筑环境的形成和不断扩大为特征的，在此意义上，城市正在努力剪断自己与自然相联系的"脐带"，寻求自身的独立。然而，这种独立实际上是走向孤立，走向更大的风险。

我国的城市扩张是以绿地、树林和湖泊面积的大量牺牲为代价的，这样就使得城市越来越缺少自然的气息。以武汉为例，新中国成立初期，市区有大小湖泊127个，而到20世纪90年代，武汉市七个城区的主要湖泊只有35个，到2000年，其中又有8个被填占，在10年时间里，水面净减5000多亩。

目前国际上城市人均绿地面积的一般标准是30—40平方米，而联合国提出的最佳居住环境标准是人均绿地面积达到60平方米。如果参照这个标准，我国的很多城市都是不太适宜人居的。以北京为例，作为中国首都和2008年奥运会的举办城市，最近几年下了很大力气搞城市绿化，但是到2002年，城市绿化覆盖率仅为38.56%，人均公共绿地面积仅为9.92平方米。

人们驱逐了自然，创造了以钢筋混凝土为基础的城市丛林，这样一个丛林实际上成为我们这个世界的特殊区域，它的环境特性乃至人类活动都越来越失去了自然的面目。不仅如此，这样一个特殊区域的存在，还输出了损害自然环境品质的大量的废气、废水、垃圾和噪声等，进一步损害了城市与自然的关系。

进一步而言，我国城市的不断发展并没有带来乡村的同步发展，甚至是以城乡差距的持续扩大为基础的。如果说在改革开放以前，由于行政力量的干预,在一定程度上促进了城乡之间的联系的话,那么,改革开放以来,在纯粹市场机制的作用下,这种联系越来越少,越来越服务于城市的利益。我们知道,在城市不断繁荣的同时,很多乡村在日趋衰败,日益成为城市并不太放在眼里的附庸。城乡差距的持续扩大以及这种差距缩小无望已经使城市看上去是落后乡村中的孤岛。

我们说城市正在走向分裂,也包含了两层意思:第一是城市社会内部的分裂;第二是城市之间的分离。

就城市社会内部走向分裂而言又体现在三个方面。首先,我国目前的加速城市化是与城市社会经济结构转型同步的,由于这种转型,导致了城市居民的明显分化,数以千万计的就职于原主导产业中的职工失去工作,并且再也难以进入新的主导产业;在一部分人获得巨额财富的同时,相当多的社会成员获益并不多,其中一些人甚至遭受剥夺而陷入贫困;在很多高档居住小区乃至富人区被开发出来并热销的同时,相当一部分人的居住环境并没有明显改善,一些贫民窟已经悄然出现。

其次,在城市化的进程中,数以亿计的农民转化为事实上的市民,但是他们并没有被城市吸纳,难以享受市民的待遇。他们在城市生活、工作,但是缺乏改善居住环境的机会,缺乏医疗、健康方面的社会支持,缺乏子女享受教育的公平机会,缺乏正常的社会交往机会,因而也缺乏对于城市的认同,市民与外来农民工实际上是有着明显区别的两个身份群体。

最后,在城市迅速扩张的同时,制造了数以千万计的失地农民,从而制造了城市社会的新的对立面。大量失地农民没有得到合理的征地补偿,缺乏就业机会,并且难以享受针对城市居民的社会保障。在他们失去土地的同时,就在很大程度上注定成为城市社会的新底层。2003年,九三学社进行的一项调查表明,大约60%的失地农民生活非常困难。

除了以上意义的城市内部的分裂之外,我们还可以看到城市之间的分离,特别是城市之间有机联系的缺乏。我国的城市化受着行政区划的制约,在行政力量的主导下,每个省、地、县、乡,都力求使自己的行政中心演变为经济中心、文化中心,这种做法导致了城市化严重缺乏整体协调,造成城市之间分割、重复建设、资源浪费等诸多问题。我们注意到,在快速推进的城市化进程中,按照城市发展规律而进行的大都市带规划非常不足。

因此，我们说中国快速推进的城市化进程，不仅使得城市越来越孤立于自然和乡村，而且使得城市内部以及城市之间的分裂都日益扩大，这样的城市化进程注定要扩大城市生活的风险。

现代城市生活的风险

能够生活在城市，看上去是很舒适方便的：可以获得更多的收入；可以方便地获得食物和饮用水；可以有良好的道路系统；可以方便地获得医疗服务；可以享受卫生的居住环境；可以有很多方便的商业和娱乐设施；可以享受更好的教育……更重要的，也许是可以获得很多新鲜的刺激，有机会使生活丰富多彩。

然而，我在列举城市生活的种种好处时，心里并不踏实。一方面，这些好处并不是惠及每个城市居民，城市中同样有为了生存而挣扎的人，同样有居住在环境恶劣场所，连洁净的饮用水和食物也得不到保障的人。而生活在农村的人，也并非都不能享受城市生活的所谓好处。另一方面，现代城市生活实际上隐含了很多的风险，而这些风险相对于农村生活而言，是新增的，或者是放大了的风险。

城市本身具有人口多、密度大、异质性强以及人口容易聚集的特点，这样不仅强化了拥挤嘈杂的感觉，增加了人们的精神压力，导致城市人精神疾患的增加，而且为人群突发事件的产生以及犯罪活动提供了一个相对较好的社会环境。生活在城市的人们，遭受人群突发事件威胁以及犯罪分子侵害的可能性要明显高于那些生活在农村的人。

城市作为一种经过规划和设计的人为环境，看上去能给人们带来更多的安全感，更好地满足人们的需求。但是，人为的规划和设计永远具有自身的缺陷。事实上，这种人工环境具有更大的脆弱性，偶然发生的事件往往会造成巨大的灾难。例如停电、停水、交通瘫痪以及火灾，等等。最近有媒体报道，江苏溧阳由于一根水管爆裂，导致全市50万人停水近30个小时，很多重要活动被迫中止。

由于城市规模的迅速扩大，工业生产的不断扩张以及汽车的暴增，城市环境状况也呈继续恶化的趋势，由此导致城市人的健康面临巨大风险。一些普通疾病，例如感冒，更加频发，而且治愈周期变长；一些难治之症，例如癌症，变得更多；还有一些奇病怪病也不断出现。世界银行的一项研究报告指出，中国城市烟雾已经导致医疗成本日益庞大，中国肺病发病率在过去 30 年里翻了一番。

事实上，扩大城市人健康风险的不仅是环境污染，还有城市人的生活方式以及适宜于病毒生存和传播的城市环境。城市人由于生活方式的原因所导致的心脑血管疾病、肝病以及心理疾病正在演变为新的流行病。而城市的医院、生物研究机构以及一些被遮掩住的角落，正在成为病毒潜伏和滋生的温床，随时可能对城市人的健康造成威胁。今年春天再发的"非典"主要就是实验室感染。

生活在市场经济条件下的城市，注定要面临失业的风险，而这对于从事农业劳动的农民而言，是不存在的。农民多有就业不足，但是不存在所谓失业。在城市，由于外部以及个人的原因而导致失业，是一种正常现象。但是，失业不仅使个人减少收入，还妨碍了失业者正当的社会参与，并对失业者家庭生活以及精神世界造成损害。更为严重的是，目前中国城市已经出现了相当规模的长期失业者，高学历失业现象也正在显现。

城市生活面临的另外一种风险是城市社会内部的分裂可能导致和加剧的各种社会冲突。这种冲突可以表现为显性的，如阶层隔离和摩擦；也有可能表现为隐性的，如外来民工的匿名犯罪。一个缺乏融合的城市很难是和谐有序的城市，在这种城市生活，内心总会面临不安、紧张和恐惧。

城市生活所面临的风险还表现为我们的城市管理者和市民对于快速推进的城市化缺乏预见和适应。一方面，管理者缺乏管理现代城市的思维和行动，导致很多城市管理水平很差，特别是风险管理的能力极度低下；另一方面，我们许多市民也没有来得及自觉适应不断扩张的城市，对于城市生活的风险缺乏认知和预见，一旦风险发生，就会惊慌失措，从而扩大风险的危害。

最后，城市生活的风险还来自于城市发展的孤立倾向。在少数城市畸形繁荣，而大多数乡村日趋衰败的情况下，城市本身的发展是难以持续的。这种社会结构性失衡，将会造成乡村对于城市的巨大压力甚至对抗，直接威胁到整个城市的安全。

建设更加安全的城市

随着越来越多的人生活在城市，对于安全保障的诉求就会形成巨大的社会压力，如何建设更加安全的城市也就因此成为一个越来越现实的话题。

在我看来，一个安全的城市至少应该具有以下一些特征：环境优美，接近自然风光；基础设施比较完备、先进，建筑设计人性化，能够充分满足居民需求；经济比较平稳地发展，城市失业率低，贫困人口少，并且基本生活能够得到社会保障；社会比较和谐，有完善的吸纳新成员的机制，不存在明显的社会排斥与社会分裂；社会治安状况良好；基本医疗服务体系完备，居民能够方便、快捷、安全地获得医疗服务；居民精神生活充实，文明程度高；城市与乡村有着良好的互动。

建设这样安全的城市要求我们：第一，理性地看待城市，认识城市，不必对城市抱有过于乐观的期望，也不必对于城市问题过于悲观。特别是，我们不能只把城市看作是物的存在，看作是刺激经济增长的工具。我们需要关注由于人口密集而形成的城市社会以及这个社会中人的需求。相对来说，我们现在推进的城市化，存在着见物不见人的缺陷，我们促进城市发展的社会政策远远落后于相应的经济政策和产业政策。我们的城市管理者过分关注物质利益，目光短浅，眼界狭隘。这些都是应该加以调整、纠正的。

第二，科学、合理、先进的城市规划对于保障城市安全还是很重要的，在一定意义上，这是城市安全的基础。我们深知，技术设计本身就意味着风险，但是在现实情况下，期望通过尽量完善技术设计来降低风险也是一种选择。因应中国城市化的特点，城市规划必须有前瞻性。

第三，我们应当高度重视城市风险管理系统建设。这就意味着建立健全风险管理制度，协调各项管理制度之间的关系；意味着要有综合性的专门的风险管理机构；意味着要有专业化的管理人员；意味着要有必要的资源投入。公共安全管理缺乏协调、效率和远见是我国城市面临风险的一个突出表现。

第四，在快速推进城市化的同时，应当努力促进城市社会融合和经济增长，特别是要建立制度化的吸纳新成员的机制，增强新成员对于城市的认同与适应。同时，确保市民共享经济增长的成果，缓解贫困，促进就业和社会参与。

第五，确保公众的知情权，加强风险教育和信息传播，有利于防范风险。我们的市民应该有权利和机会了解自己生活环境的变化以及新环境中潜在的各种风险。在此基础上，才能确立个体的风险防范意识，约束个体行为。每个人的自觉、理性的行动，会有利于保障整体安全。

第六，在快速推进城市化，促进城市发展的同时，应当有积极的宏观调控政策，促进城乡的协调发展，促进各类城市的协调发展，加强城乡之间、各类城市之间的有机联系，在整个社会的均衡发展中寻求城市安全的保障。

最终，建设更加安全的城市有赖于社会各界的共同努力，特别有赖于政府公正、合理的政策调控以及完备、有效的制度安排，有赖于广大公众的积极反思和自觉行动。

抗击"非典":双重转型社会的挑战[*]

作为一种疾病的"非典"是指由病毒侵害引起的呼吸系统功能受损,严重者可导致死亡。这种疾病是人类以前没有认识到的,并且具有很强的传染性,目前已被列入新发现的传染病之一。在人类历史的长河中,人类曾经遭受过很多疾病的侵害。仅在最近的十几年中,全世界就新发传染病31种,在我国也已出现15种。从这种角度看,"非典"也不过是新的传染病之一,人类终将认识它、制服它。依靠现代科学技术,目前人们已经很快发现了导致"非典"的病毒类型,并初步掌握了快速诊断的方法,这就是一个有力的证明。相信在全球科技工作者的努力下,会较快地发现有效的治疗方法,"非典"将成为一种普通的传染病。正如中国政府所宣传的那样,"非典"是可防、可治、可控制的。事实上,世界卫生组织发言人汤姆森已经指出,"非典"疫情在越南和加拿大的多伦多已经得到了有效控制。

但是,一个社会能否迅速、有效地控制"非典",不仅取决于技术因素,还取决于特定的社会条件。就中国社会的现实情况而言,在短期内有效控制"非典"及其传播,仍然面临着严峻的挑战,这种挑战的本质在于我国社会正处于一个双重转型时期。

我所说的"双重转型"是指:一方面,我们这个社会正在从一个以农业经济为基础的传统社会转向一个以工业经济、信息经济为基础的现代社会;另一方面,我们这个社会正在从一个总体性社会转向一个多元化社会。这两种转型过程叠加在一起,且没有完全顺利实现,是导致我们在解决很多社会问题时面临巨大困难的重要原因。

---

[*] 本文发表于《中国党政干部论坛》2003年第5期。

双重转型对于"非典"防治意味着什么呢？初步分析起来，笔者以为其大的方面至少有以下几点：

第一，由于人群的高度聚集，容易扩大"非典"感染的人数。中国正处于快速工业化、城市化的阶段，大量人口向城市聚集，城市规模不断扩大，特别是中心城市表现出超常规模的扩大，人口过多。为了在有限的地域内容纳大量人口，中国的许多城市建造了许多密度很高的高楼大厦，大量人群在这样的环境中工作、居住，明显增加了受感染的机会。

第二，由于人口的迅速流动，容易造成感染范围的迅速扩大。有资料表明，目前中国很多省区的"非典"型肺炎是输入性的。特别是，由于中国传统上的户籍制度限制，造成了今日在城乡之间定期流动的、规模庞大的农民工群体。他们不被城市接纳，因而对于城市没有认同感。一旦城市有风吹草动，他们就会想尽办法迅速退回乡村。实际上，这种情况目前已经发生了。大批民工回乡，明显加大了"非典"向乡村传播的风险，这在有些省份已经成为现实。而"非典"向农村扩散后的治理难度是众所周知的，正处于转型期的农村社会，对于"非典"之类风险的防范能力很弱。

第三，在物质生活迅速改善和生活场景迅速变化的同时，很多人还保持着传统落后的观念与习惯，没有养成与现代生活相适应的生活观念、生活习惯，比如注意环保、健康饮食、保持个人卫生的习惯、保持公共卫生的习惯、遵守公共道德的习惯，等等。我们常常可以看到在城市清洁的街道上有人随地吐痰，乱扔垃圾；我们也可以在很多餐馆里看到人们胡吃海喝，尤其是大量消费野生动物，缺乏环保意识，这些都是显然的证据。很明显，类似的行为对于控制传染病是很不利的。有消息称，导致"非典"的病毒就来源于动物。

第四，由于向有序的多元化社会的转型尚未完成，现实的社会有着某种程度的原子化倾向，公共意识、集体意识淡薄，个人利益过于凸现，过分自私的心理与行为比较普遍。自从出现"非典"疫情之后，一方面，人人自危，纷纷退避，甚至不愿意配合政府的调查、防治行动；另一方面，有人借"非典"事件大肆炒作，以谋一己之私，导致部分商品价格猛涨，假药、假口罩纷纷出现。事实上，"非典"事件是如此明显地突出了个人与社会的相互依存性。如果大家都不挺身而出，如果大家都孜孜以求于一己之私利，最后的结果可想而知，那就是大家都难以幸免。现代社会需要与其相适应的负责任的公民。

第五，现代通信技术的发展使得信息沟通非常便捷，这样自然有助于大家对于"非典"疫情的迅速了解。但是，信息传播的实际效果不仅受传播者、传播手段以及传播内容的影响，而且受到受众素质及其对信息的理解的影响。在受众文化程度不高，缺乏科学素养和健全的心理素质的情况下，信息的快速传播，也有可能被快速地扭曲并导致全面恐慌，从而扭曲"非典"宣传的效果，不利于"非典"的有效防治。最近一段时间，各种谣言四起，部分地区出现抢购，部分学校学生"大逃亡"，就是明显的表现。在笔者家乡的农村，甚至有为防治"非典"而抢购食盐的现象，因为当地传说"非典"是因为缺碘，这几近于玩笑。

第六，在总体性社会向多元化社会的转型过程中，原有有效的社会控制体系的力量遭到削弱，而新的社会自律机制和社会控制体系尚未健全，这样，在一定程度上，社会处于弱控制状态。这种状态对于应对"非典"这样的突发事件而言是非常不利的，具体体现为社会动员的困难，信息搜集的困难，社会资源筹集的困难，要求社会成员配合的困难，等等。目前很多城市的社会动员和信息搜集基本上依托原有的单位体制，这样做的最好的效果也就是把正式单位的成员纳入有效控制范围。但是，对于那些单位体制之外的人，对于一些个体私营企业，对于一些街头小贩，对于一些流动民工，实际上并没有完全有效地纳入控制范围，这对疫情控制显然是不利的。

因此，在双重转型的社会中防治"非典"，不仅是对政府的严峻考验，也是对广大民众的严峻考验。考验政府的是其公信度、亲民度以及社会控制、资源动员和工作协调的能力，考验民众的是其生活习惯、心理素质、道德素质、科学素养以及合作精神。

值得欣慰的是，在最近的一个月中，中央政府越来越重视"非典"的防治工作，不仅采取果断措施进行了一些人事调整，还连续召开会议部署工作，要求各级领导把防治"非典"当作目前的头等大事来抓。胡锦涛总书记和温家宝总理还亲临一线视察，督促指导防治工作。4月23日，国务院召开常务会议，决定成立国务院防治非典型肺炎指挥部，统一指挥、协调全国非典型肺炎的防治工作，同时由中央财政设立总额为20亿元的"非典"防治基金。

在中央政府的高度重视下,举国上下掀起了一场抗击"非典"的悲壮战役。我们看到各级党政领导确实行动起来,严抓防治"非典"工作;我们看到一些城市,例如上海,把外来人口有效地纳入了控制范围。4月25日,国务院办公厅也发出紧急通知,对各地把流动性强的学生、民工群体纳入"非典"预防与控制的范围提出明确要求,以防"非典"向农村扩散;我们看到很多医生、党员,不顾个人安危,战斗在抗击"非典"的最前线;我们看到还有很多医生护士积极报名参战,前赴后继;我们看到广大民众开始积极配合政府抗击"非典"的工作,并为抗击"非典"以各种方式表示关心和支持;我们还听到了一些反思人类行为和价值观念的声音。也许,在"非典"这一突发灾害面前,在抗击"非典"的英勇战斗中,我们这个民族能够更加团结,更加坚强,更加迅速地走出双重转型的制约,走向一个更加美好的社会。

按照社会学的功能理论,一个社会是一个有机体,在此有机体健康的情况下,它总能对于外部环境的冲击以及内部的失调作出有效的反应,在经历重新协调、整合后,又会恢复均衡稳定状态或达到新的均衡。因此,一个社会遭遇"非典"之类突发事件的袭击并不可怕,可怕的是社会自身处于不健康的状态,不能作出快速、有效的反应。由于我们这个社会正处于双重转型的过程中,它本身面临着很多制约,有着脆弱的一面。因此,抗击"非典"不能仅仅考虑技术因素(当然,在短期内,技术因素是很重要的。从长期看,单纯技术因素还存在着这样的风险,即在控制"非典"之后,又引发出新的疾病或生态风险,印度尼西亚婆罗洲控制疟疾的做法就是一个教训),更重要的是克服社会自身的危机性因素,对人类自身进行必要的约束,以促进社会与环境的协调。与其说"非典"考验的是一个社会的技术水平,不如说它考验的是一个社会的整体生存能力。在一个协调一致的、能够作出快速反应的社会,在一个民众有着高度责任感和自律精神的社会,在一个人类与环境能够相互协调的社会,"非典"之类突发事件发生的概率就要小,即使发生了,也将被这样的社会很快控制。

推动"亚现代社会"向现代社会转变[*]

改革开放以来,我国经济总量持续快速增长,经济结构发生巨大变化,人民生活水平不断提高,各项制度建设不断完善,国家综合实力迅速增强,国际影响持续扩大。整体上,中国已经进入一个特殊类型的现代社会,即"亚现代社会"。一方面,中国显然在整体上已经属于现代社会;另一方面,在过程和细节方面尚属于现代化的进行时,并且不可避免地凸显了现代化的中国特色。其在充满活力和希望的同时,也面临着巨大风险。

与改革开放前相比,中国社会已经发生并仍在继续的深刻变化可以初步概括为十二个方面。充分认识和把握这些深刻变化并积极推进社会建设,是确保中国社会良性运行和持续发展,进入实质意义上的现代社会的重要前提。

两种生产发生巨大变化

中国社会的两种生产发生巨大变化,这是社会变化的深层基础。

第一,以信息技术为核心的新技术革命,深刻推动着社会经济的发展和文化价值观的转变。新技术革命在更高的平台上大大促进了生产力的解放和提高,改变了产业结构和经济运行方式,对经济、社会、政治、文化生活都产生了广泛而深刻的影响。这样一个社会更多地呈现出非集中化、多中心化、扁平化的特征,对传统的社会管理理念、模式与

---

[*] 本文原名《改革开放以来我国社会发生的深刻变化——一种"亚现代社会"及其风险》,2011年3月1日《中国社会科学报》发表时编者修改了题目并在文中增加了小标题。

机制等提出了严峻挑战。忽视信息技术革命所带来的社会变化，将大大模糊对新时期、新社会的认识，并容易导致很多方面的治理失灵。

第二，中国社会的两种生产发生巨大变化，这是社会变化的深层基础。就物质生产而言，不仅物质生产的内容发生巨大变化，非农产业在产业结构中占据主导地位，而且物质生产的能力也发生重大变化，生产相对过剩的问题时有发生。与此同时，物质生产方式也发生了重大变化，市场经济制度不断完善，经济全球化进程持续深化。就人自身的生产而言，生产的制度成本和物质成本都在不断增加。计划生育制度深刻影响着人的再生产，不仅生育率稳定下降，而且直接导致了婚姻生活、家庭结构、家庭生命周期、子女教育成长等方面的重大变化，甚至引发了一系列的社会问题。同时，家庭和社会对于人力资本的高度重视与相应的供给不足，也导致了严重的社会性的教育、医疗等问题。

第三，追逐物质利益成为社会经济发展的巨大动力。不同地区、不同群体、不同阶层的利益意识被唤醒，都将物质财富的快速增长作为追求目标。这种对物质利益的追逐和竞争，是中国经济发展的基础动力。但是，利益多元化和利益冲突也成为必然的社会现象，进而成为很多社会矛盾和社会冲突的直接根源。当前社会中已经出现了种种追求物质利益的强烈愿望与达成这种愿望的条件、机会之间的失衡，引发了一些对社会不满、抗议乃至严重的越轨行为。政府应当始终重视增进整体利益、凝聚共同利益、协调不同利益、打击非法利益。同时，政府也应当重视创造和维护更多的、更加公正的追求物质利益的机会。

焦虑和不安成为突发事件的潜在基础

中国社会还没有顺利建立起通过社会建设，发展出应对现代社会风险的有效制度安排，当前中国仍是一个高风险社会。

第四，在物质财富迅速增长的基础上，中国社会正在经历千年未有之变局，即从生存约束型社会向发展型、享受型社会转变。追求个性化、多元化生活成为一种社会潮流，消费主义正在成为一种流行的价值观。很多与传统生存约束型社会相适应的经济、政治、伦理、道德规则都面临着严峻挑战。物质生产的结构也因此发生重大变化，以满足人们追求个性化表达与生活的需求。文化创意以及相关产业将成为未来的重要产业。

第五，中国社会发展的不均衡性更加突出。由于文化历史、资源环境、经济基础以及现实政策等方面原因，中国社会在整体上快速发展的同时，也面临着更加失衡的局面，突出地体现在地区之间、城乡之间和阶层之间。相对而言，中西部与东部地区、农村与城市地区在发展的数量和质量上都存在着差距日益扩大的趋势。社会各阶层之间的差距也相对扩大，这种差距不仅体现在物质层面，而且也体现在非物质层面，甚至由此造成了日益鲜明的阶层壁垒。阶层之间的矛盾和冲突正在成为社会的主要矛盾和冲突。协调阶层之间的关系，促进各阶层和谐共生成为当前重要的政策议题。

第六，中国社会发展面临着日益积累和扩大的风险。本质上，中国社会还没有顺利建立起通过社会建设，发展出应对现代社会风险的有效制度安排，当前中国仍是一个高风险社会。传统农业社会，在政府、民间慈善组织等、家庭的三元风险控制结构中，家庭居于主导地位。改革开放以来，国家、集体和单位对个人生活风险控制弱化，家庭已经难以应对现代社会风险。在日常生活中，人们所面临的生活不确定性明显增强，个体安全感相对下降，由此导致种种焦虑和不安，这种心理状态往往成为各种社会突发事件的潜在基础。因此，未来社会建设的核心任务就是完善能够成功应对现代社会生活风险的制度安排，推动中国社会由"亚现代社会"向现代社会转变。

社会管理任务越来越突出

中国在快速发展的过程中，在很多人身上都出现某种程度上的"快速增长综合征"。

第七，中国社会组织结构正在发生深刻变化。相对独立于政府和企业单位之外的非政府、非营利部门迅速发展，并在促进社会事业发展、推动公众参与、改进社会治理等方面发挥越来越重要的作用。努力形成政府、企业和非政府、非营利组织之间的互动机制和合作关系，对于中国未来社会发展和政治民主化至关重要。单纯的行政控制和简单放任自流都是非常危险的。

第八，中国人口分布发生重大变化。随着工业化、城市化的快速推进，城市人口在总人口中的比重越来越大。越来越多的人脱离熟悉的乡土社会，走向陌生人情境的城市社会，人际交往和人际关系的规则随之发生重大变化，社会管理和个人社会适应的任务越来越突出。更进一步，中国在快速发展的过程中，在很多人身上都出现某种程度上的"快速增长综合征"，心理紧张和压力明显增加。对此，政府应当鼓励提供心理疏导服务，促进人们对新时代、新社会、新生活的适应，不能简单地将这个问题看成是个人事务。

第九，中国社会价值观念日益多样化、世俗化。共享价值观受到削弱和挑战。如果依然简单地追求一元价值已经很不现实，就需要正视多样价值的客观存在，并且重视重构社会成员共享的基础价值，增进人们对于多样价值的理解和适应，减少由于价值观急剧分化而引发的社会冲突和失序。特别需要约制纯粹的物质主义价值观，抵制各种不良的拜物主义和消费主义思潮，大力倡导文明健康的价值观和生活方式，充实人们的精神世界和精神生活。

积极引导中国社会治理新形势

社会治理变化的最重要背景就是利益主体、利益要求和价值观念的多样化。

第十，中国社会认同正处在一个关键点上。一方面，对外开放和经济全球化进程，使越来越多的中国人了解世界。受西方社会价值观的影响，社会上出现某种程度的盲目崇外、追求西化的思潮。另一方面，随着综合国力的不断上升，各种形式的民族主义、民粹思想和复古论调也频繁出现。如果不加合理引导，走向任何一个极端都对中国社会的未来发展不利。因此，需要认真研究和解决全球化时代的社会认同问题，明确作为现代中国人的立场、价值和形象。

第十一，中国社会发展的可持续性面临着日益严峻的挑战，突出体现在以下四个方面。一是中国快速增长的财富并没有实现公众所预期的合理分配，由此积聚了社会内部矛盾，甚至制造了社会分裂；二是政府在引领社会提供必要的公共服务方面还有很大不足，由此导致人与社会关系的失调以及公众对政府信任的降低；三是快速膨胀的经济体系大量、快速地消耗了我国有限的能源资源，并造成了日益严重的环境问题，大大缩减了人们生存和发展的环境空间；四是中国与世界联系越来越紧密，无论是能源资源还是产品市场，都存在比较严重的对外依赖趋势，受到国际社会的巨大影响。对此，要坚定不移地贯彻落实科学发展观，高度重视科学规划并切实推进中国可持续发展战略，综合考虑环境、社会和国际因素，确保中国未来发展的可持续性。

第十二，中国社会治理的方式和机制正在发生或酝酿着深刻变化。目前，政府的治理理念和治理方式还比较滞后。正视、顺应并积极引导中国社会治理形势的新变化，有助于化解社会矛盾、改进社会治理、保障社会的可持续性。社会治理变化的最重要背景就是利益主体、利益要求和价值观念的多样化。主要依靠政府和单位体系、使用命令控制的治理方式已经不能适应新的形势，积极调动多种治理主体的积极性并充分发挥他们的作用，更多依靠协商、交易和契约等方式进行社会治理是社会变化的一种必然趋势。各种治理主体，尤其是政府，都必须顺应这种趋势并主动调整自己的角色和行为。

以更高水平社会进步引领经济新发展[*]

2015年，我国"十二五"规划胜利收官。在过去的5年中，我国经济年均增长7.8%，人均GDP从5500美元增加到7924美元，经济社会发展整体上达到预期目标，使我国全面建成小康社会站上了更高起点，为"十三五"规划的实施奠定了重要基础。但是，由于多方面因素影响和国内外条件变化，我国经济仍然处于风险易发多发期，面临着一些突出矛盾和问题。我们需要进一步认识、适应和引领经济新常态，以发展理念转变引领发展方式转变，以发展方式转变推动发展质量和效益提升，确保如期全面建成小康社会。从社会学的角度看，科学看待和处理经济与社会关系，以更高水平社会进步引领经济新发展是在新时期必须更加重视和遵循的客观规律。

科学理解经济与社会关系

经济与社会关系是社会学研究的重要主题和核心内容之一。一般而言，经济基础决定上层建筑，经济生活决定社会生活，经济变革推动着社会变革。但是，对于后者的能动作用我们也不能忽视，社会生活对于经济生活有着引领、规制乃至一定程度的决定作用。社会学史上关于现代化的研究表明，现代化是一种综合性整体性社会变迁过程，仅仅经济意义上的现代化不仅启动困难，即便启动也不可持续。没有社会层面的价值观念、组织形式、制度安排以及人的现代化，就难以实现真正的现代化。"二战"以后，西方现代化理论在发展中国家的应用表明，单纯

---

[*] 本文发表于《求是》2016年第7期。

追求经济增长无法实现现代化发展，往往导致"有增长无发展"的局面。因此，后来出现了诸如"经济增长＋社会变革"式发展、内源发展战略、可持续发展战略等新的发展观念。可以说，这些观念的一个共同点就是将经济发展与社会进步结合起来考虑。

发达国家现代化实践表明，在其走向发达经济体的进程中，经济与社会之间表现出了一种具体的、动态的互构演进关系。其经济发展的早期阶段，在带来社会物质财富快速增长的同时，也造成了十分明显的社会分化，激化了社会矛盾和冲突，甚至导致了社会混乱和失序，从而对经济持续增长构成严重威胁。一些西方国家在通过扩张侵略转移内部矛盾的同时，吸收借鉴社会主义国家的社会政策，积极推进国内社会变革和社会建设，逐步完善了社会福利政策，特别是社会保障制度。到20世纪50年代末，几乎所有西方发达国家都基本完成了有关社会保障制度的立法，设立了相应的管理机构，施行了一套完整的社会保障体系。这一在经济发展过程中建成的新型社会体系在维护社会稳定、保障公众安全，特别是为经济持续发展创造条件和提供支撑等方面，都发挥了重要作用，从而推动其完成了现代化过程。

中国迈向现代化的实践表明，政治发展、国家建设和社会改革等方面是建设现代经济的重要前提。特别是改革开放以来中国经济长期高速增长，明显得益于解放思想、实事求是、深化改革、扩大开放，明显得益于小康社会愿景的提出、社会关系的调整和最大限度地调动全体社会成员的积极性。中国共产党和中国政府在经济建设基础上，从第六个五年计划开始，将原来单纯的国民经济发展计划改为国民经济和社会发展计划，显示了对于社会领域的关注，并不断推动社会事业发展，解决人民群众关心的社会问题，取得了不菲的成绩，这是众所周知、有目共睹、不容否认的事实。但是，我国经济与社会之间正向的动态演进、互构共生关系仍然不够全面、不够协调、不够同步，这也是客观现象。面对当前经济新常态，及时推动更高水平社会进步，促进经济与社会之间良性互动和协调发展，是引领经济新常态的当务之急和必经之途。

推动更高水平社会进步

推动更高水平社会进步首先是适应社会自身快速变化的需要。伴随着中国经济长期快速发展的是中国社会结构深刻变动、利益格局深刻调整和思想观念深刻变化，中国社会呈现出千年未有之变局。中国社会自身快速变化导致社会需求发生变化，推动更高水平社会进步可以更好满足变化了的新需求。在新的社会形势下，简单地追求经济总量扩张、"把蛋糕做大"的办法是难以与新社会需求相匹配的，因此也就难以让广大人民群众满意。新社会需求有很多方面，择其要者而言：一是公平正义需求，即在权利、机会、规则和分配结果方面体现公平公正，全体社会成员需要共享发展成果；二是生活质量需求，即在收入增长基础上能够享有更好的社会服务、生活环境和体面尊严等；三是安全保障需求，即拥有具体有效的制度安排，能够防御现代社会生活中的各种意外风险，保障生命财产基本安全；四是可持续发展需求，即拥有对于未来美好生活的预期以及支撑这种预期的现实条件。

识别并满足中国社会变化中的新需求，也将创造经济发展新机会和新形态，推动供给侧结构性改革，这符合中央提出的经济改革新思路。为了引领经济新常态，中央提出在实施适度需求管理政策的同时，要把更多精力放在供给侧，矫正要素配置扭曲，提高全要素生产率，增加有效供给、优质供给，使供给体系更好适应需求结构变化，落实好以人民为中心的发展思想，更好满足广大人民群众的需要，促进经济持续健康发展。由此，深化供给侧改革必然要求优化经济发展中的要素投入，大幅度增加人才、技术、知识、信息等高级生产要素投入比重，重视资源节约和环境保护，重视基础设施建设和人力资本投资，重视发展满足社会新需求的新产业、新业态。相应地，深化供给侧改革也就必然要求改革科技体制、教育人才体制、医疗卫生体制、社会服务体制和环境保护体制等，从而会直接带动更高水平的社会进步。而供给侧结构性改革的顺利推进，可望带来经济效益的新提升，由此加快经济与社会之间的良性互动，促进经济社会协调发展。

推动更高水平社会进步是全面建成小康社会过程中"补短板"的内在要求。按照中央统一部署，2020年我国要全面建成小康社会。在"十三五"期间，经济保持中高速增长，在提高发展平衡性、包容性、可持续性的基础上，到2020年国内生产总值和城乡居民人均收入比2010年翻一番，这是全面建成小康社会的关键指标，但不是唯一指标。全面建成小康社会是一个统筹推进经济建设、政治建设、文化建设、社会建设、生态文明建设的持续过程。所以，在"十三五"期间，要特别重视补齐短板，尤其要抓住补齐短板的关键。这个关键是什么？就是推动更高水平社会进步，弥补经济与社会失衡这块"短板"，特别是要着力解决社会结构失衡和保障改善民生两大彼此相关的问题，这些在中央关于"十三五"规划的建议中有着非常充分的体现。

贯彻创新协调绿色开放共享理念

总结中国特色社会主义现代化实践的经验和教训，因应中国经济新常态，中央关于"十三五"规划的建议更加充分地体现了对经济社会协调发展规律的遵循，并明确提出必须牢固树立创新、协调、绿色、开放、共享的发展理念。事实上，在"十三五"期间，继续推进以保障和改善民生为重点的社会建设，不断创新和完善社会治理，推动更高水平的社会进步，加强经济与社会之间良性互动和协同演进，我们确实必须贯彻落实以上五大发展理念。

一是以创新理念推动更高水平社会进步。以创新推动更高水平社会进步具有十分丰富的内涵，首先要求形成推动创新的整体性社会氛围。一个走向现代的社会应当倡导创新、激励创新，并发展出健全有效的制度安排，不断推进理论创新、制度创新、科技创新、文化创新等各个方面。其次要求以创新的视角看待经济与社会关系，不能把推动社会进步简单地看成增加支出、加重经济负担，要看到社会进步对推动经济转型升级、促进经济新发展的重要作用，要根据经济社会发展的动态实践及时促成经济与社会的良性互动、相互促进。最后要求创新社会建设、社会治理的体制与机制，特别是创新公共服务提供方式，加快社会事业改革，切实构建全民共建共享的社会治理格局。

二是以协调理念推动更高水平社会进步。首先是要求充分研究和把握当前中国社会与经济不协调的主要表现、关键领域和重点环节，特别是要着眼于为引领经济新常态提供必要的社会支撑条件和要素投入，以及为推动更高水平社会进步调整经济结构和增长方式，从而促进经济社会协调发展。其次是要求把握社会快速变迁与规划治理不足之间的失衡，推动社会组织制度创新，适应、改进并引导社会治理现代化，尤其是要大幅度提升城市治理水平，防治"城市病"。最后是要求紧紧扭住城乡区域发展失调这个关键，加强城乡区域统筹，在快速城市化和科学布局的过程中推动城乡区域社会的协调发展，特别是加快广大农村全面建成小康社会的进程。

三是以绿色理念推动更高水平社会进步。在"十三五"期间，尤其需要重视保障人民群众对美好环境质量不断增长的迫切需求，将环境维度作为社会进步的重要评价标准。与此同时，要在适应社会新趋势、推动更高水平社会进步的过程中发现并利用促进经济新发展的重要机会，大力发展环境保护、旅游、体育、养老、社会服务等产业，优化经济结构，减轻环境压力。此外，应当进一步完善引导绿色价值观和绿色生活方式的组织制度与政策安排，加强和改进绿色教育和传播，完善生态环境保护利益相关主体的利益协调机制，促进整个社会的绿色转型。

四是以开放理念推动更高水平社会进步。首先是要对内开放，在社会建设和社会治理过程中，要充分利用好政府、市场和社会各自优势，促进社会协同、公众参与，实现政府治理和社会调节、居民自治良性互动；在经济建设过程中，同样要求更多地创造社会力量和公众参与的机会与空间，完善社会资本参与的制度安排。其次是要对外开放，配合经济开放的扩大和优化，进一步扩大中外社会文化的双向交流，加强中外人文交流机制建设，有效保障海外中国公民的合法权益，在国际社会展示中国公民的良好形象。

五是以共享理念推动更高水平社会进步。一个经济总量巨大，但是社会分化加剧、贫富差距悬殊、利益冲突激烈的社会绝对不是全面小康社会。这是由中国特色社会主义的本质要求决定的。"小康不小康，关键看老乡。"促进发展成果共享，普遍提高人民群众生活水平和质量的本质要求是依法依规保障社会公平正义，特别是要全面保障权利公平、机会公平、规则公平和结果公平。重点是要作出更加有效的制度安排，使全体人民有更多获得感，朝着共同富裕方向稳步前进。特别是要按照"普惠性、保基本、均等化、可持续"的方向，加强义务教育、就业服务、社会保障、基本医疗和公共卫生、公共文化、环境保护等基本公共服务，努力实现全覆盖。其中，尤其重要的是切实推进户籍人口城镇化并共享市民待遇，到2020年实现农村贫困人口精准脱贫，解决区域性整体贫困。

在深入推进"五位一体"总体布局中促进共享发展[*]

党的十八届五中全会提出，必须牢固树立并切实贯彻创新、协调、绿色、开放、共享"五大发展理念"，用新的发展理念引领我国发展全局，这标志着我国发展实践进入新阶段，发展道路更加明确，发展路径更加清晰，发展模式更趋完善。贯彻落实共享发展理念，让广大人民群众共享改革发展成果，是我们推动发展的出发点和落脚点。可以说，"共享理念"应是五大发展理念中具有总体方向性、引领性的重要理念。

实现共享发展是一个不断努力的过程

让广大人民群众共享改革发展成果，这是社会主义的本质规定和不懈追求。新中国成立以来，特别是改革开放以来，中国共产党领导中国人民推进社会主义建设、改革和发展，在追求共享发展方面取得了显著成就。1978年，我国人均GDP水平按当时高估的汇率计算，大概只有224.9美元；而到2015年，我国人均GDP已达5.2万元，约合8016美元，进入了中等偏上收入国家的行列。随着经济持续快速发展，人民生活水平不断提高，数以亿计的贫困人口摆脱贫困状态，中国人类发展指数（HDI）在2014年已经达到0.719，中国已经成为高人类发展指数国家。

---

* 本文为在"'坚持共享发展'理论研讨会"上的发言，2016年12月7日《人民日报》以《共享发展是"五位一体"全面发展》为题摘要发表。

但是，在广大人民群众生活水平整体提高、生活质量不断改善的同时，我国城乡之间、地区之间、行业之间以及不同人群之间也存在着明显的发展差距，不同的人在分享改革发展成果方面存在着明显的不平衡。例如，按照国家统计局发布的数据，2015年我国居民收入基尼系数为0.462，虽然延续了2008年之后逐步回落的趋势，但是，仍然是高居"警戒线"之上，也高于全球平均0.44的水平。我国城乡居民收入比虽有回落趋势，但是仍然接近3倍，如果考虑财产占有等方面的因素，城乡差距还会更大。在地区之间，2014年上海、北京、浙江、深圳等省市的城镇居民人均可支配收入都超过了4万元，而青海、甘肃则刚刚过2万元。按照年人均收入2300元（2010年不变价）的农村扶贫标准计算，2014年我国农村贫困人口为7017万人。与此同时，城镇地区也有将近2000万人的最低生活保障对象。

当前，在全面建成小康社会进入决胜阶段的背景下，实现共享发展要求抓重点、补短板。特别是，一要针对特殊地区、特殊人群，加大精准扶持的力度。例如，加大对革命老区、民族地区、边疆地区、贫困地区的转移支付；实施精准扶贫、精准脱贫，分类扶持贫困家庭；建立健全农村留守儿童和妇女、老人关爱服务体系，积极开展应对人口老龄化行动。二要从解决广大人民群众最关心最直接最现实的利益问题入手，增加公共服务供给，建立更加公平更可持续的社会保障制度，实施全民参保计划，保障基本民生，建设健康中国。三要大力优化收入分配，保护合法收入，调节过高收入，清理规范隐性收入，取缔非法收入，增加低收入者收入（尤其是要聚焦脱贫攻坚），扩大中等收入者比重，努力缩小城乡、区域、行业、阶层收入分配差距，逐步形成橄榄型分配格局。

在"五位一体"的联动中深化共享发展

进一步深化共享发展，需要扎实做好涉及共享内涵的各项主要工作，需要协同推进创新发展、协调发展、绿色发展和开放发展。但是，更为根本的是，我们需要深入学习贯彻十八大精神，把握好中国特色社会主义事业"五位一体"总体布局，认识到共享发展是与经济建设、政治建设、文化建设、社会建设和生态文明建设密切相关的。由此，我们需要将共享发展贯穿于五大建设的全过程和各方面，我们要在统筹推进中国特色社会主义事业"五位一体"总体布局中促进共享发展。

经济建设是共享发展的基础。促进共享发展的经济建设，尤其需要强调以下几个方面：一是毫不动摇地坚持我国基本经济制度，即公有制为主体、多种所有制经济共同发展。我国公有制经济是全体人民的宝贵财富，是广大人民群众共享改革发展成果的重要经济基础，必须大力巩固和发展公有制经济。与此同时，我们也要鼓励、支持和引导非公有制经济发展，使之与公有制经济相辅相成、相得益彰。二是坚持以人民为中心的发展思想，瞄准国内广大人民群众的基本需求，大力推进供给侧改革，优化经济结构和资源配置，适当调整出口导向，使经济建设更加结合中国实际，更加注重满足内需，更加注重让广大人民群众受益，而不是让经济增长仅仅有利于少数地区、少数人以及国外资本。三是努力培育多中心的、差异化的发展模式。中国地域辽阔，经济中心过分集中于少数地区，这些地区的经济增长虽然有着涓滴效应，但是难以依靠这种效应实现共享发展。我们应当因地制宜，根据各地特色和优势，打造各有特色而又彼此互通、互补的多个增长极，从而带动全国经济的均衡发展。四是切实推进收入分配体制改革，坚持居民收入增长和经济增长同步、劳动报酬提高和劳动生产率提高同步，合理评价要素贡献，努力扩大劳动者在收入分配中所占的份额，从而有效缩小收入差距。

政治建设是共享发展的保障。促进共享发展的政治建设，至少应该充分强调以下几个方面：一是坚持中国特色社会主义共同理想。社会主义的本质是解放生产力，发展生产力，消灭剥削，消除两极分化，最终达到共同富裕。普遍贫穷不是社会主义，两极分化也不是社会主义。二是坚持人民主体地位。充分保障人民享有的经济、政治、文化、社会等各方面权益，不断增进人民福祉，始终不能忘记人民是我们国家的主人，不能忘记发展为了人民、发展依靠人民、发展成果由全体人民共享。三是坚持加强和改进党的领导。特别是要强化党全心全意为人民服务的宗旨，坚持从群众中来、到群众中去的群众路线，密切党群关系、干群关系，反对形式主义、官僚主义、享乐主义和奢靡之风，着力解决人民群众反映强烈的突出问题。四是坚持依法治国。建立法治国家、法治政府、法治社会，建立健全权力运行约束和监督体系，让权力在阳光下运行，不断完善以权利公平、机会公平、规则公平为主要内容的社会公平法治保障体系。

　　文化建设是共享发展的导引。促进共享发展的文化建设，要大力推进以下主要工作：一是在全社会强化命运共同体意识。全体人民，不分地域、民族、性别、年龄以及社会阶层，都是彼此相连、命运相关的，是社会主义大家庭的平等成员，在根本利益上是一致的，应当互助互爱、共同发展，一个都不能少。二是培育和践行社会主义核心价值观，特别是要强调民主法治、公平正义、团结互助、爱岗敬业，全面提高公民道德素质。三是要激发全体人民的积极性和创造性，以共建促共享。要加强优秀传统文化教育、爱国主义教育、集体主义教育和职业伦理教育，倡导艰苦奋斗、自强不息精神，鼓励大众创业、万众创新，以中华民族伟大复兴中国梦激励全体人民积极参与发展、推动发展。四是大力发展文化事业，促进基本文化服务均等化，尊重和保护文化多样性，丰富人民精神文化生活，提升群众幸福感。

　　社会建设是共享发展的支撑。促进共享发展，需要大力优化人口结构、发展社会事业、加强社会组织、改进社会治理、完善社会福利体系。在优化人口结构方面，要抓紧做好应对少子化和老龄化的工作，促进人口均衡发展，为共享发展创造基础条件。在发展社会事业方面，特别要着力加强和改进教育、医疗、科技和就业创业等公共服务，这些方面直接关系人力资本的培育，关系到公平就业的促进，关系到社会的创新活力，有助于保障人民群众在竞争起点上的公平，并扩大共享发展的机会。在加强社会组织方面，要着力培育和引导各类自我服务、自我管理的社会组织（包括基层社区建设），增强人民群众的社会归属感，积累其社会资本，增进其参与和实现共享发展的能力。在改进社会治理方面，要着眼于及时发现和满足广大人民群众最关心最直接最现实的利益需求，扩大人民群众参与治理的机会和空间，不断推进社会治理精细化、科学化、法治化。在完善社会福利体系方面，要注意政策、设施、人员之间的协调，着眼于实现有活力的体系化，不断完善扶贫开发、社会保障、福利服务、社会工作和慈善事业的制度安排，特别是要坚持全覆盖、保基本、多层次、可持续方针，以增强公平性、适应流动性、保证可持续性为重点，全面建成覆盖城乡居民的社会保障体系，为全体人民织牢安全网，保证共享发展成果的底线。

　　生态文明建设是共享发展的条件。生态环境的日益恶化，不仅在当前影响到了广大人民群众共享发展成果,而且威胁到了未来发展的可持续性,损害了未来世代的人分享发展成果的机会和条件。促进共享发展的生态文明建设要特别强调:一是切实加大自然生态系统和环境保护力度,努力建设美丽中国,为可持续的发展创造基础条件;二是切实贯彻谁开发、谁保护,谁排污、谁付费,谁污染、谁治理的基本原则,确保环境负担的公平性,不能让破坏环境者单方面受益,而让无辜者受害;三是通过体系化的制度创新,切实创造"绿水青山就是金山银山"的机会与条件,完善未来人力资本积累的体制与机制,大力促进绿色发展;四是切实促进资源输出地与输入地之间的互利互惠、公平交易,避免资源输入地过多占有发展成果;五是将生态文明建设融入经济建设、政治建设、文化建设、社会建设各方面和全过程,努力建设美丽中国,使全体人民共享蓝天白云、绿水青山。

为共享发展营造更好的国际环境

进一步看,中国是国际社会的重要成员,中国发展是世界发展的一个组成部分,中国发展与世界各国的关联越来越密切。人类只有一个地球,各国共处一个世界,面对世界经济的复杂形势和全球性问题,任何国家都不可能独善其身。因此,世界各国都应有"人类命运共同体"意识,都应在追求本国利益时兼顾他国合理关切,在谋求本国发展中促进各国共同发展,中国也不例外。唯有努力追求全球共享发展,创造更好的国际环境,一国之内的共享发展才是长期来讲可持续的。

虽然近代以来,工业革命在全球不断深化,国际贸易持续扩展,全球各国各地区之间的联系日益密切,全球财富也在快速积累,但是,世界各国在全球财富中所占的比例差异巨大,全球范围内两极分化的趋势并未缓解。瑞士信贷发布的2014年《全球财富报告》显示,全球财富比2008年金融危机前的峰值还要高出20%。其中,北美财富增加最多,占到全球的34.7%;欧洲位居第二,占全球财富的32.4%。全球资产至少为5000万美元的富人约有12.8万人,这些人近半在美国,欧洲占近四分之一。全球10%最富有的人掌握了全球87%的财富。更重要的是,随着全球发展对生态环境的破坏,造成了日益扩大的全球环境风险,而这种风险对于广大低收入国家的人民而言更为严峻,他们实际上处于双重的不利地位上。而且,这种全球范围内的不平等,依然为发达国家所主导的政治经济体系所不断强化。

因此,为共享发展营造更好的国际环境,追求全球共享发展,一方面要求我们继续与现有的具有不平等性、强制性、独占性和排他性的国际政治经济体系作斗争,特别是要团结广大发展中国家,一起努力争取更加平等、更多更好的发展机会、发展空间和发展条件,促进全球财富以及应对全球风险责任的更加公平合理的分配;另一方面,我们也要更加积极稳妥、量力而行地参与全球治理,自主承担必要的全球治理责任,创新全球治理的体制、机制与规则,与世界各国一起共同应对各种威胁到国际秩序和人类生存的全球性问题。特别是,我们需要进一步深化与广大发展中国家的互利合作,分享我们的发展经验和成果,在促进广大发展中国家的发展中实现我们更好更持续的发展,在努力扩大共享发展范围的过程中实现我们更高水平的共享发展。

在新阶段更好地推进以人民为中心的发展[*]

党的十八大以来，中央强调坚持人民主体地位，提出以人民为中心的发展思想，这是对人民群众呼声的回应，是对马克思主义政治经济学根本立场的坚持，是对中国特色社会主义理论的丰富和发展，是中国共产党不忘初心、执政为民的突出体现，也是对发展中国家现代化道路的自主探索，具有重要的政治意义、理论意义和实践意义。在今年7月26日举办的省部级主要领导干部专题研讨班上，习近平总书记继续强调要牢牢把握我国发展的阶段性特征，牢牢把握人民群众对美好生活的向往，在继续推动经济发展的同时，更好解决我国社会出现的各种问题，更好推动人的全面发展、社会全面进步。这里实际上提出了一个迫切需要深入研究的重大课题：如何在新阶段更好地推进以人民为中心的发展？

首先，更好地推进以人民为中心的发展要求党和政府信守并及时兑现到2020年全面建成小康社会的庄严承诺。这是让广大人民得到实惠的直接体现，是更好推动人的全面发展、社会全面进步的基础和前提，是党和政府继续赢得人民信任、团结人民向前看的重要保障。党的十八大根据我国经济社会发展实际，在十六大、十七大确立的全面建设小康社会目标的基础上，提出了经济持续健康发展、人民民主不断扩大、文化软实力显著增强、人民生活水平全面提高、资源节约型环境友好型社会建设取得重大进展等新要求。几年来，党和政府带领全国人民在全面

---

[*] 本文以《更好推进以人民为中心的发展》为题摘要发表于《人民日报》，2017年8月21日。

建成小康社会的征程中取得了显著进展。但是,按照"得到人民认可、经得起历史检验"的严格要求,我们还有一些急迫的工作要做。正如习近平总书记指出的,要抓重点、补短板、强弱项,特别是要坚决打好防范化解重大风险、精准脱贫、污染防治的攻坚战,坚定不移深化供给侧结构性改革,推动经济社会持续健康发展。

其次,更好地推进以人民为中心的发展要求更准确地把握我国社会主义初级阶段不断变化的特点,以发展的眼光看待人民的进步与需求的变化。与时俱进是我们思考问题、开展工作的重要方法论。对人民状况和需求的科学分析和把握,是我党成功领导中国革命、建设和改革的重要保障。随着中国特色社会主义的不断发展,我国经济体制持续变革、社会结构深刻变动、利益格局动态调整、思想观念深刻变化,社会关系呈现出空前的复杂性、多样性,人民群众之间的差异性日益显著,人民内部矛盾呈现面广量大的特点,人民群众的非物质需求也更加突出,个性化、自主性以及生活安全、生活质量、生活意义和生活的可持续性等越来越被人们所看重,人民群众对更加美好的生活更加向往。因此,我们要切实践行习近平总书记的要求,不断提高战略思维能力,不断增强工作的原则性、系统性、预见性、创造性,以更宽广的视野、更长远的眼光来思考和把握人民群众的新变化,不断创新推进以人民为中心的发展理论、制度和方法,增强发展的针对性和有效性。

再次,更好地推进以人民为中心的发展要着重处理好四对关系。一是发展与民生的关系。发展是民生的保障,民生是发展的目的,发展为了人民。更重要的是,"抓民生也是抓发展",是开发新产品新服务、培育新模式新业态、实现发展转型升级的重要方面。"为政之道,以顺民心为本,以厚民生为本。"我们一定要落实习近平总书记的指示,"把增进人民福祉、促进人的全面发展、朝着共同富裕方向稳步前进作为经济发展的出发点和落脚点",不断提升发展质量,创新发展模式,实现发展与民生的良性循环。二是集体与个人的关系。人民是一个集体性的概念,但是,"人民不是抽象的符号,而是一个一个具体的人的集合"。推进以人民为中心的发展要着眼于让每个人各尽所能、各得其所,让每个人都能受到尊重,都能实实在在地分享发展成果。与此同时,也要基于每个人的根本一致的利益,凝聚共识合力,强化集体安全,保障并增进事关全体人民福祉的整体利益和长远利益。特别是在 2020 年全面建成小康社会后，我们仍然需要清晰地提出并阐述全国人民的共同奋斗目标，以此凝聚全体人民的力量，继续中华民族伟大复兴的新征程。三是供给与需求的关系。切实从满足需求出发，减少无效供给，增加有效供给，深化供给侧结构性改革，是我们坚定不移的改革方向。供给侧结构性改革的根本目的是提高供给质量，使供给能力更好满足人民日益增长的物质文化需要。这是坚持以人民为中心的发展思想的必然要求。这种改革不是简单地增加投资、增加供给，"给什么，吃什么"，而是要求匹配好供给与需求的关系，要求更加精准地分析、把握和引导新需求，推动人的全面发展、社会全面进步。这样，供给侧改革实际上要求更加关注人民群众需求的新变化新特点，更加注意倾听来自人民群众的声音，更加围绕人民群众最关心最直接最现实的需求，更加重视人民群众对需求满足的评价和意见。归根结底，人民群众接受不接受、满意不满意是评价供需匹配的重要尺度，发展效果要由人民评价。四是带领人民与服务人民的关系。在新阶段推进以人民为中心的发展，仍然必须毫不动摇地坚持和完善党的领导。办好中国的事情，关键在党。只有我们党才能带领人民不断从胜利走向新的胜利。完善党的领导关键在于坚持群众路线，顺应人民愿望，"确保党始终同人民想在一起、干在一起"，而不能出现"干部干，群众看"、干部命令群众干等现象。这就要求党和政府在带领人民谋发展的过程中要充分依靠人民，不搞瞎命令、乱指挥，与人民群众平等沟通协商，调动人民群众的积极性主动性创造性，凝聚人民群众的智慧，想群众之所想、急群众之所急、解群众之所困，多些服务意识，多做帮助群众一起干的事情。我们要以中国特色社会主义伟大事业暖人心、得人心，团结人、凝聚人，从而更好推进以人民为中心的发展。

科学把握社会主要矛盾新概括的深刻内涵

习近平总书记在党的十九大报告中指出，中国特色社会主义进入新时代，社会主要矛盾已经转化为人民日益增长的美好生活需要和不平衡不充分的发展之间的矛盾。这是一个全新的提法，是对中国特色社会主义实践的再概括、本质的再认识和理论的再发展，具有极为深刻丰富的内涵，为我们把握我国发展新的历史方位和阶段性特征、更好地推进党和国家事业提供了重要指引，直接关系到未来一段时期党和国家工作的方向、路线、重点、战略等方方面面，将对新时代中国特色社会主义实践产生深远影响。科学分析和把握社会主要矛盾新概括的深刻内涵具有重要的理论意义和实践意义。

社会主要矛盾新概括更加体现出以人为本的价值观。以人为本是与以神为本、以物为本相对而言的，强调人自身的价值，强调用人性反对神性，用人权反对神权，强调人贵于物。以神为本的观念是对人的矮化和否定，忽视人性，忽视人的客观价值和合理需求，强调各方面的禁锢、压抑和束缚，不利于调动人的积极性、主动性、创造性，不利于解放和发展生产力，从而不利于推动社会进步，不利于实现人的全面而自由的发展。以物为本是对人性的片面理解和扭曲，忽视人的需求的全面性、丰富性，片面强调物质方面的满足和扩张，见物不见人，助长拜物主义，加剧人与人、人与社会、人与自然之间的竞争和冲突，最终使人成为物质的奴隶和失序世界的牺牲者，失去人本身的尊严和价值，同样不利于人的全面发展和社会全面进步。以神为本、以物为本都是不合

---

* 本文发表于《中国社会科学报》，2017 年 11 月 16 日。

理、不可持续的，以人为本才是健康持续发展的客观要求，是尊重人、解放人、发展人的根本遵循。坚持以人为本，就是把人当人看，重视人的现实生活，从生活实际出发，尊重人的需求的多样性、全面性和丰富性，发掘美好生活的全面深刻内涵，推动社会全面进步，为现实人的全面而自由的发展创造条件。

社会主要矛盾新概括鲜明地体现了以人民为中心的发展思想。以人为本既是对人性的尊重，更是对广大人民的尊重。人不是抽象的，而是现实的，历史的创造者不是某个人、某些人，而是广大人民群众。为什么人的问题，是检验一个政党、一个政权性质的试金石。全心全意为人民服务，不断满足人民群众对美好生活的向往是中国共产党矢志不渝的奋斗目标。我们坚持以人民为中心的发展，就是坚持发展为了人民，发展依靠人民，发展成果由全体人民共享。我们在发展进程中始终要密切关注人民群众需求的变化，始终把人民利益摆在至高无上的地位，始终把实现好、维护好、发展好最广大人民的根本利益作为党和国家一切工作的出发点和落脚点，一件事情接着一件事情办，一年接着一年干。我们不仅注重人民群众需求满足的状况，而且尊重人民主体地位，调动人民积极性主动性，发挥人民首创精神，保障人民各项权益，促进全体人民共同参与发展。在社会生产力显著进步的基础上，我们要更加注重发展的平衡性充分性，着力解决不平衡不充分的问题，走共同富裕道路，让改革发展成果更多、更公平地惠及全体人民，更好地满足全体人民日益增长的美好生活需要，从而促进人的全面发展。

社会主要矛盾新概括更加突出了深化改革创新的发展要求。我们在改革创新中比较好地解决了人民日益增长的物质文化需要同落后的社会生产之间的矛盾，总体上实现了小康。但是，人民美好生活需要日益广泛，不仅对物质文化生活提出了更高要求，而且在民主、法治、公平、正义、安全、环境等方面的要求日益增长，发展不平衡不充分已经成为满足人民日益增长的美好生活需要的主要制约因素。要解决这个主要矛盾，我们需要继续深化改革创新，激发全社会创造力和发展活力，以创新来满足人民群众更加广泛的需要，以创新来解决发展不平衡不充分的问题，除此之外别无他途。为此，我们要扎实推进各项改革工作，把创新摆在国家发展全局的核心位置，以创新作为引领发展的第一动力，大力提升发展质量和效益，努力实现更高质量、更有效率、更加公平、更可持续的发展。我们要不断创新发展理念、发展模式和发展实践，不断创新思想理论、体制机制和组织制度，不断创新科学技术、产业形态和管理模式，不断创新文化生活、社会生活和精神境界。只有在全面贯彻新发展理念的创新实践中增强发展动力、治理区域失衡、和谐人与自然、经略内外联动、促进公平正义，协同推进经济建设、政治建设、文化建设、社会建设和生态文明建设，我们才能更好地满足具有全面性、丰富性和发展性的人民需要。

社会主要矛盾新概括进一步指明了社会主义现代化强国的实质。从全面建成小康社会到基本实现现代化，再到全面建成社会主义现代化强国，这是新时代中国特色社会主义发展的战略安排。在实现强国梦的新征程中，我们要建设教育强国、科技强国、制造强国、质量强国、航天强国、网络强国、交通强国、海洋强国、贸易强国、文化强国、体育强国、人才强国，等等，要实现国家治理体系和治理能力现代化，进一步增强综合国力，扩大国际影响力，全面提升物质文明、政治文明、精神文明、社会文明、生态文明。我们始终要着眼于抓住社会主要矛盾，解决矛盾的主要方面，实现人民的富裕，这是国家强大的重要基础、支柱和标志。人民的获得感、幸福感、安全感是否更加充实、更有保障、更可持续，是衡量一个国家是否是真正强国的实质性标准。人民是富裕的、健康的、积极的、创造的、幸福的、团结的，人民有理想、有信念、有道德、有尊严、有素质、有力量，一个国家才是真正有力量的国家，才有可能成为真正的强国，才有可能持续地保持强国地位。建设社会主义现代化强国，实现中华民族伟大复兴中国梦，归根结底是要创造条件让广大人民实现从站起来、富起来到强起来的伟大飞跃，全面提升人民自身的力量。

社会主要矛盾新概括显示出建设学习型政党、加强执政能力建设的重要性。中国共产党始终把人民对美好生活的向往作为奋斗目标，从人民群众关心的事情做起，从让人民群众满意的事情做起，为人民谋幸福，为民族谋复兴。在革命、建设、改革的各个时期，我们党善于识别和把握社会主要矛盾，并带领全国各族人民解决主要矛盾，推动了中国特色社会主义事业不断向前发展，迈进了中国特色社会主义新时代。对新时代社会主要矛盾的科学概括表明，党是不断学习、不断进步的，始终保持着人民性、成长性和先进性。领导我们事业的核心力量是中国共产党，中国特色社会主义最本质的特征是中国共产党领导，中国特色社会主义制度的最大优势是中国共产党领导。面对新时代社会主要矛盾，我们党不忘初心、牢记使命，突出政治建设在党的建设中的重要地位，始终注重科学的调查研究，始终保持党同人民群众的血肉联系，始终关注人民需要的不断变化，始终顺应并引领时代潮流，不断增强总揽全局、协调各方以化解社会主要矛盾的能力。社会实践没有止境，社会矛盾也在不断演化。这就要求我们党继续加强全面学习，致力于建设马克思主义学习型政党，在理论上跟上时代，在实践上贴近时代，不断认识社会矛盾的演化规律和解决规律，切实加强党的执政能力，把党建设成为始终走在时代前列、人民衷心拥护、勇于自我革新、经得起各种风浪考验、朝气蓬勃的马克思主义执政党，领导中国特色社会主义事业阔步向前。

社会主要矛盾新概括反映了中国共产党与时俱进的优秀品质和对中国特色社会主义理论的不断丰富、发展和完善，体现了党的时代性、先进性和创造性，是中国共产党人集体智慧的结晶，展现了我们党对中国社会主义现代化进程的充分自觉和历史担当。在以习近平同志为核心的党中央的坚强领导下，党和国家的事业在不断认识、不断解决社会主要矛盾的进程中稳步向前推进，不断实现新的超越，党领导人民建设中国特色社会主义现代化强国的伟大目标一定会实现，中国必将日益走近世界舞台中央，以更加昂扬的姿态屹立于世界民族之林，迎来中华民族的伟大复兴并为人类作出更大贡献。

着力满足新时代人民群众新需求*

党的十八大以来，党和国家事业取得历史性成就、发生历史性变革，推动中国特色社会主义进入了新时代。新时代中国社会主要矛盾已经转化为人民日益增长的美好生活需要和不平衡不充分的发展之间的矛盾。人民群众对美好生活的向往催生了新需求，深入分析并努力满足这种新需求是我们的职责所在，特别是我们要着重把握一些最为基本的、具有刚性的新需求，这种需求受价格因素影响较小，同时又是绝对性与相对性、客观性与建构性、普遍性与特殊性、整体性与差异性、稳定性与变化性的统一。深入分析新时代人民群众新需求和人民美好生活需求新动态，对解决我国社会主要矛盾具有重要意义。

新时代是人民生活质量进一步提升的时代。在不断提高物质生活水平的基础上，追求更高质量的生活内涵已经成为人民群众的新需求。比如说，人们对食品安全、环境污染、社会秩序、教育质量、医疗服务、旅游观光等方面的高度关注，反映的是在吃得饱的基础上对吃得好、吃得放心的渴望，是对呼吸清洁空气、喝上干净水和拥有优美生活环境的渴望，是对安全有序生活的渴望，是对更好更加便捷的教育、医疗服务的渴望，是对更为丰富的生活体验的渴望。一句话，这些都是对更加美好生活的渴望。把握住新时代人民美好生活需要的主旋律，就找到了满足新需求的总开关和突破口。

随着现代化进程中社会结构的深刻变革，社会成员不断适应变化了的社会结构也是一种具有刚性的新需要，我们必须把满足相关需要放在

---

* 本文是在"学习宣传贯彻习近平新时代中国特色社会主义思想系列研讨会（第二场）"上的发言稿，2018年4月12日《人民日报》曾摘要发表。

更加优先的位置，比如说由人口结构、城乡结构、组织结构和阶层结构变革所产生的新需要。以人口结构而言，2017年末，我国60周岁及以上的人口占比已经达到17.3%，其中65周岁及以上的人口占比已经达到11.4%，人口老龄化日益突出，由此带来了具有高度刚性的养老需要。与此同时，为了促进人口均衡发展，更好的生育服务需要也将日渐旺盛。从城乡结构看，我国改革开放以来经历了快速的城镇化进程，已经从一个农村占主导的社会转变为城镇占主导的社会，2017年末城镇人口占比已经达到58.52%，由此带来了旺盛的基础设施、住房建设、城市适应与公共服务需要。特别是，众多劳动者生计方式转变带来的就业需要尤具刚性，乡村空心化也带来了非常迫切的乡村振兴新需求。在组织结构方面，单位体制的变革、人口流动的加剧，在促进个体自由和活力的同时，也产生了社会成员归属和认同的新需要。而随着阶层结构的演变，渴望破除阶层壁垒，实现向上流动也刺激了相应的促进社会流动的新需要。

技术推动经济社会快速发展是现代化的一个重要特征。持续发生的技术革命在不断推出新产品、带动新产业、形塑新业态，从而发展生产力的同时，也对社会生活带来了巨大冲击。跟上技术进步的步伐、共享技术进步的福利，已经是社会成员生产、生活的基本需要，否则就会失去共享发展的机会，甚至会成为时代的失败者，从而产生技术排斥和技术鸿沟，损害社会团结。普及科技知识，促进技术分享，加强职业就业教育与培训，提升就业创业能力，保障就业安全，乃至不断完善终身学习机制，建设学习型社会，都是因应这种新需要的重要的具体举措。在当今信息技术已经嵌入日常生产与生活的时代，加强信息技术基础设施建设，促进技术服务的均等化，提升技术利用的便捷性也很重要。比如说，进一步提高互联网普及率，改进网络服务质量，调整网络使用资费，都直接关系到很多人基本需要的满足。

一个走向现代的社会，是一个日益复杂的社会，这样一种复杂社会系统的运行风险也不断加大，现代社会实际上是一个高风险社会。作为迟发展的拥有巨量多样人口和悠久历史的中国社会，其现代化进程所产生的复杂性和不确定性更强，社会运行和发展面临的风险更高。因此，对于广大人民群众而言，有效规避各种意外风险，确保日常生活安全的需要就日益迫切。很明显，在物质财富增加的基础上，人们更希望财富保值增值，这是很多人最为基本的现实需要。从更为广泛的意义上讲，建立健全与现代社会相适应的科学合理有效的风险管理体系是满足人民群众规避风险需要的核心工作。这当中包括了树立安全发展理念、促进保险业的健康发展、完善现代社会保障和社会福利体系、改进社会治理和社会服务体系、健全公共安全体系、建立运行有效的应急管理体系以及加强社会心理服务体系建设，等等。

"仓廪实而知礼节，衣食足而知荣辱。"随着物质生活得到充分保障，人民群众越来越追求生活内涵的提升，越来越关注非物质层面的需要满足，越来越追求人的体面和尊严，追求人自身的全面发展，这是当代中国社会巨变更为深刻的内涵。各种非物质层面的需要包括了对"我是谁"关注，也就是社会认同和归属的需要；受尊重的需要，更加强调个体的合法权利和价值，更加希望受到公正对待；参与的需要，更加关注公共事务，更加希望有表达的权利和影响决策的机会；法治的需要，更加具有规则意识，更加重视法治理念和程序；创新创造的需要，更加希望体现个体的社会价值，充分发挥个体的创造性。如此等等的需要越来越具有刚性，其满足程度不仅影响着个体的获得感幸福感安全感，而且影响着社会的良性运行和发展。

正如党的十九大报告所指出的，新时代"人民美好生活需要日益广泛，不仅对物质文化生活提出了更高要求，而且在民主、法治、公平、正义、安全、环境等方面的要求日益增长"。关注人民群众需要的新变化，着力满足人民群众的新需求，首要的任务是全面加强和改进党的领导，充分发挥党总揽全局、协调各方的作用，扎实推动以人民为中心的持续发展，朝着社会主义现代化强国的目标奋进。我们要坚定共产主义理想和中国特色社会主义信念，增强"四个自信"，以中华民族伟大复兴中国梦鼓舞人民、引领人民、团结人民，统筹推进"五位一体"总体布局、协调推进"四个全面"战略布局，解决破除经济社会发展中存在的体制机制弊端，使各级领导干部牢固树立以人民为中心的发展思想，深入践行创新、协调、绿色、开放、共享五大发展理念，大力提升发展质量和效益，减少发展的能源资源消耗和污染排放，推动创新发展、集约发展和特色发展，着力保障民生和创新社会治理，促进经济、政治、文化、社会、生态全面协调发展，推进国家治理体系和治理能力现代化，为满足人民群众的新需求提供政治保障、体制保障、战略保障以及更为扎实雄厚的物质保障。

更好发挥政府作用是完善新需求供给体系的客观要求。在中国社会，政府是重要的社会行动主体，这有其历史文化的合理性，同时也是迟发展国家成功迈向现代化的共同特征。从现实情况看，不仅我们的体制决定了政府具有强大的行动能力，而且人民群众对于政府发挥作用也寄予了强烈期待。考虑到一段时期以来不够完善的市场机制所加剧的社会分化和经济社会失衡，在新时代进一步发挥政府作用更是具有迫切性。但是，我们要特别强调"更好地"发挥政府作用。这里不仅意味着政府要因应变化了的社会状况，正视多种社会主体和资源配置机制的客观存在，学会合作和借力，实现政府治理和社会调节、居民自治良性互动，打造共建共治共享的社会治理格局，而且意味着政府自身要实现深刻变革。比如说，政府要更好地贯彻以人民为中心的发展思想，对广大人民最关心最直接最现实的利益保持高度敏感，坚持依法行政建设法治政府，切实优化政府体系、转变政府职能和拓展公共服务，充分利用信息技术建设智慧政府，重视社会建设和社会治理专业知识普及和专门人才培养，加强信息公开接受广大人民群众的监督，等等。当然，更好发挥政府作用也需要更好的社会心理环境，各社会主体要有理性平和、相互理解、相互信任、共同参与的心态和认识。

最终，与建设现代化经济体系一样，在更好满足人民群众新需求方面，持续深化供给侧结构性改革同样重要。这种改革至少包括了三个方面的内容：供给主体、供给机制和供给质量。在供给主体方面，一方面如前所述，要充分重视政府的作用，特别是发挥政府在弥补市场失灵方面的多种优势；另一方面，也要切实避免回到政府包办一切的老路，要创新政府发挥作用的形式，充分调动企事业单位、社会团体、基层社区和广大人民群众的积极性，发挥各自优势，坚持人人尽责、共建共享。在供给机制方面，要根据人民群众新需求的复杂性、多样性、发展性，增强供给的灵活性、针对性和创新性，综合利用行政的、市场的、志愿的、法制的、技术的等多种机制，避免机制单调、僵化乃至退化。在供给质量方面，要更加严格地制定和执行产品与服务的质量标准，加强质量监管和处罚，努力满足人民群众追求美好生活的基本需要，创造新时代的新气象。

美好生活的丰富内涵和实现之道[*]

党的十九大报告指出，中国特色社会主义进入了新时代，我国社会主要矛盾已经转化为人民日益增长的美好生活需要和不平衡不充分的发展之间的矛盾。美好生活既是一种客观状态，又是一种主观建构；既有亘古不变的基石，又有不断拓展的内涵。全面深入理解美好生活及其实现条件和机制，是更好解决新时代我国社会主要矛盾的基本前提。

全面把握美好生活的基本特征

为实现人民群众对美好生活的向往不懈奋斗，是我们党更好推动人的全面发展、社会全面进步的重要体现。中国共产党人的初心和使命，就是为中国人民谋幸福，为中华民族谋复兴。我们党在革命、建设和改革的不同历史时期，紧紧抓住制约人民幸福、民族复兴的主要因素，带领人民攻坚克难，取得了一个又一个胜利。新中国成立以来，特别是改革开放以来，我们党坚持以经济建设为中心，带领全国人民解放生产力、发展生产力，创造了巨大的物质财富，极大改善和丰富了人民群众的物质文化生活。在决胜全面建成小康社会，开启全面建设社会主义现代化国家新征程的关键时期，我们党深刻分析社会矛盾的演化规律，准确把握人民日益增长的美好生活需要，着力推进更加平衡更加充分的发展。

美好生活是民生发展的新要求。在相当长一段时期内，我国落后的

---

[*] 本文发表于《光明日报》，2018 年 6 月 27 日。

社会生产严重制约着人民生活的改善，解决温饱问题是广大人民的迫切需要。改革开放之初的 1978 年，我国 GDP 总量只有 3600 多亿元人民币，农村贫困人口占比达到 97.5%。不能有效解决温饱问题，也就谈不上追求美好生活和实现人的全面发展。"仓廪实而知礼节，衣食足而知荣辱。"美好生活是建立在物质丰裕基础上的。改革开放 40 年来，我国稳定解决了十几亿人的温饱问题，总体上实现小康。2017 年我国 GDP 总量已达 82.7 万亿元，农村贫困发生率下降至 3.1%，不久将全面建成小康社会。人民需要的新变化正是在此背景下出现的，不仅体现为对物质文化生活提出了更高要求，而且体现为民主、法治、公平、正义、安全、环境等方面的要求日益增长。单纯的物质满足已经不能带来人民幸福感的提升。

美好生活具有多方面的基本特征。一是人本性与人民性。一方面，美好生活体现了以人为本，以人的生活为本，以促进人的全面发展为本；另一方面，美好生活突出强调的是广大人民的美好生活，是代表历史前进方向的、对社会发展起推动作用的、以劳动群众为主体的绝大多数普通人的美好生活。二是客观性与主观性。美好生活既体现为客观的生活条件，比如收入、教育、健康、环境质量等，又体现为个人或群体对于生活状况的主观评价和建构。三是一致性与多样性。基本的物质保障是美好生活的共同基础，每个发展阶段也都有某种美好生活的标准，这反映了美好生活的一致性内涵。但是，由于个人和群体社会身份地位、需求满足层次与文化价值观等的多样性，美好生活的实践形态是丰富多彩的。四是个体性与社会性。美好生活直接表现为个人的生活建构与实践，但是这种建构与实践必然受到社会环境的影响和制约，每个人的发展总是以他人的发展和社会进步为条件。

新时代创造美好生活需要继续奋斗

美好生活在本质上并不是继承性、赐予性的，正如习近平总书记所指出的，"幸福都是奋斗出来的"。改革开放以来，正是广大人民的努力工作，创造了美好生活的物质基础，并催生了对更加美好的生活的新需要。2017 年，美国国家统计局发布一组世界各国劳动参与状况的数据，中国劳动总量和劳动参与率都排在世界第一位。其中，中国人的劳动参与率达到76%，相比之下，美国65%、日本58%、印度55%。中国经济的快速增长并大规模消除贫困、改善人民生活，靠的就是广大人民只争朝夕、艰苦奋斗，"撸起袖子加油干"。在新时代继续创造更加美好的生活，依然需要付出更为艰巨、更为艰苦的努力。

在新时代创造美好生活需要不断为推动人的全面发展提供条件。择其要者，一是优先发展教育，实施健康中国战略，加快提升人民文化素质和身体素质，提升人力资本。一方面，深化教育改革，发展素质教育，推进教育公平，促进学生德智体美全面发展，使绝大多数城乡新增劳动力接受高中阶段教育、更多接受高等教育，加快建设学习型社会；另一方面，高度重视人民健康，为人民群众提供全方位全周期健康服务，倡导健康文明生活方式，预防控制重大疾病。二是重视心态引导，加强社会心理服务体系建设，培育自尊自信、理性平和、积极向上的社会心态。三是高度重视培育社会资本，增进社会互信，优化社会关系，促进社会合作，在有效社会合作中创造美好生活，并使良好的社会互信、合作氛围和安定团结成为人民美好生活的一部分。四是拓宽居民劳动收入和财产性收入渠道，保障收入安全，不断加强物质资本对美好生活的支撑作用。

在新时代创造美好生活需要全面深化改革，为社会全面进步提供保障。特别是，加快建设法治国家、法治政府和法治社会，确保人民平等参与、平等发展的各项权利，建立以权利公平、机会公平、规则公平为主要内容的社会公平保障体系。深化收入分配改革，促进人民共享发展成果，坚持在经济增长的同时实现居民收入同步增长、在劳动生产率提高的同时实现劳动报酬同步提高，不断优化收入分配结构，缩小收入分配差距，全面建成覆盖全民、城乡统筹、权责清晰、保障适度、可持续的多层次社会保障体系。使市场在资源配置中起决定性作用，更好发挥政府作用，全面提升社会资源配置效率，在持续发展中不断完善基本公共服务，打造共建共治共享的社会治理格局。最终，我们要在继续推动发展的基础上，着力解决好发展不平衡不充分问题，大力提升发展质量和效益，统筹推进"五位一体"总体布局，更好满足人民在经济、政治、文化、社会、生态等方面日益增长的需要。

美好生活与中国梦同向而行

民族复兴与人民幸福是密切相关的。没有民族独立、国家富强，就没有人民幸福的基本前提和保障，这是被实践一再证明了的真理。实现中华民族伟大复兴是近代以来中华民族最伟大的梦想，这一梦想凝聚了全体人民，激发了全社会的活力，指引着人民前进的方向。经过长期奋斗，中华民族的面貌发生了前所未有的变化，正以崭新姿态屹立于世界的东方，我们比历史上任何时期都更接近、更有信心和能力实现中华民族伟大复兴的目标，由此为创造美好生活、实现全体人民共同富裕提供了强有力保障。中华民族日益走近世界舞台中央、不断为人类作出更大贡献，也越来越让全体中国人民赢得世界尊重，充满民族自豪，这本身就是人民美好生活的重要组成部分。

中国梦是每个中国人的梦，人民对美好生活的向往和持续的奋斗，推动着中华民族伟大复兴的进程。正是坚持把人民利益摆在至高无上的地位，抓住人民最关心最直接最现实的利益问题，把增进民生福祉作为发展的根本目的，让每个人获得发展自我和奉献社会的机会，共同享有人生出彩的机会，共同享有梦想成真的机会，在幼有所育、学有所教、劳有所得、病有所医、老有所养、住有所居、弱有所扶上不断取得新进展，使人民获得感、幸福感、安全感更加充实、更有保障、更可持续，我们党才赢得了民心、汇聚了民力、开启了民智，推动着民族复兴和国家富强。人民能否享有美好生活是衡量国家富强和民族复兴是否实现的实质性标准。人民是富裕的、健康的、积极的、创造的、幸福的、团结的，人民有理想、有信念、有道德、有尊严、有素质、有力量，一个国家才是真正有力量的国家，一个民族才是真正有希望的民族。

全面加强党的领导，确保党始终总揽全局、协调各方，坚持以人民为中心的发展，是美好生活与中国梦同向而行的政治保障。初心和使命激励着中国共产党人不断前进，统筹推进"五位一体"总体布局，协调推进"四个全面"战略布局，自觉提高党把方向、谋大局、定政策、促改革的能力和定力。面向新时代，我们紧密团结

【社会转型】

在以习近平同志为核心的党中央周围，贯彻落实党的十九大精神，切实加强党的长期执政能力建设，践行全心全意为人民服务的根本宗旨，必将使我们党更好地带领全国人民在实现中国梦中开创美好生活新局面，满足美好生活新需要。

防范和化解新型社会风险[*]

风险无处不在，无时不有。不同的时空条件下，风险具有不同的特征。从一种意义上讲，人类社会是在识别和应对各种风险挑战中不断进步的，是否具有更强的理解、度量和管理风险的能力是现代社会与传统社会的一个重要区别之处。勇于面对各种风险考验，健全风险管理体制机制，增强防范和化解各种风险的能力，是实现国家治理体系和治理能力现代化、推进中国特色社会主义伟大事业的题中之义。

社会风险有三个层次

所谓社会风险，是以社会运行和发展的安全性为中心进行考察而提出来的概念。大体上，社会风险可以区分为三个层次。第一个层次，也是最深层次，是本体性风险，主要是一个社会体系的资源环境风险，资源环境是社会体系赖以存在和运行的基础条件。第二个层次是中间层次，可以叫作基础性风险，是与社会生活的基础秩序相关的。比如说，人口、生计、家庭、社区、单位、社会交往和社会秩序等方面的风险，这些都是与个体日常的、重复延续的生活实践相关的，对于整体社会运行而言，具有基础性的意义。第三个层次是社会整体的风险，也可以叫作社会系统运行风险，主要表现为经济、政治、文化等子系统的运行状况，以及其与基础社会生活和资源环境系统的关系状况。通常，我们可以将包含三个层次的社会风险定义为广义的社会风险，而将第二层次的基础性风险定义为狭义的社会风险。

---

[*] 本文为2018年3月在中国社会科学院内部专题研讨会上的发言稿，未正式发表。

由于中国从传统向现代的社会转型具有内部与外部的高度复杂性，转型期的中国社会实际上是一个高风险社会。这样说不仅是指各种风险客观上的共生共存和富集，也是指高度不确定性阶段风险存在着主观上的建构与放大，还包括我们应对风险的意识、知识与能力都在发展的过程中，甚至跟不上风险形势的发展。在国内学术界，我们对于社会风险、社会安全的关注和研究是起步比较晚的，2003年的"非典"事件可以说是一个重要的促进因素。从那时以来，我们关于社会风险的研究成果有所积累，知识有所增加，防范和化解社会风险的体制与机制也在逐步建立，公众的风险意识也不断增强，这些对控制社会风险、保障社会安全发挥了积极作用。

风险形势整体向好优中有忧

党的十八大以来，中央大力推进中国特色社会主义"五位一体"总体布局和"四个全面"战略布局，着力增强改革与发展的综合性、整体性和协调性，最大限度增加和谐因素、减少不和谐因素，在确保人民安居乐业、社会安定有序、国家长治久安等方面取得了显著进展，社会风险形势整体向好。特别是，在深化供给侧结构性改革，赋予经济体系新动能，推动经济转型升级的同时，仍然保持了较快的经济增长速度，经济增长的质量和效益有所提高，为保障社会安全奠定了物质基础；在坚持中国特色社会主义道路，坚持全面从严治党，坚定不移反腐败，净化政治生态的同时，加强和改进了党的领导，充分发挥了党总揽全局、协调各方的作用，稳定了中国发展方向与道路的预期，加强了社会安全的政治保障和体制保障；在加强思想政治工作，弘扬思想主旋律，传承中华优秀传统文化、红色革命文化和社会主义先进文化，推进社会主义核心价值体系建设的同时，增进了全社会的价值共识，强化了社会团结的纽带，筑牢了防范社会风险的价值屏障；在着力保障和改善民生、创新社会治理，增进人民群众获得感幸福感安全感的同时，有效维护了社会的基础秩序与活力；在深化体制机制改革，加强生态文明制度建设，推进环境质量改善的同时，为防范本体性社会风险作出了系统性的努力。

在社会风险形势整体向好的同时，也存在着局部的隐忧，在一些具体的方面，甚至是暗流汹涌、危机四伏。诱发或者加剧社会风险的因素包括：经济增长从中高速向中低速转变，在一定程度上影响了长期形成的惯性增长预期，催生挫折性社会心态；经济结构调整优化过程存在社会成本，形成一些受挫的地区、产业和人群；新经济增长的收益在不同地区与人群之间的分配不公正，利益共享的体制机制不健全；整顿吏治的操作过程中一些新的形式主义、官僚主义出现，诸如不作为、怕作为，以文件传达文件，以会议落实会议，唯上不为下，脱离群众等，这样不仅不利于增进群众的获得感，而且成为诱发群众不满的新因素；有些过于简单化甚至粗暴的舆情监管，限制乃至阻塞了一些意见表达的渠道，增强了社会的内压，蓄积了不利于社会安全的动能；人民群众美好生活的需要日益多样化，相应的供给体系还不够完善，供需矛盾凸显；生态环境治理任务艰巨，质量改善的进程与人民关注和需求的增长不同步；复杂多变的国际形势对国内社会安全也有一些重要影响。最为关键的是，我们治理现代社会的体系和能力，与现代社会自身的发展之间还不平衡，我们治理体系与能力的现代化还不充分。这种治理体系与治理能力的不平衡不充分，是我国发展不平衡不充分的一个组成部分，是制约我们满足人民群众不断增长的美好生活需要的重要方面。

需要指出的是，狭义社会风险在一定程度上的积累和扩大，对于社会安全构成了新的深层威胁。这种意义上的风险主要体现在几个方面：一是人口结构上的风险，人口老龄化严重，人口数量可能出现急剧减少的趋势；二是群众生计的不确定性增加，就业、收入和财产保值增值的预期不确定或者受挫；三是人力资本保值增值的需求旺盛，特别是优质的教育、健康与休闲等需求日益迫切；四是家庭小型化、人口城市化、单位体制弱化和社会流动等，削弱了家庭、社区、单位的凝聚作用，弱化了社会成员的基础认同和归属，由此导致的社会原子化增强了社会成员的孤独感，孤独的大众是社会风险的温床；五是社会信任的损失和缺乏，制约了社会合作和团结；六是突发事件和公共安全形势影响了群众安全感。这些方面的风险可能延伸发展为社会系统的运行风险，对经济、政治和文化系统都有不利影响。

着力防范和化解社会风险

确保社会整体运行安全的一个方面就是防范和化解新型社会风险，尤其是避免各种社会风险演变为政治风险。单纯从风险周期看，社会风险的演变通常表现为风险积累、风险爆发、风险冲击、风险应对、风险控制等阶段。要避免社会风险演变为政治风险，在风险的每一个阶段，党和政府都要有积极的作为。首先，在风险的积累阶段，应当尽量减少党和政府的致因，并加强风险监测和预警的体系与能力；其次，在风险爆发时，党和政府应当第一时间反应并作出处置，控制风险波及面；再次，在风险波及造成更为广泛的社会影响时，党和政府应当能够实施有效社会动员，控制风险影响；然后，在风险应对时，党和政府应当坚持法治原则，科学管理舆情，综合利用多种手段；最后，在风险控制之后，党和政府应当深入总结反思，积极化解风险之源，着力于防范新的风险发生。

在更为宏观和整体的意义上，防范和化解社会风险，保障社会安全，维护政治稳定，需要党和政府着眼于新时代社会主要矛盾的变化，持续完善治理体系，提升治理能力，促进治理与发展之间的平衡和协调。择要而言，以下几个方面恐怕是需要继续予以重视和加强的：一是全面加强党的领导，充分发挥党在组织广大人民、服务广大人民、引领广大人民方面的重要作用，积极培育和发展符合广大人民需要的各类社会组织，促进现代化进程中的社会重组，遏制传统社会纽带弱化、社会原子化的负面影响；二是在维护政策统一性、权威性的基础上，进一步重视政策执行过程的主动性、创造性和有效性，更加重视实事求是、因地制宜，始终坚持人民立场，坚持人民主体地位，倾听人民呼声，把人民拥护不拥护、赞成不赞成、高兴不高兴、答应不答应作为衡量一切工作得失的根本标准，着力解决好人民最关心最直接最现实的利益问题；三是扎实推进经济新增长，稳定人民群众预期，夯实社会安全的物质基础；四是持续促进社会公正分配，让改革发展成果更多更公平惠及全体人民，坚持走共同富裕发展道路；五是着眼人民美好生活需要日益广泛的现实，坚持以提升人民生活品质、促进人的全面发展为中心，不断改进和扩大在民主、法治、公平、正义、安全、环境等方面的供给，使人民获得感幸福感安全感更加充实、更有保障、更可持续；六是在坚持和巩固社会主义核心价值体系的基础上，对多元亚文化更多包容、更好吸纳；七是坚持自治、法治、德治相结合，不断完善社会治理体系，尤其是要强化法治观念、法治思维。正如习近平总书记2018年3月7日在参加十三届全国人大一次会议广东代表团审议时强调的："要坚持在法治轨道上统筹社会力量、平衡社会利益、调节社会关系、规范社会行为、化解社会矛盾，以良法促发展、保善治，让人民群众在每一个司法案件中感受到公平正义，使尊法学法守法用法成为广大人民群众共同追求，确保社会在深刻变革中既生机勃勃又井然有序。"[1] 八是充分利用信息技术，加强社会风险诊断、预警和处置，实现社会风险治理专业化、智能化。

---

[1] 《习近平李克强栗战书汪洋王泸宁赵乐际韩正分别参加全国人大会议一些代表团审议》，《人民日报》2018年3月8日第1版。

迈向更高水平的社会进步[*]

我今天演讲的题目叫"迈向更高水平的社会进步"。能够在安徽大学"文典大讲堂"演讲，实在是非常荣幸。我们都知道安徽大学历史上有位非常著名的刘文典校长，我听说过一些他与蒋介石的故事，反映了一个知识分子的独立，也反映了刘文典校长自己对学生的关爱，对教育的热爱。以他的名字命名的"文典大讲堂"代表着安徽大学非常高的一个学术交流平台。所以，我在这里演讲也是诚惶诚恐的。

我的这个题目主要想讲三点。第一点是我们怎么看待当前中国的社会进步；第二点是我们的社会进步面临着哪些突出的问题；第三点是我们怎么推动更高水平的社会进步？

首先，我们可以把复杂问题简单化，那就是问一下什么叫"进步"？所谓进步，一般来讲，指一种向上或者说向前的运动。但是，在我们日常生活当中，进步这个概念被赋予了价值的内涵。我们说要求进步、追求进步，我们的社会在不断进步，其实讲的都是向好的方向去发展。

当我们把进步跟社会联系在一起时，它的含义也是多种多样的。讲社会进步的时候，一般讲整体社会的发展，比如说从简单到复杂，从低级到高级这样一种运动的趋势。马克思主义讲，人类社会从原始社会到奴隶社会、封建社会、资本主义社会、社会主义社会，再到共产主义社会，这是社会发展与进步的客观阶段。但是，老实说，这样一种社会进步的观念，不是从来就有的。尽管中国古代著名历史学家司马迁讲过

---

[*] 本文根据 2016 年 4 月 18 日在安徽大学"文典大讲堂"的演讲记录整理而成，未正式发表。

"究天人之际，通古今之变，成一家之言"，他所讲的还只是社会变化，并没有说社会在不断进步。甚至，在相当长的一段时期内，不管是东方还是西方，对于历史发展规律的认识都受循环史观的主导，甚至还有倒退史观的影响，也就是说人类社会最好的时代已经过去了，世道每况愈下。不管是西方还是东方，在寻求推动社会变革的时候，往往都要发掘和重释古典时期的文化。在中国，托古改制的事情是经常有的。中国人心目中的尧舜禹汤时代被建构为美好的时代，所谓"六亿神州尽舜尧"，不过就是以古喻今，后世最好的时代无非就是回归到曾经的尧舜时代。

社会进步的观点是到近代才系统提出的。19世纪，准确地说，1859年，达尔文发表了《物种起源》，提出生物进化论。他说人并非是上帝造的，好比说中国人也不是"女娲"或某个神仙造出来的。实际上，人是自然进化的产物，是从动物演变过来的。《物种起源》这本书产生的影响不仅在生物学上，而且对于人类认识自然和社会的各个学科都产生重大影响。所以，现在还有人把《物种起源》当作影响世界最重要的书之一。

当一些学者把生物进化的观点应用于人类社会与历史文化的研究时，就催生了一种社会理论，即社会进化论，这种理论认为社会是不断发展、不断变化的，是一个从简单到复杂、从低级到高级的进化过程。19世纪以来的许多社会科学，其实都受到了社会进化论的影响。我本人的专业是社会学，社会学在19世纪诞生，很大程度上跟进化论有密切的关系。著名社会学家斯宾塞所讲的就是社会进化论。从那时开始，社会进化的概念逐渐与社会进步成了同义词。这个意义上的社会进步指的是整体上的社会发展、变化，是人类社会在生存竞争、技术发展基础上不断迈向更高的、更好的、更复杂的社会的演化趋势。

刚才我讲到了进步和社会进步的概念。我今天这个题目要讲的社会进步，不仅仅是我刚才所讲的内涵，它包含了社会进步的自然过程，但不仅仅是指这一点。我所强调的社会进步，更多的是指在经济发展的基础上人民群众福利水平的提升，或者说是生活质量持续改善的过程和结果，重点是与经济发展相对应，与广大老百姓的生活质量息息相关。我们经常讲经济和社会要协调发展，我们是在这种意义上讲社会方面的进步。我们需要深入关注的是：我们的社会跟经济是否协调，我们社会领域的事业发展是否能够支撑经济的持续发展，以及我们社会领域未来走向更高水平的进步应该怎么做。这个题目的部分内容我在《求是》杂志已经撰文阐述过，今天我继续做些拓展。

我的演讲题目中还有一个"更高水平"的定语，这就直接涉及我今天要讲的第一点内容。为什么说要迈向更高水平的社会进步？这个题目本身就是承认了我们社会进步取得了显著成绩。我昨天乘飞机从北京到合肥只需两个小时，以前我坐火车上学去北京至少要花一整天的时间。现在有高铁，只需要四个多小时。我们在座的很多同学可能体会没有那么深刻。我们这一代人，真真切切地感受到了中国社会的迅速变化。我们今天面临的社会与我们三十年前所看到的社会相比有很大不同。

如果社会进步已经取得显著成绩，除了感性的认识之外，那么应该从哪个地方去看、去科学地测量？我们社会学有很多非常复杂的测量方法和指标体系。其中，有一个HDI，即人类发展指数，是一个很有意义的测量指标。这个指标其实是由三项基础指标演化而来的，即预期寿命、教育水平和生活质量。其背后有一个重要的理论假设，即经济发展所带来的社会进步最终要落实到人民群众可感的生活上，要让大家能够感觉到健康的促进，感觉到选择性的增加，感觉到生活福利的增加。自从1990年联合国开发计划署（UNDP）创立该指标以来，它已经成为衡量各个国家人类发展水平、社会进步程度的重要指标。

如果从人类发展指数来看，我们可以说中国改革开放以来的社会进步是非常之快的。首先我们看人均收入，这是生活质量的基础。我们可以看到，无论是城市还是农村，居民收入增长都是很快的。2015年，城镇居民人均可支配收入31195元，农村居民人均可支配收入11422元，这样一个水平和20世纪70年代末相比翻了很多倍。改革开放之初，所谓"万元户"是一般家庭很难企及的。所以说，社会进步还是很快的。大家可能听到这句话："端起碗来吃肉，放下筷子骂娘"，这是反映了新问题。毕竟，是有肉可吃了，虽然还有埋怨。

从教育水平看，我们的文盲率持续下降，大家受教育的机会不断扩展。2015年，在学前教育方面，现在农村也有幼儿园，学前三年毛入园率达到75%，是中高收入国家平均水平；九年义务教育巩固率93%，普及程度超过高收入国家平均水平；高中阶段毛入学率达到87%。我们高等教育的入学机会也是大大增加的。你们这么多学生有机会在安徽大学读书，本身就是社会进步的一个方面。我是 1985 年参加高考的，那时候是全国统考，高考录取率很低，我的很多同龄人不能进入大学学习。从 1998 年开始，我国高等教育加速扩张，大学入学机会迅速增加，高校在校学生规模持续扩大。有一个指标叫高等教育毛入学率，指的是高等教育在学人数与适龄人口数之比，这里适龄人口是指在 18—22 岁这个年龄段的人口。国际上通常认为，高等教育毛入学率在 15% 以下时属于精英教育阶段，15%—50% 为高等教育大众化阶段，50% 以上为高等教育普及化阶段。1978 年，我国的高等教育毛入学率只有 1.55%，1998 年升至 9.76%，在 1998 年扩招之后，2002 年就达到了 15%，开始进入大众化阶段。国家在 2010 年出台了《国家中长期教育改革和发展规划纲要（2010—2020 年）》，提出的目标是 2020 年高等教育毛入学率达到 40%。但是我们去年（2015 年）已经达到了 40%，我们提前了五年！我们已经超过中高收入国家平均水平。所以，大家有机会上大学，是得益于整个宏观的教育政策的变化，得益于我们在经济发展基础上不断地推动教育事业发展。现在看，我们教育的主要问题是八个字：教育质量，教育公平。教育质量问题就是地区之间、学校之间教育质量很不平衡，优质教育资源还是不足。教育公平问题就是说大家都能够公平地获得教育机会，特别是优质教育机会。比如说，大学里面是否城里的孩子越来越多而农村的孩子越来越少，尤其是来自中西部地区边远农村的孩子少了？国家很重视这个问题，出台了很多专门政策，我们人民大学较早组织实施了"圆梦计划"，支持农村优秀学生报考人民大学。

  前面我们分析了两个指标：一是收入；二是教育。还有一个指标，就是健康。人的生活好不好，寿命长不长，是实实在在地反映社会进步的。从这一点上来看，我们国家表现更为突出。在 20 世纪 50 年代新中国刚成立的时候，我们居民的平均预期寿命为 40.7 周岁。到 2015 年，我们的平均预期寿命已经达到 75 岁。男性的预期寿命比女性要短一些，高龄老人中女性要多一些。这样看来，我们的预期寿命比 60 多年前增加了差不多 35 岁。所以说，现在人口老龄化不仅是人口政策造成的问题，也是社会经济发展的必然产物，老年人口客观上在增加。在人口高出生率高死亡率的情况下，不会出现严重的老龄化问题。如果在世界上横向比较，20 世纪 50 年代，整个世界的平均水平是 45.9 岁，比当时中国的水平略高。到 2015 年，世界平均水平是 68 岁，则比我们国家的要低。我们已经接近于发达国家的水平，远远高于发展中国家的水平。所以，世界上一些著名的经济学家也会讲到，中国经济发展对于社会进步的贡献是很大的，我们的平均预期寿命在不断增长。我们经常听到"看病难""看病贵""小病大治"等声音，这反映了我们医疗卫生体系的一些问题，但是我们在经济发展的基础上，整体上还是延长了人的预期寿命。

以上收入、教育和健康三个基本指标综合起来，就可以计算出人类发展指数。

2012年，中国人类发展指数是0.699，世界平均水平是0.694，我们已经超越了世界平均水平，在世界186个国家和地区中排名101位。回过头看，1980年的时候我们是0.407，远低于当时世界平均水平0.561，在世界110个国家和地区中排名第80位。按照百分位来算，1980年我们排在第72位，2012年我们已经排到第54位，进步非常快。根据联合国开发计划署2014年7月24日报告，我们2013年的HDI指数达到了0.719。自新中国成立以来，我们第一次成为高人类发展指数的国家，这是具有划时代意义的。在这个意义上讲，中国多年的发展成绩有目共睹，对社会进步的贡献非常显著。我们不能因为现在社会面临的一些问题来否定整个改革开放30多年的进步，甚至否定新中国成立60多年来的进步，这样是不实事求是的。我们要充分看到社会进步的巨大成就。但是，与此同时，如果我们忽视当前社会存在的问题，看不到不足的一面，那也是非常危险的，同样也是不实事求是的。

那么，究竟如何全面看待我们当前社会进步的状况，尤其是其面临的问题？首先，相对于世界发展水平来讲，我们还不是处在很乐观的位置。我们在去年（2015年）的时候，人均GDP接近8000美元，我们在GDP总量上已经是世界第二位。但是中国是13.6亿人口的国家，很多小的事情乘以13亿都会变成很大的事情，很大的事情除以13亿又变成很小的事情。虽然我们GDP的总量在世界上排名第二，但人均GDP水平还非常低，排第76位，只相当于世界平均水平的三分之二多一点。在整个世界范围内，我们社会经济的发展还是非常有限的、非常不充分的。我们依然是一个发展中国家。用我们自己的话来讲是中国特色社会主义的初级阶段，整个阶段要持续很长时间，到本世纪中叶才能基本实现社会主义现代化，离目前还有30多年。第一个一百年，即2021年建党一百年的时候,我们要全面建成小康社会。这两个一百年的目标还在实现的过程中,我们没有理由过于高估当前中国社会取得的进步,当然,我们也不能忽视中国社会已经取得的重大进步。

其次,我们社会当中,在社会进步方面,跟经济发展一样,也存在巨大的差距。我们讲人均收入提高了,我们在整体上摆脱了贫困,满足了温饱,正在迈向小康,但是我们在整体上摆脱贫困的同时,各地的差距还是非常大的,贫富差距一直居于高位。比如说,在1998年之前,我们不承认衡量居民收入分配差距的重要指标——基尼系数——是很高的,政府认为贫富差距有,但是在合理的范围内,大概0.39左右,不超过警戒线0.40。那时,政府也没有连续公开发布基尼系数,都是学界在不断调查研究。前几年,国家统计局开始连续发布基尼系数并进行回溯。我们可以看到,在2008年以前,基尼系数确实在持续上升,2008年之后开始呈现微小幅度的下降趋势。2013年是0.473,2014年是0.469。上海大学一位教授讲到他在六个城市做的调查,基尼系数大约是0.6。中国人民大学综合社会调查项目在2003年的全国城市抽样调查中发现大概是0.51。北京大学发表的《中国民生发展报告2015》表明,中国1%的人口占有的财产是全部财产的三分之一,25%的人口只占有全部财产的1%。这个数据当时引起了很多媒体关注。所以说,不管用收入还是财富来衡量社会不平等,只要用基尼系数来测量,这个不平等程度还是非常高的。

大家现在应该能够感觉到合肥变化很大,我经常路过合肥,确实感觉到这几年合肥发生了很大变化。但是,合肥跟北京比,明显还是有很大的差距。如果你走到乡镇村,特别是中西部地区,你有可能会发现那里的变化并不是很大。当然,交通、通信和医疗等方面,还是有变化的。但是,村庄几乎没有人在里面住,尤其是在夏天。很多人外出打工,村庄已经开始空心了、衰落了。你若从繁华的大城市一直走进乡村角落里,你会发现很多乡村在衰败,城乡差距非常大。我们以东部,比如上海、北京这样的大城市,跟西部的像云南、贵州、西藏、甘肃、宁夏这样的地区相比,那种差距不仅仅是量的方面,甚至还有本质的差别。所以,我们在人才培养方面,经常鼓励学生要到基层去、到边疆去、到国家最需要的地方去,但是仅仅是口头上的鼓励是不行的,要有实际的政策。学生看到北京、上海的工作这么好,为什么要到西部、农村去呢？我们知道地区差距的形成，很大程度上是由于人才的单向流失。我现在分管学生就业工作，一直在推动学生多元就业、均衡就业，学校也尽可能给予配套政策支持。但是，客观地讲，地区之间的巨大差距，正在催生和强化马太效应，如果没有进一步促进社会均衡发展的有效政策的话。这样还是会影响学生的就业选择。

稍微总结一下，可以说，在国际范围内，我们的发展是有限的，还不是高水平的发展。在国内层面，我们的发展是有差距的，地区之间、城乡之间、阶层之间的差距还非常大，发展成果共享的水平还不高。特别需要关注的是，我们在社会进步方面还有很明显的短板，其中之一就是我国目前还有数千万绝对贫困人口。全面建成小康社会，应该是一个消灭了绝对贫困现象的社会。

大家应该注意到了，中央已经提出了要打脱贫攻坚战，在2020年消除贫困。若是简单地从学术意义上讲，贫困现象是不能被彻底消除的，任何一个社会发展阶段，只要还没有实现共产主义，都会存在贫困的现象，当然这里强调较多的是相对意义的贫困。中央讲的消除"贫困"，是绝对贫困，也就是按照国家的贫困线来划分，到2020年贫困线下的农村人口整体摆脱贫困。我这里的数据反映的是从1980年到2010年中国农村贫困人口变化情况。在这一时期，贫困发生率从最初的26.8%一直下降到2.8%，当然这是基于一个比较低的贫困标准。后来，国家根据实际情况变化，把贫困标准提高了，提高到年人均收入2300元，这样我们的贫困人口规模又上升了，贫困发生率也增加了。按照这个标准，我们在2014年的时候大概还有7000多万农村贫困人口。所以，习近平总书记多次发表重要讲话，要求切实抓好扶贫工作，补好短板。国家在"十三五"期间已经制定了脱贫攻坚的实施方案，特别是强调要通过多种有效措施精准帮助贫困地区贫困人口摆脱贫困。除了农村的绝对贫困，我们还有一个依赖最低生活保障制度得以保障基本生活的群体，这也是应该关注的，是我们社会贫富差距存在的一个重要方面。目前，城镇和农村低保对象加起来将近8000万人。如何有效改进这个群体的生活状况，也是我们持续推动社会进步的重要方面。

进一步来看，我们快速的经济发展，其代价非常大，包括环境损失。这些方面的代价影响了社会进步的质量，甚至威胁到了社会的可持续性，现在连老百姓都开始关注并抱怨了。我们口袋里的钱多了，但是每天要呼吸污染了的空气，要喝污染了的水，要吃被污染的东西，等你想明白这个之后，你会发现这样的经济发展有什么意义？口袋里的钱又有什么意义？现在，整个中国大概有三分之一的地区都有经常性的雾霾。根据国家发布的环境状况公报，在全国在监测的161个城市中，只有16个城市空气质量达标，不到10%，其他145个城市空气质量都超标。全国有470个城市（区、县）开展了降水监测，酸雨城市比例为29.8%，酸雨频率平均为17.4%。水质量一般分为一类、二类、三类等，三类以下勉强可以喝，三类以上不能喝。数据显示，四类、五类和劣五类水占到了近40%，这是地表径流。从地下水来看，甚至质量更差。在全国4896个地下水监测点位中，水质优良级的监测点比例为10.8%，良好级的监测点比例为25.9%，较好级的监测点比例为1.8%，较差级的监测点比例为45.4%，极差级的监测点比例为16.1%。我们面临的几乎是有水皆污的局面。还有，土壤污染也非常严重，我们吃的东西，很多是从土壤里长出来的啊。我们生态环境质量为"优"和"良"的县域占国土面积的46.7%，"一般"的县域占23.0%，"较差"和"差"的县域占到了30.3%。所以，十八大以来，中央大力推进生态文明建设，政府发布了"大气十条""水十条"，集中力量治理大气污染和水污染，绿色发展已经成为国家发展战略的重要内容。下一步还要推进土壤治理，解决土地的毒化问题。

如果我们把视线投放到非物质层面，我们还会发现我们在物质方面的进步与非物质方面的进步很不均衡。我们很难说现在的精神文明程度比以前进步很多。的确，物质富裕了，受教育程度增加了，但是支配物质的精神世界似乎更加荒芜了，有知识没文化的现象也很普遍。我们可以看到，社会上不少人没有理想，没有底线，唯利是图。价值迷失、道德沦丧的现象并非只是一时一地的。前段时间媒体报道某省出现了针对孩子的问题疫苗，涉及全国很多省份、很多受害者，类似这种以摧残孩子健康来牟利的行为，还有做人的底线吗？根据有关报道，我国15岁以上人口中，各类精神疾病患者人数超过1亿人，其中1600万人是严重性精神障碍患者，其余大多数是抑郁症、自闭症等精神障碍或心理行为障碍患者。这个问题就不是精神文明的问题了，而是精神健康都得不到保障。精神健康问题与精神文明程度不高是不是有关联？我认为肯定是有的。社会学研究表明，类似自杀这样的个体行为都与社会结构和集体意识相关。今天，很多人生活的意义世界是否充实？很多人为什么留恋以前所经历的物质匮乏的年代？这是个问题。毕竟，生活并不只是物质，物质的丰裕对于生活幸福的影响并不是简单的线性相关。

总之，我们应该看到我们社会的巨大进步，但是也应该充分认识到我们社会进步中的不足。我们和发达国家相比还有很大的差距，我们内部的发展也是不平衡的，我们发展的环境代价非常大、不可持续，我们生活的安全感、舒适感和幸福感还有很大不足。这些状况总起来看，意味着我们这个社会正处于一个关键的转型时期，如果应对不好，是有可能掉入某种陷阱的。

大家知道，现在经常讲三个陷阱：塔西陀陷阱，讲的是公众对政府的信任问题；修昔底德陷阱，讲的是大国在崛起过程中不可避免地要和现存的大国发生对抗；中等收入陷阱，讲的是发展中国家发展过程中经济社会失衡所导致的社会困境。我们现在反腐败，讲和平崛起，讲促进经济发展与民生改善的良性互动，都是为了避免掉到陷阱中去。

自20世纪90年代以来，很多研究发现，在一些拉美国家、东南亚甚至非洲地区有些国家，一开始发展状况很好，例如巴西、阿根廷等，但发展到一定程度就始终徘徊不前，贫富差距很大、社会内部分裂、环境污染很严重、官员腐败很严重、社会失序严重，经济发展和社会进步缺乏有效动力。这些情况是否与我们当下面临的一些情况很相似？2006年，世界银行提出一个概念叫"中等收入陷阱"（MiddleIncome Trap）。我们有些人对这一概念有所批评，有时还很激烈。但是，现在避免陷入中等收入陷阱已经成为国家政策选项了。我们暂且不管是否有中等收入陷阱的问题，至少我们在这一发展阶段受到了几个方面的重要影响。第一是发展到一定阶段，社会贫富差距过大会削弱整个社会对于继续发展的共识。大家为什么要支持发展？在20世纪70年代末，改革开放让一部分人先富起来，解放了生产力，蛋糕在做大，大家都很高兴，都支持发展。但后来发现蛋糕做得越来越大，自己所得的份额却始终没变，甚至还变小了，这时候一些人就感觉到了相对剥夺，认为社会是不公平的。当社会存在不公平的时候，再讲以整体和长远利益为重、发展才是硬道理的时候，就会受到一些人的抵制，或者说难以获得整体的支持。这是对发展共识的一种消解，问题很大。还有很重要的问题，当一个社会贫富差距非常悬殊、发展非常不均衡的时候，既得利益集团会巩固自身利益，利益剥夺者要求获得利益，这就会引起群体内部的直接对抗和矛盾冲突，所以我们今天这个阶段也是社会矛盾多发期，社会面临失序的风险。进一步而言，当一个社会长期只注重资本的利益或少数人的利益，公共福利体系建立不起来，对人力资本的提升也非常不利。最终，社会发展就会出现人力资源支撑不足的情况。同学们在这里上大学，你们毕业后有多大的意愿回到老家去就业？我想农村公共服务体系的薄弱，会对很多人的就业选择有影响。目前的教育体系实际上是把农村的优秀人才往城镇输送，把中小城市的人才向大城市输送，甚至再从大城市向发达国家输送。发达国家，特别是美国，成了优秀人才的集中地。这样单向的人才流动，导致了农村社区空心化、农村发展不足、城乡失衡等一系列问题。很明显，这个情况也是跟我们对于社会发展的忽视、对于社会进步的投入不足是相关的。面对这样一种局面，我们确实有可能在一个发展阶段停滞、徘徊不前，甚至真的掉到中等收入陷阱里。所以说，我们当下和今后一段时间，确实有必要推动更高水平的社会进步，引领经济新发展，创造社会新形态。

从本质上讲，推动更高水平的社会进步是由我们国家的基本制度决定的。我们是社会主义社会，虽然处在社会主义初级阶段，但中国特色社会主义制度是我们根本的社会制度安排。社会主义要发展，但更要公平的发展、全面的发展、协调的发展、可持续的发展。在社会主义初级阶段，我们面临的主要矛盾是什么？是人民日益增长的物质文化需要同落后的社会生产之间的矛盾。我们发展经济的目的是满足老百姓的需要，是造福于全体人民。如果这种发展没有让广大老百姓受益，老百姓最关心最直接最现实的利益没有得到有效保障，生活质量没有改进，我们的发展就背离了社会主义的本质。大家知道，从2003年开始，我们讲贯彻落实科学发展观，就是强调要以人为本，实现更好更快的发展。去年（2015年），中央又提出了以五大发展理念引领发展，这就是创新、协调、绿色、开放、共享。我们发展的实践推动着发展理论的演化，这种演化是在不断地修正发展、完善发展，引导发展新的方向，使得我们的发展更有包容性，让更多的人受益，更加有利于促进经济和社会的良性循环。

在这样一个大的背景下，我们来讨论如何推动更高水平的社会进步？我想，首要的是底线思维。我们在政策的制定和执行过程中，在发展的实践中，要始终坚守四条底线。第一条底线就是坚守"发展"的底线。现在有人认为我们的主要问题不是追求发展，而是要更多考虑分配，强调利益均沾，甚至有人质疑"发展才是硬道理"是否过时？我们今天是不是要把更多的精力放在别的方面？这是一个非常重大的问题。我想强调的是：我们今天不是发展太充分了，不是发展水平太高了，我们面临的仍然是发展不足的问题。科学发展观、五大发展理念，其核心都还是讲发展，是讲如何更好地发展。中国有13亿多人口，人均GDP水平还很低，社会发育程度与发达国家相比还有相当大的差距。发展还是硬道理，我们还是要推动物质财富的增加，扩大公共资源的供给。所以，中央很强调当前社会的主要矛盾没有变化，还是要发展生产力，不断满足人民群众日益增长的物质文化需要。这一点是不能动摇的，我们不能因为国内国际的各种因素而动摇这个大局和底线。谁对发展进行否定，不管以什么形式，都会犯颠覆性历史性的错误。确实，我们要调整发展方式，提高发展效率，要增强发展的科学性，但是继续推动发展是不能动摇的底线。

第二条底线是环境保护的底线。在中国迈向更高水平社会进步的过程中，我们要坚守环境保护的底线。环境问题在社会经济发展过程中，一开始并不被重视。资本主义在西欧兴起后，马克思、恩格斯看到资本主义在其不到100年的时间里所创造的财富超过了之前的财富总和，大大解放了生产力。同时，他们也看到了这种生产力的解放对于资源环境的影响。但是，当时人们陶醉在进步时代，陶醉在对自然征服和利用的胜利中，并没有觉得资源环境问题是一个突出问题。大家真正认识到发展是有资源和环境限制的时候，人类社会已经到了20世纪六七十年代。美国在20世纪60年代出版了一本书，叫《寂静的春天》；罗马俱乐部也在20世纪70年代发表了题为《增长的极限》的研究报告。这些研究成果的问世，引发了对于环境问题的广泛关注，掀起了声势浩大的现代环境保护运动。从那时起到今天，世界各国已经形成一个很明确的基本共识——发展是有环境约束的发展，不可能是无限的发展。不过，在世界各国还在讲发展和现代化的时候，中国提出了一个概念，叫生态文明建设。我们想要现代化，但要的是把生态因素考虑在内的现代化。我们要推动生产生活和整个社会体系的变革，因为我们已经面临着越来越严峻的资源环境约束。环境保护的底线不能突破，一旦突破，不仅发展不可持续，而且意味着各种各样的灾难。在资源耗竭、环境污染、生态破坏之后，我们13亿多人该如何生活？所以，习近平总书记讲，既要金山银山也要绿水青山，宁要绿水青山不要金山银山，最终绿水青山就是金山银山，要像保护眼睛一样保护环境。十八大以来，中央推进绿色发展和生态文明建设的决心和力度都是空前的，反映了对于环境保护底线的坚守。

  第三条底线是坚守共同富裕的底线。中国发展取得了很大成绩，最大的问题之一就是不均衡。特别是，一方面一部分人富得流油、奢侈无度，另一方面还有几千万的绝对贫困人口。如果发展造成两极分化而不是走向共同富裕，如果还有几千万的绝对贫困人口，如何说我们实现了全面小康呢？所以习近平总书记强调在实现全面小康的过程中一定要注意补短板，短板之一就是消除绝对贫困人口。这是一个立即行动的问题。从理论上讲，中国社会只有把贫困消除了才能说全面建成了小康社会。我们不朝向共同富裕的目标努力，社会的凝聚力就会受到影响，社会秩序会受到威胁，可持续发展的基础也要被削弱。更重要的是，这样有违社会主义社会的本质属性。

  第四条底线就是价值建设的底线。有人讲，中国人从古到今缺乏宗教信仰，这话不全面。尤其是，中国人并非没有信仰。我们有学说和主义的信仰，比如儒家学说、马克思主义等。问题在于，在物欲横流的时代，我们很多人没有坚守住信仰，很多人浑浑噩噩，变得毫无信仰，完全受着本能、欲望和利益的支配。这样的状况说明很多人失去了一种底线，一种精神上的底线，一种道德上的底线。这种底线实际上规定了一个人应该成为什么样的人，为了什么样的生活，它也限定了什么是可以做的，什么是不可以做的。大家可以看到，现在见利忘义的现象很多，凡是能够赚钱的事都可以做，没有任何内在的约束，连孩子也可以毒害，食品药品都可以造假，这就是没有价值底线的表现，是价值扭曲的反映。所以我们要强调价值建设，要让我们每个人的生活中都有一种信仰、一种坚守、一种源自内心的敬畏。如果心灵是荒芜虚空的，人也就不成为人，更谈不上人的幸福和全面发展。

  那么，我们怎么样去坚守这四条底线呢？这确实是一个大课题，需要大家深入研究。我个人有一些粗浅的体会，与大家分享。

  一是关于如何坚守"发展"的底线。我认为最重要的有两条。第一条，我们要走出赶超型发展的束缚。从19世纪以来，中国的现代化进程一百多年，我们基本上是跟随西方发达国家走。当年被洋枪洋炮打怕了，所以我们要搞军工企业，发展近代洋务。到后来说我们的制度不行，要实行立宪制；说文化不行，要搞新文化。再到后来，我们推进现代化建设，目标就是西方发达国家，要赶英超美。我们现在在很多方面已经赶上英国超过美国了，比如说钢产量就是世界最大的。赶超型发展战略是发展中国家发展的一种普遍战略，不是中国独有的。但赶超型发展战略走到一定程度，继续这样一种发展路径，就永远不可能超过发达国家，永远活在发达国家的阴影中。所以说发展中国家在发展到一定阶段的时候，必须要有一种自主创新的能力，必须独辟蹊径。如果我们一直走发达国家走过的路，我们永远也做不到一流，成不了强国。第二条，许多发展中国家的发展都是政府主导的模式，政府在推进发展中发挥着重要作用。我们国家今年开始实施第十三个"五年规划"，我们在短短几十年的时间内取得如此大的发展成就，跟我们党和政府的精心规划与有效推动是密不可分的。政府在中国高速发展中起到了关键作用。但是，我们目前处在一个迫切需要创新的时代，处在一个前景充满不确定性的时代，我们特别需要灵活性和适应性，需要来自社会自身的活力与创意。所以，仅仅依靠政府的局限性就越来越突出。国家在深化体制改革的规划中已经注意到这一点，提出要发挥市场在资源配置中的决定性作用，更好发挥政府作用。如何合理发挥政府、市场、社会的作用，怎样使政府又强大、又有效，但又不是把一切都管得死死的，这就需要合理界定政府的作用空间和作用形式。我认为，把握住这两条，是守住发展的底线、促进更好更有活力更有前途的发展的关键。

二是关于如何坚守环境保护的底线。我想也有两条最重要。一条是国土主体功能区的划分。中国西北地广人稀，东南人口密集。中国有些地方是不适合现代形式的所谓发展的，不适合大规模工业化、城镇化。国家已经根据不同区域的资源环境承载能力、现有开发密度和发展潜力，统筹谋划未来人口分布、经济布局、国土利用和城镇化格局，将国土空间划分为优化开发、重点开发、限制开发和禁止开发四种类型。整个国家这么做，每个市县也应该这么做。关键点是要科学划分、严格落实。第二条就是加强公共参与的制度建设。一个地方，发展什么项目，怎么样去发展，不能简单地由资本、权力和专家说了算，特别是官员不能拍脑袋做决策。老百姓应该充分参与，应该有发表意见和维护权益的权利和机会。这方面的制度建设和实践还有不少需要落细落实的，任重而道远。

三是关于如何坚守共同富裕的底线。我想比较重要的是促进竞争起点、竞争过程的公平，特别是要注意人力资本的公平投资，要在初次分配的时候确保公平公正。如果劳动者在初次分配中获得的就很少，那么就会出现生产过剩、内需不足的问题。我们要在初次分配中，让国家少拿一点，企业少拿一点，更加合理地保障劳动者的收益，让劳动者的收益与劳动贡献和经济增长同步，这样才能促进生产和消费的良性循环，才能避免增加再分配的麻烦和压力。我们在初次分配中一定要防止垄断，排除过度倾向于资本和权力的各项分配政策，确保劳动者在初次分配中拥有适当的份额。当然，在此基础上完善各种形式的再分配体系，也是促进共同富裕的重要保障。其中比较核心的就是现代意义上保障公民共享福利的社会福利体系建设。可以说，我们发展到今天，还没有建立起真正意义上的、与市场经济相适应的、比较完备的普惠性社会福利体系，这应是民生保障的最重要方面，也是社会进步最重要的载体。我们要继续推进，加快完善的进程。

四是关于如何坚守价值建设的底线。我想首先是要在观念上明确发展的最终目的是促进人的全面发展、社会全面进步，而不只是改善其物质状况。其次，要高度重视教育，抵制教育的功利化。教育的前提是把人当人，其本质是发扬光大人自身的善，而不是把人训练为某种工具。在这方面，学校教育、家庭教育和社会教育要密切合作、同频共振。真正让教育回归本质是价值建设的重要基础。另外，我们要大力宣传并强化我们社会的核心价值，通过法制建设、道德建设等一系列相互耦合的制度安排来保证其内化于心、外化于行。对那些违背社会底线、触犯社会核心价值的人要有非常切实的惩罚。

总而言之，我今天演讲的主题是迈向更高水平的社会进步。我讲了三个方面：一是要正视我们在经济发展基础上所取得的社会进步；二是要正视我们社会进步方面所存在的突出问题；三是要着眼于社会与经济的良性循环和社会主义发展的宗旨，持续推动更高水平的社会进步，特别是要坚守推动发展的底线、环境保护的底线、共同富裕的底线和价值建设的底线。在如何坚守这些底线方面，我简单地阐述了一些认识和体会,仅供大家参考。我相信,只要我们守住底线,我们就有继续前行的巨大动力和广阔空间,就可以在经济持续发展的基础上实现更高水平的社会进步,增进全体人民的福祉。我今天就报告这些内容。谢谢大家!

【社会治理】

利益协调、制度建设与和谐社会[*]

构建社会主义和谐社会,把提高构建社会主义和谐社会的能力作为加强党的执政能力建设的重要内容,是党的十六大以来一直强调的重大任务。中共十七大报告中再次专门提出要"加快推进以改善民生为重点的社会建设",指出要围绕人民群众最关心、最直接、最现实的利益要求,在经济发展的基础上,着力保障和改善民生,努力使全体人民学有所教、劳有所得、病有所医、老有所养、住有所居。很明显,着眼于利益协调和保障已经成为推动建设和谐社会的重要切入点。这既是在分析当前中国实际情况的基础上把握住了主要矛盾,又是与马克思主义的一贯观点相一致的。

社会中人与人之间、群体与群体之间的关系无不浸透着利益。对于这一点,古代的先哲们就有着一定的认识。马克思恩格斯科学系统地阐述了利益范畴,建立了马克思主义的利益理论。按照马克思主义的观点,人类要生存、发展,必须要从事获取利益、满足自身生存需要的社会活动。在获取利益以满足自身需要的社会活动中,人们彼此之间必然发生一定的社会关系,这种社会关系归根到底是利益关系。因此,要分析社会关系、认识社会关系,必须首先分析和认识利益关系。利益关系是一切社会关系产生、发展和变化的根源,一定社会关系就是一定利益关系的体现,而一定的利益关系是由一定的生产关系、经济关系所决定的。一定的经济关系决定了一定的利益关系,一定的利益关系又决定了一定的社会政治、文化等更为广泛的社会关系。

反观当代中国社会,很多社会冲突确实是由于利益纠纷引起的,很

---

[*] 本文发表于《中国社会科学院院报》(《中国社会科学报》前身),2007年12月13日。

多群体性事件的背后都有利益关系处理不当的原因，群众的很多不满也都与其最关心、最直接、最现实的利益得不到有效满足密切相关。将近三十年的改革，在增进总体利益的同时，也确实引发了利益关系的大调整、大变动，出现了经济增长与社会进步的失衡。一些人获益较多，一些人获益较少，还有一部分人利益相对受损，甚至遭受了绝对剥夺，这种利益获取的不均衡是社会冲突和社会紧张的深层原因。20世纪90年代以来，数量日益增多、规模日益扩大的群体性事件，大多数是直接起因于利益纠纷和冲突。因此，要构建和谐社会，化解社会冲突，核心工作应是关注并正确处理社会中的复杂利益关系，特别是要准确把握主要的利益矛盾。

中共十七大报告中提出加强社会建设要优先发展教育、实施扩大就业的发展战略、深化收入分配制度改革、加快建立覆盖城乡居民的社会保障体系、建立基本医疗卫生制度、完善社会管理，明显就是更加注重从不同方面满足广大群众的利益要求、协调社会成员的利益关系。

那么，利益关系的协调靠什么？社会学的一个基本观点认为是靠制度。社会学从它诞生之日起，就非常关注制度的研究，认为制度是协调社会利益、维系社会秩序的重要设置。在某种意义上可以说，社会学就是一门试图为现代社会设立制度，规范社会关系，主张在保障社会基本秩序的基础上推动社会进步的一门学科。因为，社会学所产生的那个时代，正是现代化进程迅猛推进的时代。作为一种世界范围内的社会现象，现代化是自文艺复兴以来，在理性主义的指引下，借由科学技术进步和经济增长而带动的深刻社会变革。这种变革是史无前例的，它在带来社会物质财富迅速增加的同时，也冲破了原有的社会观念，失效了原有的社会制度，毁坏了原有的社会结构，造成了社会秩序的混乱，滋生了各种各样的社会问题，威胁着社会的持续发展和人的全面发展。面对这种希望与绝望并存、幸福与痛苦共生的社会状况，早期的社会学家们主张加强制度研究，建立与现代社会趋势相适应的新的制度安排，以协调变化了的利益关系，促进社会团结，维护社会秩序，进而促进社会的永续发展和进步，为人的全面发展创造条件。在此意义上，社会学家们的一个重要的历史承担其实就是推进以制度建设为重点的社会建设。一代又一代的社会学家们，虽然关注的焦点不同，研究的角度不同，理论的立场不同，方法的取舍不同，但是可以说都有着强烈的社会建设关怀，都主张在推进现代化的基础上建设美好社会。

所谓制度，实际上体现为社会规范体系，其社会功能在于调整社会成员之间的相互关系，尤其是利益关系，从而起到维护社会整体秩序、促进社会整合的作用。借助设计合理的制度安排，可以明确规定社会成员在社会活动中的权利、责任与利益关系，确立适当的社会地位结构以及社会资源的适当分配，从而使得社会运行呈现为一种有序状态，社会成员可以各尽其能、各得其所、和谐相处。

社会中的制度安排总是与特定的社会经济状况相适应的，当社会经济基础发生变化时，社会的制度安排也应随之发生变革。但是，社会学的研究表明，社会整体的变迁是不均衡的。当我们将整个社会区分为物质技术、制度规范和价值观念三个层面时，它们在社会整体变迁过程中的变迁速度实际上是不一样的，由此导致了社会变迁的不均衡。通常，物质技术层面的变化最快，制度规范层面次之，价值观念层面的变化最慢。这种不均衡变迁往往导致社会失范，带来种种消极后果。由此观之，当前中国社会巨变中制度建设滞后确实有其客观性。然而，这种客观存在的滞后已经或正在扰乱我们社会成员之间的各种关系，特别是利益关系，造成某种程度的社会失序，给社会和谐和永续发展带来了巨大挑战。

因此，我们要清醒地意识到我们社会中客观存在的制度建设滞后现象，努力通过发挥人的主观能动性，利用现代社会科学与自然科学所积累的知识与技术，加快建立健全与社会利益关系变化相应的制度安排，包括利益表达、利益获取、利益分配、利益保障等各方面的制度安排，特别是与保障和改善民生密切相关的社会事业发展和公共服务提供方面的制度改革与建设，尽量减少不均衡变迁导致的社会失范及其负面影响。这是当前我们加强制度建设、促进利益协调、构建和谐社会的首要问题。

实践表明，当我们能够及时推进与社会经济变革相适应的制度变革时，我们就能有效地协调社会利益关系，满足社会成员的利益需求，缓和社会矛盾。在此方面，我国城乡社会救助制度改革与建设就是一个很好的例子。

在20世纪90年代中期以前，我国社会救助制度主要针对没有劳动能力、没有收入来源、没有赡养人或抚养人的所谓"三无对象"，救助的范围非常有限,与我国改革开放以来社会主义市场经济发展过程中产生的新的社会救助需求很不相称,不能有效地保障数以千万计的贫困人群的基本生活,一度成为影响我国社会稳定的重要因素。所幸的是,1997 年,国务院在一些城市试点工作的基础上发出了《关于在全国建立城市居民最低生活保障制度的通知》,部署全面开展城市低保工作;1999 年,国务院颁布《城市居民最低生活保障条例》,为城市低保制度的健康发展提供了法规保障;2001 年,国务院办公厅发出《关于进一步加强城市居民最低生活保障工作的通知》,针对城市低保发展过程中存在的问题提出了明确的要求;2007 年 7 月,国务院又发出了《关于在全国建立农村居民最低生活保障制度的通知》,为在农村全面建立和实施低保制度提供了政策上的依据。可以说,自 20 世纪 90 年代中期以来我国社会救助制度的不断改革与完善,为我国城乡将近 5000 万贫困居民提供了有效的基本生活保障,使他们免除了饥寒之忧,同时也体现了公平正义,促进了社会和谐,为改革与发展的不断深化设置了非常有效的"减震器"。

与此相反,在另外一些领域由于制度建设滞后,则加剧了利益纠纷和社会冲突,这从反面证明了加快推进制度建设的重要性。例如,一段时间以来,我国劳资矛盾和冲突频发,劳动争议事件,而且往往是集体劳动争议事件不断发生。争议原因大多是雇主拖欠工资、欠缴社会保险费、不适当地解除劳动关系,等等,争议内容则主要集中在劳动报酬、福利、保险、赔偿、劳动权利等方面[1],这些方面都关系到劳动者最基本的利益。要想从根本上防范或解决这些矛盾的一个关键,在于发展出适当的协调劳资关系的制度安排。然而,我们目前恰恰很欠缺的就是这类制度安排。譬如,我们的劳工政策对劳工权益的保护缺乏有效的力度,劳动合同制度、劳资集体协商工资制度、集体谈判制度、劳动监察制度、劳动争议处理制度等的制定和实施还存在着明显的缺陷。而且,这类制度存在缺陷本身往往就会导致一些负面效果,对原本是局部性的利益矛盾形成催化作用,使之扩大转变为具有较大影响的社会矛盾与冲突。

---

[1] 参见乔健、姜颖《市场化进程中的劳动争议和劳工群体性事件分析》,载汝信、陆学艺、李培林主编《2005 年:中国社会形势分析与预测》,社会科学文献出版社 2004 年版。

当前加强制度建设、促进利益协调的另外一个问题就是促进制度的公正，确保制度不是服务于特权阶层、垄断部门、特殊地区，确保制度设计不为社会上的强势人群所左右或"俘获"，成为少数人维护和扩大自身利益的工具。我们知道，由于社会地位的差异以及由此造成的资源占有差异，导致不同社会成员的社会影响力也存在差异。社会上的强势人群总是有更多的机会和可能影响制度的设计，使之服务于自己的利益。相比而言，社会上的弱势人群影响制度设计的机会与能力就差一些。正因如此，我们社会中总是出现这样那样的服务于强势人群、强势部门的"霸王条款"，出现各种不利于弱势人群利益保障的制度安排。尽管有些制度安排明显有利于社会上的弱势人群，有利于广大人民群众，但是如果与某些部门、某些阶层的利益无关，这样的制度安排往往久拖不决，难以形成。

因此，在加强制度建设过程中强调制度公正具有非常重要的意义。在某种意义上，一项不公正的制度安排甚至会比没有制度安排产生更坏的结果。而要促进制度公正，最为关键的是促进制度设计的民主化、科学化，在制度设计的过程中，充分保障各个利益相关方的参与，充分听取并吸收各个利益相关方的意见，为保护各个利益相关方的利益作出最为适当的制度安排。在此意义上讲，制度设计必须遵循公开、公正、民主、科学的原则，反对各种领导意志、拍脑袋决策和小集团影响。

最后，加强制度建设、促进利益协调还必须高度关注制度的执行。有了制度，即便是设计再好的制度，如果不能得到有效执行，就不可能发挥利益协调作用，最多只是装装门面。有关学者在研究中指出，在社会转型期，普遍存在的一个重要特征就是所谓"形式主义"。换句话说，也就是在社会生活中普遍存在"什么应是什么"与"什么是什么"之间的脱节现象[1]。这种现象的存在，实际上也就意味着许多制度形同虚设。当前我国正处在社会快速转型时期，对于制度的形式化现象确实要引起高度重视。

制度的有效执行实际上受着多种因素的影响。在社会转型时期，新旧制度、内生与外生的制度交叉重叠，是抵消新制度的作用、妨碍新制度执行的客观因素。一些制度在设计过程中不够周密，没有仔细考虑到

---

[1] 金耀基：《从传统到现代》，广州文化出版社1989年版，第69页。

与其他制度的衔接、配套，制度之间的耦合性不好，也会妨碍制度的执行。由于推动制度设计和执行的权威受损，往往也会影响制度执行，特别是，当政府与公众缺乏足够的互信时，政府推动的制度安排往往就难以得到落实。此外，制度的执行机构不完善、执行制度的人员素质不够、制度执行过程中小团体的寻租行为、对违反制度者惩罚不力，等等，也都是妨碍制度得到切实执行的重要因素。

因此，我们在加强制度建设时要注意从多方面研究制度执行的条件保证，努力满足制度执行的条件要求。这当中，关键的问题又回到了制度设计，只有设计合理的制度、只有基于社会共识的制度，才有可能得到有效执行。这里的制度设计不仅是指制度文本的设计，还包括对于制度执行过程的周密考虑和设计。此外，公众对于制度执行的广泛参与和监督，也是切实执行制度、发挥制度作用的重要条件。这就意味着在加强制度建设，包括在完善制度设计和加强制度执行的过程中，都要充分保障公众参与，尊重社会成员的合法权利。

概而言之，要建设社会主义和谐社会，必须切实着眼于协调变化了的利益关系，加强制度建设，促进整个社会的均衡变迁。要努力做到有制度，并在制度建设过程中集思广益、促进公众参与，争取有好制度、有能够得到切实执行的制度。

中国治理现代化始终以
增进人民福利为依归[*]

党的十八届三中全会通过的《中共中央关于全面深化改革若干重大问题的决定》提出："全面深化改革的总目标是完善和发展中国特色社会主义制度，推进国家治理体系和治理能力现代化。"[①] 在此之前及之后，国内学界围绕"治理"和"治理现代化"议题展开了丰富的讨论，提出了各种观点和主张。例如，有的学者认为，"从统治走向治理，是人类政治发展的共同规律，不仅适用于西方国家，也同样适用于东方国家。……把学习借鉴西方文明的合理因素，推动国家走向现代化，简单地视为'西化'甚至'全盘西化'，是一种极不负责的态度"[②]；有的学者则强调"中国国家治理现代化不是西方化"，"中国国家治理西方化就会退回到20世纪上半叶的'一盘散沙''四分五裂''一穷二白''一大二弱'"[③]。事实上，"治理"在国际上也是一个饱受争议的概念。弗朗西斯·福山，这位提出"历史终结论"并坚信民主至上的学者，在《国家建构》一书中却转变了观念："在过去几年中，世界政治的主流是抨击'大政府'，力图把国家部门的事务交给自由市场或公民社会。但特别是在发展中国家，政府软弱、无能或者无政府状态，却是严重问题的祸根。"[④]

---

[*] 本文与邵占鹏合作，发表在《学习与探索》2016年第2期。
[①] 《中共中央关于全面深化改革若干重大问题的决定》，人民出版社2013年版，第3页。
[②] 俞可平：《论国家治理现代化》（修订版），社会科学文献出版社2015年版，自序第1—2页。
[③] 胡鞍钢等：《中国国家治理现代化》，中国人民大学出版社2014年版，第101页。
[④] [美] 弗朗西斯·福山：《国家建构：21世纪的国家治理与世界秩序》，黄胜强、许铭原译，中国社会科学出版社2007年版，序第1页。

不过，笼统地将以上三位学者关于治理发展趋势、治理现代化路径以及治理风险放到一个平台上加以比较是欠合理的，因为他们立论的侧重点各有不同：有的关注从统治向治理转变的人类历史大趋势，有的关注中国治理现代化如何处理中西治理思想的关系，有的关注政府在社会发展中的必要性以及不同历史条件对治理模式的不同需求。尽管如此，从有关"治理"的不同观点中我们还是可以发现：（1）治理现代化是一个世界性课题，而不单单是中国面临的问题，各国都需要创新和改进治理体系与治理能力；（2）最佳治理模式尚未成定数，甚至并不存在，西方的治理不是灵丹妙药，一国的治理现代化需要考虑到历史条件、本土特质、潜在风险等多种因素。因此，中国治理现代化仍然是需要在实践中不断探索的，但是这种探索的取向必须是非常明确并始终坚持的，这就是在本土治理实践基础上，侧重指向结果的程序改进，始终以增进全体人民福利为依归。

"治理"实践决定"治理"观念

"治理"概念包含实践和理论两个层面。应该说，作为实践的治理从人类社会诞生时就存在了。荀子认为"能群"是人和动物的本质区别，"人何以能群？曰：分。分何以能行？曰：义。"（《荀子·王制》）人类社会诞生之初就展现了群体性的本质特征，人在群体中必然伴随着分工与规范，尽管这些最初的分工和规范并不是荀子所讲的"礼""义"等封建等级秩序，但原始社会中的群体性也必然包含着沟通、协调、规范等治理的原初成分。因此说，自人类社会诞生时起，人们保持群体性的方式方法就包含着治理的实践。同样的，国家治理也从国家诞生时就存在了，它指的是根据实际治理问题不断调整国家的治理方式和治理内容，治理的对象包括国家自身、发展中的社会以及市场等。在国家生成演化过程中，各个国家都积累了自己的治理实践与治理经验。

在治理实践过程中，人们逐渐形成了"治理"的观念。"德惟善政，政在养民"（《尚书·大禹谟》），古人在治国、治世、治人方面都形成了很丰富的理论思想。东方的如民本、德治、教化、王道等，西方的如政体、民主、契约、合法性等。"历史地看，治理的观念，无论中西，早已有之。但是现代治理概念，是西方总结其长期统治、管理的经验教训，适应三大部门成型、成熟，既相互合作又相互矛盾的时代变化和现实情况，加以提炼、提升而形成的。"[1] 现代"治理"概念是在已有"治理"观念基础上演绎发展而来的，是西方社会在现代化进程中面对公民社会或民间社会（civil society）日益壮大[2]，为应对政府失灵和市场失灵[3]而提出的应对办法，其核心是多主体（主要指政府、市场和社会）的协商共治。这是西方现代治理概念生成的大体线索。

理解西方治理概念产生的背景和前提，并不是否定西方治理思想对东方的借鉴意义，而是在于指出治理实践与治理观念之间的逻辑关系——治理实践决定治理观念，治理观念反作用于治理实践，治理实践中的挑战是推动治理观念变化的基础性力量。这既符合唯物辩证法，也符合中西方治理实践与治理观念演化的史实。在此基础上认识中国的治理实践与治理观念，我们可以发现：中国有着丰富的治理实践，在背景、前提、历史、需求等差异面前，不可能是与西方完全一致的治理概念；中国治理现代化应当是立足于本土治理实践基础上、针对本土治理实践的问题与挑战而进行的不断改进和完善，绝不是用西方的或是某种主观建构的治理思想来剪裁治理实践。

理解了治理实践与治理观念之间的逻辑关系，才能正确认识我们党"推进国家治理体系与治理能力现代化"的方法论——一切从治理实践出发。正如习近平同志所指出的："我们党领导人民干革命、搞建设、抓改革，从来都是为了解决中国的现实问题"[4]，"要从我国国情出发、从经济社会发展实际出发，有领导有步骤推进改革，不求轰动效应，不做表面文章，始终坚持改革开放正确方向"[5]。

---

[1] 郑杭生：《"理想类型"与本土特质——对社会治理的一种社会学分析》，《社会学评论》2014年第3期。

[2] 俞可平：《引论：治理与善治》，载俞可平主编《治理与善治》，社会科学文献出版社2000年版，第11页。

[3] ［瑞士］弗朗索瓦-格扎维尔·梅里安：《治理问题与现代福利国家》，肖孝毛编译，载俞可平主编《治理与善治》，社会科学文献出版社2000年版，第108—109页。

[4] 中共中央文献研究室编：《习近平关于协调推进"四个全面"战略布局论述摘编》，中央文献出版社2015年版，第87页。

[5] 同上书，第69—70页。

在借鉴与传承中创新治理

以解决现实问题为导向、从治理实践出发探索治理现代化，并不是说不要借鉴一些先进的治理理念，关键是要处理好借鉴与照搬的关系。习近平同志指出："我们推进国家治理体系和治理能力现代化，当然要学习和借鉴人类文明的一切优秀成果，但不是照搬其他国家的政治理念和制度模式，而是要从我国的现实条件出发来创造性前进。"[①]"我们思想上必须十分明确，推进国家治理体系和治理能力现代化，绝不是西方化、资本主义化！"[②]

中国现代化是世界现代化的重要组成部分，与其他国家的现代化具有一些共同特征。推进中国治理现代化，当然需要借鉴国外可取经验。事实上，中共十八届三中全会提出治理体系与治理能力现代化的议题就体现了对于治理思想的一种借鉴。在《中共中央关于全面深化改革若干重大问题的决定》中所涉及的一些具体方面，例如，"让一切劳动、知识、技术、管理、资本的活力竞相迸发""坚持用制度管权管事管人""民主执政""进一步简政放权，深化行政审批制度改革""激发社会组织活力"[③]，等等，都体现了治理现代化的取向。但是，这些是我们在完善和发展中国特色社会主义制度前提下的主动借鉴、分析性借鉴，不是照搬和西方化。我们清晰地认识到治理危机不但在层级治理模式中容易发生，在交互式或网络式治理模式、市场治理模式中也容易出现，只不过呈现出不同的形式、作用机制与互动关系[④]，西方的治理模式并非是完美无缺的。一些国家的实践表明，简单照搬西方治理经验和模式，没有体现主体性与批判性、没有处理好衔接和融入问题，往往加剧了治理危机，拉美的治理改革、泰国和中东地区的民主化等，都是一些重要的例证。

---

① 中共中央文献研究室编：《习近平关于协调推进"四个全面"战略布局论述摘编》，中央文献出版社 2015 年版，第 84 页。

② 同上书，第 83 页。

③ 《中共中央关于全面深化改革若干重大问题的决定》（二〇一三年十一月十二日中国共产党第十八届中央委员会第三次全体会议通过），《人民日报》2013 年 11 月 16 日第 1 版。

④ John Dixon & Rhys Dogan, "Hierarchies, Networks and Markets: Responses to Societal Governance Failure", *Administrative Theory & Praxis*, Vol. 24, No. 1, 2002, pp. 175 – 196.

在如何借鉴学习先进治理理念推进中国治理现代化这一问题上，习近平同志曾经做出精辟阐述："一个国家选择什么样的治理体系，是由这个国家的历史传承、文化传统、经济社会发展水平决定的，是由这个国家的人民决定的。我国今天的国家治理体系，是在我国历史传承、文化传统、经济社会发展的基础上长期发展、渐进改进、内生性演化的结果。我国国家治理体系需要改进和完善，但怎么改、怎么完善，我们要有主张、有定力"①，"解决中国的问题只能在中国大地上探寻适合自己的道路和办法"②，"我们不断推进改革，是为了推动党和人民事业更好发展，而不是为了迎合某些人的'掌声'，不能把西方的理论、观点生搬硬套在自己身上"③。这些阐述清晰地指明了我们在借鉴中创新治理的方向，这就是完善和发展中国特色社会主义制度。在此方面，我们仍然要对一些主张全盘西化、照搬西方治理理念和模式的观点和做法保持高度警惕。

与此同时，我们推进治理现代化也不是厚今薄古、虚无历史，而是要求正确处理传承与因袭的关系。客观地讲，数千年来中华民族走着一条不同于其他国家和民族的文明发展道路，积累了丰富的治理智慧、思想和经验，对于我们改进当下的治理实践依然有着重要启示。近代以来，我们逐步选择了中国特色社会主义道路，这也不是偶然的，而是由我国历史传承和文化传统决定的。在中国社会主义革命、建设和改革进程中，我们也创造了非常丰富的治理经验，如群众路线、集体领导、政治协商、民主监督、从严治党，等等。进一步说，中国治理现代化实际上是一个连续不断的历史进程，现代民族国家和中国特色社会主义制度的确立，全国统一市场的构建，快速推进的经济社会发展，不断加强的民主与法制，不断深化的改革开放，都是这一宏大历史进程中的突出亮点。我们推进治理现代化没有理由不去传承这些重要方面。一些刻意虚无历史、歪曲历史的观点，过分关注了中国治理现代化进程中的一些不足和缺陷，过分放大了我们基础制度的危机，其最终的目的还是要回到

---

① 习近平：《在省部级主要领导干部学习贯彻十八届三中全会精神全面深化改革专题研讨班开班式上发表重要讲话》（2016年1月18日），《人民日报》2016年5月10日第2版。

② 中共中央文献研究室编：《习近平关于协调推进"四个全面"战略布局论述摘编》，中央文献出版社2015年版，第84页。

③ 同上书，第69页。

西化的道路上去，这是需要警惕并反对的。与此同时，也还存在着一种倾向，那就是过分美化既往的中国治理现代化的成就与经验，过于因循守旧，不思变革，这种倾向也是需要予以抵制的。

中共十八届三中全会明确指出必须全面深化改革，强调"不走封闭僵化的老路，也不走改旗易帜的邪路"，"改革开放只有进行时、没有完成时"。全会对改革作出总体部署，提出了改革的路线图和时间表，涉及十五个领域、三百三十多项较大的改革举措，包括经济、政治、文化、社会、生态文明和党的建设等各个方面。在传承中改革，在改革中传承，这才是不断创新治理、推动中国治理现代化的必由之路。

治理现代化以增进人民福利为依归

在不断深化改革中推进治理现代化，其本身并不是目的，而是为了推动党和国家事业更好发展，为了实现好、维护好、发展好最广大人民根本利益，特别是实现好、维护好、发展好广大普通劳动者根本利益。习近平同志明确指出："全面深化改革必须以促进社会公平正义、增进人民福祉为出发点和落脚点。这是坚持我们党全心全意为人民服务根本宗旨的必然要求。全面深化改革必须着眼创造更加公平正义的社会环境，不断克服各种有违公平正义的现象，使改革发展成果更多更公平惠及全体人民。如果不能给老百姓带来实实在在的利益，如果不能创造更加公平的社会环境，甚至导致更多不公平，改革就失去意义，也不可能持续。"[1]

很明显，这样一种取向的治理现代化与简单地谋求"善治"的西方治理理论是有区别的。概括地说，善治就是使公共利益最大化的社会管理过程，其基本要素包括合法性、透明性、责任性、法治、回应、有效等。[2] 该理论通过赋予公民权利（包括参与权、社会事务管理权等），以求实现政府组织、市场组织与社会组织各有分工且相互协调共治，从而避免政府失灵、市场失灵、社会失灵的出现。该模式的好处在于分担

---

[1] 中共中央文献研究室编：《习近平关于协调推进"四个全面"战略布局论述摘编》，中央文献出版社2015年版，第68页。

[2] 俞可平：《引论：治理与善治》，载俞可平主编《治理与善治》，社会科学文献出版社2000年版，第8—11页。

政府的执政风险,让公民对自身和自己的行动负责。不过,"善治"理论有自身缺陷:(1)社会组织之间,社会、政府与市场之间的利益诉求不一,协商共治背后实质上是国家、市场和社会以及三大主体内部之间的对抗过程,"善治"结果最终将取决于对抗主体的实力大小[1],所以"善治"更多的是一种程序上的合法性与公正性;(2)"善治"寻求公共利益的最大化,但更多的是为了避免政府失灵、市场失灵和社会失灵,分担政府执政风险的目的要大于公共利益最大化的目的,因此"善治"的重点在"治",而非在"善",协商共治的程序正义并不一定最终指向结果正义。

相对而言,中国治理现代化需要更加强调结果正义,是从现实的角度(对阶级阶层不平等的承认)出发展开的立论,区别于西方从理想的层面(对天赋人权和人生而平等的期望)展开立论。[2] 我们党始终强调维护最广大人民的根本利益,实际的治理举措也旨在达成人民满意的目标,这就为治理设定了更高的目标指向。当然,基于结果问责与实质正义的优势也带来了一些治理麻烦,如国家责任缺少底线(如一些缠访、上访专业户的出现等)、程序正义无法支撑决策的合法性(如合法合规的决策带来不了好的结果,民众依然不买账),等等。为了克服这些劣势,中国治理现代化需要借鉴程序正义的优势,如十八届三中全会提出要"建立涉法涉诉信访依法终结制度",十八届四中全会审议通过了《中共中央关于全面推进依法治国若干重大问题的决定》等。在结果与程序的关系问题上,尽管中国的治理现代化赋予了更多程序正义的作用空间,但始终坚持着对人民负责的结果正义取向。

概括地说,中国治理现代化的要义可以说是"指向结果的程序改进",具体的治理举措最终是为了维护最广大人民的根本利益,经验一点说也就是服务于增进社会福利的目的,从而让最广大人民共享改革成果,共同实现"有感增长"。党的十八届五中全会提出要"如期实现全

---

[1] 郑杭生、邵占鹏:《中国社会治理体制改革的视野、举措与意涵——三中全会社会治理体制改革的启示》,《江苏社会科学》2014年第2期。
[2] 理想与现实的政治逻辑在"人民"和"公民"的概念中有更加鲜明的体现,参见冯仕政《人民政治逻辑与社会冲突治理:两类矛盾学说的历史实践》,《学海》2014年第3期。

面建成小康社会奋斗目标"①，再次彰显了中国治理现代化的明确取向。任何形式的治理，都不应以简单的制度移植和建设为目标，而是要着眼于解决实际问题，实质性地增进全体人民福利。

需要指出的是，"指向结果的程序改进"实践特别需要处理好五对关系：一是促进发展与科学发展的关系。一方面，必须明确发展仍然是党执政兴国的第一要务，是增进全体人民福利的必由之路；另一方面，要对发展的方式和内容进行更好地规范，努力实现创新协调开放绿色共享发展。这两个方面不能偏废。二是坚持中国特色社会主义制度和不断改革完善这一制度的关系。一方面，社会主义的本质是解放生产力，发展生产力，消灭剥削，消除两极分化，最终实现共同富裕，是实现中国治理现代化的根本制度保障；另一方面，我国长期处于社会主义初级阶段，社会主义制度仍在探索和发展过程中，总是存在着需要不断改革和完善的地方。我们既不能以僵化的坚持拒绝改革，也不能借改革之名自毁长城。三是改革国家与建设国家的关系。一方面，国家在促进经济社会发展进程中发挥了重要作用，但是也存在着不足，需要进行改革；另一方面，从现代化的长波进程看，中国仍然处在现代化的较低阶段，中国国家不是要弱化，而是要强化，要更加有效地发挥其促进经济社会发展和保护人民福利的作用。很明显，推进国家治理体系与治理能力现代化，并不是为了弱化国家，而是谋求国家更好地发挥作用。四是扩大参与与规范参与的关系。一方面，改进治理的过程需要扩大社会与市场力量的参与，促进多主体的协商共治；另一方面，也必须意识到当下中国的市场和社会还不够完善，需要着力培育、引导和规范，促进依法参与、理性参与。五是深化改革和加强法治的关系。一方面，着眼于更好地保障和发展广大人民的根本利益，增进全体人民的福利，需要不断深化改革以推进治理现代化；另一方面，需要坚持改革决策和立法决策相统一、相衔接，立法主动适应改革需要，积极发挥引导、推动、规范、保障改革的作用，做到重大改革于法有据，改革和法治同步推进。特别是，对实践证明已经比较成熟的改革经验和行之有效的改革举措，要尽

---

① 《中国共产党第十八届中央委员会第五次全体会议公报》（2015年10月29日中国共产党第十八届中央委员会第五次全体会议通过），载《中国共产党第十八届中央委员会第五次全体会议文件汇编》，人民出版社2015年版，第5页。

快上升为法律。如此,"指向结果的程序改进"才能落到实处。

可以说,"指向结果的程序改进"是中国治理现代化的特殊品质,是我们党和人民在立足中国治理实践基础上,传承中国本土治理优势,并借鉴西方治理的可取经验而进行的理论综合。"指向结果"(即不断增进人民福利)是目标和根本,"程序改进"(即治理现代化的体制和机制)是载体和保障。只强调"指向结果"容易陷入"抽象集体主义"的问题,即现实生活中很多治理举措虽然强调让人民满意、让集体共享利益,但因为这里的"人民"和"集体"还只是抽象的概念,无法在实践中落实到具体的个人身上,以致增进人民福利的目的无法真正实现。与此同时,只是片面地强调"程序改进"则抛弃了中国本土治理的固有优势,甚至会背离党的宗旨和社会主义基本制度,在实质上弱化国家的治理。中国治理现代化是将"指向结果"和"程序正义"辩证地统一在一起,努力在"指向结果"的引领下构建"程序正义",在保障"程序正义"的基础上"指向结果"。当然,这样一种进程也对中国治理的各个方面都提出了更高的要求,需要社会各方进一步凝聚共识、持续推进。在中国治理现代化探索中,"指向结果的程序改进"也需要不断丰富和完善,如何调节"指向结果"与"程序改进"之间可能存在的张力和冲突还需要接受实践的检验。

与时俱进创造现代社会治理新格局[*]

所谓社会治理，就其基本含义而言，是指维护社会秩序、促进社会团结、涵育社会活力、防范社会风险的一系列体制机制、组织技术安排和工作过程。在人类社会发展的不同阶段，在不同的历史文化与体制背景下，基于不同的国情和治理需求，形成了不同的社会治理制度和体制机制。改革开放40年来，我们党坚持走中国特色社会主义道路，不断探索适应我国国情的社会治理体制机制和方式方法，取得了显著成效，正在形成具有中国特色的社会治理模式，这是中国社会长期稳定和持续发展的重要保障。党的十九大报告提出打造共建共治共享的社会治理格局，对进一步加强和创新社会治理提出了新的更高要求。总结改革开放40年来特别是党的十八大以来我国社会治理的成功经验，在新时代加强和创新社会治理，对于实现国家长治久安、经济社会持续健康高质量发展和人民安居乐业具有重大意义。

第一，始终注重统筹发展与治理，不断深化对发展与治理关系的认识，努力推进发展与治理的良性互动。

我国是世界上最大的发展中国家，持续推进发展是我们面临的现实课题。改革开放之初的1978年，我国GDP总量只有3600多亿元人民币，82.1%的人口生活在农村，农村贫困人口占比达到97.5%。没有发展就不能消除贫困，改善人民生活，也就谈不上好的社会治理；没有发展就不能实现富国强兵，提升国家的国际地位，赢得中华民族的尊严；没有发展就不能体现社会主义制度的优越性，不能坚定广大人民走

---

[*] 本文以《与时俱进加强和创新社会治理》为题发表在《人民日报》，2018年10月23日，发表时小标题有简化，内容有删节。

中国特色社会主义道路的信心和自觉性。40年来，正是由于党和国家转变工作重心，带领全国人民一心一意谋发展，聚精会神搞建设，才取得了举世瞩目的发展成就，根本性地保障和改善了人民生活条件，提升了人民生活质量，打下了社会团结和进步的扎实基础。

反过来讲，在发展中不断创新和改进社会治理，正确处理好发展改革稳定的关系，是我们得以持续发展的基础条件。邓小平同志指出，"搞四个现代化一定要有两手，只有一手是不行的。所谓两手，即一手抓建设，一手抓法制"①。强调用法制保障社会安定团结，为现代化建设创造良好条件。习近平同志强调，"稳定是改革发展的前提，必须坚持改革发展稳定的统一。只有社会稳定，改革发展才能不断推进；只有改革发展不断推进，社会稳定才能具有坚实基础。要坚持把改革的力度、发展的速度和社会可承受的程度统一起来，把改善人民生活作为正确处理改革发展稳定关系的结合点"②。这一重要论述是对我们改革开放以来统筹发展与治理实践的深刻总结，同时也揭示了在发展中国家持续改进社会治理的一个基本规律。

发展与治理有着互为条件、相互促进的一般关系，同时也有着特殊具体的复杂关系。发展会对传统的治理理念、体制和方式方法提出挑战，并产生有效治理需要应对的新现象新挑战新问题。特别是不平衡、不全面、不协调和不可持续的发展，会影响社会团结、破坏社会和谐，带来治理困境。与此同时，僵化落后的"旧瓶装新酒"式的治理也会制约经济社会发展，而科学有效的社会治理则会涵育发展活力。因此，努力推进发展与治理的良性互动，需要正确看待发展，科学引导发展，同时在发展进程中持续加强和创新社会治理，提升社会治理能力。改革开放40年来，我们党始终注重统筹发展与治理，不断深化对发展与治理关系的认识，努力推动发展与治理良性互动。

第二，密切关注发展进程中社会主要矛盾的变化，不断回应人民新需要，坚持以人民为中心加强和创新社会治理。

改革开放40年来，我们党密切关注发展进程中的社会主要矛盾及

---

① 邓小平：《建设有中国特色的社会主义（增订本）》，人民出版社1987年版，第130—131页。

② 《习近平谈治国理政》第1卷，外文出版社2018年版，第68页。

其变化，坚持以人民为中心加强和创新社会治理，着力保障和改善民生，不断满足人民群众的需求，使发展成果更多更公平惠及全体人民，带领人民创造美好生活。

与时俱进创新社会治理需要密切关注社会主要矛盾的变化，抓住社会矛盾的主要方面。党的十一届六中全会指出，我国社会主要矛盾是人民日益增长的物质文化需要同落后的社会生产之间的矛盾。40年来，我们牢牢抓住这个主要矛盾，全方位地解放生产力、发展生产力，创造了巨大的物质财富，极大地改善和丰富了人民群众的物质文化生活，化解了社会团结的结构性压力。党的十九大在科学分析我国发展形势的基础上，指出中国特色社会主义进入了新时代，社会主要矛盾已经转化为人民日益增长的美好生活需要和不平衡不充分的发展之间的矛盾。这是关系社会治理全局的历史性变化，要求我们在继续推动发展的基础上，着力解决好发展不平衡不充分问题，大力提升发展质量和效益，着力化解影响社会秩序和活力的新的结构性矛盾，不断满足人民日益增长的美好生活需要。

党对我国社会主要矛盾及其变化的分析和把握，充分体现了以人民为中心的发展思想，这是加强和创新社会治理的根本遵循。我们党是代表全体中国人民利益的政党，全心全意为人民服务是党的根本宗旨，人民对美好生活的向往就是党的奋斗目标。改革开放以来，我们积极稳妥地推动渐进的梯次的改革，鼓励一部分人、一部分地区先富起来，最终是要先富带后富，实现共同富裕，全面建成小康社会。坚持在以人民为中心的发展中创新社会治理，必然要求贯彻落实创新、协调、绿色、开放、共享的发展理念，必然要求抓住人民最关心最直接最现实的利益问题，让改革发展成果更多更公平惠及全体人民，使人民获得感幸福感安全感更加充实、更有保障、更可持续。

改革开放以来，顺应人民需要的变化，我们在不断增加人民收入，缩减贫困改善生活的基础上，不断深化社会事业体制改革，着力保障和改善民生，统筹做好各项工作，在幼有所育、学有所教、劳有所得、病有所医、老有所养、住有所居、弱有所扶上不断取得新进展，有力促进了人民安居乐业、社会安定有序。党的十九大指出，当前人民美好生活需要日益广泛，不仅对物质文化生活提出了更高要求，而且在民主、法治、公平、正义、安全、环境等方面的要求日益增长。着力满足人民美好生活新需要是创新社会治理的新重点，其实质是切实尊重和保护人民群众合法合理合情的权利，迈向民生与民权并重、维稳与维权结合。

第三，认真分析社会治理主体新变化，深入推进治理体制机制改革，致力于打造共建共治共享的社会治理格局。

改革开放所引发的社会经济变革是全方位的、整体性的、深层次的和历史性的。其中一个直接关系到社会治理的重要趋势就是社会利益主体、行动主体日益多样化。例如，以公有制为主体、多种所有制共存的市场经济，不仅带来了生产力的大解放，也带来了社会成员身份、地位、利益的多样化和持续扩大的社会流动；工业化、城镇化和社会分工的持续发展，带来了职业结构、人口结构的不断拓展和城乡形态的巨大变化；单位体制的持续改革，导致大量"单位人"变成"社会人"或"社区人"；城乡基层居民自治的实施，创造了复杂而又活跃的基层社区空间；社会组织从无到有、从少到多、从体制内到体制外、从传统形式到现代形式，正在成长为重要的社会力量；政府内部不同部门以及不同层级、不同地方政府之间的关系也日益复杂化。

因此，基于原有体制机制的以政治和行政手段为突出特征的命令控制型社会治理，虽然仍在继续发挥作用，并在一些方面表现出其特有的优势，但是也越来越表现出其不适应社会形势新变化的一面。比如说，面对百分之八十在原有体制外就业的人员，传统单位体制的治理功能就表现出覆盖范围不足的明显局限；面对数以亿计的流动人口，传统的以属地关联为基础的治理体制就往往表现出治理流动性的失灵；简单依赖行政手段的运动式治理能收一时之功，难有长久之效；传统形式的社会治理越来越内卷化，重视维稳和持续加大维稳投入，往往表现出维稳压力越大；社会主体多样化，社会矛盾与冲突的常态化多样化，越来越呼唤制度化的横向协商与基于契约的治理。

正是在因应社会治理主体新变化的过程中，我们不断探索着社会治理新格局，努力避免传统式的简单收、放和"一放就乱、一收就死"的循环。党的十九大提出"党委领导、政府负责、社会协同、公众参与、法治保障的社会治理体制"，深刻总结了社会治理探索的经验和教训，反映了社会治理体制创新的正确方向，为开创共建共治共享的社会治理新局面提供了科学指引。这种体制就是加强党的集中统一领导，在全面法治的基础上，打造共建共治共享的社会治理格局，将社会主义制度优势转化为社会治理优势，强化各级政府的公共服务职能，深化群团组织改革，培育和引导各种社会力量参与社会治理，促进人人参与、人人尽责，实现政府治理和社会调节、居民自治良性互动。

第四，加强和创新社会治理，必须深入研究社会治理规律，不断创新社会治理方式方法，增强社会治理的科学性和有效性，提高社会治理社会化、法治化、智能化、专业化水平。

改革开放以来，伴随着市场化、城市化、信息化、全球化等进程，我国社会利益主体日益多样化，社会运行条件和机制在一些方面不断发生变化，影响社会稳定和社会活力的因素以及相应的治理对策也在不断变化。我们从基于计划经济体制的社会治理转变为面向市场经济体制的社会治理，从主要是治理农村转向治理快速发展的城市，从封闭的区域性治理转向开放的系统治理，从面向低流动社会的治理转向应对大规模高速度不均衡流动性的治理，从主要治理现实社会到越来越重视网络虚拟社会的治理，从相对低风险社会的治理转向应对高风险社会，这一切都表明不断深入研究社会治理新形势新问题新挑战，不断创新社会治理方式方法具有极端的重要性。

党的十八大以来提出将专项治理与系统治理、综合治理、依法治理、源头治理紧密结合起来，这是对改革开放以来社会治理实践的深刻总结，体现了标本兼治、远近结合、局部与整体相统一的现代社会治理的辩证思维。毫无疑问，发挥我们的制度优势，因时因地因事开展专项治理，仍然是十分必要的。但是，我们一定要把系统治理作为长治久安的基础。这就要求在党委统一领导下大力推动多样主体协同共治，促进社会内部各子系统的关系协调以及社会系统与外部环境的良性互动，统筹常规治理与动态治理、应急管理，实现自上而下与自下而上、虚拟与现实、国内与国外的良性互动。在此过程中必然要求综合施策，协同运用多种治理手段，促进德治、法治和自治相结合，特别是要注重社会运行分析和预警，防患于未然，化解矛盾于局部，解决问题在基层。

有效创新社会治理方式方法必然要求大力推进社会治理专业化，不断提高社会治理工作人员专业素质。社会治理社会化、法治化、智能化、专业化的核心是"专业化"，就是增强社会治理工作的科学性和有效性。习近平总书记在谈到城市管理时曾指出，社会治理是一门科学，要着力提高干部素质，把培养一批专家型的城市管理干部作为重要任务，用科学态度、先进理念、专业知识去建设和管理城市。在谈到基层社会治理时，他还强调要统筹考虑基层干部队伍建设，逐步建立一支素质优良的专业化社区工作者队伍。我们要大力发展社会治理相关学科，鼓励基础与应用并重的科学研究，加大相关专业人才培养的支持力度，加快培训社会治理从业人员。其中，培养造就一支数量充足、结构合理、素质优良的社会工作专业人才队伍，充实社会治理工作力量尤其重要。

第五，不断加强和改进党对社会治理的领导，凝聚全社会的最大共识，以实现中华民族伟大复兴中国梦引领人民向前进。

实践一再表明，办好中国的事情关键在党的正确领导。什么时候党的领导弱化了，社会治理就面临严峻挑战；凡是成功创造社会治理经验的地方，党的有效领导都是第一位的经验。我们党是用科学理论武装的政党，坚持解放思想、实事求是，坚持学习、善于学习，有着自我改造、自我完善强大能力，始终保持先进性，始终代表中国发展的正确方向。在党的领导下所确立的社会主义制度，具有强大的社会组织和动员能力，有着保障和改善民生、集中力量办大事的突出优越性，是确保科学有效的社会治理的制度基础。党在任何时候都把群众利益放在第一位，唯一地为着人民的幸福和民族的复兴，所以我们党能够总揽全局，协调各方，最大限度地汇聚最广大人民的根本利益，最大限度地凝聚全社会的共识。

从中华民族站起来、富起来到强起来，党在中国革命建设改革不同历史时期所凝聚的奋斗目标，是激励人民团结一致向前看，在前进中团结、在团结中奋进的重要力量，是中国特色社会治理道路的突出体现。一个社会如果没有共同的理想，没有前进的希望，也就不可能保持安定团结、充满活力的局面。党的十九大指出，我们迎来了实现中华民族伟大复兴中国梦的光明前景，要在全面建成小康社会之后分两个阶段把我国建成富强民主文明和谐美丽的社会主义现代化强国，使得中华民族能以更加昂扬的姿态屹立于世界民族之林。这一新的共同奋斗目标正在成为激励全国人民团结奋斗、勠力同心的重要力量。

在新时代加强和改进党对社会治理的领导，首先要着眼于全面领导，既要领导社会治理的各领域、各方面、各环节，更要统筹推进"五位一体"总体布局，协调推进"四个全面"战略布局，确保党始终居于社会治理的核心地位。其次要重视完善坚持党的领导的体制机制，确保党的领导落地、落细、落实，确保党同人民群众的血肉联系。特别是，我们要高度重视基层党建工作，加强党在新经济成分、新社会组织、新社会阶层和城乡基层社区中的组织建设和领导力。再次要切实加强党的长期执政能力建设，不断增强党自我净化、自我完善、自我革新、自我提高的能力，不断提高党的创造力、凝聚力、战斗力，建设学习型、服务型、创新型的马克思主义执政党。

总之，我们党领导人民在革命建设改革进程中，理论联系实际，实事求是，因事而化、因时而进、因势而新，不断探索中国特色社会治理道路，取得了显著成效。特别是党的十八大以来，以习近平同志为核心的党中央站在完善和发展中国特色社会主义制度、推进国家治理体系和治理能力现代化的高度，以深远的历史纵深感和面向未来的开放胸襟，系统总结了国内外社会治理的经验和教训，描绘了"现代社会治理格局"的蓝图。只要我们以中华民族伟大复兴中国梦为指引，以不断增进广大人民福祉为归依，我们就一定能够在党的领导下成功推进中国社会治理现代化。

社会治理的关键是治理流动性[*]

党的十八大以来，以习近平同志为核心的党中央高度重视创新和完善社会治理，社会治理的理念更加先进，目标更加明确，定位更加清晰，重点更加突出，保障更加有力，在加强党的领导、补齐民生短板、优化社会结构、坚持法治原则、加强科技应用、夯实基层社区、注重内外协同等方面都取得了重要进展。本文结合社会治理实践谈三点体会和看法。

创新社会治理要注重分析特定社会的宏观特征

任何社会都需要治理，也都存在着不同程度和类型的治理问题。在新中国发展的不同阶段，我们有着不同的社会治理理念，也创建了不同的社会治理体制和机制，对不同时期的社会实施了有成效的治理。进入新世纪，尤其是党的十八大以来，党和政府，以及各界学者都在持续讨论和推进社会治理创新，取得了丰硕成果。比如说，关于社会治理的主体，强调了多主体的协商共治，特别强调了加强党的领导和基层组织建设，加强城乡基层社区建设，发挥社会组织在社会治理中的积极作用，等等；关于社会治理的内容，强调了对民生短板的保障、对互联网的治理、对基本公共服务的供给、对社会安全的重视、对国家安全的保障，等等；关于社会治理的方式，突出强调了法制保障，等等。这些成果的取得都是与对我国社会发展现状的正确把握密切相关的。加强和创新社

---

[*] 本文为在第七届中国社会治理论坛上的发言整理稿，发表于《社会治理》2017 年第 6 期。

会治理工作首先要关注特定社会发展阶段的宏观特征，对这种特征的把握越全面、越深刻、越科学，就越能促进有效的社会治理。我们应该认识到，社会治理总是在特定的社会中、针对特定社会发展阶段的治理。

那么，我们应当如何把握当下社会发展阶段的主要特征呢？整体上讲，毫无疑问，我们仍然处于社会主义初级阶段，这个初级阶段可能不是几年、几十年的问题，而是一个长期的过程。从社会学的角度看，当下社会还具有以下四个方面的总体特征，使得其与此前的社会发展阶段有着很大的不同，这是我们考虑创新和完善社会治理所应关注的。

一是开放社会。从1978年改革开放以来，我国已经主动地融入了全球化进程，中国社会已经不再是一个孤立的、封闭的社会。对外而言，我们对国际社会是开放的，而且在新的国际形势下，我国实际上已经成为新型全球化的引领者。中国国内的社会变化与国际因素有着越来越密切的关联。对内而言，我国城乡之间、地区之间、部门之间，以及城市与城市、农村与农村之间，开放程度都越来越大，彼此联系更加紧密。开放社会与封闭社会有着本质的不同，这是我们在考虑社会治理主体、对象、内容、规则和体制机制等方面时所必须充分关注的一个社会背景。

二是发展中社会。在经历快速赶超之后，我国取得了举世瞩目的发展成就，国内生产总值（GDP）已经位居世界第二，已经是世界上的经济大国。但是，我们人均GDP还很低，而且内部发展非常不平衡，依然存在着绝对贫困现象。在整个世界格局当中，特别是与西方发达国家相比，我国仍然居于发展中国家的行列。就国内而言，我们还有相当一部分地区是欠发达地区。人民群众对于发展的渴望、对于美好生活的向往还很迫切。这是我们考虑加强社会治理时所要重视的第二个背景性特征。

三是流动社会。改革、开放和发展，带来了大规模、高速度、复杂性的社会流动，包括人员的流动、资金的流动、物资的流动、信息的流动，等等。在一定程度上可以说，当今中国社会是一种超动态社会，这种特征是前所未有的，在中国历史上没有，在世界历史上也难以找到同样的类型。比如说，人口在城乡之间潮汐般的大规模流动，就是世所罕见的，其对城市和乡村社区造成的复杂影响正是加强和创新社会治理的重要背景，同时也是当下有效社会治理面临的重要约束条件。

四是信息化社会。现代信息技术的发展，不论是手机的普及、微信的推广还是各方面信息化，使得虚拟社会和现实社会并存，虚拟与现实之间的交互作用日益增强。根据中国互联网络信息中心发布的统计数据，截至2016年底，中国网民规模达7.31亿，相当于欧洲人口总量，互联网普及率为53.2%，手机网民规模6.95亿，网民中使用手机上网人群占比达到95.1%。即使是在农村，互联网普及率也达到33.1%，农村网民占比达到27.4%。快速推进的信息化，不仅仅影响到我们日常的生产，也影响到我们很多人的日常生活，甚至影响到我们的行为方式和价值观念。创新社会治理必须关注信息化进程。

所以，在讨论加强和创新社会治理时，除了要关注治理的主体、对象、内容、模式和体制机制等之外，从社会学角度来讲，更应重视将社会治理放回特定的社会情境中，更加关注特定社会发展阶段的特征。一个开放社会、发展中社会、流动社会和信息化社会，对社会治理提出了新挑战，也蕴含着社会治理创新的新思路。

创新社会治理要在方法论上重视辨证思维的运用

十八大以来，习近平总书记在治国理政方面阐述了一系列新理念新思想新战略，其中一个重要方面就是充分体现了对于辩证思维的准确运用。在加强和创新社会治理方面，我们同样需要学习辩证法，运用辩证思维，避免走极端。

一是一体和多元的辩证关系。我们现在讨论社会治理问题还比较笼统，不够精细，特别是我们可能有意无意地预设了一个目标：找到普遍适用的社会治理模式。这样一种预设有其合理性，中国社会治理确实需要全局考虑，需要整体性的顶层设计，需要探索社会治理的普遍规律，需要具有普遍意义的政策指导。但是，中国社会具有空前的复杂性，我们有超过13亿的人口，有几千年的历史传统，有众多的民族，有城乡之间、地区之间、行业之间和阶层之间的巨大差异。我们这样一个国家的现代化，在世界上是没有先例可循的，它所带来的复杂性远远超出人们的预计，社会治理的难度也是空前的。比如说，我们很难将城市社会治理模式简单移植到农村，东部、中部和西部不同地区的社会治理，也不能简单等同。按照治理领域来说，医疗卫生、教育、收入分配、社会治安、国家安全，等等，不同领域的治理也不是一回事。所以，我们在讨论社会治理时，要破除所谓最优模式的预设，而注重"最适模式"的总结；要注重不同治理模式之间的交流，而不是简单地推广移植某种治理模式。在社会治理模式设计中，一定要处理好一体和多元的辩证关系，在重视基本理念、基本原则、基本目标一致的基础上，更加尊重各地、各领域的实际情况，创造多样化的有效的治理模式。

二是秩序和发展的辩证关系。社会治理的一个重要目标是维护社会团结，实现安定和谐。特别是社会转型加速期，也是各种社会矛盾和敏感问题的多发期，加强和创新社会治理，化解矛盾和解决问题是非常重要的。但是，前文已述，我国目前还处在中国特色社会主义初级阶段，还是一个发展中国家，人民群众对于发展的渴望、对于美好生活的向往还是很迫切的，推进发展依然是我们时代的重要主题，在一定程度上讲，还是根本性的主题，我们的很多问题还是要通过持续的发展来解决。所以，社会治理的目标并不是片面地强调秩序，强调安定，强调和谐，同时也要充分激发和调动各个社会主体的主动性、积极性和创造性，促进"大众创业、万众创新"，让全社会充满发展的活力。因此，充满活力与安定和谐需要兼顾，需要我们准确运用辩证思维。

三是封闭和开放的辩证关系。当今时代，有效的社会治理，既要眼光向内，处理好内部事务；又要眼光向外，观察环境的变化，分析外部环境与内部问题的交互作用，统筹内外因素。仅仅眼光向内，是不能有效开展治理的。确实，在社会治理实践中，民族国家，以及一个国家内的各级、各地政府，是社会治理的重要主体，属地原则是社会治理的重要原则之一，"谁的孩子谁抱走"，各级、各地政府守土有责、安定一方。但是，在一个开放、流动的社会，各级各地之间是密切相关的，国内国外也是密切相关的，所以社会治理要注重整体协同。忽视、限制乃至打击开放与流动，即使取得一时的治理成效，也是不可持续的。任何一个地方、一个领域，成功的治理必须是正视国内一体化、国际全球化的进程，在适应和推动开放的过程中所开展的治理，治理的关键是辩证地处理好在场与缺场的关系、属地与环境的关系。

四是自上而下与自下而上的辩证关系。在推进社会治理方面，自上而下、自下而上需要结合，片面强调一个方面可能都不太合适，尤其是在当前的发展阶段。中央讲社会治理要"实现政府治理和社会调节、居民自治良性互动",这就指明了正确方向。在实际工作中,有的地方简单地强调党和政府的主导作用,实际上形成了自上而下的包办,养成了一些群众的依赖心理,不能调动群众的积极参与。这样一种做法是不可持续的,效果也有限。相应地,有些学者指出,社会治理归根结底要实现社会自治,要给社会成员松绑,依托各种社会组织,增强"社会能动性",让社会成员自我管理、自我服务。这类观点虽然有一定的合理性,但是强调过分就是走极端。特别是在中国现阶段,自下而上的社会力量还很分散、很弱小,有时也缺乏理性和可持续的支撑,包括价值层面、组织层面、制度层面和技术层面的支撑条件。在此情况下,过于强调自下而上的社会治理,必然会导致治理失灵。所以,还是要运用辩证思维,促进上下力量的紧密结合,发挥好各自的优势,推进协同治理,促进共同成长,致力于形成"强国家、强社会"的格局。

五是虚拟治理与现实治理的辩证关系。在信息化的条件下,现实社会与虚拟社会有着很强的相互作用。现实社会中的很多东西都反映到虚拟的网络社会当中,同时网络社会也影响着现实社会。社会治理需要着眼于解决现实社会中的问题,但是也要加强对网络社会的治理和利用。统筹好虚拟治理与现实治理,会形成相互促进的局面,而如果把握不好,甚至会形成恶性循环。一方面要注重净化网络环境,利用网络优势;另一方面要注重解决实际问题,协调现实的社会关系。仅仅靠封堵、删除是不能彻底净化网络环境的,仅仅关注现实治理而忽视虚拟治理也是不行的。把现实治理跟虚拟治理结合起来,把疏与堵、解决问题和引导舆论充分地结合起来,虚实结合,才能不断完善社会治理。

有效治理流动性是当前社会治理创新的关键

如果说当今社会与传统农业社会相比,其表现出来的最为突出、最容易观察到的差别是什么,恐怕就是社会流动。包括人员、物资、资金、信息等的大规模快速流动,既是现代社会运行的特征,也是现代社会发展的重要动力。当今社会所面临的很多治理问题,实际上都与流动性增加有关,加强和创新社会治理成为适应和引导合理流动的重要社会机制。在此意义上讲,有效治理流动性就是社会治理的关键所在。如同经济领域流动性过剩、流动性不足以及流动性的结构出现问题,都会影响经济体系的正常运行一样，在社会体系中，不适当的流动性也会导致社会体系的混乱乃至危机。

中国社会流动性增加最直接表现就是流动人口的快速增加。中国城镇化率从1978年的17.92%提升到2016年的57.35%，这是一个大规模的人口流动和再分布过程。国家卫生计生委发布的《中国流动人口发展报告2016》表明，2015年中国流动人口规模达2.47亿，占总人数18%，相当于每六个人中有一个是流动人口。另外，根据《中国统计年鉴》的数据，2015年全国客运量总计1943271万人，货运量总计4175886万吨，分别是1978年的765.1%和1307.3%；货物进出口总额是1978年的19152.3%，一般公共预算收入是1978年的13448.3%，一般公共预算支出是1978年的15674.1%。还有，2011年全球数据量达到了1.8 ZB（即1.8万亿GB）。在过去几年中，全球数据量以每年超过50%的速度快速增长，预计到2020年全球数据总量将超过40ZB（相当于40万亿GB），将是2011年的22倍。所有这些都反映了社会流动性的不同方面。

当前中国社会流动性的突出特点主要表现为：一是流动规模巨大；二是流动速度非常快；三是流动区域过于集中，特别是流动人口，持续向沿江、沿海、沿主要交通线地区聚集。2015年东部地区流动人口占全国流动人口的比例为74.7%，西部地区仅为16.6%；四是流动结构失衡，流出的主要是中青年骨干和相对优秀的人才；五是流动的方向不对称，单向流动的趋势明显，包括人财物和信息资源，过于向城市、向东部方向流动；六是流动人口的属地认同不足；七是流动性增加没有有效促进不同地区之间的均衡发展，甚至在扩大区域差距，造成恶性循环。

当前社会流动性增加对于社会治理的主要挑战在于：传统的与低流动性相适应的社会治理观念、体制、机制急需变革。在此意义上讲，我们还不能说已经建立健全了适应、引导、保障和规范高流动性的社会治理观念、体制与机制，实践中的社会治理还在一定程度上呈现出被动应对、迟滞僵化的局面，有效性、前瞻性、科学性还有不足。

有效治理社会流动性可以从两个层面思考和探索：一是结构层面的，包括优化社会结构，缩小城乡差距、区域差距、阶层差距，促进社会协调发展，减少过大的流动张力；培育、引导和发展业缘性、趣缘性社会组织，创新社会团结的纽带；优化社会资源配置，推进城乡基本公共服务均等化，适应并保障合理流动；对社会流动的对称性进行合理调节；等等。二是个体层面的，要尊重个体流动的权利和选择，强化个体的责任和义务，保障个体便捷获得基本公共服务，协助个体养成新的行为规范。具体而言，包括完善居民身份管理，消除各方面、各种意义上的户籍歧视，实现基于身份证的全体国民平等待遇；充分利用信息技术，健全国家人口基础信息库，完善人口行为管理体系和痕迹记录；完善社会信用体系，推进信用信息共享，健全激励惩戒机制，提高全社会诚信水平；完善大数据分析，及时精准识别不同社会成员的社会需求，依据需求提供精准化服务；加强信息发布和价值引导，科学管理流动预期，避免盲目流动，增进流动的理性化；加强法治教育，增进法制意识，协助个体养成新的行为规则，适应迁移环境；等等。

总而言之，有效治理社会流动性必须深入研究社会流动性发展演变的客观规律，运用综合手段科学调控社会流动性，树立发展意识、整体意识、理性意识、公正意识、法治意识和信息意识，特别是，要充分利用信息技术加强和改进流动性管理，要充分加强法治保障，促进社会秩序基础的成功转型。

在社会治理现代化进程中强化历史思维[*]

历史是一面镜子,既能照清当下的状况,也能启示未来的方向。历史思维是科学思维的重要内容。无论是对于自然现象还是社会现象的研究,都应关注历史过程,考虑时间维度,把当下纳入历史与未来的连续统中。推进社会治理现代化,既要着力当下,着眼未来,也要回望历史。甚至说,正确的历史思维,有助于更好地把握当下,更好地面向未来。

一般意义上,社会治理作为一种社会实践,与人类社会相始终,自从有了人类社会就有了治理实践。人类社会在发展过程中形成了不同的治理理念和各具特色的治理实践。在"现代化"的情境中提出社会治理,是一种反思性的概念,这样一种治理理念是晚近时期的产物。党的十八大以来,中央提出加强和创新社会治理,这是新时代中国特色社会主义的伟大创造之一,包含了非常丰富的内容。推进社会治理现代化需要更加系统地研究社会治理,为社会治理实践提供更好的学理支撑。而更加系统的研究和更好的学理支撑意味着很多方面的要求,强化社会治理的历史思维就是其中的重要方面。

第一,强化社会治理历史思维,要求我们对当代中国社会巨变进行更加深入准确的分析。

习近平总书记指出,当今中国社会面临百年未有之变局。[①] 整个人

---

[*] 本文为在第九届中国社会治理论坛上的发言整理稿,发表于《社会治理》2019年第7期。

[①] 转引自本书编写组编《习近平新闻思想讲义(2018年版)》,人民出版社、学习出版社2018年版,前言第5页。

类世界都发生了巨大变化，中国巨变是整个世界巨变的重要组成部分。

对于中国现代化以来的社会巨变，可以从很多方面做分析。比如人口流动、城镇化、产业变化，以及社会组织、社会阶层、社会结构、社会交往和基层社区等方面的变化，我们加强和创新社会治理要着眼这些变化，研究这些变化，因应这些变化。但是值得强调的是，我们要特别关注当代中国社会巨变的实质。这里有两种代表性观点：一是认为中国社会巨变是西方现代化的扩展或在西方现代化冲击下的反应；二是强调中国社会巨变的内生性，认为中国社会巨变是中国传统社会的延续发展。

习近平总书记在 2016 年哲学社会科学工作座谈会上的讲话中明确指出，当代中国的伟大社会变革既不是简单套用马克思主义经典作家设想的模版，也不是国外现代化发展的翻版，不是其他国家社会主义实践的再版，也不是简单延续我国历史文化的母版，不可能找到现成的教科书。[①] 这种巨变是中国共产党领导中国人民，充分运用马克思主义思想和中华优秀传统文化智慧，在正确认知变化了的世界基础上的一种伟大创造。这样一种创造是空前的，是史无前例的。我们运用正确的历史思维，而不是戴着各种已有的眼镜来看中国社会巨变，就会对中国社会巨变有一种更加深刻、更加本质性的把握。而这种更加深刻和本质性的把握，恰恰是推进社会治理现代化的重要前提。我们不可能盲目借鉴照搬什么模式，也不可能再简单地回到过去时代的传统式的社会治理，我们只能创造。

第二，强化社会治理的历史思维，要求我们对人类社会治理的历史实践有充分的研究和自觉。

一般意义上看，社会治理与人类社会密切相关，自从有了人类社会，就有了社会治理的实践需要。人类历史在演进过程中，不同地域、不同国家和不同文明都发展出各具特色的治理模式。在中国历史上，长期基于农业社会发展出来的是静态的、伦理的、宗法的治理模式，这样一种治理模式曾经延续很长时间。新中国成立之后，我们实行计划经济体制，快速推动工业化，采取了高度组织化的带有行政命令特征的方式来推动社会治理，这种治理在一定程度上具有刚性和封闭性，但在特定

---

① 习近平：《在哲学社会科学工作座谈会上的讲话》，人民出版社 2016 年版，第 21 页。

历史时期也发挥过积极作用。我们在改革开放过程中走过弯路，以为经济发展和市场经济能够自发带来新的社会秩序，一些社会领域过度市场化和失控导致了一系列社会问题。

我们在20世纪90年代后期，开始强调调整政府职能，把扩大公共服务和加强社会管理列入政府重要职能。21世纪以来，我们越来越强调社会建设和社会治理，强调在市场经济发展基础上要同时重视政府和市场两个主体，更好发挥政府的作用，改善公共服务，推进社会治理。很明显，在社会治理的不同历史阶段，其实都有各具特色的治理实践。现在很多人关注西方文化，特别是西方现代化过程中的社会治理实践。自从20世纪90年代以来，西方公民社会和西方治理模式受到很多人关注，这对于中国社会治理政策和实践也产生了很重要的影响。今天要推进中国社会治理现代化，我们需要对历史上不同类型的社会治理实践及其背景进行更加深入的分析，保持充分自觉。唯有如此，才能直面中国社会实际，确立我们创新社会治理的出发点和立足点。

第三，强化社会治理的历史思维，要求我们对新时代创新社会治理保持充分的自信。

今年是新中国成立70周年，70年来取得的成就是举世瞩目的。中国在经济快速发展的基础上，人民生活不断改善，整体上保证了社会的持续安全稳定，促进了社会公平正义，即将全面建成小康社会，国际影响力快速提升，这个成就是史无前例的。新中国社会治理70年取得了伟大成就，我们对在新时代推进社会治理现代化应充满自信。这种自信的基础就在于党的正确领导、社会主义制度不断完善、以人民为中心的治理立场和不断朝着中华民族伟大复兴奋斗的宏伟目标，这些都是引导全体中国人民积极投身于社会主义现代化建设实践的重要保证。我们相信新时代在党的全面领导下，坚持以人民为中心，不断巩固和发展中国特色社会主义制度，推进治理体系和治理能力的现代化，更加坚定地朝着中华民族伟大复兴中国梦的目标奋进，将会更加充分地调动广大人民自觉参与社会治理的积极性，保证社会既充满活力又安定有序。只要我们认真总结新中国开创中国特色社会治理道路的重要经验，只要我们坚持这些经验并不断发展完善，那么我们完全有信心加快构建现代化的社会治理体系并提升社会治理能力。勿忘历史，正确看待历史，是我们对新时代创新社会治理保持充分自信的源泉。

第四，强化社会治理的历史思维，要求我们对加快推进社会治理现代化的历史责任保有充分的自觉。

在中国特色社会主义现代化实践中，我们每个人都是当事人，都是推动者，不能做旁观者。作为学术研究者，我们要努力做到知行合一。特别是面对中国现代化前无古人的伟大实践，我们很多的实践经验，很多的制度设计，很多的治理模式，都是不断摸索创造出来的。在这个意义上讲，我们推进社会治理现代化的根本在于创造，在于以目标为导向，问题为导向的创造，不是简单的借鉴和复制。我们要更多地深入基层，广泛开展调研，认真倾听人民群众的声音，尊重人民群众的首创精神。人民群众是历史的创造者，中国人民有着丰富的实践智慧。我们对巨变的社会实践保持充分自觉，对人民群众的创造保持充分尊重，在此基础上，系统性、学理性地总结推广，提炼中国特色社会主义社会治理体系和模式，发展中国特色社会治理理论和思想，对社会治理现代化提供有效指导，同时也发展社会治理学科，这是我们学者的责任。

总而言之，我们在新时代推进社会治理现代化，必须要强化社会治理的历史思维，这就意味着对当代中国社会巨变要有更加深入的分析，对社会治理的历史实践要有更加充分的自觉，对新时代创新社会治理要有充分的自信，对加快推进社会治理现代化的历史责任要有切实的履行。最终，在新时代强化社会治理的历史思维，意味着我们要不忘初心，牢记使命，意味着自觉、自信、自为。对于研究者来说，我们要更加系统、更加科学地研究社会治理实践，创新社会治理理论，更好地服务于新时代加强和创新社会治理的伟大实践，服务于广大人民的福祉，服务于社会全面发展。

社会治理现代化不断取得新进展[*]

党的十八大以来，党中央从党和国家事业发展全局的高度，围绕坚持和完善中国特色社会主义制度、推进国家治理体系和治理能力现代化，高度重视加强和创新社会治理，不断推进社会治理现代化，在深化理论认识、增强实践自觉、创造中国特色等方面，都取得了显著进展。

不断深化对社会治理的理论认识

在社会发展和社会治理实践的基础上，着眼于坚持和完善中国特色社会主义制度、推进国家治理体系和治理能力现代化，我们对社会治理的若干理论认识不断深化。

一是深入认识到发展和治理之间的互动与现代化进程相伴随的客观现实。以科技进步、产业变革和经济发展为基础的现代化进程，冲破了原有的社会关系和社会秩序格局，造成了社会失序的风险和社会治理的需求。有效的社会治理不仅是巩固发展成果的重要手段，而且为发展的持续推进创造着条件。由于现代化进程具有累积性、扩散性、加速性和不可逆性等特征，它不停地创造着加强和创新社会治理的需求，社会治理变革一直在路上。就此而言，发展与治理的矛盾运动贯穿现代化的全过程，社会治理现代化是现代化的重要组成部分，发展与治理的良性互动推动着现代化的持续发展。

二是深入认识到社会治理是国家治理的重要方面。这在十九届四中全会《关于坚持和完善中国特色社会主义制度，推进国家治理体系和治

---

[*] 本文为求是网约稿，网络发表于 2020 年 1 月 9 日。

理能力现代化若干重大问题的决定》中有着明确表述。一段时间以来，在社会治理与国家治理的关系上，还存在着认识不够明确、深入的问题。有的人认为社会治理包含国家治理，有的人则认为社会治理与国家治理是并列的。实际上，社会治理概念首次提出，是在十八届三中全会围绕推进国家治理体系和治理能力现代化而提出的。将社会治理作为国家治理的重要方面，一方面明确了加强社会治理对国家治理体系和治理能力现代化的重要意义，社会治理是否有效直接影响着国家治理成效，没有社会之治也就没有国家之治；另一方面也表明，国家治理体系和治理能力现代化是社会治理现代化的重要背景与条件。

三是深入认识到社会治理的核心目标是培育秩序与活力兼具的社会体系。我国是世界上最大的发展中国家，不断提升发展水平，建设社会主义现代化强国是我们的奋斗目标，社会治理的各种安排需要服务于这一目标的实现。因此，一方面，我们要在发展进程中维护社会秩序，满足人民群众对安全稳定的需要，同时为持续发展创造社会条件；另一方面，我们还要致力于调动广大人民群众的积极性主动性创造性，促进广泛的社会参与，最大限度地营造自由开放的社会空间，激发社会各阶层和群体的创新活力，为持续发展提供源源不断的社会动力。传统上将社会治理理解为简单的管理和控制是非常片面的。

四是深入认识到社会治理现代化的本质是不断完善和发展中国特色社会主义制度。中国特色社会主义制度以马克思主义为指导、植根中国大地、具有深厚中华文化根基、深得人民拥护，是党和人民在长期实践探索中形成的科学制度体系，我国国家治理一切工作和活动都依照中国特色社会主义制度展开，国家治理体系和治理能力是中国特色社会主义制度及其执行能力的集中体现。实践证明，中国特色社会主义制度具有强大生命力和巨大优越性，是社会治理现代化的重要基石。所谓社会治理现代化，其本质就是中国特色社会主义制度在社会领域与时俱进、自我完善、自我发展的过程，偏离乃至违背中国特色社会主义制度无法实现社会之治。

不断增强社会治理的实践自觉

在持续推进社会治理实践的同时，着眼于提升社会治理的有效性，回应不断发展的治理需求，我们实事求是、与时俱进，不断改进和完善社会治理实践，努力使人民群众的获得感、幸福感、安全感更加充实、更有保障、更可持续。

一是对社会治理面临的形势变化保持清醒的自觉，不断增强创新社会治理的紧迫感。我们创造了世所罕见的经济快速发展奇迹和社会长期稳定奇迹。但是，随着经济体制深刻变革、社会结构深刻变动、利益格局深刻调整、思想观念深刻变化，随着全面深化改革迈进深水区、经济发展进入新常态，各种利益群体博弈、各种矛盾叠加、风险隐患集聚，发展不平衡、不协调的问题也日渐突出，改革发展稳定任务之重前所未有。正是基于对社会变革的深刻认识，党的十八大以来把加强和创新社会治理放在了日益突出的位置。

二是在社会治理实践中不断完善社会治理的总体思路。社会治理从社会管理演变而来。相对于社会管理，社会治理更加强调调动各个相关主体的积极性，促进更为广泛的参与，同时也更加强调各个主体之间平等的协商互动。社会治理不仅是政府的责任，也是所有社会成员的责任，每个人都应有充分的行为自觉，只有建设人人有责、人人尽责、人人享有的社会治理共同体，促进政府治理和社会调节、居民自治良性互动，才能实现有效的社会治理。与此同时，在坚持系统治理、依法治理、综合治理、源头治理的基础上，十九届四中全会提出"完善党委领导、政府负责、民主协商、社会协同、公众参与、法治保障、科技支撑的社会治理体系"，也充分体现了对社会治理实践的改进，更加强化了民主意识、法治思维和对科技进步的有效利用。

三是随着社会治理实践的发展不断丰富社会治理工作内容。除了化解人民内部矛盾、健全公共安全体系等传统工作之外，党的十八大以来，社会治理实践日益包括了国家安全、安全生产、应急管理、食品药品监管、边疆治理等内容。十九届四中全会《决定》还提出了构建基层社会治理新格局，要求完善群众参与基层社会治理的制度化渠道，健全党组织领导的自治、法治、德治相结合的城乡基层治理体系。与此同时，随着互联网的快速发展，网络社会与现实社会的互动更加密切，网络社会治理不仅与现实社会治理密切相关，甚至本身就是社会治理的重要内容。加强互联网内容建设、规范网络社会行为、培育积极健康的网络文化、营造秩序与活力并存的网络社会空间等，都已成为社会治理的重要内容。

四是在社会治理实践中不断创新更为有效的体制机制。十八届三中全会提出设立国家安全委员会，完善国家安全体制；十九届四中全会进一步强调要完善集中统一、高效权威的国家安全领导体制。在应急管理方面，设立了应急管理部，进一步强调要构建统一指挥、专常兼备、反应灵敏、上下联动的应急管理体制，优化国家应急管理能力体系建设，提高防灾减灾救灾能力。此外，十九届四中全会《决定》提出加快推进市域社会治理现代化，并强调社会治理和服务重心向基层下移，把更多资源下沉到基层，将矛盾化解在基层，发挥家庭家教家风在基层社会治理中的重要作用，夯实基层社会治理基础；强调提高预测预警预防各类风险能力，增强社会治安防控的整体性、协同性、精准性；强调推行网格化管理和服务；等等。

不断创造社会治理的中国特色

面向拥有14亿人口和5000多年文明史的中国社会，着眼于完善和发展中国特色社会主义制度的社会治理现代化实践，必然创造出社会治理的中国特色，并为丰富和发展社会治理理论作出贡献。

一是坚持以人民为中心的社会治理。带领人民创造美好生活，是我们党始终不渝的初心和使命。加强和创新社会治理首先是为了人民利益，让改革发展成果更多更公平惠及全体人民，不断增进人民群众获得感幸福感安全感，而不是为了少数人的利益。同时，加强和创新社会治理也要依靠广大人民，充分尊重人民主体地位，维护人民当家作主的各项权利。我们的社会治理实践是重视民主协商和广泛参与的，坚持群众路线，坚持专群结合、群防群治，注意倾听群众声音，从群众中来，到群众中去，努力推动人民群众自我管理、自我教育、自我服务，不断激发社会治理的内生动力。

二是与保障和改善民生相结合的社会治理。在十八大、十九大报告中，"加强和创新社会治理"都是与"提高保障和改善民生水平"相提并论的，体现了统筹民生和治理的政策取向。古语云："仓廪实而知礼节，衣食足而知荣辱。"没有基本的民生保障，就没有有效治理的社会基础。反过来，有效的社会治理也是民生的重要方面，并为民生其他方面的改善创造条件。因此，我们在社会治理现代化实践中，特别强调要抓住人民群众最关心最直接最现实的利益问题，完善公共服务体系，在发展中补齐民生短板、促进社会公平正义，在幼有所育、学有所教、劳有所得、病有所医、老有所养、住有所居、弱有所扶上不断取得新进展，不断促进人的全面发展，确保国家长治久安、人民安居乐业。

三是传承弘扬中华优秀文化的社会治理。中华文化源远流长，在长期治理实践中形成了丰富的治理经验和卓越的治理智慧，在社会治理现代化进程中传承弘扬中华优秀文化，进一步彰显了社会治理的中国特色。比如，我们常讲国泰民安，意味着国家安全是社会安全的重要前提，社会治理要坚持总体国家安全观，坚持人民安全、政治安全、国家利益至上有机统一。比如，我们有着悠久的德治和地方自治传统，我们健全党组织领导的自治、法治、德治相结合的城乡基层治理体系，就是对这种传统的发扬光大，社会治理的"枫桥经验"就是典型之一。再比如，重视家庭家教家风在基层社会治理中的重要作用，完善信访制度以及人民调解、行政调解、司法调解联动的工作体系，也是我们在社会治理实践中持续传承和不断创造的重要特色。

四是充分发挥党的领导作用的社会治理。中国共产党领导是中国特色社会主义最本质的特征，是中国特色社会主义制度的最大优势，党是最高政治领导力量。必须坚决维护党中央权威，健全总揽全局、协调各方的党的领导制度体系，把党的领导落实到国家治理各领域各方面各环节。在社会治理领域，全面加强党委领导始终是完善社会治理体系的前提和核心，这种领导体现在党与时俱进不断完善社会治理的总体布局，体现在党对社会治理各项工作的有力推动，体现在加强党的基层组织建设并使之成为凝聚基层社会力量的核心和组织基层社会服务的平台，体现在充分发挥党员的模范带头作用等诸多方面。在中国这样一个历史悠久、社会复杂、人口众多的国家快速推进现代化，同时实现有效的社会治理、良好的社会秩序，没有党的强有力的领导，那是不可想象的。党对社会治理全过程各方面的有效领导是中国社会治理的最大特色。

在新时代更好发挥密切联系人民群众的优势[*]

一切为了群众,一切依靠群众,从群众中来,到群众中去,群众路线是我党三大优良作风之一,是党纪党规和法律制度明确规定的基本要求,是中国特色社会主义制度体系的重要方面。党的十九届四中全会指出,坚持人民当家作主,发展人民民主,密切联系群众,紧紧依靠人民推动国家发展,是中国特色社会主义制度的突出优势之一。无论环境与挑战如何变化,只要始终坚持人民群众是历史创造者的观点,始终注重密切联系人民群众的能力建设,始终强化密切联系人民群众的制度效能,我们的事业就会生机勃勃,不断开创新局面、谱写新篇章。

人民群众是历史的创造者

唯物史观认为,历史中的决定性因素,归根结底是人们直接生活的生产和再生产。人类历史的第一个前提,就是人们为了能够创造历史,必须能够生活,为了生活,首先就需要衣、食、住以及其他东西。因此,人类的第一个历史活动就是生产满足这些需要的资料,即生产物质生活本身。毫无疑问,广大人民群众是物质资料生产的直接主体,并且在这种生产过程中直接创造或者催生了人类的精神文明。不仅如此,人民群众还是先进生产力的代表,每次重大社会变革都是人民的力量推动的。人民是历史的创造者,是真正的英雄。

---

[*] 本文以《更好发挥密切联系群众优势》为题发表在《人民日报》,2020年2月14日,发表时有删节。

新中国 70 年创造了世所罕见但又得到广泛认同的两大奇迹,即经济快速发展奇迹和社会长期稳定奇迹,离不开自强不息、勤劳勇敢、善于学习、奉公守法、团结一致、节俭奉献的中国人民。相关统计数据表明,在劳动参与率方面,中国长期维持在高位,2018 年仍有 68.72%,不仅比发达国家高,也比金砖国家中的巴西(63.94%)、南非(55.53%)、俄罗斯(62%)、印度(51.93%)高。我国劳动者的周工作时间达到了 46.2 小时,远高于 OECD 国家的 36.8 小时。我国总储蓄率长期是世界各国中最高的,远远高于英、法、美、日等发达国家。而我国每 10 万人中发生命案的数量处在世界最低水平,社会安全是人民创制的国家名片。不仅如此,我们建设、改革、发展中的很多实践创新、制度创新,如"枫桥经验"、家庭联产承包责任制,等等,也都是来自群众首创。

中国特色社会主义进入新时代,我们即将全面建成小康社会,并向中国特色社会主义现代化强国迈进,中华民族伟大复兴的梦想从未像今天这样迫近。但是,我们也面临着从未有过的严峻风险和挑战。我们应对外部势力的围堵与遏制,迈过经济转型升级高质量发展这道坎,保持安定团结的社会局面,持续保障和改善民生,繁荣发展社会主义先进文化,建设生态文明,创建人类命运共同体和和谐世界,确保党的长期执政地位,为实现中华民族伟大复兴提供强有力的政治保障,如此等等,都比以往任何时候更加需要广大人民群众团结一致、齐心协力、攻坚克难、共度时艰。来自实践的种种挑战时刻警醒我们,必须牢固树立人民群众是历史创造者的观点,始终注意密切与人民群众的联系,重视激发人民群众无限的智慧和力量。

新时代密切联系人民群众的新形势

人民群众是一个历史范畴,在社会发展的不同阶段,人民群众有着不同的构成和需求。随着以工业化、城镇化、信息化、市场化等为表征的现代化的快速发展,广大人民的职业身份越来越多样化,生活水平、受教育程度、居住形态、生产生活方式、社会交往和社会流动等都发生巨大变化。最为明显的是,现在有 60% 的人口常住城镇了,农民越来越少;新中国成立之初,全国 80% 的人口都是文盲,人均受教育年限仅有1.6年，现在已提升至10.6年，不识字没文化的人越来越少；网民规模达到8.54亿人，不上网的人越来越少；60周岁以上人口占比达到了17.9%，年轻人越来越少；全国社保卡持卡人数12.77亿人，社保卡普及率91.5%，传统意义上依赖单位保障和管理的"单位人"越来越多地成了社会保障托底的"社会人"。最为本质的是，广大人民生活水平普遍提高，农村贫困人口由1978年的7.7亿人减少到2018年的1660万人，绝对贫困现象正在消除，全面小康社会即将建成。最为关键的是，人民群众需求发生了变化，社会主要矛盾已经转化为人民日益增长的美好生活需要和不平衡不充分的发展之间的矛盾，广大人民美好生活需要日益广泛，不仅对物质文化生活提出了更高要求，而且在民主、法治、公平、正义、安全、环境等方面的要求日益增长。

人民群众自身的新变化对党和政府密切与群众的联系提出了新挑战。传统的群众观念需要分析更新，传统的联系组织群众的制度安排需要改进调整，传统的简单化的宣传教育群众手段也需要转变完善。如今我们比以往任何时候都更加需要密切与人民群众的联系，但同时也比以往任何时候都面临更加严峻的联系群众的挑战，协调群众利益关系、凝聚广大群众共识变得更加困难。与此同时，在长期发展的基础上，我们从跟跑、并跑正在向领跑迈进，很多改革发展正在进入无人区，社会经济总体向好，但是不确定性和风险在增加，我们自身联系群众的思想准备、知识准备、能力准备也都面临挑战。最为重要的是，我们一些干部理想信念动摇，奋斗目标出偏，斗争精神弱化，消极腐败，日益丢失一些优良传统和好作风，由此导致的脱离群众，是来自我们内部的重大挑战。

面对新变化，适应新挑战，迫切需要加强密切联系人民群众的能力建设。特别是，要提高政治能力，保持清醒的政治意识，牢记党的初心和使命，增强密切联系群众的行动自觉；要提高学习能力，特别是学习马克思主义原理和方法，学习马克思主义中国化的最新成果，提升理论联系实际能力，始终保持思想的先进性，确保引领群众的正确方向；要提高社会调查研究能力，深入研究新形势下群众工作的规律和特点，特别是创新互联网时代群众工作机制，把党的优良传统和新技术新手段结合起来，学会通过网络走群众路线，运用信息技术加强和改善社会治理，提高服务群众质量和效率；要提高尊重人民群众的能力，始终注意有效地激发人民群众的主体性积极性创造性，珍视人民群众的首创精神，拜人民为师，向人民学习；要提升走基层、抓落实的能力，坚决反对形式主义官僚主义，坚持政策面向一线、工作落在一线、成绩写在一线，把人民拥护不拥护、赞成不赞成、高兴不高兴、答应不答应作为衡量一切工作得失的根本标准。

加强制度建设密切联系人民群众

在推进新时代伟大事业的进程中，确保持续有效地密切与人民群众的联系，依赖于持续加强制度建设，切实保障制度执行，将制度优势充分转化为治理效能。首先是要把根深深扎在人民群众中间，切实加强相关的制度建设。我们党是在同人民群众的密切联系中成长、发展、壮大起来的，也是在这种实践过程中形成了全面细致严格的植根人民的制度安排，特别是高度重视党的基层组织建设，确保党的基层组织是基层社会的组织核心，确保党员在基层群众身边发挥模范带头作用，确保党的声音、党的政策能够传达落实到基层。与此同时，不断健全联系广泛、服务群众的群团工作体系，推动人民团体增强政治性、先进性、群众性，把各自联系的群众紧紧团结在党的周围。党的十九届四中全会进一步提出了建立"不忘初心、牢记使命"的制度，在推动全党增强联系群众的思想自觉和行动自觉方面具有重要意义，有利于确保党员干部深入基层、联系群众制度化经常化，确保党始终走在时代前列、得到人民衷心拥护。

密切与人民群众的联系，需要进一步制定并完善满足人民对美好生活新期待的必备制度。我们党干革命、搞建设、抓改革，都是为人民谋利益，让人民过上好日子，也正是因为如此才得到了广大人民的衷心拥护。考虑到我们仍处在社会主义初级阶段，我们仍要加强解放生产力、发展生产力、消灭贫困的制度建设，坚持和完善公有制为主体、多种所有制经济共同发展，按劳分配为主体、多种分配方式并存，社会主义市场经济体制等社会主义基本经济制度；坚持加强共同富裕的制度建设，完善统筹城乡的民生保障制度，紧紧抓住人民群众最关心最直接最现实的利益问题，注重普惠性、基础性、兜底性，健全幼有所育、学有所教、劳有所得、病有所医、老有所养、住有所居、弱有所扶等方面的国家基本公共服务制度体系，织就密实的民生保障网，不断创新公共服务提供方式，让全体人民有更多更直接更实在的获得感幸福感安全感；坚持共建共治共享的社会治理制度，完善党委领导、政府负责、民主协商、社会协同、公众参与、法治保障、科技支撑的社会治理体系，建设人人有责、人人尽责、人人享有的社会治理共同体；全面加强生态文明制度建设，确保人民群众生活质量和长远利益、整体利益。

通过制度建设密切与人民群众的联系，还需进一步落实确保人民主体地位、实现人民当家作主的制度。我国已经建立了确保人民行使国家权力、当家做主的制度体系，主要是由人民代表大会制度、中国共产党领导的多党合作和政治协商制度、民族区域自治制度和基层群众自治制度所构成的。我们要坚持人民主体地位，支持和保证人民通过人民代表大会行使国家权力，不断健全民主制度，丰富民主形式，拓宽民主渠道，依法实行民主选举、民主协商、民主决策、民主管理、民主监督，使各方面制度和国家治理更好体现人民意志、保障人民权益、激发人民创造，从而使人民民主更加广泛、更加充分、更加健全。特别是要切实加强制度执行，通过人民代表大会制度，从各层次各领域扩大公民有序政治参与，依法保障公民的知情权、参与权、表达权、监督权，依法保证全体社会成员平等参与、平等发展的权利，确保我国国家的一切权力属于人民，从而充分调动全体人民的积极性主动性创造性，最大限度地发挥中国特色社会主义制度优势，凝聚全体人民力量为实现中华民族伟大复兴中国梦而共同奋斗。

社会组织体制改革的目标和着力点[*]

群体生活是人类生活的本质特征，只有通过结成群体人们才能满足自己生产生活的需要并不断繁衍后代。在人类群体生活中发展出来的社会分工和各种正式、非正式的制度安排，是社会组织的基础。一个社会要保持基本的秩序和相对有效的治理，就必须要有适度的组织。当内外环境发生变化时，组织方式和组织体系也必然发生变革。中共十八大报告指出，要"加快形成政社分开、权责明确、依法自治的现代社会组织体制"[1]，即是从组织改革的角度对当今时代中国社会变迁的一种回应。

需要指出的是，十八大报告中所说的"社会组织"，主要是相对于政治组织、经济组织而言的，主要是指人民群众自发形成的、服务于群众自身和社会利益的、非营利性的各种组织形态，大体上与以前所说的社会团体、民办非企业单位或是各种"民间组织"相当。这种意义上的社会组织有着社会自我组织的意涵，与国家自上而下的组织过程有所不同。所以，在讨论这种意义上的社会组织改革时，往往回避不了国家与社会之间的关系。由此，一些人拿着国外关于国家与社会关系的理论建构来考察中国社会组织改革，所得结论往往失之偏颇甚至错误。本文认为，深化社会组织体制改革，不能过分纠结于形式，尤其不能照搬西方的"样板"，而应从中国社会实际需求出发，着眼于解决我们所面临的现实问题，寻求国家与社会的有效合作，增进全体人民福祉。

---

* 中国机构编制管理研究会 2015 年 2 月 7 日在北京召开社会体制改革系列座谈会第二次专题座谈会，本文为我在会上的发言记录整理稿，未全文发表。

① 胡锦涛：《坚定不移沿着中国特色社会主义道路前进 为全面建成小康社会而奋斗——在中国共产党第十八次全国代表大会上的报告》，人民出版社 2012 年版，第 34 页。

改革目标应当聚焦于创新公共服务供给

关于社会组织改革的关注焦点或者主要倾向似乎有两个方面：一是关注国家（政府）治理能力的强化；二是关注社会自治能力的提升。前者意识到中国社会正在发生深刻的变迁，工业化、城镇化、市场化等方面快速推进，原有以单位制为核心的社会组织体系相对弱化，社会成员的流动性增强，新型社会组织不断增多，国家对于社会的有效控制和治理能力受到挑战，因此必须创新治理形式，加强国家治理能力，确保社会秩序。后者同样意识到中国社会的深刻变迁，但是更多的是看到工业化、城镇化、市场化等对于社会成员所带来的新机遇新空间，关注的是社会自我组织的发展，强调的是为这种发展创造更好的条件，推动社会自治能力的持续提升。

很明显，以上两种倾向都有一定的合理性，但是在基本方向上是不同的、相对立的。固执地坚持任何一个方向推进社会组织改革，就必然陷入"社会进、国家退"或者"国家进、社会退"的困境，由此加剧矛盾和冲突，不利于社会秩序建设，也不利于解决当下中国发展过程中所面临的迫切问题。笔者认为，强化国家能力或者强化社会能力，本身并不是目的，最终目的还是促进中国发展，创新公共服务供给，提升公共服务水平。

因此，我们推进社会组织改革，应当在新时期新形势下努力寻求最基本的共识，着眼于共同目标的实现。对照促进中国发展、创新公共服务供给、提升公共服务水平这样一个目标，我们不仅要改革政府组织，转变政府职能、提升政府效率，创新政府提供公共服务的方式，也要改革社会组织，提升社会组织自身的效率和能力，推动社会组织创新公共服务。在努力实现共同目标的过程中，国家与社会有着广泛的合作空间，并且是可以走向双赢双强的。笔者认为，在当下中国社会日益分化和多元化的条件下，紧紧围绕促进发展、创新公共服务和增进人民福祉这样一个共同目标，推动各个主体同频共振式的自我调整，是深化社会组织改革的重要前提，偏离这个目标就会误入歧途。

加快形成现代社会组织体制的着力点

围绕创新公共服务供给这样一个核心目标，加快形成现代社会组织体制需要着重在以下几个方面发力：促进社会组织现代化、推动社会组织与相关主体的协同变革、强化以法治为基础的社会组织管理、培育社会合作与公共服务文化。

首先是促进社会组织现代化。现代社会组织与传统社会组织有何区别？笔者认为以下几个方面是比较重要的：一是现代社会组织比传统社会组织更为开放，而更少封闭性、排他性，组织成员具有更多的进出自由，组织自身也更多地保持与外部社会环境的密切联系；二是现代社会组织内部的治理方式更为民主，更加重视组织成员的权利和参与，而更少家长式的专制倾向；三是现代社会组织的建立、运作和终止更多地依据法律，更为规范化制度化；四是现代社会组织更加注重提供公共服务，承担社会责任，而不仅是服务于组织成员自身；五是现代社会组织日益专业化，更加强调的是组织间的功能互补而不是简单雷同，越来越多表现出一个基于功能互补的有机联系的社会组织体系；六是现代社会组织数量不断增加，对于社会成员的组织程度更为紧密。

如果说以上一些区别成立，那么，在当下中国，社会组织的现代化还有很大不足，仍然需要大力推进。最为突出的是，我国社会组织的数量还很有限。根据民政部的数据，2015年我国有社会团体32万个，民办非企业单位31.4万个，基金会4553个，累计不超过64万个社会组织。而总人口比我国少得多的美国约有150万个非营利组织，仅基金会一项就大约有6.6万个。与中国一样作为发展中国家的印度，也有200万个非政府组织。因此，我们要进一步减少一些体制性约束，开放社会组织发展空间，大力发展社会组织。此外，我们在完善社会组织内部治理和自律机制、提高社会组织创新能力和运行效率、推动社会组织专业化和分工协作、推动社会组织依法发展和有效提供公共服务等方面，也要继续加大力度。

其次是推动社会组织与相关主体的协同变革。说到社会组织体制，实际上就不仅仅是说社会组织，而是强调了社会组织与其他社会主体之间的关系以及这些关系所赖以发生和存在的制度环境。因此，形成现代社会组织体制就需要考虑到各个相关主体的协同变革，而不仅仅是社会组织自身的变革。具体而言，与社会组织密切相关的主体包括党的组织、政府组织、市场组织和人民群众等。在推动形成现代社会组织体制的过程中，特别要重视推动政府组织变革。中共十八届三中全会就明确提出了优化政府组织结构的任务，强调要优化政府机构设置、职能配置、工作流程，完善决策权、执行权、监督权既相互制约又相互协调的行政运行机制。严格绩效管理，突出责任落实，确保权责一致，由此切实推动政府职能转变。此外，提高市场组织效率、落实市场组织的社会责任、充分发挥市场组织对社会组织的支持作用，也是非常重要的。而强化人民群众对政府组织、市场组织和社会组织的参与和监督，充分发挥党对人民群众、政府组织、市场组织和社会组织的联系和领导作用，也是形成我国现代社会组织体制的题中之义。

再次是强化以法治为基础的社会组织管理。这里就涉及前文所说的社会组织与其他社会主体之间关系赖以发生和存在的制度环境，其中最为重要的是政府与社会组织之间关系的制度基础。形成现代社会组织体制并不意味着没有政府对社会组织的管理，关键是要转变管理依据和管理方式。政府与其他社会主体一样，都要在法治基础上履行管理职责。中共十八届四中全会提出全面依法治国，强调法治国家、法治政府和法治社会一体建设，充分体现了以法治为基础实施社会组织管理的必要性，这也是现代社会组织体制的突出特征。就当下而言，改革政府对社会组织的管理方式迫切需要实现"四个转变"：一是政府与社会组织之间的关系应由主从隶属关系向合作伙伴关系转变；二是政府对社会组织的管理应由主要依赖行政手段向完善立法、依法管理转变；三是政府在对社会组织分配资源方面应更多引入竞争机制，更好实现从垄断性分配向竞争性分配转变；四是在对社会组织活动和绩效评价方面应更多引入第三方评价，更好实现从政府评价向社会评价转变。在很大程度上，能否顺利实现这些转变直接关系到现代社会组织体制能否建立并有效运行。

最后是大力培育社会合作与公共服务文化，这是现代社会组织体制得以有效运行的思想文化基础，实际上也是现代社会组织得以健康持续发展的重要基础。政府和市场是满足社会成员需求的重要主体，但是社会成员很多需求的满足是可以靠互助合作实现的。一个社会中，社会成员的志愿服务意识、信任合作意识越强，对社会组织的认同和支持越多，或者说社会成员之间彼此关心、互相帮助的"社会性"越强，社会组织就会越发达，社会自身的力量就会越强大，社会成员自我服务和自我满足需求的水平也就越高。这样不仅有助于扩大社会福利，而且会减少社会成员对于政府和市场的依赖，克服政府和市场的局限。

迈向包容与合作的国家与社会关系

加快形成现代社会组织体制必然影响到国家与社会的关系。大体上，国家与社会关系的实践存在着几种典型模式：一是国家统揽社会，行政权力直接抵达每个社会成员，社会成员的生产生活都由国家通过其行政体系直接安排。这种模式下的"社会"实际上已经不存在，或者直接等同于国家。由于这种模式面临着财政约束、活力损失等诸多问题，其可持续性备受质疑，实际上也鲜有长期成功的案例。二是国家融入社会，国家权力和职能受到严格监督和限制，基于市场和公民互惠的社会力量强大，反过来制约、反对着国家。这种模式也有着限制国家正常发挥职能的缺陷，同时也在很大程度上放任了市场对社会整体福利的损害。三是国家与一些强势的社会团体合作，赋予各行业、各领域社会团体一定的特权，并依靠这些社会团体的力量合作治理社会。这种模式实际上也存在着限制普通群众参与甚至忽视他们权利的局限。

应该说，不同模式国家与社会关系的存在，都有着其特定的历史、社会和思想文化基础，在一定程度上都有其自然的合理性，也都有各自的缺陷。但是，这种理解也表明，事实上并不存在普遍适用的国家与社会关系模式，一个社会处理其国家与社会的关系，不可能简单移植某些人所认为的理想模式，而只能基于特定社会发展阶段、特定思想文化传统和特定社会需求在实践中自主创造和建构。

在中国现代化进程中推进社会组织体制现代化，虽然强调了"政社分开"，但是这种分开主要是职能意义上、策略意义上的，相对分开是针对实际情况和需要，为了明确政府和社会各自权责，强化各自优势，促进更加有效率的合作，更好地形成政府治理和社会调节、居民自治的良性互动，从而最大限度地创新公共服务，扩大公共服务供给，增进全体人民福祉。很明显，这种意义上的"政社分开"并不是走向政社分离乃至对立。我们所要形成的现代社会组织体制是要结合中国实际情况，科学地构建党的组织、政府组织、市场组织、社会组织和人民群众之间的关系模式。在此模式下，人民群众是最重要的主体，是参与和监督政府组织、市场组织、社会组织的重要力量；在党的领导下共同致力于更好地保障并扩大人民群众福利是政府、市场、社会走向有效合作的客观要求和重要动力。

有鉴于此，从国家与社会关系的角度看，未来中国国家与社会乃是在法治约束下，彼此适应、相互调整、包容合作，共同服务于人民群众的根本利益。这样一种关系模式与已有的一些模式是有区别的，可能会是基于中国实践的一种新的创造。

关于社会救助立法的几点思考[*]

很多人期待已久的社会救助立法进程终于启动了，全国人大将其列入了立法计划，民政部正在组织人员起草社会救助法的内容。这是中国社会救助工作中的一件大事。然而，立法应是一件很严肃、很专业的事情，需要进行充分的研究和讨论，以便就一些关键问题达成共识，只有这样才能顺利推进立法，并保证法律内容的严肃性、科学性、合理性和适用性。本文试就社会救助立法的有关问题提出一些看法，以供大家讨论商榷。

为什么要推动社会救助立法？

我们为什么要推动社会救助立法？是为了立法而立法吗？显然不是这样。一句话，推动社会救助立法是完善我国社会救助工作的实际需要，是依法行政的实际需要，是建设社会主义法治国家、构建社会主义和谐社会的重要组成部分。具体而言，又至少有以下几个显而易见的理由：

第一，贫困现象的长期存在需要稳定的制度安排。贫困现象的存在几乎与人类历史一样长久，因为每个社会成员都有可能遭遇各种各样的风险而陷入贫困状态。具体到特定的社会成员，贫困可能只是其暂时的生活状况；但是，对一个社会而言，贫困注定是一种长期存在的现象。一方面，不断地有人陷入贫困；另一方面，一些社会成员几乎无力摆脱

---

[*] 本文完成于2006年9月初，部分内容曾以《从道德救赎到法律匡正》为题发表在2006年9月6日《中国社会报》。

贫困状况。因此，一个文明社会总是要发展出稳定的济贫制度，以因应贫困现象的长期存在，控制其负面影响。在现代社会，这种制度的最典型代表就是法律。因为，相对而言，法律是最稳定、最具强制力的制度规范。事实上，各种各样的社会救助立法是西方发达国家立法的重要内容。

第二，社会救助立法是保障贫困者权利的有效手段。在现代社会，社会救助行为的发生是基于对公民基本权利的保障，而不是基于慈善和施舍，这是现代社会救助与传统社会救济的一个重要区别。何以申明公民的基本权利？实践表明，最普遍、最有效的做法就是通过立法加以明确。西方发达国家在其发展过程中，正是逐步通过专门的立法确认了公民权利的正当性和国家保障这种权利的义务性。中华人民共和国《宪法》也规定：公民在年老、疾病或者丧失劳动能力的情况下，有从国家和社会获得物质帮助的权利。国家发展为公民享受这些权利所需要的社会保险、社会救济和医疗卫生事业。但是，宪法是一个国家的根本大法，其所规定的一些原则，如果没有专门的立法就实施主体与实施程序等进行规范，就难以得到落实。由此，我们必须制定专门的社会救助法，在贯彻宪法原则的基础上给予公民基本权利具体而有效的保障。

第三，社会救助实践的成功经验需要上升为法律。改革开放以来，因应我国贫困形势的变化，我国社会救助制度发生了重大转变，目前的社会救助与改革开放以前的社会救济相比，在很多方面都有了很大的不同。特别是，我国城乡居民最低生活保障的实践，体现了很多创新之处，积累了一定的实践经验，代表了我国社会救助制度发展的基本方向。为了确认这些经验，使之具有长期的、稳定的、普遍的效力，就应当将其总结、提升为法律规定。

第四，社会救助工作中的一些问题需要通过立法来解决。在改革和创新的过程中，我国社会救助工作有了相当的发展，但是仍然存在着一些依靠现行政策规定难以很好解决的问题。比如说，救助对象确认程序与方法方面的不规范问题、救助项目和内容的不规范问题、救助资金保障的有效性问题、救助输送体制问题、救助人员的专业化问题、救助对象的申诉权利保障问题、各个救助管理机构、救助设施和救助项目之间的协调问题，等等。这些问题如果没有明确而统一的法律规定，是难以有效解决的，由此将成为完善我国社会救助的严重制约。

应当确立什么样的社会救助理念？

在肯定社会救助立法之必要性的前提下，笔者认为，比罗列出具体法律条文更重要的是厘清社会救助的基本理念。如果不就其基本理念进行讨论并达成一定的共识，社会救助立法就很难呈现出其系统性、科学性和适用性。

在某种程度上，社会救助的基本理念实质上反映的是社会对贫困的态度，这种态度有两种极端的类型。

一种是把贫困归咎于个人的原因，是个人在社会竞争中的失败造成的。因此，贫困问题的存在是不可避免的，不应当通过过度的社会干预来解决贫困问题，而应着眼于个人的努力。政府只应针对贫困者提供最低限度的帮助，以保证其最低的生活需求，同时督促其返回社会竞争，走向自助。这种社会救助往往还带有惩罚的意味。在具体的救助制度设计上，则体现为对救助对象与救助内容的规定非常苛刻，强调救助对象必须在已有各种生活资源确实不能维持其最低生活需求的情况下才能申请救助，强调救助的最低水平以免形成福利依赖，强调救助的附加条件以惩罚接受救助者，并灌输社会的主流价值，使得社会救助成为传递社会道德与价值的重要工具。

另一种是把贫困归咎于社会原因，是社会环境与机制的不善造成了个人贫困。因此，应当致力于社会改革与制度建设以解决贫困问题，政府在此方面应当发挥重要作用，成为全体公民之福利的主要供给者，以矫正市场和社会机制的不足。在具体的制度设计上，则体现为强调公民的基本权利，淡化贫困的绝对内涵，着眼于建设面向全民的福利国家，维护全体国民的尊严。

基于前一种态度所实施的社会救助模式，通常又被称为选择性福利模式或剩余型福利模式，这一模式通常流行于自由市场经济时代或者社会救助的早期；基于后一种态度所实施的社会救助模式，通常也被称为普及性福利模式或制度型福利模式，这一模式通常流行于"二战"以后的一些西方国家和社会主义国家。

事实表明，以上两种对于贫困的极端态度以及基于此种态度所实施的社会救助都是有很多负面社会效果的。前者最大的问题是忽视现代社会公民的基本权利，加剧了社会排斥，并在事实上造就了贫困陷阱；后者最大的问题是忽视了公民应尽的责任，加剧了福利依赖，弱化了社会活力，影响了经济增长。

在反思的基础上，一些学者提出了发展型福利的主张。此种主张的背后实际上承认导致贫困既有社会原因，又有个人原因，应当同时致力于社会改革和个人的能力建设以解决贫困问题，加强社会发展与经济发展的联系，在促进全民共享发展成果的同时，保证社会和经济发展的活力。在具体的制度设计上，此种主张认为社会救助是公民的基本权利，但是公民也必须履行相应的责任，强调权利与责任的统一；社会救助的主体是多元的，但是政府仍然必须是最重要的主体，并在不同的社会救助主体之间进行协调；社会救助应当更加强调促进救助对象的自立，促进其通过就业参与经济竞争；社会救助不应是局部的、一次性的，而应该是整体性的、动态性的社会服务；社会救助的取向是促进社会融合而非社会排斥，是激励参与竞争而不是对退出竞争的惩罚；社会救助应当更加重视救助对象的主体性及其需求的差异性，重视救助对象的参与和潜能的开发；社会救助的策略不仅仅是对贫困者的收入补充，而且应当拓展到对低收入就业者的扶助以及帮助贫困者积累资产。

反观我国现行的社会救助，整体而言，应该还是属于剩余型模式。我们在社会救助立法中究竟是容忍这种模式的缺点并继续贯彻这种模式，还是结合社会救助理论以及我国社会经济的发展，采取更为适当的立场，这是必须引起高度重视的问题。

社会救助法的框架和应有内容

一般的社会救助立法都包括原则性陈述、一些具体规定和相关的罚则，由此构成法律的基本框架。笔者在此提出讨论的不是这种意义上的框架，而是指现阶段的社会救助立法应当包含哪些救助类型？我们目前实施的社会救助，包括城市居民最低生活保障、农村居民最低生活保障、农村"五保"供养、自然灾害救助、城市流浪乞讨人员救助、农村特困户救助以及其他社会救济等。如果从救助项目上看，还有医疗救助、教育救助、住房救助和司法救助，等等。

现在的问题是，我们是否需要把现行所有的救助类型原封不动地都纳入一个社会救助法中？我们先来看看中国台湾地区的经验。台湾地区社会救助立法的宗旨是"照顾低收入及救助遭受急难或灾害者，并协助其自立"，其社会救助类型分为生活扶助、医疗补助、急难救助及灾害救助。但是，台湾地区社会救助的实践表明，灾害救助的程序、主体与工作负荷，与一般的社会救助有很大不同，不是一般的救助机构和人员所能承担的。因此，已经有学者建议制定专门的灾害救助法规。

笔者同样认为：首先，灾害救助不同于一般社会救助，不应包含在目前的社会救助立法中；其次，目前社会救助立法的核心内容应是针对贫困人群、低收入者以及遭受急难者的基本生活救助。为此，凡是涉及公民基本生活救助的现行各种救助制度和项目都应当进行调整、合并、整合，将要出台的社会救助法切忌变成单纯的"最低生活保障法"或者现行一些救助制度的"汇编法"，社会救助立法应当在总结和规范现行社会救助的基础上，展现出未来中国整合的社会救助的基本框架；再次，医疗救助可以列入社会救助法中，但是需要预留补充和完善的空间。

就具体的立法内容而言，我们需要重点明确的应是以下一些方面：

第一是社会救助的定位，包括社会救助在整个社会保障制度中的位置、社会救助的宗旨和内容、社会救助实施的基本模式，等等。

第二是社会救助对象的资格认定，包括认定的基本单位、基本生活需求的测定、扶养责任的界定、劳动能力的认定、收入的认定、财产的认定，等等。

第三是社会救助给付的有关规定，包括给付的单位、标准、内容、方式、周期、时限、条件以及各种预防性给付或专项给付。

第四是社会救助行政的有关规定，包括中央与地方责任的划分、专门社会救助机关的设置、相关部门之间的协调、救助申请和办理的程序与方式、救助对象的管理、行政权限的界定、申诉制度的内容，等等。

第五是社会救助的资金与人员保障，包括社会救助的资金来源、分担方式、拨付程序、管理规定以及社会救助从业人员的配备、资格认定、考核，等等。

第六是有关的罚则，包括针对社会救助行政人员、社会性救助单位以及救助对象等有关违规行为的处分规定。

立法过程中应当注意的突出问题

质而言之,社会救助立法实际上是一个社会救助制度改革与完善的过程,在此过程中必然会遇到各种观念与利益的冲突,关注并正确处理好这类冲突,是顺利推进社会救助立法所必需的。

首先一个问题是如何看待社会救助在整个社会保障体系中的位置?大体而言,现代社会保障体系包括了社会保险、社会福利和社会救助三个主要方面。有的人认为不应过分强调社会救助的重要性,社会救助受到过分强调是社会的"悲哀"。这些人认为:社会救助的对象越少,社会救助的分量越轻,说明社会越进步。从理想意义上说,这种观点似乎不无道理。然而,现实毕竟是现实,任何社会都存在贫困者或者濒临贫困的脆弱群体,正因如此,社会救助在当今世界各国仍然发挥着重要作用。就中国的特殊情况而言,发展面向全民的社会福利仍然是一个遥远的目标,侧重面向就业者的社会保险不仅其覆盖范围还非常有限,而且其有效保障水平也非常低下。因此,在当代中国,不仅社会救助有着很大的实际需求,而且发展社会救助可能也是整体上最经济、对贫困人群最有效的保障。

第二个问题是如何避免立法过程中部门利益的抵制和冲突?我们知道,现行的社会救助有着不同的政策依据,涉及多个行政部门,比如说民政部门、卫生部门、教育部门、司法部门、建设部门等,实际上也涉及劳动部门。即使是在民政部门内部,与社会救助相关的业务单位也不止一个。因此,社会救助立法注定与多个部门相关,如果不能很好处理,很容易引发利益冲突,造成一些不良后果,比如说社会救助法难产,或者生出"怪胎",或者制定出来之后难以得到有效的执行。为了防止立法过程中的利益冲突及其可能导致的不良后果,一方面应在立法过程中积极推动相关部门的参与和协商,另一方面更应由权威的综合部门或者超越有关部门的独立机构组织立法过程,从而最大限度地减少部门利益的负面影响。

第三个问题是如何协调社会救助法与已有的相关政策法规之间的关系?目前我国虽然还没有一部社会救助法,但是已经有了一些相关的救助政策或部门规章。与此同时,我国针对老年人、残疾人、妇女和儿童等脆弱群体保护的政策法规，也有或多或少地涉及与救助相关的内容。在社会救助立法过程中，如果不能妥善处理社会救助法与其他相关制度安排之间的关系，无疑就会导致制度的交叉、重叠甚至冲突。为此，一方面，在社会救助立法过程中应当认真清理相关的制度安排，与立法要求相符合的政策和部门规章可以吸纳为法律规定，而那些与立法要求相冲突的则应终止效力。一旦作为上位法的社会救助法出台，就应同时废止有关的下位法的规定。另一方面，应当明确社会救助法是社会救助事务的主法，其他法律中凡是涉及与救助相关的内容，在执行时都应以适用社会救助法为主。

第四个问题是如何避免法律的形式主义，确保法律发挥作用？立法贵在使其发挥效力，促进我国社会救助工作的不断完善。如果法律只是纸面上的条文，不能在实际工作中发挥作用，那就失去了立法的意义。当然，确保法律发挥作用，在很大程度上是与执法相关的问题。不过，如果立法科学、合理，执法也就相对有保障。

为此，首先在立法过程中要做大量、细致的调查研究，要使法律条文切合实际情况，具有可行性，而不能仅仅将法律作为体现主观愿望的工具。比如说，一般人都认为直系血亲应当担负扶养责任，但事实上由于很多原因，目前一些扶养关系并不能发生。即使把它列为法律规定，恐怕也很难落实，最终还使得一些人得不到任何社会扶助。台湾地区的社会救助实践就表明了这一点，以致于有学者建议仅规定父母与子女之间的扶养责任。我们在社会救助立法中如何规定扶养责任，就是一个需要仔细考量的问题。其次，我们在立法中要对执法的主体作出明确的规定。按照台湾地区社会救助法的规定，社会救助事务在"中央"为"内政部"主管，在"直辖市"为"直辖市"政府，在"县（市）"则为"县（市）"政府。根据我们的实际情况，民政部无疑应确立为中央层次的社会救助主管单位，在基层县市似乎也应突出政府的责任，而不是政府民政部门的责任。再次，在立法中必须对执法所必须的人力、物力和财力投入作出明确规定，也就是要考虑执法成本。否则法律的落实就非常困难。最后，要同时制定与社会救助法相应的社会救助法实施细则。在社会救助法中难以具体规定的事项，应在实施细则中充分说明。

当然，社会救助立法实际上可以看作一个持续的过程。社会经济环境在不断变化，人们的价值观念在不断变化，社会救助的实践也在不断发展，我们很难期望制定出一部一劳永逸的社会救助法。社会救助法的具体规定总是要随着实践的不断发展而不断修订、丰富的。就台湾地区而言，1980年社会救助立法到现在，就已经历了若干次的修订。我们现在的关键是制定出比较合理的法律框架以及能够适应和推动现阶段社会救助工作的法律规定。这样我们就能够既保证法律的适用性，又能保证其开放性。

完善贫困治理体系，推进
贫困治理现代化*

改革开放以来，我国扶贫开发工作不仅大规模、大幅度、高速度地改善了广大农村居民的生活状况，而且为全球减贫事业作出了巨大贡献，减贫数量占到全球七成以上，赢得举世瞩目，收获广泛好评。到2020年全面建成小康社会的宏伟目标，为扶贫工作注入了新动力，提出了新要求，开启了新征程，持续推动着中国贫困治理现代化。而中国贫困治理现代化的核心就是完善贫困治理体系，提升贫困治理能力。

第一，充分凝聚脱贫攻坚的政治共识。消除贫困事关保障全体人民的基本权利和福祉，体现了底线思维。习近平总书记从政治高度深刻阐述了脱贫攻坚工作的重要性和紧迫性，指出："消除贫困、改善民生、逐步实现共同富裕，是社会主义的本质要求，是我们党的重要使命。全面建成小康社会，是我们对全国人民的庄严承诺。""在扶贫的路上，不能落下一个贫困家庭，丢下一个贫困群众。""我们不能一边宣布全面建成了小康社会，另一边还有几千万人口的生活水平处在扶贫标准线以下，这既影响人民群众对全面建成小康社会的满意度，也影响国际社会对我国全面建成小康社会的认可度。"[①] 在此意义上，扶贫工作不是一般性的民生工作、经济工作，而是关乎我们道路与命运的重大政治任务。党中央把贫困人口脱贫作为全面建成小康社会的底线任务和标志性指标，作为对中国特色社会主义本质的基本遵循，作为一项重大政治任

---

* 本文发表于《光明日报》，2017年10月9日。

① 《习近平谈治国理政》第2卷，外文出版社2017年版，第83页；国家互联网信息办公室主编：《"长征路上奔小康"主题活动优秀作品集》，人民出版社2017年版，第38页；中共中央文献研究室编：《十八大以来重要文献选编（中）》，中央文献出版社2016年版，第775页。

务，广泛动员社会各界，赢得了全党全国人民的高度认同和支持，在全国范围全面打响了脱贫攻坚战。近年来脱贫攻坚力度之大、规模之广、影响之深，前所未有，为确保到2020年所有贫困地区和贫困人口一道迈入全面小康社会奠定了坚实基础。

第二，坚持促进发展与扶贫的良性互动。发展，特别是以人民为中心的发展，是解决贫困问题的重要基础和基本路径。消除贫困的努力也会为发展创造新的机会、动力与条件。在发展中扶贫，在扶贫中发展，体现了发展与扶贫的良性互动。习近平总书记指出："发展是甩掉贫困帽子的总办法。""欠发达地区和发达地区一样，都要努力转变发展方式，着力提高发展质量和效益，不能'捡进篮子都是菜'。"[1] 在此，习近平总书记充分强调了发展的人民性和包容性，特别关注让贫困者能够从发展进程中真正获益，而不是被排斥在外。应该说，改革开放以来我国减贫取得的巨大成就是与长期坚持以经济建设为中心、推动经济社会又好又快发展密不可分的。与此同时，扎实推进扶贫工作也有利于保障社会经济健康持续发展。在数十年经济快速增长的基础上，我国在整体上已经迈入中等收入国家行列，但距离高收入国家尚有差距。在此阶段，我们可能面临两种前景：一是持续发展成为发达国家；二是徘徊不前掉入"中等收入陷阱"。这当中，关键的影响因素就是经济社会能否实现成功转型，而避免贫富差距过大乃至对立则是促进经济社会成功转型的底线。如果贫富差距过大，社会上依然存在着大规模的贫困人群，那么不仅会导致内需不足、增长乏力的问题，而且会削弱经济增长的社会认同，恶化经济增长的社会环境。因此，深入推进扶贫工作也是扩大有效需求、增进社会团结、优化经济空间的重要举措，是促进发展和民生进一步良性互动、相得益彰的基本前提。

第三，着眼于国家治理与贫困治理的协同推进。贫困治理是国家治理的重要组成部分，国家治理现代化的水平影响和制约着贫困治理现代化的水平。归根结底，贫困是具有社会性的，是社会的产物。解决贫困问题要以优化社会环境为基础和前提。在此意义上，没有国家治理现代化，就不可能有贫困治理现代化。反过来，贫困治理现代化无疑也将直

---

[1] 人民日报社评论部编著：《"四个全面"学习读本》，人民出版社2015年版，第54页；洪向华主编：《领导干部新文风》，人民出版社2017年版，第150页。

接减轻国家治理的压力，促进和改善国家治理，并在特定方面体现着、丰富着、推动着国家治理现代化。党的十八大以来，国家治理与贫困治理呈现出协同联动、互相促进的良好局面。一方面，我们坚持完善和发展中国特色社会主义制度，统筹推进"五位一体"总体布局、协调推进"四个全面"战略布局，推动了经济发展和社会进步，加强了包括就业、教育、医疗、文化、住房在内的公共服务体系建设，编织了兜住人民基本生活的安全网，增进了社会团结，提升了国家应对各种挑战的能力，包括应对贫困挑战的能力，为从源头上治理贫困、从根本上遏制贫困和从整体上解决贫困奠定了重要基础，从而减轻了贫困治理的系统性压力，加快了脱贫攻坚进程。另一方面，贫困治理的过程，也是一个社会再动员、再组织和再塑造的过程，在此过程中，贫困群众获得实惠，基层党员更加活跃，基层党组织更加强化，基层社区的能力得以加强，社会成员的协作得以推进，干部素质进一步提升，各种治理的体制机制得以完善，从而进一步巩固了党执政的社会基础，强化了党的执政能力建设，直接促进了国家治理体系的完善和治理能力的提升。

第四，着力于贫困治理体系自身的持续完善。概括而言，在实践基础上，我国贫困治理现代化呈现出若干趋势：一是加快建立健全覆盖全体居民的、科学规范有效的贫困监测和预警体系。这里包括贫困指标的设定、监测网络建设、数据采集分析和预报等内容。我们在针对国家重点贫困县的贫困监测方面已经开展了很多工作，今后应继续加强和改进对非贫困县、城市地区的监测工作。二是逐步完善贫困响应机制，保证能够到户、到人地准确了解贫困状况和脱贫需求，建档立卡，启动扶贫工作。要尤其注重基层党组织和基层社区建设，发挥基层政府和民间组织作用。三是完善资源筹集和传递机制。我国多年来的扶贫开发已经形成了政府、市场和社会协同的大扶贫工作格局，注重调动各个层级、各个方面的力量，筹集贫困者所需要的多样化资源，这是很好的基础。今后应更加注重完善资源传递机制，提高资源传递效率。四是加强内生动力培育机制。摆脱贫困需要贫困者、贫困家庭、贫困社区自身的积极努力，单靠外部帮扶是不行的。在此尤其要注意能够提升贫困者、贫困家庭、贫困社区素质能力与积极性的各项制度建设，高度重视教育脱贫，扭住教育这个脱贫致富的根本之策，实现扶贫扶志（智）相结合、输血造血相结合、物质资本积累与人力资本提升相结合、公共基础设施与个人经济机会相结合。五是完善扶贫监督与评估机制,保障扶贫资源能够有效传递、合理分配并发挥作用。特别是加强对各类扶贫主体的监督检查,完善第三方评估,科学评估扶贫效果,促进扶贫对象动态调整。六是提升精准扶贫精准脱贫能力,这是贫困治理的核心能力。特别是致力于加强工作人员培训和管理,进一步发挥包括社会工作者在内的多种专业人员的作用,促进信息公开,实现扶持对象精准、项目安排精准、资金使用精准、措施到户精准、因村派人精准、脱贫成效精准的基本要求,切实提高扶贫实效。

总而言之,在中华民族站起来、富起来、强起来的伟大进程中,中国共产党领导全国人民开辟了中国特色社会主义现代化道路,创造了发展中国家快速实现现代化的丰富经验,为广大发展中国家的快速发展提供了中国方案,也为增进人类命运共同体的福祉作出了重要贡献。毫无疑问,中国贫困治理现代化的方向、思想和实践,是中国道路、中国经验和中国方案的重要组成部分。我们坚信,在以习近平同志为核心的党中央的坚强领导下,持续推进贫困治理现代化,一定会打赢深度贫困地区脱贫攻坚这场"硬仗中的硬仗",一定会使现行标准下农村贫困人口全部脱贫。尽管贫困现象具有客观性、社会性、复杂性、长期性,但是,我们同样坚信,迈向现代化的贫困治理能够更加有效地应对各种贫困挑战,助力中华民族伟大复兴中国梦的实现,并为世界减贫事业作出新的贡献。

强化社会政策兜底保障功能[*]

2018年12月召开的中央经济工作会议对2019年的经济工作作出部署，并明确了相关政策要求，指出要全面正确把握宏观政策、结构性政策、社会政策取向，确保经济运行在合理区间。其中，社会政策要强化兜底保障功能，实施就业优先政策，确保群众基本生活底线，寓管理于服务之中。如何全面理解社会政策兜底保障功能？如何更好保障改善民生？本文简要阐述三点学习体会。

社会政策兜底保障的内涵

早期的社会政策主要是指运用立法和行政手段调节收入分配不均问题。随着实践的发展，社会政策内涵不断丰富，与民生的更多方面直接相关，主要是指通过立法、行政干预和动员社会力量以保障和改善民生、增进社会福利的一系列政策安排。社会政策要"兜底"，究竟兜什么"底"？我想可以通过四个基本视角来看。

第一是"人群"视角。社会是分人群的，人群是有差别的，这是显而易见的现象。社会政策要兜底，首先要兜的是困境人群的底，就是要帮助那些由于生理、心理和社会等方面原因，参与社会竞争能力弱小甚至没有能力，由此陷于生活困境的人。在社会经济发展的不同阶段，困境人群的组成也有不同。但是，大体上，老弱病残幼以及遭遇天灾人祸的人，陷于困境的可能性更大。当前社会政策需要瞄准兜底的困境人群应该包括城市生活困难群众、农村绝对贫困人口、城乡高龄空巢老人、

---

[*] 本文发表于《社会政策研究》2019年第1期。

农村留守儿童、城乡身心残障人士、受灾群众，等等。社会政策能够给予这些特殊人群有效保障就是发挥其兜底功能。

第二是"服务"视角。社会政策可以看作是为保障和改善民生而提供一系列服务的制度设计，包括提供物质生活服务、照护服务、教育服务、就业服务、医疗服务、养老服务、住房服务、心理服务，等等。党的十九大报告指出，当前我国社会主要矛盾已经转化为人民日益增长的美好生活需要和不平衡不充分的发展之间的矛盾。人民美好生活需要日益广泛，不仅对物质文化生活提出了更高要求，而且在民主、法治、公平、正义、安全、环境等方面的要求日益增长。有要求，就要有服务、有发展。社会政策在满足这些要求方面既要高处着眼，更要坚守底线，要特别着力于提供基本公共服务，促进基本公共服务均等化。比如说基本生活保障、就业权利保障、食品药品安全、义务教育、基本医疗、基本养老，等等，我们国家已经制定了这些方面的公共服务清单，社会政策要兜底就是要兜住这些基本服务，而不能只是保障基本的物质生活。

第三是"权利"视角。社会政策发展经历了从慈善施舍到权利保障的过程，当代社会政策设计和执行的基本底线是保障公民享有的基本经济社会权利。我国宪法和有关法律规定了公民就业、教育、健康、养老、接受救助等基本权利，并对未成年人、妇女、残疾人、老年人等特殊群体赋予了法定权利。所以说，社会政策的"兜底"保障，一个重要方面就是对公民基本权利的保障，我们制定和执行社会政策都要守住这个底线，在保障权利的基础上促进权责对称。对公民基本权利保障的忽视和弱化，就是没有发挥好社会政策的兜底功能。就此而言，我们的社会政策不能止步于慈善救济，要尽力而为。

第四是"发展"视角。当代社会政策已经从剩余补缺型政策向发展型政策转变，更加强调社会政策对人的全面发展和社会经济发展的促进作用。所以，我们在设计和执行社会政策时，应当考虑好政策出发点的"底线"：我们究竟是着眼于政策对象暂时性的需求满足，还是着眼于需求满足的长期可持续性？是着眼于"输血"，还是着眼于增强政策对象自身的"造血"功能？是不计代价地全面满足政策对象各种需求，还是有重点地满足一些关键需求？很明显，基于发展视角，我们社会政策要量力而行，而且要尽力聚焦于能够既满足公民需求又促进经济社会发展的关键领域。这里，人力资本提升就很关键，所以社会政策在注重保障公民基本生活的基础上，要特别兜住教育和健康服务的底线，致力于人力资本的生产和积累。

综上，对于充分发挥社会政策兜底保障功能，我们应该系统地考虑四个层面，而不能过于简单地片面理解，特别是不能止步于保障特殊人群的基本物质生活。如果这样，就与社会政策发展的趋势不一致，与我国经济社会发展阶段和未来需要不相符。

发挥社会政策兜底功能的意义

社会政策的发展和不断完善，既是相对狭义现代性的反向运动，也是广义现代性的重要组成部分，对现代社会的建构与形成起到了重要的支撑作用。当代世界的社会政策涉及了广泛议题，不仅关注收入分配，而且关注人与人、人与自然之间关系的很多方面。在中国发展现阶段，我们突出强调社会政策兜底保障功能，这是基于我们制度基础、发展阶段、发展趋势以及创新社会治理等方面的考虑而做出的科学判断，是增强战略思维、辩证思维、创新思维、法治思维，特别是突出底线思维的重要体现，也是遵循中国特色社会政策发展规律的重要体现。

我国是中国共产党领导下的社会主义国家，坚持以人民为中心是党治国理政的根本要求。十九大报告指出，为什么人的问题，是检验一个政党、一个政权性质的试金石。把人民利益摆在至高无上的地位，抓住人民最关心最直接最现实的利益问题，坚守底线、突出重点、完善制度、引导预期，完善公共服务体系，既注重保障群众基本生活，补短板强弱项，又不断满足人民日益增长的美好生活需要，让改革发展成果更多更公平惠及全体人民，朝着实现全体人民共同富裕和更加全面的社会发展不断迈进，这是党治国理政的底线，是全面建成小康社会的内在要求，是发挥社会政策兜底功能的基本出发点和落脚点。

我国社会政策注重兜底也是社会发展特定阶段的客观需要。虽然经过党和人民的长期努力，中国特色社会主义进入了新时代，我国社会主要矛盾已经转化为人民日益增长的美好生活需要和不平衡不充分的发展之间的矛盾。但是，我国仍处于并将长期处于社会主义初级阶段的基本国情没有变，我国是世界最大发展中国家的国际地位没有变，仍然需要坚持以经济建设为中心，促进经济更高质量发展，创造更多更好更加扎实的物质基础。所以，我们制定社会政策要切合实际，要分轻重缓急，既要尽力而为，又要量力而行，一件事情接着一件事情办，一年接着一年干，只有这样才能持续保障和改善民生。

坚守底线、突出重点，充分发挥社会政策在培育人力资本方面的重要作用，是促进经济社会良性互动的客观需要。在现代经济发展过程中，一方面，社会政策发展滞后和不完善，必然加剧社会矛盾和冲突，导致社会失序，妨碍经济增长，最终对广大民众的生活质量造成损害；另一方面，对民众许诺太多，过多过高水平地设计社会政策项目，加大社会福利支出，也会导致福利病，损害社会活力和经济发展动力，最终使得社会政策不可持续，并诱发社会危机。所以，社会政策的制定和实施一定要对准经济社会良性互动、协调发展的关键点，使其效益最大化。事实证明，注重培育和提升人力资本，既有利于民众生活改善，又有利于经济持续增长，这是一种更为积极的发展型社会政策。

强化社会政策兜底保障功能，充分尊重并保障法定的公民基本权利，寓管理于服务之中，这也是我们加强和创新社会治理的客观需要。良好社会秩序是民生的基本方面，是广大民众渴望的优质公共物品。从社会管理到社会治理，意味着社会秩序观的重大转变。良好的社会秩序并不简单地是靠管理出来的，而是需要更加尊重和保障公民权利，需要更加广泛的参与和协同，需要保障和改善民生的更好服务。"仓廪实而知礼节，衣食足而知荣辱。"我们着眼于强化社会政策兜底保障，既是对基本民生的保障，也是对基本权利的保障，这实际上是加强预防和化解社会矛盾机制建设，正确处理人民内部矛盾，打造共建共治共享社会治理格局的重要方面。

最终，管控好社会政策取向，强化社会政策兜底保障功能，是对新时代中国特色社会政策发展规律的探索和遵循。西方发达国家在其发展过程中的社会政策实践，积累了正反两方面的经验和教训，为我们提供了借鉴和参考的对象。但是，社会政策从来都是与一个社会的历史文化传统、基本社会制度、社会发展阶段和社会需求类型等密切相关的，没有普遍适用可以照搬的社会政策。即使是同在社会主义制度下，我国社会政策发展也走过大包大揽、效率低下的弯路。立足新时代，在中国特色社会主义现代化实践中完善社会政策，必须紧密结合中国国情，更加重视战略思维、辩证思维、创新思维，充分汲取社会政策发展实践中的经验和教训，充分调动政府、市场、社会和公众等多方积极性，促进社会政策效益最大化，这就注定我国社会政策发展是一个学习借鉴、实践反思、坚守底线并不断探索创新的过程。

推进重点民生的社会政策保障

党的十九大报告指出，要在发展中补齐民生短板、促进社会公平正义，在幼有所育、学有所教、劳有所得、病有所医、老有所养、住有所居、弱有所扶上不断取得新进展，保证全体人民在共建共享发展中有更多获得感，不断促进人的全面发展、全体人民共同富裕。优先发展教育事业，提高就业质量和人民收入水平，加强社会保障体系建设，打赢脱贫攻坚战，实施健康中国战略，打造共建共治共享社会治理格局等，都是关乎民生的重要方面。[①] 这里简单谈谈就业、教育、医疗、养老和住房等方面的社会政策议题。

就业是最大的民生，就业政策兼具经济政策与社会政策属性。从社会政策角度而言，最为重要的是保障公民就业权利，促进公平就业，提高就业质量和就业所得，完善失业保障。我国人口多，劳动年龄人口也多，在快速城镇化进程中需要转移就业的人口也多。特别是当前处于经济转型升级阶段，经济下行压力很大，不仅岗位需求发生结构性变化，需求总量也有不足，这样带来了非常严峻的就业压力。促进就业需要着眼于供给侧结构性调整，适应需求变化，这里包括教育方面的专业设置调整、教学内容和教学模式改革，也包括加强职业技能培训，同时还应创新社会治理体制机制，破除妨碍劳动力、人才社会性流动的体制机制弊端。考虑到社会政策要兜底，当前需要重点解决好高校毕业生、农民工、退役军人等群体就业，同时健全失业保障和学习培训体系，这样对于保障民生和维护社会稳定都具有重要意义。

发展教育关乎社会政策的多重兜底功能，这既是斩断贫困恶性循环的重要手段，也是对公民基本权利和基本社会服务的底线保障，还是促

---

① 习近平：《决胜全面建成小康社会 夺取新时代中国特色社会主义伟大胜利——在中国共产党第十九次全国代表大会上的报告》（2017年10月18日），人民出版社2017年版，第23、46—49页。

进民生和经济良性互动的重要方面。教育问题千头万绪,从教育政策作为一项基本的社会政策意义上讲,一是要优先发展教育,增加人力资本投资;二是要发展普惠性教育,面向生命全周期、需要全方位、社会全人群,着力改革传统的教育理念和教育模式;三是发展公平性教育,不分人群、地域和阶层,都应享有公平的教育机会和合理的制度保障;四是要推动形成政府、学校、社会和家庭的合力,致力于实现丰富而有效的教育;五是着眼于培养受教育者的适应和创新能力,特别是其适应社会变化的能力,着力促进受教育者德智体美劳全面发展。当前发挥教育政策的兜底功能,尤其需要增加对学前教育、农村贫困地区儿童早期发展、职业教育、特殊教育和老年教育等的投入,切实保障义务教育质量,促进均衡发展。

健康是人力资本的重要内涵,医疗卫生政策是社会政策的重要方面。改革开放以来,我国医疗卫生事业取得了显著成就,资源总量大大增加,医疗保障较好地满足了人民群众的健康需求,出生人口预期寿命不断增长。但是,随着社会经济发展、人口结构变化、疾病谱的变化,人民群众对更加普及、更加便捷、更加多样、更加优质、更加高效、更加公平的医疗卫生服务的需求不断增长,我们的医疗卫生政策还需要与时俱进不断完善。当前特别是要完善医疗救助,更加公平地配置医疗资源,切实提高医疗服务质量,改革医生薪酬,健全医患关系协调机制,下更大气力抓好食品药品安全,把更多救命救急的好药纳入医保,大力推进医养结合,强化公共卫生体系,大力维护和推广有益于身心健康的生活方式和工作方式,重视扩展心理健康服务。

养老问题已经是我国比较严重的、现实的社会问题。2018年,我国65岁以上老年人口占比已经达到11.9%,整个社会正在快速进入老龄化社会,老龄人口规模巨大。相对于我国人均经济发展水平而言,我们是未富先老的,我们对老龄社会的快速到来准备很不足。在一定意义上,我们可能还是以传统的养老保障思维和经验来设计我国养老政策体系。实际上,我们面对的是社会主体人口变化背景下的经济社会全面转型,我们可能需要从生产、生活以及基础设施和制度设计的整体变革中来思考和应对养老问题。这里不仅是要把老人作为一个对象化群体养起来、养好,而且需要大力推进老年人的社会参与,推动一个老年型社会的重构,于此,传统意义上单纯养老政策的作用是有限的。从补短板强弱项的角度看，当前要抓紧完善养老护理体系，努力解决好"空心村"和大城市养老难问题，在加快省级统筹的基础上推进养老保险全国统筹，切实保障老年人的基本生活，推进医养结合。

　　住房问题关系到老百姓安居乐业，安居不能，乐业也难，获得感幸福感安全感就要打折扣。改革开放以来，我国住房供应总量是增长很快的，关键是供给机制不合理、属性定位不适当以及与之相关的高房价，限制了老百姓的需求满足。在人民群众住房条件整体上有所改善的情况下，仍然有相当一部分人买不起房，面对高企的房价，只能望房兴叹，或者做"房奴"。特别是，我国城镇化进程还没有完成，不断增长的城镇人口还将带来更多的住房刚性需求，特别是年轻人的需求。解决住房问题，要坚持"房住不炒"的属性定位，理顺消化住房供给体制机制，破解利益锁定，完善住房市场体系和住房保障体系，因地制宜综合施策抑制房价过快上涨。当前尤其要加大廉租房供应力度，完善租住体系，切实落实好租售并举之策。

完善民生工作的社会政策支撑*

在发展中保障和改善民生，要求我们不断完善社会政策，发展社会政策学科，为民生工作提供更加有效的政策支持和智力支持。习近平总书记在省部级主要领导干部坚持底线思维着力防范化解重大风险专题研讨班开班式上指出，提高战略思维、历史思维、辩证思维、创新思维、法治思维、底线思维能力，善于从纷繁复杂的矛盾中把握规律，不断积累经验、增长才干。改革开放以来，特别是党的十八大以来的社会政策实践，充分体现了系统性的辩证思维，这是社会政策支撑民生工作并与经济发展良性互动的重要保障。中国特色社会主义进入新时代，对民生工作也提出了新要求，我们要进一步强化和运用辩证思维，加强社会政策宏观思考和顶层设计，增进社会政策的科学性有效性，不断完善民生工作的社会政策支撑。

一是在社会政策定位层面，坚持保障改善民生与促进经济发展的辩证统一。

一方面，要充分认识到社会政策的主要目标在于保障改善民生、促进社会和谐稳定、实现人的全面发展；另一方面，也要认识到社会政策不能成为阻碍经济发展的因素，否则，民生工作将成为无源之水、无本之木，不可持续。社会政策应当聚焦于社会秩序再生产，聚焦于人力资本投资和社会资本培育，聚焦于经济发展与社会进步的最大公约数，从而为更高质量的经济发展创造更好的环境与条件，并实现经济发展与民生改善的良性互动。与此同时，经济、政治、文化、生态等领域的政策

---

* 本文为2018年12月23日参加中国人民大学举办的"社会政策学科建设与中国社会政策发展学术研讨会"发言整理稿，发表于《光明日报》，2019年2月15日。

设计，也应考量其社会效益，发挥其保障和改善民生作用。只有对多领域政策定位进行统筹协调，充分发挥各个领域政策的正向协同效应，才能确保实现在发展中保障和改善民生的政策目标。

二是在社会政策规划层面，坚持全面规划与突出重点的辩证统一。

党的十八大以来，我们党在社会政策规划方面越来越聚焦于三个关键词：生命全周期、需要全方位、社会全人群。党的十九大明确提出，要"在幼有所育、学有所教、劳有所得、病有所医、老有所养、住有所居、弱有所扶上不断取得新进展"，并指出"我们要在继续推动发展的基础上，着力解决好发展不平衡不充分问题，大力提升发展质量和效益，更好满足人民在经济、政治、文化、社会、生态等方面日益增长的需要，更好推动人的全面发展、社会全面进步"。① 这就要求社会政策覆盖全体社会成员全方位、全生命周期的需求，要有全面系统的政策规划。与此同时，党的十九大也特别强调要"抓重点、补短板、强弱项"，"必须多谋民生之利、多解民生之忧，在发展中补齐民生短板、促进社会公平正义"，这就要求社会政策规划要突出重点。② 比如说，我们把教育放在优先位置，突出强调就业是民生之本，强调实施健康中国战略等，就是出于突出重点的考虑。

三是在社会政策设计层面，坚持学习借鉴与实践创新的辩证统一。

西方发达国家的现代化走在我们前面，他们在应对现代化过程中的社会挑战时制定了一系列社会政策，并且发展出较为成熟的社会政策学科。中国作为发展中国家，正在快速推进现代化。我们在介绍西方社会政策学科的同时，也应学习借鉴其社会政策设计和实践的有益成果。同时，也应清晰认识到，不同国家文化历史不同、发展阶段不同、社会体制不同、社会需求不同，社会政策设计不能照搬照抄，而应立足本土实践自主创新，尊重人民群众的首创精神。一些施行效果很好的社会政策都充满着人民的智慧，如改革开放前的农村合作医疗制度和当下的新型农村合作医疗制度，脱贫攻坚中的对口帮扶、社会扶贫，基层社会治理中的"枫桥经验"等，都体现了自下而上的创新努力。我们要进一步完善社会政

---

① 习近平：《决胜全面建成小康社会 夺取新时代中国特色社会主义伟大胜利——在中国共产党第十九次全国代表大会上的报告》（2017年10月18日），人民出版社2017年版，第23、11—12页。

② 同上书，第21、23页。

策设计，使之更加接地气、更能发挥作用，就需要将学习借鉴与实践创新有机有效地结合起来。因此，我们要在社会政策实践基础上，不断建设中国特色的社会政策学科，使之更加完善、更能有效指导实践。

四是在社会政策主体层面，坚持人人尽责与人人享有的辩证统一。

社会政策并不只是政府再分配的工具，也不只是一部分人帮助另一部分人的政策，而是多主体共同参与、彼此合作的一种制度和过程。通过社会政策保障和改善民生，需要面向全体社会成员，切实保障所有人的法定权利，同时也需要全体社会成员自觉履行自己的义务。比如说，我们的社会治理体制就强调党委领导、政府负责、社会协同、公众参与、法治保障，只有共同努力、共同创造，才能共同享有安定团结的社会局面。社会政策固然有着解决社会问题的直接目标，但其本质是促进社会团结和互助，实现社会自身的再生产。因此，在社会政策设计和执行过程中，任何削弱社会联系、损害社会团结、弱化社会责任的倾向都应注意避免，否则只会加剧社会的原子化，瓦解社会和制造问题，最终也必将使得政策实践不可持续。所以，坚持人人尽责、人人享有的辩证思维，就是坚持权利和责任的统一、坚持增进个人福利与积累社会资本的统一、坚持社会政策工具性目标和价值性目标的统一，也就是体现社会进步和促进社会发展的统一。

五是在社会政策发展路径层面，坚持底线保障与持续改善的辩证统一。

党的十九大报告指出，保障和改善民生要"坚守底线、突出重点"，"保障群众基本生活，不断满足人民日益增长的美好生活需要"，要"按照兜底线、织密网、建机制的要求，全面建成覆盖全民、城乡统筹、权责清晰、保障适度、可持续的多层次社会保障体系"。[1] 这里明确了民生工作首先是底线保障，然后才能不断满足需求、持续改善水平，确立这样一种政策发展路径是非常务实的。在发展中保障和改善民生，需要对民生预期有适当的管理和引导，包括在保障改善的范围、方式、水平等方面预期的管理和引导。一方面，必须坚持底线的有效保

---

[1] 习近平：《决胜全面建成小康社会 夺取新时代中国特色社会主义伟大胜利——在中国共产党第十九次全国代表大会上的报告》（2017年10月18日），人民出版社2017年版，第45、47页。

障，这是坚持以人民为中心的基本要求；另一方面，要实事求是，不能唱高调，以免误导预期，损害社会政策的可持续性。坚持底线保障与持续改善的辩证统一，体现了社会政策发展的内在规律，既可以增进社会政策自身可持续性，又有利于经济社会良性互动、持续发展，进而保证民生工作持续改善。

六是在社会政策推动方式层面，坚持循序渐进与突击攻坚的辩证统一。

一般而言，社会政策的推动应与社会经济发展进程相一致。在当今社会经济快速发展的背景下，社会政策尤其要注意配套推进，以免一条腿长一条腿短，从而影响社会进步的质量。但是，在社会发展的不同阶段，社会需求的重点和急迫程度不一样，对于一些群众关切甚至影响到社会运行安全和整体发展的问题，应利用我们的政治优势和制度优势，予以优先、突击解决。在整体上，党的十九大特别强调了要"一件事情接着一件事情办，一年接着一年干"[1]。保障改善民生工作要循序渐进，这是实事求是的态度。我们不可能一揽子解决所有社会问题，我们的问题是发展中的问题，还是要通过持续发展来逐步解决。与此同时，党的十九大报告指出，"要坚决打好防范化解重大风险、精准脱贫、污染防治的攻坚战"，并将打赢脱贫攻坚战列为保障和改善民生工作的重要内容，要求"确保到二〇二〇年我国现行标准下农村贫困人口实现脱贫，贫困县全部摘帽，解决区域性整体贫困，做到脱真贫、真脱贫"[2]。让贫困人口和贫困地区同全国一道进入小康社会是我们党的庄严承诺，要动员全党全国全社会力量，突击攻坚。坚持循序渐进与突击攻坚的辩证统一是基于对社会问题发展演变规律的科学认识。

七是在社会政策投入层面，坚持尽力而为与量力而行的辩证统一。

在发展社会政策、支撑民生工作不断改进方面需要尽力而为，这在根本上是由我们党的性质、我们制度的性质和我们发展的目标所决定的。党的十九大报告明确指出，"为什么人的问题，是检验一个政党、一个政权性质的试金石。带领人民创造美好生活，是我们党始终不渝的奋斗目标。必须始终把人民利益摆在至高无上的地位，让改革发展成果

---

[1] 习近平：《决胜全面建成小康社会 夺取新时代中国特色社会主义伟大胜利——在中国共产党第十九次全国代表大会上的报告》（2017年10月18日），人民出版社2017年版，第45页。

[2] 同上书，第27—28、48页。

更多更公平惠及全体人民，朝着实现全体人民共同富裕不断迈进"。坚持以人民为中心的发展思想，不断增进广大人民福祉，我们要尽力而为保障必要的资源投入。但是，在特定阶段特定条件下，我们可以运用的社会政策投入是有限的。当前，我国仍处于并将长期处于社会主义初级阶段，仍然是世界最大发展中国家，发展仍然是我们的核心要务，我们需要合理分配资源，保障社会进步与经济发展的良性互动。所以，我们在配置民生工作资源时只能量力而行，不能急躁冒进。尽力而为与量力而行的辩证统一，是为了更好地促进发展，更好地为人民谋幸福、为民族谋复兴。

八是在社会政策评估层面，坚持客观评价与主观评价的辩证统一。

社会经济快速发展阶段，民生工作的预期是在不断变化的，保障和改善民生工作的水平往往落后于预期的变化。也就是说，从客观指标看，民生工作不断进步，反映在人民生活水平不断提高、受教育程度不断提升、预期寿命不断增长、社会保障和社会治理体系不断健全等方面。但是，在主观感受方面，一些群体的获得感不强，感觉所得低于预期。因此，当前我们推动支撑民生工作的社会政策不断完善，既要强调"从人民群众关心的事情做起，从让人民群众满意的事情做起"，"使人民获得感、幸福感、安全感更加充实、更有保障、更可持续"，[①]重视群众的主观评价；也要重视用数字说话，让事实表达，客观全面地向人民群众报告我们在相关方面社会政策实践的进展。这种客观评价与主观评价相结合的评价方式，是科学的评价方式，是有利于社会政策不断完善、不断改进的评价方式，也是可以更好反映民生工作进展的评价方式。要做到两种评价的有机结合，意味着我们在社会政策评价方面需要更加专业化细致化，需要发展出专业化的社会政策评估体系，这也是社会政策学科建设的重要目标。

总之，在新时代，完善社会政策，需要有更好的顶层设计，需要强化科学的思维方式。其中，辩证思维的充分运用，将使我们的社会政策设计和执行更加系统全面、更具科学性、更有效率，更能支撑我们保障和改善民生的重要工作。

---

① 习近平：《决胜全面建成小康社会 夺取新时代中国特色社会主义伟大胜利——在中国共产党第十九次全国代表大会上的报告》（2017 年 10 月 18 日），人民出版社 2017 年版，第 50、45 页。

迈进中国社会政策新时代[*]

从社会学的角度看，社会政策是社会再生产的重要制度安排。就此而言，任何追求可持续的社会都会发展出相应的社会政策，以保障基本民生、维护社会秩序、促进社会发展。比如说，中国历史上对人口、户籍管理和灾害救济等工作就非常重视，这方面的政策制定和执行历史悠久。由于不同类型的社会以及处在不同发展阶段的社会，其面临的可持续挑战有所不同，所以社会政策需求也有不同。

现代意义上的社会政策主要是应对工业革命之后的社会风险，以保证社会的可持续性。工业革命带来了社会财富的快速增加，但却引发了资本与劳动的对立，导致具有普遍性和严重性的贫富分化，加剧了社会矛盾与冲突，威胁着社会秩序和持续发展。1872年德国学者成立"社会政策学会"，直接聚焦的是劳资冲突。由瓦格纳（Adolph Wagner）给出的第一个现代的社会政策定义，也是强调运用立法和行政手段以调节分配不均问题。

但是，随着对现代化观察、研究和认识的不断深化，社会政策被赋予了日益广泛的理解，发展社会政策被视为一种与现代化转型相伴的社会保护运动，以及促进社会发展和进步的重要工具，并逐步涵盖了保障改善民生、维护公平正义、增进社会福利、防范社会风险、保护生态环境以及为经济增长创造社会条件、实现经济增长与社会进步良性互动等方面的一系列政策安排。实践需要呼唤着学理支撑和专业人才，由此，社会政策也迈向了学科化时期。一般而言，1950年蒂

---

[*] 本文完成于2019年3月31日，是社会科学文献出版社2019年出版的《人大社会政策讲义》丛书总序。

特马斯（Titmus）在伦敦经济学院创立"社会行政系"（后改名"社会政策系"）标志着现代社会政策学科的建立，此后该学科在欧洲以及世界其他地区不断传播，并对现代化的实践进程产生新的具有方向性的影响。

大体上，"二战"以后对社会发展与社会进步的重视，已经不仅仅是某种思想或者政策倡导，而且体现为日益广泛的实践行动。特别是在西欧国家，以英国为代表，广泛采用社会政策推动福利国家建设，实现了现代化的新发展，赋予了现代社会新内涵。联合国在1946年也建立社会发展委员会（原称社会委员会），具有标志性地体现了在全球范围内推动社会发展的努力。该委员会的职能包括研究和讨论国际社会领域的形势和趋势；对社会发展目标和政策提出建议；对妇女、青年、老龄人、残疾人以及社会治安与犯罪控制等领域应采取的措施提出意见和建议，等等。1995年召开的联合国社会发展世界首脑会议，对在全球范围内加强社会政策、推动社会发展发挥了重要作用。

中华人民共和国成立初期，制定并实施了广泛的社会政策，在解决贫困、失业、流民、犯罪等具体社会问题，恢复社会秩序，保障改善民生，发展社会事业等方面，都取得了显著成绩，呈现了新社会的良好风貌。但是，由于国家经济落后、不利的外部环境压力和特定的治理体制，我们在接下来的发展计划中更多关注的是经济领域，"先生产、后生活"成为一种主导性观念，公共政策也更多地体现为经济政策、政治政策和文化政策，社会领域被看成是经济、政治、文化的从属部分或者三者综合的自然结果。比较突出的标志就是我国历次五年计划都是国民经济发展计划，直到改革开放后的1981年，从第六个五年计划开始才列入社会发展的内容，计划名称也改为国民经济和社会发展计划，体现了对经济社会协调发展的初步关切。这种改变既反映了改善人民生活、促进社会事业发展的现实需要，也体现了对现代化共同趋势的新认识，包括联合国社会发展委员会的倡导，以及中国社会学恢复重建后一些学者的专业建议。

"实践是理论之源，时代是思想之母"，正是改革开放以来的实践变化催生了中国社会政策研究。我们检索到的第一篇关于社会政策的中文文献,正是出现于 1981 年,是对民主德国社会政策理论问题的介绍①。随着国家发展计划的调整,中国政府也日益关注社会发展,积极参与联合国社会发展委员会的活动,并于 1988 年当选为该委员会成员,此后一直连选连任。在为 1995 年联合国社会发展问题世界首脑会议做准备期间,中国政府更加关注到社会政策对推动社会发展的重要作用。1994 年,时任国务院副总理邹家华在全国社会发展工作会议上的讲话指出:"在制定经济政策和经济发展战略的同时,要相应制定各项社会政策,保持各项社会事业的协调发展,使人口、资源、环境与经济发展相互协调、相互促进","制定社会政策要满足人民多方面、多层次的需求,保障人民的合法权益,提高他们的物质文化生活水平、道德修养和身心健康水平,促进国民素质的全面发展和提高"②。这个讲话已经体现了对现代社会政策概念的比较充分的理解。相应地,自 1980 年代开始的社会政策研究,在经历了缓慢发展之后,从 1994 年开始进入较快发展时期。特别是在 1990 年代中后期,随着市场经济发展和国有企业改革不断深化,学术界对于社会政策的研究和倡导日渐突出,不少关于再就业、社会保障和社会救助改革等方面的研究成果开始涌现。

在中国社会政策研究和发展史上具有分水岭意义的一个年份应该是 2002 年,这一年召开了党的十六大,释放了更加以人为本、推动和谐社会建设的信号。此后,中央越来越清晰地阐述了贯彻落实科学发展观、构建社会主义和谐社会的大政方向,并提出了经济、政治、文化和社会四大建设四位一体的战略布局,这就给社会政策研究提供了巨大的需求和动力,也为社会政策应用提供了直接的、广阔的空间。在《中国社会科学》2004 年第 6 期组织的以"科学发展观与社会政策"为题的一组笔谈中,王思斌教授指出"中国将迎来社会政策时代"③,并在此后的其他场合多次阐述这种认识。事实上,如果就党和政府更加关注通过社会政策促进社会发展、保障改善民生、维护公平正义,学术界关注

---

① A. M. 亚尼维茨、周士琳:《六十年代——七十年代民主德国社会政策文献中关于社会政策的理论问题》,《现代外国哲学社会科学文摘》1981 年第 8 期。
② 时任国务院副总理邹家华在全国社会发展工作会议上发表的题为《提高认识,加强领导,大力推动社会发展与进步》的讲话。
③ 王思斌:《社会政策时代与政府社会政策能力建设》,《中国社会科学》2004 年第 6 期。

和研究社会政策的学者日益增多、产出日益丰厚、应用日益广泛等方面而言，新世纪以来我们确实进入了一个中国意义上的社会政策时代，尽管这个"时代"的社会政策研究与实践仍然存在诸多方面的不足。

十八大以来，社会政策已经成为党和政府治国理政"工具箱"中的重要工具之一，常常与宏观政策、微观政策一起相提并论，显示了社会政策地位的提升。在2013年4月25日召开的中共中央政治局常务委员会会议上，习近平总书记提出"宏观政策要稳、微观政策要活、社会政策要托底"。2018年12月21日召开的中央经济工作会议，继续指出社会政策要强化兜底保障功能，实施就业优先政策，确保群众基本生活底线，寓管理于服务之中。由此可见，党的十八大以来，社会政策更加频繁地出现在国家领导人的讲话以及党和政府的文件中，中央对于社会政策的定位和功能有了更加一贯而明确的界定。这种界定既是对实践要求的回应，也是在理论上对发展中国社会政策的一种探索，标志着中国社会政策发展进入新时代。这个新时代要求我们更加冷静地反思既往的社会政策研究与实践，更加科学地阐释社会政策与中国特色社会主义现代化总体目标之间的关联、社会政策与其他公共政策之间的协同、社会政策自身更加确切的功能定位以及具有中国特色的社会政策体系设计和学科建设等。

纵观社会政策的发展演变过程，我们可以看到其具有的一般特性：首先是普遍性，也就是在任何谋求可持续的社会中，社会政策都不可或缺。其次是发展性，也就是社会政策必然随着经济社会的发展而变化，尽管有些政策在形式上看是连续的，但是其理念、内容、执行和评估等方面都具有与时俱进的时代特征。再次是文化性，指的是社会政策总是植根于一定的历史文化传统，体现着特定社会的价值观。最后，由于以上的特性，以及不同社会的基础制度不同，社会政策在不同社会中表现出一定的差异性。简而言之，社会政策从来都是与一个社会的历史文化传统、基本社会制度、社会发展阶段和社会需求类型等密切相关的，没有普遍适用可以照搬的社会政策。

立足新时代，面向新需求，我们需要在仔细省视既有社会政策实践和研究的基础上，继续深化对社会政策的学术研究。这里的一些重点任务包括：一是大力推进社会政策学科建设，为中国社会政策发展提供更加系统的学理支撑。缺乏学科视角，不利于形成共同的思想基础、知识基础和方法论，不利于社会政策知识的集成和整理，不利于社会政策知识的积累和创新，也不利于社会政策的系统设计。二是着力培养社会政策的专业人才，制定、实施和评估社会政策都是非常专业的工作，我们要保证社会政策的科学性、有效性，就必须提升其专业性，就必须培养适应社会政策发展需要的各类从业人员。三是增强社会政策研究的开放性。社会政策研究和设计需要跨学科、跨文化的知识和视野，我们需要在社会政策教学和研究中重视学科交叉的训练，重视跨文化跨国家的社会政策比较研究，特别是要重视社会政策与其他政策的统筹协调研究。四是积极推进社会政策创新。应对新时代的社会需求，我们没有现成的政策工具可以照搬，必须在深入研究、借鉴的基础上，推动自主创新。事实表明，简单地重复我们曾经使用过的社会政策，或者照搬其他国家的政策实践，都难以有效地解决我们面临的问题。五是增强社会政策的实践自觉，特别是在社会政策设计中要努力做到自下而上与自上而下相结合，从实践中来，到实践中去，促进政策与实践的良性互动，真正发挥社会政策促进社会发展和进步的功能。

正是基于以上认识，中国人民大学在既有社会学、人类学、人口学、社会工作、老年学和民俗学等优势学科和相关研究的基础上，大力推进社会政策学科建设和人才培养，自觉履行肩负的责任。我们除了设立社会政策研究院、邀请国内外社会政策专家开设系列讲座、大力推进社会政策学科建设之外，还经由房莉杰博士、李秉勤博士协调，与澳大利亚新南威尔士大学社会政策研究中心联合举办了社会政策前沿暑期讲习班，在聚焦国内外社会政策前沿进展的基础上，更加重视比较社会政策研究和社会政策科学评估的培训交流。我们努力把讲习班办成中外学者之间、理论研究者与实际政策设计者之间开展交流的平台，促进社会政策新思维的传播，培育新时代社会政策研究与实践的共同体。

2017年7月24日至26日，第一届社会政策前沿暑期讲习班成功举办。在为期3天的讲习中，来自澳大利亚和中国的6名学者结合理论介绍和实践研究，围绕社会政策与发展、社会政策评估、社会政策建设与改革、社会照顾、健康政策、贫困测量等做了精彩的报告，产生了很好的社会反响。2018年7月25日—27日，我们围绕反贫困研究前沿议题和创新实践，继续举办了第二期讲习班。连续两次讲习班之后，我们觉得有责任将讲习内容整理出来，为更多、更进一步的政策借鉴和学术交流提供服务，所以就有了"前沿暑期班系列"的出版物。第一辑推出的是2018年暑期讲习班的讲义，内容聚焦于反贫困研究方法论、前沿领域以及中国反贫困的创新案例。

除此之外，我们还邀请国内外社会政策领域的知名学者来人民大学授课，其授课内容记录将形成"社会政策名家讲坛系列"予以出版，和"前沿暑期班系列"一起，构成"人大社会政策讲义"的系列出版物。我们衷心期待读者对相关内容的批评指正，同时更加期待同仁们襄助、参与我们的工作计划，共同推动新时代中国社会政策发展、学科建设和人才培养，为进一步保障改善民生、促进更高水平的社会进步、建设社会主义现代化强国做出专业性的贡献。

衷心感谢应邀发表演讲的各位专家学者，感谢中国人民大学社会与人口学院、社会科学文献出版社为丛书出版所付出的努力，尤其感谢房莉杰博士、李秉勤博士、冯仕政教授、黄家亮副教授等人的协调努力。

谨以此序。

在持续深化改革中丰富
社会建设的中国经验[*]

中国40年的改革开放，使一个人口超过13亿的发展中大国，在整体上快速平稳地推进着现代化，成为仅次于美国的世界第二大经济体，人民群众的获得感幸福感安全感不断增强，已成功接近全面建成小康社会的目标，并不断创造和丰富着社会建设的鲜活经验，为统筹推进"五位一体"总体布局、协调推进"四个全面"战略布局，更好地满足人民日益增长的美好生活需要，实现中华民族伟大复兴的中国梦奠定了坚实基础。

改革开放以来社会建设的突出成就

人口再分布以及与其相关的社会形态转变是现代社会建设的基本面貌。由于长期的城乡分割，乡村社会曾经置身于工业化、城市化进程之外，严重制约了中国社会现代化。改革开放以来，我国城市化大大提速，2017年城镇人口占比已经由1978年的17.9%上升到58.5%。顺应城市化进程，我们不断优化城市结构，改进城市管理，完善城市服务，加强城市融合，在整体上维护了城市良好秩序的同时，不断提升了城市社会质量，激活了城市社会活力，丰富了城市发展内涵，大大改变了中国社会生活面貌。

实质性提升全体人民生活水平是社会建设的基本内涵。按照现行农村扶贫标准，1978年中国农村有97.5%的贫困人口，而到2017年贫困

---

[*] 本文发表于《求是》2018年第16期。

率已经降到了3.1%。重要的还不仅仅是居民收入水平提升。从恩格尔系数看，1978年城镇和农村居民分别是57.5%、67.7%，到2017年整体水平已经降到29.3%，达到联合国划分的富足标准。居民资产积累也在增多，抵御风险能力增强，仅居民住户存款总额就由1978年的211亿元增加到2017年的62.6万亿元。

建立和完善社会安全制度，防范和化解居民生产生活风险，是社会建设的重要内容。改革开放以来，我们针对日益扩大的居民生老病死以及工伤、失业等风险，适应快速工业化城市化市场化需要，重构了原有"国家+单位（集体）"的安全保障体制，逐步建立起覆盖全民、城乡统筹、权责清晰、保障适度、可持续的多层次社会保障体系，社会救助、社会保险、社会福利、慈善事业、优抚安置等制度协调发展，织就了世界上最大的社会保障网，在防范现代社会风险、维护社会稳定、促进社会公平、提升生活质量、保障经济增长并实现更高层次社会整合等方面发挥了重要作用。

发展社会事业，促进人的全面发展和社会全面进步，体现了社会建设的质量提升。改革开放以来，我们不断创新社会事业管理体制和运行机制，大力培育社会组织，壮大社会工作者队伍，丰富社会服务内容，提升社会服务品质，在幼有所育、学有所教、劳有所得、病有所医、老有所养、住有所居、弱有所扶上不断取得新进展，推动人民生活质量不断提高。

创新社会治理体制与机制，既保障社会运行基础秩序，又激发社会发展生机活力，是社会建设的底线要求。不断适应单位体制改革的需要，针对大量"单位人"转变为"社会人"、人口流动加速的实际情况，我们不断推进城乡基层社区建设，发展和规范各类社会组织，预防和化解社会矛盾、促进社会治理的制度建设，加快社会治安防控体系、公共安全体系建设，逐步形成了"党委领导、政府负责、社会协同、公众参与、法治保障"的社会治理体制，促进了系统治理、综合治理、依法治理、源头治理和专项治理相结合，提高了社会治理社会化、法治化、智能化、专业化水平。

推进社会建设的基本遵循与实践经验

我们能够取得如此显著的社会建设成就，最为根本的原因就在于我们始终扎根中国大地，结合中国实际情况，坚持走中国特色社会主义社会建设道路。改革开放40年的实践证明，只有坚持和发展中国特色社会主义，才能保障人民群众的整体利益、长远利益和根本利益，才能维护和发展人民群众最关心最直接最现实的利益。中国特色社会主义最本质的特征是中国共产党领导。改革开放以来，我们坚定不移地坚持和加强党的全面领导，不断改革和完善党的领导体制与机制，确保了党对社会建设事业的正确领导。我们立足国情深化体制机制改革，改进社会治理方式，激发社会组织活力，创新有效预防和化解社会矛盾体制，健全公共安全体系，实现政府治理和社会自我调节、居民自治良性互动，最大限度增加和谐因素。我们坚持以人民为中心的发展思想，充分发挥社会主义制度的优越性，致力于实现全体人民共同富裕，促进人的全面发展和社会全面进步，为持续推进社会建设提供了正确方向和不竭动力。

我们快速推进社会建设还源于面对新情况新问题，能够坚持用马克思主义立场观点方法观察事物、分析问题，坚持用马克思主义中国化最新成果为指导，不断深化对社会建设规律的认识。改革开放以来，我们毫不动摇地坚持和发展马克思主义，坚持人民立场和以人民为中心的发展，坚持运用唯物辩证法分析问题，不断深化对社会建设规律的认识，准确把握了社会建设在宏观、中观和微观层面的不同内涵和重点，有效处理了经济发展与社会建设、社会建设与社会治理等方面的复杂关系，不断开创社会建设新局面。作为马克思主义中国化最新成果，习近平新时代中国特色社会主义思想有着非常丰富深刻的内涵，为持续推进社会建设提供了新的科学思想指南。

坚持在发展中保障和改善民生，处理好经济发展与社会建设的关系，这是我们推进社会建设的一条重要经验。发展是解决我国一切问题的基础和关键，没有发展就谈不上保障和改善民生，在发展中出现的不平衡不充分等问题，还是要通过科学发展来解决，要坚持贯彻创新、协调、绿色、开放、共享的发展理念，不断壮大我国经济实力和综合国力。但是，社会主义社会的发展不是为了发展而发展，更不是为了少数人利益的发展，而是要始终以增进民生福祉为根本目的。中国共产党领导社会主义国家推动科学发展始终为了人民利益，注重在发展中补齐民生短板、促进社会公平正义、推动社会建设，同时坚持实事求是原则，不落伍不冒进，坚守底线、突出重点、完善制度、引导预期，使得社会建设与经济发展呈现出良性互动关系。

遵循社会运行规律，顺应社会变迁大势，不断深化改革，加强制度建设，推进社会建设法治化，处理好改革与法治关系，为加强社会建设提供了体制机制保障。改革开放是实现中华民族伟大复兴的关键一招，改革开放只有进行时，没有完成时。面对不利于社会建设的各种观念、体制和机制，不断深化人口、就业、教育、医疗卫生、收入分配、社会保障、社会治理、社会服务等领域的改革，增强改革的系统性综合性协调性前瞻性，同时不断加强就业、劳动、教育、慈善以及各种人群权益保护等社会领域立法，有力地保障和推动了社会建设进程。

坚持人人有责、共建共治共享，调动一切积极因素，团结一切可以团结的力量，是我们推进社会建设的不竭动力。实践证明，单纯依靠政府力量，还不足以更快速度、更高效率、更好质量地推进社会建设；单纯依靠市场机制，期望经济增长自动带来社会进步，往往也会落空；而将社会建设的责任完全推给社会组织与公众，将严重损失社会建设的资源与能力。所以，实际有效的社会建设与治理体制，必然是党委、政府、企事业单位、社会组织、基层社区和公众等所有社会主体围绕共同目标，依据法治原则，各显其长而又相互合作的体制；必然是重视保护和激发多主体积极性，特别是充分尊重基层社区和群众首创精神、维护人民主体地位的体制；必然是政府治理和社会调节、居民自治良性互动的体制。这些正是我们探索出来的宝贵经验之一。

在回应人民群众新期待中深化社会建设

展望未来，中国特色社会主义迈进了新时代，社会主要矛盾发生变化，社会建设面临新形势新情况新问题。一是经济形势稳中向好，但是仍然面临着新的挑战，持续快速推进社会建设也面临着新形势；二是长期形成的不平衡不充分的发展格局，以及地区之间、部门之间和阶层之间的利益结构，增加了统筹与协调的难度；三是人民美好生活需要日益广泛，不仅对物质文化生活提出了更高要求，而且在民主、法治、公平、正义、安全、环境等方面的要求日益增长，形成了对深化社会建设的新期待；四是社会结构变化和频繁的社会流动等，对创新方式方法，调节社会关系、规范社会行为、化解社会矛盾，提出更加迫切的要求；五是信息技术深刻重塑社会生产与生活，基于互联网的虚拟社会与现实社会交互影响，更进一步增强了社会建设和治理的复杂性。

在新形势下更好回应人民群众新期待，需要我们坚持被实践证明了的基本遵循和有效经验，同时也需要继续解放思想，大胆探索创新，不断深化系统性改革以持续推进社会建设。我们要紧紧扣住新时代新阶段的本质问题，坚持发展和完善中国特色社会主义制度，更加平衡更加充分地推进国家治理体系和治理能力现代化，切实加强和改进党的全面领导，充分发挥党总揽全局、协调各方的重要作用。我们也要深化供给侧结构性改革，继续推动"大众创业、万众创新"，释放经济新活力，化解发展新风险，促进更好更快发展。要精准识别人民美好生活新刚需、新短板，进一步创新培育和激励各类社会力量参与社会建设的体制与机制，推动社会建设社会化，扩大和完善满足人民美好生活需要的供给体系。进一步加快社会建设领域立法，推动社会建设法治化，在法治轨道上统筹社会力量、平衡社会利益、调节社会关系、规范社会行为、化解社会矛盾。充分利用信息技术准确分析、预测和把握社会形势和需求变化，更加便捷地服务广大群众，实现社会建设和治理的信息化精细化智能化。在一个快速变迁的社会，我们需要持续加强学习，建设学习型政党、国家和社会，更加重视社会建设研究和知识普及，着力培养社会建设人才，不断提升社会建设专业化水平。

特别需要指出的是，在快速城市化和全球化进程中深化社会建设，还要更加重视两个方面工作：一是在坚持以人为本持续改进城市规划、建设和管理，提升城市生活质量，让城市社会更美好的同时，更加重视推动乡村振兴，保护乡村社会的完整性和特色，使得乡村与城市如同并蒂莲花，相映成趣，而不是此消彼长、一枝独秀。二是在坚持走中国特色社会主义道路，持续创造和丰富社会建设中国经验的同时，更加重视研究、总结和借鉴社会建设普遍规律，探索中国经验的普遍意义，增进中国经验的可传播性、可接受性、可借鉴性，为世界上有需要的国家和人民提供推动和改进社会建设的借鉴选择，为我国更好参与全球社会治理、构建人类命运共同体作出应有的贡献。

补短板、促民生，更好满足
人民美好生活需要[*]

党的十九大指出，经过长期努力，中国特色社会主义进入了新时代，这是我国发展新的历史方位。新时代我国社会主要矛盾已经转化为人民日益增长的美好生活需要和不平衡不充分的发展之间的矛盾。但是，我国仍处于并将长期处于社会主义初级阶段的基本国情没有变，我国是世界最大发展中国家的国际地位没有变。民生领域还有不少短板，脱贫攻坚任务艰巨，城乡区域发展和收入分配差距依然较大，群众在就业、教育、医疗、居住、养老等方面面临不少难题。如何在发展中补齐民生短板、促进社会公平正义，进一步提升人民生活水平和生活质量，进一步增强广大人民群众的获得感幸福感安全感，更好满足人民美好生活需要，是一项具有重大理论意义和实践意义的课题。深入学习和实践习近平新时代中国特色社会主义思想，精准聚焦，精准发力，精准施策，是破解这一重大课题的关键所在。

更好满足人民美好生活需要

党的十八大以来，以习近平同志为核心的党中央提出了一系列治国

---

[*] 本文与王道勇、黄家亮合作，发表于《社会建设》2018年第5期，由《中国人民大学中国社会发展研究报告2018——更好满足人民美好生活需要》主报告修订而成，内容基于我所主持的两项课题："全面深化社会建设的目标、任务和重点举措研究"（教育部社科司2017年委托）和"坚持以人民为中心的发展思想，着力解决人民群众最关心的实际问题"（国家发改委社会发展司2017年委托）。参与该发展报告撰写的还有陆汉文、陈云、罗云、朱斌、房莉杰、谢立黎、黄燕芬、韩克庆、刘鹏、张森、宋健、宋国君、王卫东等同志。

理政的新思想新理念新战略,坚持以人民为中心的发展思想,更好满足人民美好生活需要是其核心内涵。

(一) 以人民为中心发展思想的提出

2012年11月15日,习近平总书记在新一届中央政治局常委同中外记者见面会上郑重提出,"我们的人民热爱生活,期盼有更好的教育、更稳定的工作、更满意的收入、更可靠的社会保障、更高水平的医疗卫生服务、更舒适的居住条件、更优美的环境,期盼孩子们能成长得更好、工作得更好、生活得更好。人民对美好生活的向往,就是我们的奋斗目标。"① 这次讲话直接提出了以满足人民的美好生活需要作为一切工作的出发点和落脚点。党的十八大以来,习近平总书记在多次重要讲话中不断重申和丰富这一思想。2014年2月,习近平总书记在接受外国媒体专访时指出,"我的执政理念,概括起来说就是:为人民服务,担当起该担当的责任"②。此后,习近平总书记多次指出:"让老百姓过上好日子是我们一切工作的出发点和落脚点","在经济发展的基础上不断提高人民生活水平,是党和国家一切工作的根本目的"。③ 2015年11月,习近平总书记在中央政治局第二十八次集体学习讲话时第一次直接使用了"以人民为中心的发展思想"这一表述,他指出:"坚持以人民为中心的发展思想。发展为了人民,这是马克思主义政治经济学的根本立场。"④ 2016年,习近平总书记在党的十八届六中全会上面向未来提出了"八个如何"理论命题,其中之一就是"如何坚持好以人民为中心的发展思想,更好保障和改善民生"。2017年7月26日,习近平总书记在省部级主要领导干部"学习习近平总书记重要讲话精神,迎接党的十九大"专题研讨班开班式上的重要讲话中进一步指出,未来我们党必须更好地回应人民对美好生活的向往,更好推动人的全面发展、社会全面进步,进一步完善了坚持以人民为中心的发展思想。

2017年11月18日,习近平总书记在党的十九大报告中指出"明确新时代我国社会主要矛盾是人民日益增长的美好生活需要和不平衡不

---

① 《习近平谈治国理政》第1卷,外文出版社2018年版,第4页。
② 同上书,第101页。
③ 中共中央文献研究室编:《习近平关于社会主义社会建设论述摘编》,中央文献出版社2017年版,第4页。
④ 同上书,第30页。

充分的发展之间的矛盾，必须坚持以人民为中心的发展思想，不断促进人的全面发展、全体人民共同富裕"，强调"人民是历史的创造者，是决定党和国家前途命运的根本力量。必须坚持人民主体地位，坚持立党为公、执政为民，践行全心全意为人民服务的根本宗旨，把党的群众路线贯彻到治国理政全部活动之中，把人民对美好生活的向往作为奋斗目标，依靠人民创造历史伟业"①。坚持以人民为中心的发展思想成为习近平新时代中国特色社会主义思想的重要组成部分。

（二）以人民为中心发展思想的重大意义

以人民为中心的发展思想是当代中国马克思主义政治经济学思想，体现了中国共产党的宗旨意识和根本立场，体现了公平正义的社会主义核心价值观，体现了新发展理念，是"五位一体"总体布局和"四个全面"战略布局的核心和灵魂。以人民为中心的发展思想不仅充分反映了共产党执政规律、社会主义建设规律、人类社会发展规律的客观要求，而且体现了习近平总书记所阐述的"遵循经济规律的科学发展，遵循自然规律的可持续发展，遵循社会规律的包容性发展"的核心要义，极大地丰富了马克思主义人民观、发展观，是马克思主义人民观、发展观的新飞跃、新发展，是中国共产党关于发展思想的最新成果，更是当前和未来相当长一段时期内进一步保障和改善民生的根本行动指南。

坚持以人民为中心的发展思想是对以神为本、以物为本和抽象的以人为本的超越，也是社会主义发展新阶段的必然要求。"民惟邦本，本固邦宁。"发展为了谁、依靠谁，是一切发展观尤其是执政党必须清楚回答的根本问题。我们党在成立之初就庄严地向世人宣告，中国共产党自身没有特殊利益，人民的利益就是我们的利益。与抽象的以人为本思想不同，以习近平同志为核心的党中央从宏观的、历史的和战略的高度出发，将以人为本落到了执政的方方面面，即将坚持和完善中国特色社会主义与共产主义远大理想统一起来，将解放和发展生产力同实现中华民族伟大复兴统一起来，将经济发展与社会进步统一起来，将中国发展与世界各国共同发展统一起来，实现经济发展的成果由全体人民共享。

十九大报告指出，为什么人的问题，是检验一个政党、一个政权性质的试金石。带领人民创造美好生活，是我们党始终不渝的奋斗目标。

---

① 《党的十九大报告辅导读本》，人民出版社2017年版，第20—21页。

必须始终把人民利益摆在至高无上的地位,让改革发展成果更多更公平惠及全体人民,朝着实现全体人民共同富裕的方向不断迈进。[①] 人不是抽象的,而是现实的,历史的创造者不是某个人、某些人,而是广大人民群众。我们在发展进程中始终要密切关注人民群众需求的变化,始终把实现好、维护好、发展好最广大人民的根本利益作为党和国家一切工作的出发点和落脚点。我们不仅注重人民群众需求满足的状况,而且尊重人民主体地位,调动人民积极性主动性,发挥人民首创精神,保障人民各项权益,促进全体人民共同参与发展。

坚持以人民为中心的发展思想,要求我们在发展问题上形成全局观、整体观、持续观、公正观、群众观。全局观要求我们意识到,民生是人民幸福之基、社会和谐之本,牵一发而动全身。民生连着民心、民心凝聚民力,做好保障和改善民生工作,不能仅仅就事论事,应当有全局观,要认识到改善民生不仅事关群众福祉和社会和谐稳定,而且是全面建成小康社会的关键要求,是实现中华民族伟大复兴中国梦的核心内容。整体观要求我们从中国特色社会主义事业总体布局的高度,用宏观的系统的辩证的思维来观察和分析民生问题。持续观要求我们必须持之以恒,为实现经济发展与社会进步的良性互动形成可持续的体制机制保障,不断满足人民群众的新需求。公正观要求我们从社会主义本质与社会长治久安的高度出发,协调好少数人先富与共同富裕的关系,需要节制资本增进劳动者权益,需要关怀弱势群体的合法权益,需要处理好干部和群众之间的关系,需要完善再分配制度体系。群众观则要求我们进一步认识到,增进民生福祉是坚持立党为公、执政为民的本质要求。人民是最大的靠山,脱离群众是最大的危险。我们党之所以得到人民拥护和支持,从根本上说,就是因为能始终代表中国最广大人民群众的根本利益。

(三)以人民为中心的发展思想要求着力保障与改善民生

在实践中,坚持以人民为中心的发展思想,关键是要不断提升广大人民群众的获得感幸福感安全感。习近平总书记曾多次强调,"中国梦

[①] 习近平:《决胜全面建成小康社会 夺取新时代中国特色社会主义伟大胜利——在中国共产党第十九次全国代表大会上的报告》(2017年10月18日),人民出版社2017年版,第44—45页。

就是人民的幸福梦"。2015年1月,习近平总书记在中央深化改革领导小组第10次会议上明确提出,要"推出一批能叫得响、立得住、群众认可的硬招实招","把改革方案的含金量充分展示出来,让人民群众有更多获得感"①。此后,在众多国内外重大场合中,习近平总书记频繁地提起"获得感"和"幸福感"等关键词。在2016年的新年贺词中,习近平总书记着重强调了"获得感"这个概念;在2016年2月的中央深化改革领导小组第二十一次会议上,习近平总书记将"是否促进经济社会发展、是否给人民群众带来实实在在的获得感"这"两个是否"上升为改革成效的评价标准②;同年4月,在网络安全和信息化工作座谈会的讲话中,习近平总书记提出要"让亿万人民在共享互联网发展成果上有更多获得感"③;在同年9月,在二十国集团杭州工商峰会开幕式发表主旨演讲时,习近平总书记提出,中国将"更加注重公平公正,在做大发展蛋糕的同时分好蛋糕,从人民最关心最直接最现实的利益问题出发,让老百姓有更多成就感和获得感"④。在2017年7月26日重要讲话中,习近平总书记进一步强调了人民对美好生活的向往问题。在十九大报告中,习近平总书记强调:"坚持在发展中保障和改善民生。增进民生福祉是发展的根本目的","保证全体人民在共建共享发展中有更多获得感,不断促进人的全面发展、全体人民共同富裕"。⑤ 可以说,如何进一步提升人民群众的改革获得感和生活幸福感,已经成为党中央贯彻落实以人民为中心的发展思想的主要抓手。

在具体操作层面上,提升广大人民群众的改革获得感和幸福感,需要不断分析和识别人民需求的变化。当前我国民生发展不平衡不充分的问题还很突出,需要"抓重点、补短板、强弱项"。着力补齐民生短板,是将坚持以人民为中心的发展思想落到实处的客观要求。"民之所

---

① 中共中央宣传部:《习近平总书记系列重要讲话读本(2016年版)》,学习出版社、人民出版社2016年版,第76—77页。

② 新华社:《习近平主持召开中央全面深化改革领导小组第二十一次会议》,2016年2月23日,新华网(http://www.xinhuanet.com/politics/2016-02/23/c_1118135058.htm)。

③ 习近平:《在网络安全和信息化工作座谈会上的讲话》,人民出版社2016年版,第5页。

④ 习近平:《中国发展新起点全球增长新蓝图——在二十国集团工商峰会开幕式上的主旨演讲》,《人民日报》2016年9月4日第1版。

⑤ 《党的十九大报告辅导读本》,人民出版社2017年版,第23页。

呼，政之所向。"习近平总书记强调"抓民生要抓住人民最关心最直接最现实的利益问题，抓住最需要关心的人群，一件事情接着一件事情办、一年接着一年干，锲而不舍向前走"①，"要随时随刻倾听人民呼声、回应人民期待，保证人民平等参与、平等发展权利，维护社会公平正义"②，更具体来说，就是要以更大的力度、更实的措施保障和改善民生，加强和创新社会治理，坚决打赢脱贫攻坚战，促进社会公平正义，"在学有所教、劳有所得、病有所医、老有所养、住有所居上持续取得新进展"，让实现全体人民共同富裕在广大人民现实生活中更加充分地展示出来③。

影响人民美好生活的主要民生短板

党的十八大以来，以习近平同志为核心的党中央坚持以人民为中心的发展思想，高度重视保障和改善民生工作，我国民生事业发展方向更加明晰，制度日趋完善，发展成就举世瞩目。但同时，当前我国民生事业中还存在若干影响人民美好生活的短板。

（一）近年来我国民生事业的成就与不足

经过2013—2017年五年的努力，我国人均GDP超过9000美元。居民收入年均增长7.4%，超过经济增速，形成世界上人口最多的中等收入群体。城镇新增就业6600万人以上，13亿多人口的大国实现了比较充分就业。脱贫攻坚取得决定性进展，贫困人口减少6800多万，易地扶贫搬迁830万人，贫困发生率由10.2%下降到3.1%。社会养老保险覆盖9亿多人，基本医疗保险覆盖13.5亿人，织就了世界上最大的社会保障网。人均预期寿命达到76.7岁。棚户区住房改造2600多万套，农村危房改造1700多万户，上亿人喜迁新居。此外，3600万套保障性住房全部开工并部分建成，教育公平与教育制度现代化持续推进，健康中国建设稳步推进，人口计生政策适时进行调整，广大人民群众的获得

---

① 习近平：《抓民生要抓住人民最关心最直接的最现实的利益问题》，《人民日报》2013年4月11日第1版。

② 习近平：《在第十二届全国人民代表大会第一次会议上的讲话》，《人民日报》2013年3月18日第1版。

③ 同上。

感和幸福感持续提升。①

为什么说当前人民美好生活仍然存在一些短板？首先是因为长期以来经济发展和社会进步的失衡并不能一下子消除，民生领域投入不足制约了民生事业的发展；其次，在民生领域的各个方面之间，发展不平衡不充分的情形客观存在，一些方面还不能有效地满足人民美好生活的需要，例如脱贫攻坚的任务依然艰巨；再次，民生建设的每一个方面实际上都是系统工程，从价值理念、政策设计、政策实施到检查评估，任何一个环节的不足，都会影响民生建设的效果，这些不足也成为需要克服的短板；最后，民生本身是在不断发展的，随着新时代人民美好生活需求的变化，原有民生事业的进展和成就成为新工作的起点，甚至也会演变为新的短板。识别民生短板要坚持实事求是、与时俱进的原则，要依据国家的发展理念和实际，依据民生发展规划，特别是要在倾听人民声音的基础上进行科学研究和分析。

为了了解近年来广大人民群众幸福感的提升状况和民生事业存在的短板，中国人民大学等单位多次面向社会公众组织问卷调查。例如，2016年12月，中国人民大学中国调查与数据中心组织的"中国发展信心调查"表明，看病难、买房难、收入少等是民众普遍关心的热点问题。② 2017年10月，中国人民大学中国调查与数据中心在全国范围内组织开展了"发展获得感及民生满意度调查"。调查结果表明，过去五年民生领域发展成就获得群众认可，群众反映突出的包括以下方面：31.9%的受访者对我国公共服务资源的均衡程度不满意，36.6%的受访者认为目前我国的收入分配不公平，43.4%的受访者表示近五年来的实际收入没有提高甚至下降，41.9%的受访者认为群众的基本居住需求没有得到很好满足，34.9%的受访者担心自己的养老问题，56.5%的受访者认为我国食品安全问题比较严重或非常严重，43.6%的受访者认为我国环境污染问题非常严重或比较严重。③

---

① 《李克强作的政府工作报告》（摘登），《人民日报》2018年3月6日第2版。
② 王卫东：《2016年度发展获得感及民生满意度调查报告》，中国人民大学调查与数据中心工作报告。
③ 王卫东：《2017年度发展获得感及民生满意度调查报告》，中国人民大学调查与数据中心工作报告。

（二）各基本民生领域影响人民美好生活的主要短板

根据党的十九大的战略部署，结合有关单位问卷调查了解的群众感受，参照专家集体研判的意见，本文将目前我国的基本民生领域概括为精准扶贫、就业、教育、收入分配、健康服务、养老服务、住房保障、社会保障、食品药品安全、文化体育服务、人口发展、生态环境十二个方面。本文第一作者主持的"全面深化社会建设的目标、任务和重点举措研究"和"坚持以人民为中心的发展思想，着力解决人民群众最关心的实际问题"两个课题组对这十二个基本民生领域存在的主要短板进行了较为系统的研究，形成了各领域的专题研究报告。在此基础上，本文对各基本民生领域面临的主要短板简要概括如下[①]：

1. 精准扶贫领域的主要短板

在精准扶贫方面，主要短板表现为四个方面：（1）受扶贫政绩效应驱使，急功近利追求短期效果。（2）政府主导扶贫，在充分发挥市场、社会的协同作用方面有所欠缺。（3）扶贫资源集中导致新的不公平及发展差距，如略高于扶贫标准的低收入人口无法享受扶贫扶持政策。（4）忽略了城镇化对贫困问题的影响，包括城镇就业困难家庭、失地农民、进城农村贫困人口等群体的利益没有得到充分照顾。

2. 就业领域的主要短板

在就业方面，主要短板表现为六个方面：（1）就业总量压力持续和结构矛盾凸显并存，结构性风险有所加剧。从总量上看，劳动力供给增速趋缓，总量逐步减少，总量压力相对缓解，但仍然高位持压；从结构上看，主要是劳动力需求和供给的不匹配。（2）部分劳动者"找工作难"，失业风险加大。（3）高校毕业生就业压力持续高热，"大学生就业难"依然是牵动社会神经的突出问题。（4）劳动收入水平低，收入增长慢，收入差距大。（5）劳动强度大，劳动条件差，权益和健康难保障。（6）市场体制分割和形形色色的就业歧视等增加就业不公平。

3. 教育领域的主要短板

在教育方面，主要短板表现为四个方面：（1）学前教育"入园难"问题持续存在。（2）义务教育"择校热"在短期内仍难消除，并逐渐向中小

---

① 因各领域的专题报告已纳入《中国人民大学中国社会发展研究报告2018——更好满足人民美好生活需要》，中国人民大学出版社2018年版，本文只提炼要点，不做具体分析。

城市延伸。(3) 农村教育成为教育基本实现现代化的最大短板，县域义务教育均衡问题形势严峻，特别是中西部地区城乡教育差距突出。随着"城镇化"的快速发展，农村教育面临着生源规模逐年减少、办学规模萎缩、教学质量与城市相比欠佳、教师队伍不稳定、留守儿童家庭教育缺失等诸多问题。(4) 进城务工人员随迁子女入学难问题困扰流动人口家庭。

4. 收入分配领域的主要短板

在收入分配方面，主要短板表现为四个方面：(1) 总体上居民收入差距过大，基尼系数在世界上位于较高水平。(2) 近年来基尼系数的缓慢下降并没有让老百姓充分感知到，人民群众的社会不公平感较强烈。(3) 在城市与农村内部，已经表现出一定程度的收入流动固化趋势。(4) 中等收入群体具有较强的相对剥夺感，不仅客观的中等收入群体比例较低，主观社会阶层认同也偏低。

5. 健康服务领域的主要短板

在健康服务方面，主要短板表现为五个方面：(1) "看病贵"问题仍然存在，疾病负担甚至成为致贫首因。(2) 基层医疗服务和健康管理服务仍然不能满足需求，"看病难"问题未明显缓解。(3) 医患关系矛盾突出，已经成为社会的"不稳定"因素。(4) 缺乏正规、权威的健康知识来源，医疗和保健市场混乱，公众的科学健康知识有限，健康行为有待进一步改善。(5) 农民工的职业病和传染病未引起足够重视，正在成为日益严重的疾病负担和社会问题。

6. 养老服务领域的主要短板

在养老服务方面，主要短板表现为五个方面：(1) 社区居家养老发展滞后，无法满足老年人在家养老的需求。(2) 养老服务机构数量不足、机构服务与需求错位。(3) 供需结构失衡，"一床难求"与床位闲置同时并存，公共投入多的城市养老院门庭若市，条件差、位置偏的养老院无人问津。(4) 缺乏行业标准和分级制度，导致养老院资质和服务标准、财政补贴的效率效能受到影响。(5) 养老服务体系不够精细化，还存在简单化、粗放式的特点，很多地区都是不加区别地推行普惠式老年人福利制度或者是只针对困难老年人设计政策，使得享受到的不解渴、该享受的却没有，过度福利与保障不足并存。

7. 住房领域的主要短板

在住房方面，主要短板表现为六个方面：(1) 持续上升的房价导致公众形成对未来房价继续上涨的强烈预期，对未来几年房价调控的信心处于较低水平。（2）房价和房租水平高、增长快，居民购房租房压力大。（3）住房保障大多以户籍为标准，难以有效保障城市非户籍人口特别是外来务工人员的居住需求，住房保障覆盖率低。（4）保障性住房供不应求，城市"夹心层"难以获得足够住房政策支持。（5）保障性住房职住分离、空间失配严重。（6）保障性住房配套设施差，社区管理水平落后。

8. 社会保障领域的主要短板

在社会保障方面，主要短板表现为四个方面：（1）总体上不平衡不充分的问题仍较明显，不同的制度类别，因制度设计起点不同，导致其待遇水平也有较大差异。如在养老保险方面，职工基本养老保险制度、城乡居民基本养老保险制度和机关事业单位工作人员养老保险制度等不同类别待遇水平就有较大差异。又如公费医疗制度、城镇职工基本医疗保险制度和城乡居民基本医疗保险制度存在同样问题。（2）养老保险全国统筹程度较低，不仅违逆了社会保险的基本原则，使制度效能大打折扣，也严重影响了人才和劳动力的自由流动。（3）延迟退休年龄政策尚未落地。（4）最低生活保障制度还不够完善，还存在低保对象遴选不够精准、福利叠加、不同制度缺乏衔接等问题。

9. 食品药品安全领域的主要短板

在食品药品安全方面，主要短板表现为七个方面：（1）人民群众对一些关系到日常生活的重点食品的安全状况不满意。（2）食用农产品农兽药残留或重金属超标、超范围超量使用食品添加剂、过期和变质食品等问题依然严重。（3）保健食品乱象丛生，难以分辨。（4）中药注射剂、疫苗、血液制品等高风险药品安全仍令人担忧。（5）互联网餐饮及药品销售安全质量难以令人放心。（6）农村食品药品安全问题极为突出。（7）食品药品安全谣言盛行，消费者信心不足。

10. 文化体育服务领域的主要短板

在文化体育服务方面，主要短板表现为三个方面：（1）公共体育文化设施不足，既有总供给的不足，也有结构性不合理，同时也存在由于管理不完善造成的有效供给不足的问题。（2）公共文体设施分布不均衡、资源配置不合理，我国现有公共文体设施存在向城市集中、向中心城区集中的态势，公共文体资源配置也不尽合理。（3）公共文体设施管理不到位、不规范，存在"重建设、轻管理"的倾向，导致公共文体设施的有效作用无法得到充分发挥。

11. 人口发展领域的主要短板

在人口发展方面，主要短板表现为四个方面：（1）低生育率对流动人口总量、产业结构和劳动力布局等已经产生了和正在产生着影响，这一趋势的延续将会给民众心理和社会经济发展带来巨大冲击。（2）人口老龄化程度加深、高龄化不断推进，对社会经济发展造成负面影响。（3）出生性别比仍处于异常高位且后果开始显现。（4）婚姻家庭观念与行为改变，削弱传统婚姻家庭制度和功能。

12. 生态环境领域的主要短板

在生态环境方面，主要短板表现为四个方面：（1）空气污染问题，雾霾成为公众最关心的环境问题，危险空气污染物污染问题严重。（2）城镇和农村燃煤的室内和环境污染问题严重。（3）水污染问题严重，城市生活污水处理厂污泥处置严重滞后，城镇生活污水处理覆盖率低，城镇、农村生活垃圾缺乏搜集和无害化处置，广大地区河流水环境破败，设置在村镇的中小企业排放缺乏监管。（4）地方政府环保局部分失灵问题严重，环境管理体制需要深入完善。

民生领域短板成因的概要分析

针对以上民生领域的主要短板，我们分别进行了深入分析。[①] 同时，我们也在整体上认识到当前民生领域短板的存在，有着供需矛盾、体制机制等方面的宏观原因，存在一些共性特征。

（一）民生资源供需矛盾仍然尖锐

从供给角度来看，我国民生资源供给数量与质量不足是客观原因。主要表现为：第一，与人民群众的需求相比，受发展阶段和财力限制，我国的民生资源供给总量仍然相对不足；第二，与非基本公共服务的资源供给相比，老百姓最关心的就业、收入、住房、看病等基本民生资源供给仍然相对不足；第三，与发达国家相比，我国民生资源使用质量仍

---

① 具体分析参见《中国人民大学中国社会发展研究报告2018——更好满足人民美好生活需要》，中国人民大学出版社2018年版。

然有待提高。

从需求角度来看,广大人民群众的民生需求不断提高是关键影响因素。随着时代的发展进步,人民群众的需求在"水涨船高"。在基本小康时期,人民群众的需求主要限于温饱层面;在全面小康时期,人民群众的需求开始多样化,从温饱走向富裕,从生存走向发展;在后小康时期,人民群众对美好生活的需求不断变化和提高,不仅对物质文化生活提出了更高的要求,而且在民主、法治、公平、正义、安全和环境等方面的需求也在不断增长。由于我国的发展一直是一种"时空压缩"式的,长期处于赶超式发展和不均衡发展的过程中,导致当前以上三种不同类型的需求同时并存,这就进一步增加了满足人民对美好生活需求的难度。

(二) 对经济发展和改善民生之间的关系认识还有不足

习近平新时代中国特色社会主义思想,特别是其中坚持以人民为中心的发展思想,是更好保障和改善民生的根本指导。在实际工作中,深入学习与贯彻执行还有待加强。当前,在党员干部中间还有一些人认为,经济积累用于再生产的越多,经济发展就越快;反之,用于消费尤其是民生类集体消费的越多,就会拖累经济发展,为了保持经济快速发展就要牺牲民生,这是典型的"负担论"。也有一些人认为,近年来改善民生的地位日益上升,各地各部门已经把经济发展和社会进步置于并列位置,已经足够重视民生问题,这可以说是"并列论"。2013 年 5 月,习近平总书记在天津考察时指出,"要实现经济发展和民生改善良性循环"[1],从而为经济建设提供长足动力,为社会建设提供长远保障。未来一段时期内,只有彻底摒弃"负担论",认识到"并列论"的不足之处,全面彻底地贯彻落实习近平总书记坚持以人民为中心的发展思想,真正实现向"循环论"转向,才能在实践中更好地补齐民生短板、提高民生质量。

(三) 民生事业发展体制机制还有待继续完善

尽管目前我国民生事业体制较为系统,运行机制初步健全,但相对于人民日益强烈的需求而言,还有进一步强化和完善的空间。在体制安排上,目前民生事业发展还缺乏统一的领导协调机构,民生领域内的改

---

[1] 中共中央文献研究室编:《习近平关于社会主义社会建设论述摘编》,中央文献出版社 2017 年版,第 5—6 页。

革创新、激发活力、规划引导、投入支撑等还需要进一步完善。就业创业体制机制建设、教育体制改革、收入分配制度改革、社会保障制度改革、医药卫生体制改革等关键性领域的社会体制机制改革还需要进一步大力推进。特别是，保障和改善民生的法律制度建设还相对滞后。今后需要进一步依法加强和规范公共服务，立法规范和引导各类社会组织健康发展，依法着力发展社会服务产业。

从制度建设本身来看，逐步推进式的制度改革导致制度设计不成体系，制度实施所需要的体制机制不系统不完善。一是制度碎片化。由于城乡、区域和所有制等方面的区隔，不同人群在教育、就业、社会保障、医疗等方面适用不同的制度，而且不同制度的完善程度不一。二是制度欠公平。目前我国仍然存在着较严重的城乡、区域、群体间的民生资源供给不均现象，有些基本民生甚至呈现出"歧视性供给"的倾向，其基本特征为歧视农村地区居民，歧视体制外就业群体，歧视低收入社会群体，歧视不发达地区居民。三是制度不可持续性。当前，日益扩大的公共服务供应规模已经对各级政府的供给能力构成挑战，民生事业改革发展所需的长期保障体制机制仍然不够健全。

探索实践中国特色民生发展模式

党的十九大提出，保障和改善民生要抓住人民最关心最直接最现实的利益问题，既尽力而为，又量力而行，一件事情接着一件事情办，一年接着一年干。[①] 坚持人人尽责、人人享有，坚守底线、突出重点、完善制度、引导预期，完善公共服务体系，保障群众基本生活，不断满足人民日益增长的美好生活需要，不断促进社会公平正义，形成有效的社会治理、良好的社会秩序，使人民获得感、幸福感、安全感更加充实、更有保障、更可持续。这是探索实践中国特色民生发展模式的根本指南。

十九大报告还对中国特色社会主义新时代的民生发展进行了总体规划。根据这一规划，到 2020 年，全面建成小康社会。坚决打好防范化

---

① 习近平：《决胜全面建成小康社会 夺取新时代中国特色社会主义伟大胜利——在中国共产党第十九次全国代表大会上的报告》（2017 年 10 月 18 日），人民出版社 2017 年版，第 45 页。

解重大风险、精准脱贫、污染防治的攻坚战,使全面建成小康社会得到人民认可、经得起历史检验。到2035年,基本实现社会主义现代化。到那时,人民生活更为宽裕,中等收入群体比例明显提高,城乡区域发展差距和居民生活水平差距显著缩小,基本公共服务均等化基本实现,全体人民共同富裕迈出坚实步伐,生态环境根本好转,美丽中国目标基本实现。到2050年,建成富强民主文明和谐美丽的社会主义现代化强国。到那时,全体人民共同富裕基本实现,我国人民将享有更加幸福安康的生活。这一规划既鼓舞人心又切实可行。

以十九大精神为指引,扎实推进中国特色民生发展,要求我们继续坚持以人民为中心的发展思想,紧紧抓住人民日益增长的美好生活需要和不平衡不充分的发展这一社会主要矛盾,科学研判"人民美好生活需要"的内涵、变化及其规律性,突出在发展中补齐民生短板这一主题。

(一)科学分析和把握人民美好生活需要

我们要根据社会主义初级阶段不断发展变化的特点,以发展的眼光看待人民的进步与需要的变化,更好地补齐民生短板。与时俱进是我们思考问题、开展工作的重要方法论。对人民生活、发展状况和需求变化的科学分析和把握,是我党成功领导中国革命、建设和改革的重要保障。随着中国特色社会主义的不断发展,我国经济体制持续变革、社会结构深刻变动、利益格局动态调整、思想观念深刻变化,社会关系呈现出空前的复杂性、多样性。人民群众之间的差异性也日益显著,人民内部矛盾呈现面广量大的特点。人民群众的需要日趋多样化多层次多方面,非物质需求更加突出,个性化、自主性以及生活安全、生活质量、生活意义和生活的可持续性等越来越被人们所看重,民主、法治、公平、正义、安全、环境等方面的要求日益增长。人民群众对更加美好的生活更加向往,期盼有更好的教育、更稳定的工作、更满意的收入、更可靠的社会保障、更高水平的健康服务、更舒适的居住条件、更优美的环境、更丰富的精神文化生活。因此,我们要切实践行党的十九大精神和习近平总书记的要求,不断提高战略思维能力,不断增强工作的原则性、系统性、预见性、创造性,以更宽广的视野、更长远的眼光来思考和把握人民群众生活、发展状况和需求的新变化,不断创新以人民为中心的发展理论、制度和方法,增强发展的针对性和有效性。

（二）在推进以人民为中心发展中着力处理好四大关系

一是处理好发展与民生的关系。发展是民生的保障，民生是发展的目的，发展为了人民。更重要的是，"抓民生也是抓发展"，是开发新产品新服务、培育新模式新业态、实现发展转型升级的重要方面。"为政之道，以顺民心为本，以厚民生为本。"（宋·程颐《代吕公著应诏上神宗皇帝》）。在处理发展与民生的关系时，要"把增进人民福祉、促进人的全面发展、朝着共同富裕方向稳步前进作为经济发展的出发点和落脚点"[1]，不断提升发展质量，创新发展模式，实现发展与民生的良性循环。

二是处理好集体与个人的关系。人民是一个集体性的概念，但是，"人民不是抽象的符号，而是一个一个具体的人的集合"[2]。推进以人民为中心的发展要着眼于让每个人各尽所能、各得其所，让每个人都能受到尊重，都能实实在在地分享发展成果。与此同时，也要基于每个人的根本一致的利益，凝聚集体共识，强化集体安全，保障并增进事关全体人民福祉的整体利益和长远利益。特别是在 2020 年全面建成小康社会后，我们仍然需要为基本实现现代化和建设社会主义现代化强国的目标而奋斗，开启中华民族伟大复兴的新征程。

三是处理好供给与需求的关系。切实从满足需求出发，减少无效供给，增加有效供给，深化供给侧结构性改革，是我们坚定不移的改革方向。这种改革不是简单地增加投资、增加供给，"给什么，吃什么"，而是要求匹配好供给与需求的关系，要求更加精准地分析、把握和引导新需求，推动人的全面发展、社会全面进步。这样，供给侧结构性改革实际上要求更加关注人民群众需求的新变化新特点，更加注意倾听来自人民群众的声音，更加围绕人民群众最关心最直接最现实的利益，更加重视人民群众对需求满足的评价和意见。归根结底，人民群众接受不接受、满意不满意是评价供需匹配的重要尺度，发展效果要由人民评价。

四是处理好带领人民与服务人民的关系。在新时代推进以人民为中

---

[1] 习近平：《在十八届中央政治局第二十八次集体学习时的讲话》（2015 年 11 月 23 日），载中共中央文献研究室编《习近平关于社会主义经济建设论述摘编》，中央文献出版社 2017 年版，第 31 页。

[2] 习近平：《在中国文联十大、中国作协九大开幕式上的讲话》（2016 年 11 月 30 日），人民出版社 2016 年版，第 12 页。

心的发展，更好满足人民美好生活需要，必须毫不动摇地坚持和完善党的领导。办好中国的事情，关键在党。只有我们党才能带领人民不断从胜利走向新的胜利。完善党的领导关键在于坚持群众路线，回应人民愿望，"确保党始终同人民想在一起、干在一起"，而不能出现"干部干，群众看"、干部命令群众干等现象。这就要求党和政府在带领人民谋发展的过程中要充分依靠人民，不搞瞎命令、乱指挥，与人民群众充分沟通协商，调动人民群众的积极性主动性创造性，凝聚人民群众的智慧，想群众之所想、急群众之所急、解群众之所困，多些服务意识，多做帮助群众一起干的事情。这样才能更加暖人心、得人心，才能更好团结人、凝聚人，才能更多保证人民当家作主，从而更加体现了以人民为中心的发展思想。

（三）致力于构建"适度普惠"型民生发展模式

推进以人民为中心的发展，在发展中补齐民生短板，更好满足人民美好生活需要，我们要特别重视选择与国情相适应的中国特色民生发展模式。当前，发达国家的福利模式主要有三种。第一种是"全福利"国家，以北欧五国为代表，其福利水平很高，在全世界范围内属于最高水平，是基本做到了"从摇篮到坟墓"全部保障的福利国家。但是北欧五国人口总和仅两千万，有着丰富的天然资源和先进的高新科技产业为支撑，因此这种模式不具有可复制性。第二种是"高福利"国家，以西欧国家为代表，实行"高工资、高税收、高福利"的发展模式，这种模式在20世纪五六十年代发展达到最佳状态，随后出现的大量"福利病"，让西欧国家不堪重负。虽然经过20世纪80年代的大改革，但其负面影响一直持续到今天，我们也应当警惕，不能再重蹈覆辙。第三种模式可以称为"中低福利"国家，以美国为代表。美国的福利水平相比较低，譬如，美国至今仍然有4000万左右人口没有参加医疗保险，支付失业救助金时会附加苛刻条件等，使不少需要帮助者无法得到国家的帮助。

立足国情，借鉴国外经验，我们应当规避以上三种福利模式的弊病，建立一种有中国特色的"适度普惠型"民生发展模式。其内涵至少应包括：一是坚持以人民为中心，让广大人民群众过上好日子，这是一切工作的出发点和落脚点。二是民生建设是"适度的"，要着力于"保基本"，即实行以保障基本生活为主的社会保障，实现"应保尽保"。保障和改善民生要多做雪中送炭、急人之困的工作，少做锦上添花、花上垒花的虚功，与此同时，也要根据经济发展和财力状况逐步提高人民生活水平。政府主要是保基本，不适合做脱离实际的过多过高的承诺，要积极引导和鼓励广大群众通过勤劳致富改善生活。三是民生建设是"普惠"的，要着眼于"人人尽责、人人享有"。特别是，我们是社会主义国家，应当充分维护和保障广大劳动人民的美好生活需要和各种合法权利。

（四）要在民生发展工作中警惕潜在风险

在发展中补齐民生短板，探索建立和健全中国特色的民生发展模式，要求我们对一些风险点保持警惕，并努力加强风险管理，规避风险。按照预期，到2020年，我国将全面建成小康社会，农村区域性贫困和绝对贫困问题将得到彻底解决，人均GDP将超过1万美元，进入高收入国家行列。一般而言，在生存型民生得到保障后，民生事业将进入一个全新的质量提升阶段，这一阶段的民生发展难题不会减少，反而可能会因为涉及深层面的利益结构调整而更加复杂。未来，我们在保障和改善民生过程中必须时刻警惕以下一些突出的风险点：

一是持续改善民生可能会产生的负面社会效应。如公共财政的福利支出具有不可逆性，即只能增加不能减少，福利支出效益不断下降，一部分社会成员越来越懒惰散漫；随之而来的就是，一些人权利意识上升但义务意识下降、自由意识上升但责任意识下降，也可能会有部分社会成员因此而丧失人生的坐标，对未来缺乏价值感、目标感和方向感，走向解构主义和价值幻灭。这是在福利国家实践中已经出现的教训。

二是出现"经济和社会两条腿一样长、但步伐不协调"现象，即虽然社会福利总体是适度的，也没有影响经济长远发展，但改善民生的一系列制度安排却并没有转化为经济发展的动力，而经济发展的成果也无法让更多的人有更多的获得感幸福感。这种状况主要是因为社会政策与经济政策的安排没有处理好"公平—效率"的关系。譬如说，民生资源安排过于集中在享受型福利等方面，很少安排在就业培训等"可持续生计"、激励劳动和创业等方面，这样的社会福利安排就难以与经济发展相协调，难以形成一种相对均衡并且相互促进、良性循环的局面。

三是在利益固化格局被打破之前可能会出现的社会撕裂现象。在未来民生建设中必须作出打破利益固化格局的存量改革，通过提升社会建设的质量来提升人民生活质量。党的十九大明确提出，全面深化改革面临的阻力之一就是利益固化，要"突破利益固化的藩篱"。世界各国既往的改革经验和教训也表明，在利益固化的背景下，如果无法顺利实现利益让渡，改革可能会异化为不同利益群体对既得利益的全力维护，以及对改革新生收益的全力争夺，从而撕裂整个社会。所以，我们在保障和改善民生过程中，除了要积极回应人民利益需求之外，还要高度重视协调人民内部的利益需求冲突，以人民内部的利益协商和调整为核心，大力推进诸如劳资协商、社会组织协商、社区协商和人民调解等社会合作式社会制度建设，防止"社会不合作"局面的出现，从而使整个社会从机械稳定走向有机的团结与和谐。

（五）持续推进中国特色民生发展的体制机制创新

探索实践中国特色民生发展模式，要全面加强党的领导，在总体上遵循"使市场在资源配置中起决定性作用，更好发挥政府作用"的原则，着重处理好政府、市场与社会的关系，持续推进体制机制创新，坚决破除一切不合时宜的思想观念和体制机制弊端。在建设好服务型政府并充分发挥其作用的基础上，特别要注意处理好的问题包括但不限于以下方面：政府责任不到位和包揽过多同时并存，市场机制、社会资本和民间组织的作用发挥不够，调动各方面积极性的体制机制不健全，民生事业发展活力不足等。实践表明，要把应该由社会和市场发挥作用的事情真正交给社会和市场，特别是在两个方面：一是在实践中证明有效的领域积极推行政府购买、特许经营、合同委托、服务外包、土地出让协议配建等提供基本公共服务的方式；二是扩大基本公共服务面向社会资本开放的领域，鼓励社会资本以多种方式参与基本公共服务的提供。相应地，在此过程中，政府要在维护社会事业的公益性、保障人民群众基本公共服务需求方面，切实加强管理、服务和监督，提高工作效率，充分发挥应有作用。

【生态文明】

"生态文明"引领发展新境界[*]

2003年10月召开的中共十六届三中全会提出要"坚持以人为本,树立全面、协调、可持续的发展观,促进经济社会和人的全面发展",要"统筹城乡发展、统筹区域发展、统筹经济社会发展、统筹人与自然和谐发展、统筹国内发展和对外开放"。此后,这些要求被凝练为"科学发展观"。2007年,中共十七大报告中又明确提出"建设生态文明",并从产业结构、增长方式、消费模式、循环经济、可再生能源、主要污染物控制、生态环境质量改善、生态文明观念树立等方面提出了明确要求。

"生态文明"观念的提出,引领了中国发展的新维度、新方向和新境界,使得中国发展进程中的环境恶化趋势有所遏制,人与自然和谐相处显现出新的希望。有关数据表明,近年来中国经济增长与环境状况确实呈现出一定意义上的走向双赢的趋势。在经济增长方面,以国内生产总值(GDP)来衡量的经济规模不断扩大,年均增长长期保持较高的速度。与此同时,单位GDP的能源消耗在持续下降,对减少二氧化碳等温室气体的排放作出了重要贡献。中国政府在2011年发布的《中国环境状况公报》指出:与2005年相比,2010年全国化学需氧量排放量和二氧化硫排放量分别下降12.45%和14.29%,两项主要污染物均超额完成了"十一五"的总量减排目标。

"生态文明"的观念是党和政府在汲取人类文明的优秀成果、总结中外工业化城市化进程的经验和教训、着眼人类未来的可持续福利的基础上提出来的,它实现了对生态中心主义、人类中心主义以及"以物为

---

[*] 本文发表于《光明日报》,2012年10月24日,发表时略有删节。

本"的发展观的超越。首先，建设生态文明强调尊重自然、善待自然，但是反对极端的生态中心主义。"生态文明"之所以成为"文明"的一种类型，是人类创造的结果。人类在生存和发展的过程中必然地要不断认识自然、改造自然。极端生态中心主义却过分强调人类必须停止改造自然的活动，这样也就不可能创造什么文明。正是在正确认识人类社会自身和自然界运行的客观规律的基础上，通过运用这种规律，才能促进人与自然的真正和谐，才能创造生态文明这一新的文明形态。没有人的"生态文明"是毫无价值的，也是不可能出现的。其次，建设生态文明强调发挥人的主体性、能动性和创造性，运用人类自身的智慧，通过约束人类自身的行为和调整人类社会的社会关系，来实现人与自然的和谐。但是，它反对极端的人类中心主义，反对制造人与自然之间的对立，反对人类将自然看作是完全服务于自身的、可以予取予夺的对象化存在。再次，建设生态文明意味着对"以物为本"的发展观的批判和超越。现代以来，"发展"曾经被简单地等同于物质财富的增长，生产越多、消费越多，就被认为越是现代越是进步，就被认为发展取得了巨大成就。在日常生活中，占有物质财富的多少甚至成为衡量人们是否取得成功的唯一尺度与方向。这样一种观念必然地导致人类对于自然的无限索取和压力，必然导致生态危机，必然导致对于人之尊严、价值和自主性的漠视，最终必将毁灭人类赖以生存的自然基础以及人类社会自身。

　　社会主义的价值取向和制度建设为生态文明建设提供了可能性。社会主义的本质是解放生产力，发展生产力，消灭剥削，消除两极分化，最终实现共同富裕。它坚持"以人为本"，着眼于人类整体的和长远的利益，以全体社会成员的全面自由发展为目标，追求整个社会关系的和谐。它以生产资料的公有制作为基础的制度结构，努力控制那种为了资本集团一己之私利的"生产"和"发展"。相对地，资本主义的价值取向和制度安排恰恰是造成全球生态危机的重要根源，因为它的本质是无限追求资本集团之私利，总是着眼于少数人的眼前利益，总是制造着不断扩大的贫富差距，由此内在地制造着社会分割、社会紧张和社会冲突，从而不可能真正地凝聚社会共识以推动生态文明建设，并且不可避免地以各种变化了的形式在实质上加剧生态危机，比如说伴随着全球化进程的生态殖民主义就是一种新的形式。

中国处在社会主义初级阶段，既为生态文明建设提供了重大机遇，也使之面临巨大挑战。就其机遇而言，一是我们确立了社会主义的价值取向；二是我们及时认识到了发展的环境威胁并开始自觉调整我们的发展战略和相应的制度安排。就其挑战而言，一是我们在社会主义初级阶段解放生产力、发展生产力以满足13亿人口大国广大人民群众日益增长的物质文化需求的任务非常艰巨，一定程度上还难以消除资本主义式的种种弊端；二是我们应对生态危机的技术创新和相关经验还不够成熟；三是需要有效应对资本主义世界在全球范围内推行生态殖民主义的威胁和压力。在此背景下，推进生态文明建设必将是一个持续的、不断努力的长期过程。

当前阶段，在经济增长的基础上推进生态文明建设的一个重要突破口是加快社会建设。生态危机的根源实际上是社会关系的失调。在很大程度上，我们的社会变革和社会建设进程，与我们快速推进的工业化、城市化进程还很不适应。我们对工业社会与环境之间的关系、工业社会可能带来的环境风险，以及在工业社会当中应当如何通过社会变革和社会建设来应对这种风险，目前的准备还不是很充分。在未来一段时期内，我们尤其需要快速推进以下几个方面的工作：一是建立发展成果共享的制度安排；二是建立全面覆盖的社会福利制度；三是大力推动公众制度化的理性参与；四是有效地促进企业和企业家承担环境保护责任；五是全面正确地看待科学技术在发展中的作用；六是不断完善法制建设；七是引导整个社会树立科学健康的价值观念和生活方式。

正确处理环境保护工作中的十大关系[*]

环境资源是人类社会赖以存在、运行和发展的重要基础。当今世界的环境状况已经对整个人类社会的可持续发展构成了重大威胁,并日益引起世界各国的广泛重视。

自20世纪70年代末期以来,随着我国经济持续快速发展,西方发达国家在上百年的工业化、城市化过程中分阶段出现的环境问题在我国集中出现,使得我国环境与发展的矛盾日益突出。尽管中国政府一直重视环境保护,自20世纪70年代起就积极开展环境保护工作,并且取得了一定的成绩,但是,我国目前面临的环境形势依然十分严峻。历史上长期积累的环境问题尚未解决,新的环境问题又在不断产生,一些地区环境污染和生态恶化已经到了相当严重的程度。我国主要污染物排放量超过环境承载能力,水、大气、土壤等污染日益严重,固体废物、汽车尾气、持久性有机物等污染持续增加。流经城市的河段普遍遭到污染,1/5的城市空气污染严重,1/3的国土面积受到酸雨影响。全国水土流失面积356万平方千米,沙化土地面积174万平方千米,90%以上的天然草原退化,生物多样性快速减少。[①] 严重的生态破坏和环境污染,不仅给我国造成了巨大的经济损失,而且也对人民生活和健康构成了严重威胁。特别是,展望未来20年,我国人口将继续增加,经济将继续快速发展,工业化和城市化还将快速推进,人民生活水平和生活需求也将继续提升,我国生态环境将面临更大的压力。如何坚持保护环境,促进

---

[*] 本文以《试论正确处理环境保护工作中的十大关系》为题发表于《中国特色社会主义研究》2006年第5期。

[①] 温家宝:《全面落实科学发展观 加快建设环境友好型社会》(2006年4月17日),2006年4月23日,中央人民政府门户网站(www.gov.cn)。

发展与生态环境相协调，已经是持续推进中国现代化、全面建设小康社会所不能回避和轻视的重大现实问题。

长期以来，中国政府在致力于环境保护的工作中，积累了一些经验，也出现了一些教训。在总结过去的经验教训、面向现实和未来的基础上，我们认为，当前环保工作要坚决贯彻和落实科学发展观，正确处理好若干重大关系，以期加速改善我国环境状况。

经济发展与环境保护之间的关系

处理好经济发展与环境保护的关系，是坚持保护环境，促进发展与生态环境相协调的首要工作。环境状况的持续恶化，一个重要原因就是经济发展与环境保护的关系失调，在经济发展过程中没有充分考虑到经济系统对环境系统的影响以及两个系统的密切相关。一些流行的思想常常把经济系统与环境系统割裂开来，一些主流的经济学理论也没有把环境因素纳入经济增长的研究中。在具体的政策层面，所谓"先污染、后治理""边污染、边治理""先保护、后发展"等观点，都明显地反映了对环境系统与经济系统的割裂，都是不利于协调经济发展与环境保护的关系，从而促进环境保护的。

要正确处理好经济发展与环境保护的关系，必须坚决贯彻和落实科学发展观，把经济系统与环境系统看成是密切相关的统一体，反对将二者割裂开来，甚至使之对立；要坚持在保护环境中寻求发展，树立保护环境就是促进经济发展的信念；要把加强环境保护作为调整经济结构、转变经济增长方式的重要手段，并视之为推动经济持续健康快速协调发展的重要基础。

在具体政策层面，第一是要树立正确的政绩观，推广绿色 GDP 的观念，加大领导干部的环保政绩考核力度，这在政府对社会经济发展发挥重要作用的国家是极其重要的。第二是花大力气彻底调整产业结构，转变经济增长方式。这里，一方面是要大力推动技术创新，加快发展先进制造业、高新技术产业和服务业，推动产业结构优化升级，降低能源资源消耗和污染排放，提高经济效益；另一方面是要把环保产业看作是产业结构的重要组成部分，大力培植环保产业，提高环保产业效益，促进资源回收利用、污染治理和生态保护，从而增强产业结构的闭合性，促进循环经济的发展。第三是要严格市场准入制度，进一步规范产品的环保标准，遏制非环保产品进入市场，从而遏制非环保产品的生产和消费，促进环境保护。第四是要加强消费者教育，引导消费者的绿色消费偏好，改变市场刺激，从而利用市场经济自身的规律引导环境友好型和环境保护型的经济增长。

社会公正与环境保护之间的关系

要坚持保护环境，促进发展与生态环境相协调，必须高度重视社会公正问题。我们注意到，世界范围内的环境衰退与不断扩大的社会不平等是相伴随的。一方面，少数人占有太多的财富，消耗了太多的资源，并对环境造成了巨大压力；另一方面，很多贫困者为了生存继续开发利用脆弱的生态系统。在一些地区，贫困化与环境衰退已经形成了严重的恶性循环。我们应当认识到，没有适度的社会公正，也就不会有人类社会与环境之间的和谐。

事实上，马克思早就指出，"人们在生产中不仅仅同自然界发生关系。他们如果不以一定方式结合起来共同活动和互相交换其活动，便不能进行生产。为了进行生产，人们便发生一定的联系和关系；只有在这些社会联系和社会关系的范围内，才会有他们对自然界的关系"[①]。因此，理解人类社会与环境的关系，就必须高度重视人类社会内部的关系模式，特别是社会公正问题。

具体来讲，促进社会公正对于环境保护的重要意义在于：一方面，它有助于形成环境保护的社会共识。环境保护在很大程度上需要社会成员的共同行动，而在一个不平等的社会中，要动员社会成员的共同行动是极其困难的。在这样一个社会中，由于社会成员不能共享发展成果，社会成员之间难以形成各种社会共识，包括关于经济发展模式和环境保护的共识。另一方面，它有助于避免环境保护的责任转嫁。在一个不平等的社会中推进环境保护，往往会导致环保责任转嫁到社会的弱势群体身上，损害他们的正当利益要求，使他们面临"要温饱还是要环保"的困境，并因此激起社会冲突，削弱环境保护的正当性，妨碍环保工作

[①]《马克思恩格斯选集》第 1 卷，人民出版社 1972 年版，第 362 页。

的顺利开展。

就我国的现实情况而言，我们注意到在经济迅速发展的同时，社会成员的贫富差距也在迅速扩大，这种状况无疑对保护环境、建设环境友好型社会构成了严重威胁。为此，我们应当深化社会分配制度改革，促进城乡之间、地区之间的均衡发展，努力实现广大社会成员共享发展成果，增进社会公正，从而凝聚环境保护的共识，推动我国的环境保护工作。

政府环保与民间环保之间的关系

由于环境品质的公共物品性质，政府无疑应在促进环境保护方面发挥重要作用，世界各国莫不如此。在我国，由于政府体制、以前计划经济体制的影响以及民间环保力量的长期不足等原因，政府更是推动环境保护的重要主体，以至于有学者用"政府主导型环境保护"来概括中国环保工作的特征。[①]

然而，环境保护的国际经验表明，政府并不是唯一的环保主体。甚至，没有政府以外的民间环保主体的监督、呼吁、支持和配合，政府自身并不一定自动履行其环保职责，即使推动环境保护，也难以产生最优效果。事实上，在一些发达国家，正是不断壮大的各种民间力量推动了政府的环保工作，并使环境保护取得实际成效，在一些国家和地区，甚至大大改善了环境质量。因此，在我国环保工作中，正确处理好政府环保与民间环保的关系也是需要考虑的重要方面。

我们注意到：一方面，随着我国社会经济的持续发展，基于以前计划经济体制并一直延续下来的政府主导型环境保护正在面临越来越多的挑战，比如说政府自身日益激化的目标冲突、政府管理对象的复杂化和管理成本的急剧上升、政府动员资源的能力和方式受到限制、政府环境保护的效果受到制约，等等；另一方面，我国政府三十多年来的环保工作已经催生和培育了一定的民间环保力量，甚至可以说，政府在此方面的贡献要大于其对环境保护的直接贡献。我们可以看到，三十多年来，

---

① 参见洪大用《社会变迁与环境问题——当代中国环境问题的社会学阐释》，首都师范大学出版社2001年版。

公众的环境保护意识在逐步觉醒；公众参与环境保护的动机在不断增强，其能力也在不断提高；各种类型的民间环保组织在逐步增多；致力于环境保护的环保企业在不断发展；基层社区的环境治理在不断推进，等等。这些都可以看作民间环保力量成长的重要标志。

因此，在今后的环保工作中，正确处理好政府环保与民间环保关系的着力点应是在进一步培育民间环保力量的基础上，适度调整我国环保战略，通过科学合理的制度建设和机制建设，创造更为适宜的条件，扩大民间环保力量在环境保护中的作用，致力于建立和维持政府与民间环保力量之间的相互信任与合作关系，以便充分发挥政府环保与民间环保的合力，共同推进我国的环境保护工作。

中央政府与地方政府之间的关系

在看到政府在环境保护中的重要作用的同时，我们应当注意到，政府并不是一个统一的整体。从纵向看，政府有中央政府和地方政府的区别。在我国，环境保护实行的是各级政府对当地环境质量负责的制度。这里，正确处理好中央政府与地方政府的关系就是促进环保工作的一个关键。

回顾我国环境保护的历程，我们可以看到，中央政府及其领导人历来重视环境保护，大概这是环境保护很早就成为我国基本国策的重要原因之一。但是，由于环境保护政策的贯彻落实主要依靠各级地方政府，而中央政府与地方政府由于各自所代表的公共利益范围的差异，在根本利益一致的基础上，还是存在巨大的利益差异。与此同时，专门负责环境保护的部门，也并不是垂直管理的，各级环保部门都隶属于各级政府，在人财物等方面也都高度依赖各级政府的保障，而不是依赖中央环保部门。因此，中央政府的环保主张和相关政策并不一定能够完全贯彻下去。地方政府出于自身的利益考虑，往往是"口头上贯彻，实际上不贯彻"；或者"对我有利就贯彻，对我不利就不贯彻"；或者"上有政策，下有对策"，想尽办法"钻空子""打擦边球"乃至明目张胆地违反政策。大概这种"肠梗阻"状况正是我国环境状况持续恶化的一个重要原因。

事实上，我们确实可以看到，很多环境破坏行为被纵容、被隐瞒，很多环境治理项目不能落实或难以见效，很多环保标准和环保程序不能执行，一些地方环保部门形同虚设，此类现象的背后都有地方利益、地方保护的影子。甚至，地方政府本身也直接卷入环境破坏。例如，就土地保护而言，根据新华网北京6月6日的报道，国土资源部执法监察局负责人指出，我国土地违法面广量大，其中严重的土地违法问题几乎都与地方政府有关。①

为此，推进环保工作，必须高度重视中央政府与地方政府的关系协调，确保中央政府的环保主张和政策能够贯彻下去。在这方面，加强中央政府对地方政府的监督和制约十分重要。我们注意到，中央政府在对地方政府领导人的政绩考核方面，越来越强调贯彻落实科学发展观的状况，越来越强调环境保护工作。2006年2月，有关部门出台了《环境保护违法违纪行为处分暂行规定》②，这在一定程度上是个好信息。但是，我们认为，中央政府也应明确自身的责任，加大中央财政在环境保护方面的投入力度，避免地方政府认为中央政府"好话说了，责任推了"，实际事情都让地方政府去做。此外，进一步加大舆论和法律对地方政府的监督也是十分重要的，这样可以避免政府内部监督的一些不足，使地方政府的行为更加规范。

部门环保与整体环保之间的关系

我们说政府不是一个统一的整体，除了从纵向角度考察外，还可以从横向角度考察。换句话说，在同级政府内部，通常存在着若干职能部门，环境保护部门只是政府的职能部门之一。理论上讲，专门设置环保部门，是为了促进环保工作。回顾我国环境保护的历程，环境保护部门的逐步独立和升格确实体现了国家对环境保护的重视。

但是，专门化自身也存在一定的弊端。由于有了专门的环保部门，一些人认为环境保护就只是环保部门的工作，而其他部门无须太多关

---

① 《国土资源部：严重土地违法几乎都涉及地方政府》，2006年6月6日，新华网（http://news.xinhuanet.com/house/2006-06/06/content_4654665.htm）。
② 中华人民共和国监察部、中华人民共和国国家环境保护总局令第10号：《环境保护违法违纪行为处分暂行规定》，2006年2月20日，国家环境保护总局网站（http://www.zhb.gov.cn/eic/649086819622715392/20060220/15392.shtml）。

注，甚至认为环保与己无关。更严重的是，由于部门利益的客观存在和作用，一些部门甚至有意无意地忽视、抵制环保工作，为本部门争权力、争利益。这种状况是明显不利于环境保护的，甚至是环境状况难以改善并持续恶化的一个重要原因。因为，环境保护本身是一项非常复杂的整体性工作，涉及社会生产与生活的各个方面，没有整体的考虑、统筹的安排和协调一致的行动，环境保护就很难奏效。

特别是，由于我国专门的环保部门的设置时间并不长，相对而言是一个年轻的部门，受制于现实的各种因素，环保部门甚至可以说是一个相对弱势的部门，在约束和协调其他职能部门行为方面存在明显的不足。更重要的是，由于各种复杂的因素，我国还存在着若干与环保部门并立甚至更为强势的其他与环保工作密切相关的部门，比如说农业部门、林业部门、水利部门、国土资源部门、海洋管理部门、建设部门等，这就更加意味着环境保护必须依赖各部门的合力，仅仅依靠名义上专司环保的现有环保部门是不可能有效推进我国环保工作的。

因此，我们应高度重视处理好部门环保与整体环保之间的关系，切实树立整体环保的观念，加强政府各部门之间的协调与合作，形成政府环保工作的合力，避免环保工作的力量牵制和抵消。具体来讲有几个抓手：一是进一步区分各部门的职责，促进环保工作的整合；二是进一步完善部门之间的联系和协调制度，加强部门之间的协作；三是强化环境标准的普遍约束力，确保各部门在各自的工作中注意环境保护，贯彻落实环境标准；四是提升环保部门的权威，加强其对政府其他职能部门的协调和约束能力，以确保环保工作能够全面有效地开展并真正取得实效。

行政手段与法制手段之间的关系

政府在开展环境保护工作中，可以综合运用行政的、法制的、经济的、舆论的、技术的等多种工作手段。这当中，正确处理好运用行政手段与法制手段之间的关系非常重要。就现行行政体制下行政手段被过度使用和国家建设法治社会的目标而言，这一点则更为重要。

我们注意到，在现行环保工作中，一些工作，例如污染治理，只要与地方官员的"乌纱帽"挂钩，往往就能立竿见影。例如，有媒体报道，晋陕宁蒙交界处是电石、铁合金、焦炭三个行业密集发展的地区，也是高能耗、高污染的环境重灾区，被称为中国卫星云图上的"黑三角"。①多年来，国家环保部门对"黑三角"进行过多次势大力沉的治理整顿，但效果一直不理想，治污与排污的拉锯战打了两三年之久。2005年下半年，国家环保总局和监察部联手对"黑三角"出招，由于监察部把治污与领导干部的"乌纱帽"挂上了钩，于是很快出现了可喜的局面。据了解，乌海市有关负责人在接受训勉谈话之后，72小时之内就关停了32家不符合国家产业政策且污染严重的企业。

鉴于行政手段的直接效果，现在一些舆论主张在环保工作中强化对于行政手段的运用，甚至主张在对官员考核时实行环保工作"一票否决"制。在国家政策层面，也可以看出越来越强调对官员的环保业绩考核。前文提到，2006年2月出台的《环境保护违法违纪行为处分暂行规定》，就把矛头指向了与环境污染有关的行政机关、行政行为和相关责任人。可以说，环保行政问责制度正在强化。

应当肯定的是，鉴于目前我国的行政体制和各种实际情况，完善环保行政问责制度有助于改进环保工作，特别是在短期内比较容易见效。但是，我们也应注意到，过于强化环保工作的行政手段实际上是对现行体制的路径依赖，其制度创新价值不足。与此同时，我们整个国家正在朝向法治国家转变，在实际工作中过于强调行政手段也是与这一目标有所冲突的。更重要的是，随着社会经济的发展，行政管制并不能覆盖所有的环境破坏主体，因此在客观上行政管制是有其作用范围的。而从经济学的角度看，单纯的行政管制实际上也是不经济的。此外，考虑到目前的社会现实，行政的高压手段虽然见效快，但是对于这种快速达到的"效果"是需要仔细评估的，不能盲目乐观。在很多时候，这种效果可能是暂时的、权宜的效果，并不具有长远价值。

因此，在今后的环保工作中，在完善行政手段的同时，还应该探索真正意义上的制度创新，特别是要加强环境法制，完善环境执法，努力使法制手段成为环保工作中的重要手段，推进政府环保工作真正地从单

---

① 蔡方华：《治污与乌纱帽挂钩为何一抓就灵》，《北京青年报》2006年5月23日，转引自新华网（http://news.xinhuanet.com/legal/2006-05/23/content_4588796.htm）。

纯依赖行政手段向综合使用法制、行政等多种手段转变。归根结底，法律是规范、调整各种社会行为与社会关系的普遍工具，依法治理环境是长远看来的有效办法。

"硬件"与"软件"之间的关系

环境保护需要投入必要的人力、物力和财力，需要创新科学技术，这些可以看作环保工作中的"硬件"要求。没有这些"硬件"的支撑，特别是没有必要的资金投入，环保工作很难有效开展。毕竟，生产技术创新、环境污染控制、环境破坏治理、生态环境保育，都是需要大量资金的。可以说，长期以来的"硬件"投入不足，环保欠账太多，环境保护严重滞后于经济发展，是我国环境状况不断恶化的又一个重要原因。

目前，国家已经意识到加强环保"硬件"建设的重要性。2006年4月17日，温家宝总理在第六次全国环境保护大会上的讲话指出，做好新形势下的环保工作，关键是要"从重经济增长轻环境保护转变为保护环境与经济增长并重"，"从环境保护滞后于经济发展转变为环境保护和经济发展同步，做到不欠新账，多还旧账"。[①] 从今年开始，环境保护支出科目已被正式纳入国家财政预算。我们相信，今后随着综合国力的进一步增强，国家财政状况的进一步改善，国家对环境保护的资金支持将更为有力，这将使环保工作的"硬件"得以大大加强，从而有利于促进我国的环境保护。

与此同时，我们也应注意到，"硬件"投入虽然是环保工作所必要的，但是并不一定直接导致环境状况的改善。这里的关键是要有配套的"软件"建设，包括更加合理的环保机构设置、更加完善的环境政策、更加科学的环境管理、更加合理的项目选择、更加高效廉洁的行政行为、更加适宜的环保社会氛围，乃至对于环境问题的更加科学的认识，等等。在很大程度上，只有这类"软件"建设加强了，"硬件"投入才会更好地发挥作用。事实上，"软件"建设本身也是

---

① 温家宝：《全面落实科学发展观 加快建设环境友好型社会》（2006年4月17日），2006年4月23日，中央人民政府门户网站（www.gov.cn）。

改善环境状况的重要工作，以前的经验证明了这一点。考虑到我国仍然是发展中国家，综合国力仍然有限，环保"硬件"投入还难以迅速地大幅度增长，所以，在今后一段时间内，环保工作的"软件"建设仍将占有重要地位。

我们认为，在环保工作的"软件"建设方面，应当认真分析总结30多年来的环保工作，积极继承和发扬以前环保工作的一些好的经验，好的做法。比如说，重视环境管理就是我国环保工作的一项重要经验，应当继续给予高度重视和完善。再比如说，重视环保宣传教育也是我国环保工作的一条重要经验，甚至有人认为我国的环境保护事业就是从宣传教育开始的。即使是在今天，开展有效的环境宣传教育对于增强环保意识、动员社会力量、促进环保工作，也仍然是非常重要的。

区别责任与共同责任之间的关系

认定环境破坏的责任是开展环保工作的重要环节。对于很多环境破坏行为而言，是可以清楚地认定责任人的。因此，在我国环保工作中，确立了"谁污染、谁治理""谁污染、谁付费""谁开发，谁保护"等基于区别责任的原则，这些原则是比较公平的。事实表明，在环保工作中认真贯彻这些原则，也确实能够产生一定效果，有助于控制环境破坏。我们认为，在今后的环保工作中，依然要坚持这些原则，并通过制度创新对之进行完善，使之更好地约束环境破坏者的行为，激励社会力量参与环境治理，促进环境质量的改善。

与此同时，我们也应注意到，随着我国社会经济的发展和居民生活水平的提高，环境问题的致因越来越复杂。对于一些环境问题而言，我们已经很难区分谁是真正的污染者和破坏者，环境问题已经成为人们集体行动的产物，所有社会成员在一定意义上都是生态环境的致害者。比如说，近年来，随着居民生活水平的逐步提高，由居民日常生活而造成的环境破坏越来越突出。例如，居民生活污水的排放占污水排放总量的比例越来越大，越来越成为水体污染的重要因素；居民生活垃圾的数量急剧增长，种类也发生巨大变化，这些垃圾的不适当处理正在对环境造成明显破坏；居民的汽车消费迅猛增长，也加剧了噪声、空气污染等问题，并刺激了能源需求的增长；居民生态旅游的增长，对一些地区的生态保护也造成了巨大压力。如此等等表明，环境破坏正在与每个人的日常生活和行为密切相关。就此而言，所有社会成员都应对环境破坏负责，并为环境保护尽力。

因此，今后在继续关注生产领域的环境破坏，更加明确那些明显的环境破坏者的责任，并对之实施更严格约束的同时，也应当关注消费领域的环境破坏，明确环境破坏的共同责任。为此，应当通过宣传教育，使所有社会成员都意识到自身行为的环境影响，并通过对环境友好型生活方式的倡导、适当的制度安排以及税收等手段，对所有社会成员的行为给予积极的影响和约束，努力使所有社会成员增强环境保护意识，共同承担起其所应承担的责任，共同为环境保护作出贡献。

环境纠纷中各种当事人之间的关系

我们认为，环境保护工作并不仅仅是处理人与环境的关系，促进环境质量的改善。事实上，环境质量改善的目标必须通过对人类行为与社会系统的适度调整才能达到，这就意味着环保工作必然要涉及对人与人、人与社会、社会与社会之间关系的处理，其中一个突出方面就是处理环境纠纷。在一定意义上，我们甚至可以说，环境保护是在对不同类型环境纠纷的处理中不断推进的，环境纠纷是促进环境保护的重要动力。

近年来，随着环境状况恶化与居民环境质量需求之间的矛盾日益突出，我国环境纠纷的数量呈现出迅猛增长的趋势。环境纠纷的大量出现，固然有其消极影响，但是我们从中看到的，应该更多的是环保工作不能满足广大居民的需求，环境灾害的社会影响在一定时空范围内和一定程度上是差异性分配的，部分居民正当的环境权益因此不能得到有效保障。如果基于此种立场，正确协调和处理环境纠纷，就可以将环境纠纷转化为我国环保工作的实际动力。

正确处理环境纠纷中各种当事人之间的关系，一个重要原则就是要保护受害者。在很多环境纠纷中，施害者通常是有组织的、具有重要社会影响力的一方（例如排污企业），甚至受到权力的庇护，而受害者则通常是无组织的"升斗小民",明显居于弱势。因此,在纠纷处理中,应当优先保护受害者。为此,有几点是很重要的:一是在具体司法实践中真正完善和落实"举证责任倒置"原则,由施害者举证自己没有施害;二是努力避免行政的不当干预,特别是要避免行政官员滥用权力,为了地方利益、部门利益甚至是个人利益,包庇纵容施害者;三是促进受害者的组织化,增强受害者的力量,同时避免无序纠纷;四是贯彻施害者赔偿原则,应在合理评估的基础上敦促施害者落实赔偿。

此外,在协调和处理环境纠纷时,还涉及仲裁者如何平衡环境标准与公众意见之间的关系,这对环境纠纷当事人之间的关系有着重要影响。我们知道,环境标准的制定是有科学依据的,国家颁布的环境标准是环境保护的重要指南,环保工作的一个重要方面就是监督各有关主体的环境影响是否符合国家标准。但是,我们也应当注意到,很多环境标准的科学依据并不是绝对的,所谓达标排放,并不一定对环境和人民生活、健康没有负面影响。更重要的是,环境监测的过程有着很多偶然性,在一个时点针对特定对象的监测达标,其意义是有限的。在实际工作中,我们可以发现一些环境纠纷难以处理的关键正是各个当事人对实际的环境影响看法不一致:施害者认为其污染排放达标,没有问题;受害者认为施害者的污染排放确实对其生活和健康造成了负面影响,环保执法部门则处于依法行政和反映民意的两难之间。走出这种困境的一种路径就是在完善环境监测的同时,完善环境标准,特别是在环境标准的制定过程中,不能单纯依据所谓科学,不能只考虑利益集团的意见,还要考虑和听取公众意见。当公众对特定的环境标准存有疑义的时候,除了宣传解释工作外,还应当积极反思环境标准自身的合理性。在必要的时候,应当修正环境标准。

环境治理的局部性与全局性之间的关系

由于行政体制的原因,环境治理的实践通常是以特定的行政区域为单位开展的。然而,环境系统自身是一个整体,一个行政区域的环境状况总是以这样那样的方式与其他行政区域的环境状况相关。因此,环境治理内在地需要各个行政区域之间的协调与配合。单个行政区域的环境治理难以取得整体性的环境改善效果，往往只是呈现出环境状况"局部改善、整体恶化"的结果。这正是当今世界环境保护面临的一个困境。

一般而言，在一个民族国家范围内，各个行政区域的环境治理应该是有可能实现彼此协调与配合的。但是，就我国的实际情况而言，由于各种复杂的历史和现实原因，区域之间的环境治理呈现出非常不平衡的状况，甚至是失调的状况。局部环境改善与全局环境恶化总是并行。像淮河污染这样的问题久拖不决，就明显反映了跨行政区的协调与合作的困难。此外，在我国城市与农村之间，环境治理也表现出一定程度的失衡，相对而言，城市环境问题受到更多关注，环境治理投入也更多，而农村环境衰退则没有引起足够的重视。

在民族国家之间，由于更为复杂的国际因素的作用，环境治理的协调与配合则是更为困难的。事实上，在当今全球范围内，环境治理总是充满着冲突与斗争。一些国家积极主动推进环境保护，一些国家则是消极观望，一些国家则是继续肆意破坏环境。即使是针对全球变暖这样已经有着广泛共识的环境问题，一些国家，特别是像美国这样的发达国家，依然是拒绝采取实际行动，配合全球环境治理。

为了真正改善环境状况，创造人类社会的美好未来，我们有必要高度重视处理好环境治理的局部性与全局性之间的关系，应当真正贯彻"全局思考、局部行动"，树立环境保护的全局观念。在国内，应当通过体制和机制创新，加强区域之间环境治理的协调与配合，激励环境治理的先进地区，对环境治理落后地区加强监督并给予必要处罚，努力推动区域之间环境治理的协同共进。在国际上，应当支持联合国等国际组织开展的环境事务，认真履行已经签署的环保国际公约，积极促进环境治理的双边和多边合作，特别是要团结一些友好力量，督促发达国家履行其对全球环境治理的责任和义务。与此同时，在国内和国际范围内，我们都应该积极利用各类民间环保组织在促进区域联系和协同治理环境方面的重要作用。

综上，环境保护是一项非常复杂的综合性、整体性和全局性工作，推进环保工作需要我们把环境保护摆在更加重要的战略位置，从更高的层次对之进行分析和思考；需要我们抓住环保工作中的主要矛盾，处理好环保工作中的重要关系；需要我们作出切切实实的环保行动，朝着建设资源节约型、环境友好型社会①的战略目标而不断努力。我国作为世界上发展中的大国,致力于推动环境保护,解决环境问题,既是造福于广大中国人民,也是对整个人类作出的重要贡献。

---

① 《胡锦涛强调扎扎实实做好人口资源环境工作》,2005年3月13日,新华网(http://news.xinhuanet.com/newscenter/2005-03/13/content_ 2689920.htm)。

绿色生活：冬天里的畅想[*]

现在，全球性的经济危机还在发展，很多国家把挽救经济当作首要任务，采取了很多手段，例如拯救房市股市、增加政府投资、扩大内部需求，等等。从一定意义上讲，目前的情况对于环境保护的大形势不是很有利。在这样的背景下，要谈绿色生活，我们可能会有更多的不乐观。

绿色生活方式的前提

建立绿色生活方式至少有两个最基本的前提。第一，基本生活问题的解决。在前工业社会，对于广大的人民群众而言，谈不上什么生活方式的选择。因为人们的生产、生活受自然条件的限制很大，不能够稳定地解决温饱问题。在基本生活需求没有满足的情况下，是很难去选择或者创造一种生活方式的。

第二，绿色意识的兴起。在社会发展进程中，特别是工业革命以来，人类对于自身的力量有了充分的发掘，不仅大大促进了生产力发展，而且似乎可以不受自然条件的约束了。但是20世纪60年代以来，人们发现现有的生产方式最终会受到环境资源的制约，是不可持续的，并且开始逐步意识到生活方式的选择对环境具有重要影响。于是，绿色生活方式的概念被提出，它要求尽量减少日常生活对环境资源的压力，谋求人与自然的和谐相处。

没有以上两个基本前提，就谈不上绿色生活方式。而从这两个前提

---

[*] 本文根据《绿叶》杂志编辑齐澧的访谈录音编辑而成，发表于《绿叶》2009年第2期。

我们也可以看到，人类社会在今天的发展阶段下，确确实实有条件选择一种崭新的生活方式——绿色生活。

绿色生活方式的价值

首先，是对个人的价值。人不同于物，不同于兽。个性、独立和尊严是人之为人的根本所在，体现出人的特殊性，没有了它们，就很难体现人的价值，很难真正感受到幸福。但在社会发展过程中，人的存在渐渐被物化了。在世俗化的现代社会，人生价值有多大，取决于一个人挣多少钱、住多大房、有多高地位。用这些外在的尺度来衡量人的价值，其实是偏离了人内在的尺度。原来的封建社会当中，如果不出现旱灾、水灾、蝗灾等自然灾害，年成好的时候，农民多收点粮，能够吃饱喝足、自得其乐，就感觉很幸福；为什么现在的社会，物品极大丰富了，很多人却不幸福呢？因为人们生活在自己制造出来的货币、商品等的阴影之下，成了它们的奴隶，追求攀比、奢侈、炫耀，由此丧失了独立、尊严和对人生价值的内省。

绿色生活方式倡导节约，倡导人与人、人与社会、人与环境的和谐，倡导丰富人的精神世界，发掘人的内在潜能，而不是鼓励对于物品的外在占有，这将有助于人们反省自己、发现自己，塑造真正的人生价值，做一个真正的人。

其次，是对环境资源的价值。我们常说中国地大物博，但相对于13亿人口来说，我们的地并不"大"，资源并不"博"。打开中国地形图，可以看到中国2/3都是山区，1/3是平原，我们大概是用世界上7%的耕地养活世界上20%的人口。如果中国要在人均经济总量上达到发达国家水平，所需消耗的资源量就是非常巨大的，尤其是在目前资源利用效率还不是很高的情况下，像石油、天然气、铁矿等资源，都面临严重短缺。与此同时，我们若依赖国际资源市场，受国际市场制约又很多，面临着很多不确定性，所以最终我们也不可能过分依赖于国际上的资源。在这个意义上讲，形成绿色生活方式，避免大量生产、大量消费、大量浪费，对我们自身的环境安全和资源的可持续利用具有极其重要的意义。

最后，是对于社会的价值。中国人口众多，如果倡导过度竞争的文化，倡导人对于物的过分占有，势必加剧人与人的冲突，带来很多问题。而如果每个人反躬自省，追求一种内在的价值实现——不是说要完全与世无争，而是说在满足基本生活需求的基础上，起码不去过多地铺张消费——我们人与人之间的直接竞争就会减少和减弱，这将有利于社会的和谐与可持续发展。

我们这个民族多灾多难，历史上很多内乱的发生都是基于资源的争夺，特别是基本生存资源的争夺。发生水灾、旱灾的时候，农民为了填饱肚子，不得不揭竿而起。现在，我们国家因环境资源问题引发的社会纠纷也越来越多，水污染、空气污染造成生命、财产损失的现象屡见不鲜。如果好的环境资源越来越少，人们就会为之展开激烈竞争。但是，最终能够占有珍贵环境资源的只能是少数人、富人，而不可能是广大穷人。这样，社会的分化和对立就将进一步加深。所以说，在未来，环境安全其实是与社会安全直接相关的安全问题。

如果大家都形成比较绿色的、环保的生活方式，避免资源的过度消费，应该会起到一定的缓和环境资源竞争的作用——青山绿水很多，人们就不必为此去激烈竞争，矛盾就会减少。这样对于中华民族的和谐、永续也非常有意义。

建立绿色生活方式的关键

在我看来，选择并建立绿色生活方式有以下三个关键的方面。

一是转变生活态度。

生活态度受世界观、人生观、价值观的影响，它的一个核心问题是：什么样的生活叫作好生活？在过去物质非常匮乏的时代，人们追求基本生活的满足，希望吃得饱、穿得暖。工业革命以后，一种扭曲的价值观——消费主义——开始流行，一些人认为消费得越多，个人价值就越大。进入后工业时代，人们开始有意识地自问：到底个人生活的价值在哪里？尤其当环境问题凸显并越来越尖锐之后，人们渐渐将自己的生活与环境问题结合起来考虑。

在理解人生价值和了解环境状况的基础上形成良好的生活态度，这对于绿色生活方式的形成非常关键。如果一个人对生活价值的认识处于迷茫的状态，对环境知识掌握得非常少，不了解我们的生活给地球造成的巨大压力，肯定就谈不上选择、践行绿色生活方式。

我们从很多方面可以感受到，人们现在对于环保的态度明显是越来越积极了。20世纪90年代初期我们做环境意识调查的时候，发现大家普遍对环境是一个什么概念都不太清楚。而今天，我们看到很多人支持环保，甚至愿意献出自己的时间或金钱来做环保。这是重要的进步，是建立绿色生活方式的重要条件。

二是践行绿色行为。

归根结底，绿色生活方式要落实到人们普遍性的具体的生活行为上。它有三个要点。

第一个要点，对于物的消费，应该遵循减量、循环、再利用原则。选择绿色的生活方式，我们就要追求消费的质量而不是数量——房子不是越大越好，汽车不是越高级越好，食物也不是吃得越多越好，而应立足于满足基本需求。我们原来一种流行的生活方式叫"用过即扔"，这很明显是不绿色的。对于各种资源，我们都应该尽量再利用。一二十年以前，买东西的时候大家都会准备一个篮子或袋子；后来一段时期，方便袋非常盛行，大家就没有自带购物袋的习惯了；现在，国家禁塑令一下，确实比较有效果，大家又开始自带环保袋了。循环利用也是一样。比如说，我们日常生活中起码可以努力做到水的部分循环使用，洗漱用水、厨房用水、厕所用水，可以尽量合理使用。但是在这一块我们做得还不够，循环节约的意识还不强，很多时候冲厕所用的也是干净水。这里面有一些技术性、制度性问题，既有建筑设计上的不足，也有相关知识普及不够等原因。所以，要做到对资源物品的循环、再利用，不光是个人行为选择的问题，还有整个社会循环经济体系的建设、废物回收利用行业的发展等问题。

第二个要点，对于个人来讲，生活的目的更多地是要凸显自己的价值。这种价值实际上不是仅仅体现为对外在物品的占有和消费，而是体现为对内在精神的提升和人之潜能的开发。这一点很重要。因为一个人如果能把更多的时间和精力放在学习知识、提升精神内涵上，而不是放在追求纯粹物质消费上，其实就会对缓解环境资源压力产生积极作用；而当社会上人们的智力、知识水平普遍得到提高后，将来也可能更有效地去解决环境危机。

第三个要点，对于人与人的互动来讲，致力于形成健康的人与人、人与社会的关系，营造环境友好、资源节约的社会氛围，促进人们之间的和谐，也很重要。实际上，那种加剧人与人的竞争，甚至造成人与人对立的社会行为，本身就是对人的一种伤害，其极端的表现形式——战争、冲突等，最终也会对环境资源造成损害。美国入侵伊拉克也好，入侵阿富汗也好，这些战争除了造成生命财产损失，最终也都留下了严重的环境破坏。

三是建立制度性集体约束。

绿色生活态度和生活行为，是在个人层面上讲的。现在的所谓绿色生活基本上还是少数人的一种选择。绿色生活方式自然需要一些先锋去倡导，但要真正成为社会的主流，就不是单个人、少数人的自觉所能促成的，必须是集体性行为，依赖于集体自觉。而集体自觉，在很大程度上需要依靠外在的具有强制性的制度约束，需要建立和完善相关的制度安排。

制度的集体性约束，是我们养成美德、形成好的生活方式的基本前提。当然，有少数人可以靠内省、靠自我觉悟来培养美德，但是大多数人需要通过外在制度的约束来养成美德。我们以前的环境保护更多地把重点放在了生产领域，例如污染治理、清洁生产等方面，在这些方面我们建立了一系列的制度安排。随着人们的生活消费对环境资源的压力越来越大，我认为今后可以把经济政策、环境政策的一个重点放在日常生活领域，用更多与日常生活相关的具体制度安排来引导和约束老百姓的行为，推进绿色生活方式。比如说禁塑令，为什么就能起作用？因为它强制性地让大家为塑料袋的消费买单；而大家也逐步了解到塑料袋不环保，少用一点，污染就少一点，所以塑料袋的使用量就明显下降了。如果日常生活领域的相关制度安排比较合理、比较具体、比较完善，我们就可以预期一种大众化的，而不是少数人基于自觉的绿色生活方式的出现。

绿色生活方式建立的难点

虽然我们说绿色生活方式非常好，但是好的东西并不一定容易实现。要在中国普遍推行绿色生活方式，我们至少会碰到三座必须逾越的"大山"。

第一座大山就是消费主义。消费主义主要是近代以来资本主义社会流行的一种生活态度和生活行为，它以占有、消费大量的物品为主要特征，背后的推动力量是资本家对利润的追求以及人之价值的异化。

对于中国来说，消费主义还与一些知识分子、官员的建构分不开。近代以来，中国一些知识分子和官员一直在建构一种进化的价值观，例如什么叫新的，什么叫旧的；什么叫先进的，什么叫落后的；等等。他们比较早地接触西方现代文化，很多人痴迷于消费西方的东西，比如说早先的留声机，后来的汽车、洋房、电视机、冰箱、手机之类，都在很大程度上是先从资本阶层、官员和知识分子中开始流行的。所以在某种意义上讲，资本追求利润的冲动与部分知识分子、官员对于外来文化的好奇与崇尚，共同推动形成了我们社会中的消费主义。

消费主义在中国已经很有影响，不仅体现在追求高消费、新消费正在成为一种价值观，而且体现在实际的消费行为表现上，即出现了大量的为消费而消费的从众、攀比行为。举一个简单的例子，我 2008 年 10 月去日本，住在一所大学的宾馆里，发现他们用的电视机很小、很旧，远不如中国普通家庭的电视机高级。在欧美国家，手机也是这几年才开始普及。在这些国家，实验室中新研究出来的技术和产品，如高清晰度、高速、高能量的东西，转化成商品后在市场上是慢慢流行开来的；而在中国，对这种商品的消费会一下子迅速流行起来。总的来说，国人在消费心理上还不是很成熟，很容易接受所谓西方的新奇东西。加上我们人口众多，消费潜力大，所以一种新奇商品往往总是能在中国赚取巨额利润。因此，中国成了世界上资本主义国家最看重的消费市场和不断开发、试用新产品的市场。

消费主义是我们必须面对的大敌，但是为了发展经济，增加就业，我们在很大程度上又在提倡甚至激励消费。在这次金融危机的影响下，我们说要扩大内需，也就是鼓励消费。我不反对消费，但我认为必须始终强调一个概念——适度消费。一个人要朝着有利于自己成长或发展的方向，寻找合适的消费方式与消费内容，而不能盲目地、从众地消费。另外，就国家而言，应强调公平消费，关注社会成员的消费差距，确保中下阶层的基本生活消费。

第二座大山，是资本主导。近代工业社会以来，随着技术的进步和生产力的发展，资本开始主导着整个社会——无论它以民间资本主义形式出现，还是以国家资本主义形式出现。在某种意义上，资本主导着社会的方向，设定了人的尺度和自然的价值。因为资本的本性就是要求增殖，投了钱就要回报，所以它鼓励大量生产、大量消费，用过即扔。

中国是社会主义国家，但我们的私营企业发展很快，国家在很大程度上也依靠对资本的掌握和使用来推动社会经济发展。资本是社会发展的一个重要动力，但是我们也要对它加以限制、控制，不能让它成为唯一的主导社会以及人与自然价值的一种力量。为此，国家和社会应该设立一定的保护带，防止资本过度地入侵到每一个角落，损害人的价值和尊严，任意掠夺自然资源，破坏环境。

第三座大山，是严重不均衡的社会结构。我们知道，中国改革开放以来经济总量增长很快，人民生活水平在整体上都提高了。但是与此相伴随的，是贫富分化非常明显：东部、中部、西部差距很大，城市和农村差距很大，不同阶层之间差距很大。仅仅从财富占有上讲，中国现在的基尼系数普遍公认在 0.48 左右，已经明显超过了国际通行的 0.40 的警戒线。

在这样一个地区之间、阶层之间、城乡之间有着明显差距的社会中，选择、推行绿色生活方式就没有很好的社会基础。很多人没有满足基本生活需求，不能让山区温饱问题还没有解决的农民去选择绿色生活方式，他们的生活本来就很"绿色"，现在的问题是贫困；而一些有条件选择的人为了某种扭曲的自我价值或继续追求利润，愿意继续去刺激和扩大消费。所以整个社会并没有形成对于绿色生活的共识。要创造一种影响全社会的生活方式，必须重视社会公正，使社会成员达到相对均富的状态，社会阶层之间的差距不至于过大。如果只靠少数的精英或者富人倡导绿色生活方式，意义并不是很大。

消费主义盛行、资本力量主导、失衡的社会结构，这三座大山我们必须去超越，否则，绿色生活方式就可望而不可即。

绿色生活方式在中国的未来

绿色生活方式未来能否成为中国社会的主流生活方式？

乐观地说，从长远来看，从理性的角度来看，中国人选择绿色生活方式是必然的。因为中国人多，资源相对少，环境容量非常有限，不选择绿色生活方式，我们的资源环境支撑不了，既支撑不了巨大的消费，也支撑不了巨大的生产。正因如此，我们党对于环境保护的重要性越拔越高：原来我们讲环境保护是一项基本国策；后来讲坚定不移地落实可持续发展战略；接着提出科学发展观；党的十七大则明确提出建设生态文明；国家环境保护部也正式成立。这些说明在国家层面非常重视环境资源问题。

从理性、从长远讲，中国人不可能重复西方社会特别是美国人那样的生活方式。在走向现代化的过程中，我们必须创造一种属于自己的生活方式——一方面过得很富足，另一方面又过得很节约。其中的关键，就是注重提升我们每个人的潜在能力，实现人的内在价值。不创造出这种生活方式，我们的现代化就走不下去，甚至会走向崩溃。

而从整个世界来说，国家之间在环境保护方面的竞争会越来越激烈，如果中国占有并消费过多国际资源，就必然会面临国际舆论的压力和种种制约。所以，无论是从国内形势看，还是从国际形势看，我们都必须走环境友好型、资源节约型道路，建立并推行符合中国实际情况的生活方式。这里很明显的一个方向，就是选择绿色生活方式。

但是，就现实条件来看，推行绿色生活方式不容乐观，甚至是非常不乐观。因为我们虽然意识到了发展的瓶颈所在——资源和环境，但是我们发展的冲动依然很强劲。落后地区、中西部农村地区、广大中下层收入者，他们现在要的是就业和改善福利，是推进更多的发展。所以，中国失衡的社会结构的制约就变得非常明显：这样一种没有走向共同富裕、利益共享的社会结构，本身就造成了发展的张力。有的人消费越来越多，开的车越来越好，住的房越来越大，口袋里的钱越来越多；而贫困人群面对的是要解决温饱的问题。如果要求他们环保，他们会说：是，那很重要，但它现在不是我们的责任，而是你们的责任。这样，整个社会环境保护的凝聚力就很难形成。

要在环保问题上达到社会共识，就必须逆转社会结构分化，谋求社会结构的均衡和协调。但现在看来，我们的城乡差距、地区差距和阶层差距并没有明显的缩小的前景，事实上仍在不断扩大。这样下去，绿色生活方式是不可能迅速推行开来的。

另外，国人现在其实还存在比较明显的弱势族群的心态。近代以前，我们是天朝大国，对外部社会不太关心，我们相信自己的就是最好的。但是近代以后，在坚船利炮的打击之下，国人开了眼界，认识了西方世界，认识了工业文明。在屡战屡败中，我们逐渐有了一种巨大的心理压力——后发国家的焦虑、自卑，以及对于先发国家的羡慕、畏惧。这种压力造成的弱势社会心态在某种程度上一直持续到现在，并成为中国社会消费主义盛行的一个心理基础。

国人很容易接受所谓先进、发达、高技术的东西。很多时候，说是西方的，人们就认为是先进的、好的。西方消费者对待新产品比较理性，会根据自己的情况，觉得有必要就用；但是国人购买新产品往往不是基于需要，而是出于从众和攀比，追求一种畸形的心理满足。这种心理实际上就是弱势心态的体现——个人的主体性尚未完全确立，理性程度还不高。

中国社会结构严重失衡，资本的力量又日益强大，并且存在很强的消费主义盛行的心理、社会基础，在这种条件下，要想很快建立起绿色生活方式，我比较悲观。尤其是在目前的形势下，谈绿色生活也只能是冬天里的畅想。

环境保护是民生之基[*]

民生问题的定义

记者：从社会学角度来看，民生问题是如何定义的？从社会学角度来分析，您认为，当前中国的环境保护问题在哪些方面应该属于民生问题？

洪大用：我们通常理解的民生，是指老百姓的基本生活和生计基础。从社会学角度看，民生主要包括了与经济增长相对应的两个基本方面：一是人民群众的生活水平；二是人民群众的生活质量。

民生的内涵是随着人类社会的发展而不断发展的，在不同的发展阶段，在同一发展阶段的不同社会，民生问题有着不同的内涵。现在我们强调的民生，主要是指在经济增长的基础上，促进经济社会协调发展，促进人民群众共享发展成果，着力改善老百姓的基本生活，不断解决老百姓最关心、最直接、最现实的问题，提高生活质量。从这个意义上来说，环境保护肯定是民生的题中应有之义。

为什么这样说？首先，环境问题对于我国环境脆弱地区，尤其是一些西部地区而言，本身就是生计问题。因为这些地区资源匮乏、生态脆弱，一些人为了基本生计而加剧环境压力，导致生态破坏。如果不注意保护环境，生计问题是难以持续解决的。其次，即使是在环境容量较大的东、中部地区，由于快速的工业化、城市化等导致的污染，也损害了

---

[*] 本文为接受《中国环境报》记者的采访记录，发表于《中国环境报》，2009年8月21日，收录本书时格式略为做了编辑。

一些人的生计基础，造成了很多人的经济损失，特别是对一些以种植、养殖为生的广大农民而言，更是如此。再次，日益加剧的环境污染正在加大人们所面临的健康风险，最近的媒体就有较多的报道，这直接威胁着人们的生活质量，加剧了老百姓的负担。最后，由于环境污染所导致的社会纠纷越来越多，甚至引发群体性事件，不利于社会稳定。

如果再说一点，环境污染和破坏最终也会影响经济可持续发展，从而在整体上威胁广大人民群众的基本生活。因此，我们在经济增长的同时，要高度关注环境保护，关注环境这一民生基础。如果单纯关注经济的快速增长而任由环境恶化，很难保障民生改善，即使暂时改善，也是不可持续的。从这个意义上讲，保护环境就是在解决民生问题。

是否经济水平提高才能把环保问题当作民生问题

记者：美国的社会心理学家马斯洛将人的需要分为5个层次，他认为，人有生理的需要、安全的需要、归属的需要、自尊的需要和自我价值实现的需要。那么，人们对于民生问题的理解和认识是否也会根据生活水平的提高、需要的不同而重新定义？近年来，中国经济社会快速发展，随着人们物质生活水平的提高，中国是否具备将环境问题提高到民生问题的条件？

洪大用：人们对于民生的认识肯定是随着社会经济的发展而不断变化的。对于不同地区、不同群体、不同阶层的人来说，对民生的主观理解也不同。

比如说，高收入人群关注的民生可能不是收入、住房等问题，而更多的是社会秩序、自我价值的社会实现，以及更好的生活质量，包括环境质量等问题。而低收入人群则可能更多地关注就业、收入、住房、医疗等问题。因此，在社会发展的不同阶段，对社会发展同一阶段的不同人群而言，都对民生问题有不同的理解。在此意义上可以说不存在一个普遍性的、固定不变的民生问题。

马斯洛将人的需要分为5个层次，指的是低层次的需要应优先满足。如果低层次的需要不满足，就很难产生高层次的需要。但实际上，很多专家学者也对这种理论进行了批评。他们认为，需要本身并不是完全线性递进的。对于穷人来说，他们同样有自尊的需要，也有自我价值实现的需要。与此同时，社会上并不是所有的人都把专注于自我实现作为最高层次需要，有些人是追求服务于社会的"大我"的。不过，可以说马斯洛的理论在某种程度上揭示了人们需要的变化趋势。随着生活水平的不断提高，人们的基本生存需要得到了保障，对于安全、尊严的需要就会更为迫切。

联系到环境保护，有的人认为只有经济发展了，才谈得上环境保护。表面上看，西方国家的环境保护运动确实是在经济比较发达的基础上才大规模兴起的。

在西方环境社会学界，甚至有人提出了"后物质主义命题"，也就是说只有当经济发展到一定阶段、物质财富快速增长，人们解决了基本的生存需要，才有可能更加重视非物质性的需要，关注生活质量，重视个性发展和自我表达，由此产生环境意识，开始推动环境保护。这个命题的潜台词就是，对于经济不发达的国家和地区而言，是不可能有真正的环境保护的，环境保护是一种奢侈品。

不过这种观点提出后，引起很大争论，很多人做出了批判。一方面，在发达国家，比如美国，有些历史悠久的自然保护运动并不是在"二战"以后经济高度发展的基础上才开始的，而是从19世纪末、20世纪初就开始了；另一方面，在很多发展中国家和地区，环境保护运动特别是发自草根的运动风起云涌，对"后物质主义"命题构成了直接挑战。

事实上，环境保护对于发展中国家的老百姓来说，并不是奢侈品，而是生活必需。他们要继续生存下去，就必须保护环境。如果不保护环境，一是失去生存的基本资源而不能生存下去；二是即使生存下来也不可持续。所以，对于发展中国家而言，包括我们国家，环境保护是不能拖的，不能走先发展再环保的路子，保护环境本身就是发展，就是解决民生问题。我们现在关注环境保护，并不是因为我们具备了什么条件，我们的经济基础实际上还并不是很厚实。

当然，随着经济快速发展，人民群众生活水平不断提高，我们推动环境保护、解决环境问题将具备更加有利的物质条件和群众基础。一方面，我们有更多的经济资源可以用于环境保护；另一方面，由于人民群众生活水平提高了，对于生活质量的关注也更为迫切。此外，经过三十多年的环境宣传和教育，群众环境知识和环境意识水平都有很大提高。

发达国家如何看待环境问题

记者：据您了解，发达国家一般会把环境问题放在什么样的地位？有没有提高到民生的高度来对待环境问题的先例？

洪大用：发达国家的政府自20世纪六七十年代以来，面临着来自民众的越来越大的环境保护压力。为此，他们不断加大环境保护投入，推动环保技术创新，完善相关制度建设，设立专门机构和专项基金。在此基础上，西方发达国家的环境问题有所缓解。当然，这种缓解也还有很多其他原因，特别是经济全球化进程导致了全球产业布局的调整，发达国家的污染产业不断转移到发展中国家和地区。此外，他们的人口比较少，环境容量也比较大，环境保护的回旋空间也就比较富余。

即使发达国家的环境质量有了很大改善，但是，由于公众环境意识的觉醒和强化，对于全球环境状况的关注，以及环境保护的制度化，环境议题在发达国家还是事关政治正确。政府领导人不管是真心还是假意，为了顺乎民心、捞取选票，都要表明重视环境保护，并把环境保护看作是影响社会经济可持续发展和老百姓基本福利的重要问题。

一些国家为此推动了日益严格的环境立法，比如环境污染治理的预防原则以及环境纠纷处理中原因认定的概率原则。所谓预防原则，就是说在污染发生之前甚至企业生产之前就有程序控制。所谓概率原则，就是在污染纠纷的原因认定中，不必完全证明某种原因确实导致某种污染损害，而只要存在可能，就可以实施处罚。

由此来看，西方一些发达国家确实把环境保护放在很优先的位置，虽然他们没有放到我们所讲的"民生"问题的高度。

实际上，"民生"是一个中国词汇，具有中国特色。发达国家把环境保护与老百姓的幸福生活和社会经济发展的可持续性联系起来，在此意义上，也可以说是把环境问题当作了民生问题。

民生内涵的不同认识

记者：网络上认为，四大问题是民生的基本问题：教育是民生之基，就业是民生之本，收入分配是民生之源，社会保障是民生之安全网。而环保是为了让人们喝上干净的水、呼吸清洁的空气、吃上放心的食物。按照上面的说法，您认为环保应成为民生的什么？

洪大用：我认为网络上的说法不够标准，不够全面。党的十七大报告中指出了六大民生问题，包括教育、就业、收入分配、社会保障、医疗卫生、社会管理。但这并不等于民生问题的全部。事实上，党的十七大报告也提出建设生态文明，对于环境保护有着专门强调。

所谓教育是民生之基，就业是民生之本，收入分配是民生之源，社会保障是民生之安全网的说法，代表了一种理解。我认为，环境保护才应是民生之基。因为环境保护涉及的是老百姓基本的生存条件和生活质量。如果污染了水源、土地和空气，破坏了自然生态，人们就没有了食物来源、面临着健康风险、损失了居住空间、失去了休闲场所，那就谈不上生活了。因为在可预期的未来，我们人类还是要生活在地球上，需要特定的生存空间，合格的空气、水源、土地等都是人类生计的基础。因此，环境保护应为民生之基。

其他方面可以这么说：教育是民生之途，因为在现代社会，教育是提升人力资本和社会地位的重要途径；就业还是可以称为民生之本，没有工作就什么也没有；收入分配则只应是民生之术，因为它只是改善民生的一种手段，毕竟我们不能只是简单地依靠调整收入分配来稳定改善民生；社会保障从广义上讲应是调节收入分配的一部分，但是体现着集体互助、风险共担，所以可以叫作民生之依；医疗卫生乃是民生之质，因为人活着总要追求健康，活得更好、更有质量；社会安全和社会秩序保障可以叫作民生之盾。其实，这类说法意义不是很大，无非是强调都很重要。但是，环境保护确实是各类民生的基础工作，无论是从当前而言，还是着眼长远。

民生问题是什么问题

记者：有人说，民生是社会问题，有人认为民生涉及经济问题，您认为民生应该涉及哪些问题？环境因素在民生中应占据什么地位？民生中的环境问题是否随着社会发展进步而倍加重要？

洪大用：在近代，孙中山先生提出"三民主义"的时候，民生问题是除了国家独立、人民做主之外的其他各种社会、经济、文化问题。我们今天在发展的特定阶段提出民生问题，更多的是强调在经济增长的基础上不断发展社会事业，改善人民生活，促进全体人民共享发展成果。因此，整体而言，今天所言民生问题是社会问题，如果非要做出区分的话。教育、就业、收入分配、社会保障、医疗卫生、社会管理等都是社会领域的问题。

前面讲到环境问题是民生之基，自然在当今民生问题中占有重要地位。不仅如此，环境问题也是发展问题，是社会经济可持续发展的物质基础。无论是生产，还是生活，都需要特定的环境条件，也就是良好的生态。生产、生活、生态是紧密相连的。如果生态环境恶化，生产、生活都失去了保障。从这种意义上讲，我们更应重视环境保护。

我相信，随着社会经济的发展，环境保护只会变得更加重要。其主要的推动力就是老百姓的生活需求发生变化，环境意识不断增强。如果我们不去重视环境问题、解决环境问题，就满足不了老百姓的需求，就会积累社会矛盾，影响社会稳定，甚至影响政治稳定。所以，从这个意义上讲，环境问题也是政治问题。因此，我们在经济发展的基础上，越来越重视环境保护，是顺应民心、合乎民意的重要选择，是符合国家长远发展战略的重要举措。

把环境问题看作是民生问题的意义

记者：在当前国际金融危机下，我国积极扩内需、保增长、调结构、惠民生。在这种背景下，把环境保护看作是民生问题，您认为有哪些重要意义？

洪大用：自2007年以来，源自美国的金融危机在全球不断蔓延。直到今天，有人说已经见底，有人说还没有见底。在这个背景下，把环境保护提到民生问题的高度，认识到其既是发展问题，也是民生问题，至少有两个层面的意义：

一是战略层面的，由此我们可以坚定地推动环境保护，重申环境保护的重要性。环境保护是我国基本国策。特别是从党的十六大以来，政府对环境保护越来越重视，不断深化对环境保护的认识，提出建立资源节约型、环境友好型社会，建设社会主义生态文明。从行政机构上讲，原国家环境保护总局也升级为环境保护部，国家环保投资也有增加。

但是，就在这时，我们遭遇了国际金融危机，我国经济增长面临一些不确定因素。有些声音出现了，认为绝对要把经济增长放在最优先的地位。这种主张抽象看是不错的，但是把经济增长与环境保护、改善民生与环境保护都对立起来了，在客观上就会导致环境保护在某种程度上的可能的削弱。因此，为了持续推动环境保护，要求我们在新的形势下，以新的方式体现依然重视环境保护，而不受经济环境的影响。因为我们必须明确中国环保的长期趋势。我国生态环境脆弱、环境容量有限，到2020年，经济总量还要翻两番，必然要消耗大量的资源和能源，造成的环境压力还会越来越大。如果受金融危机影响，而把环境保护边缘化，就会对长期的环境保护工作不利。

二是策略层面的，由此可以保障必要的环保投入，推动各级政府重视环境保护。把环境问题看作民生问题，进一步扩展了我们对于民生问题的认识。如果没有必要的环境资产，其他民生都没有了基础。在改善民生成为政府优先目标的时候，如果不把环境保护列为民生项目、当作民生问题来看待，很可能就不会引起重视，不会争取到必要资源。

把环境保护看作是民生问题，对生态文明建设有哪些意义

记者：据了解，您做过关于生态文明的研究。那么，从长远来看，把环境保护看作是民生问题，将对生态文明建设起到哪些重要作用？

洪大用：生态文明是一种建构中的新的文明形态，核心是更加重视环境保护、更加重视人与自然的和谐。生态文明的经济基础不是对自然单方面的掠夺和剥削，而是遵循自然规律，发展循环经济。在政治上，要对环境保护高度重视，并保障公众广泛参与。在文化上，要有全体成员自觉的生态意识。这些都是生态文明的重要特征。

把环境保护提高到民生问题的高度，体现了对于生态文明的正确理解，突出了生态文明重视环境保护的导向。我们未来在经济增长的基础上改进的不仅仅是老百姓的生活水平，还要提高他们的生活质量，而且要为保障生活的可持续性创造基础。所有这些，都需要必要的环境条件作保障。如果我们忽视环境保护，就不可能建设生态文明，也不可能持续有效地改善民生。

从实践层面看，把环保问题提高到民生问题的高度，有望借助优先民生的政策选择，对生态文明建设有一个实质性的推动。在当前形势下，保增长、保稳定、保民生是国家的优先战略。如果切实把环境保护作为民生的重要内容，作为发展的重要基础，就必然会有相应的资源投入。这样，国家在解决经济发展问题的同时，也推动环境保护。一边发展、一边环保，既解决发展问题，也解决民生问题，这就是在不断推进生态文明建设，也是我国生态文明建设的必由之路。

如何减轻环境突发事件的社会损害[*]

就在广西龙江镉污染事件还在处理过程中的时候，又有环保组织申请公开云南陆良县铬渣污染事件中污染企业的相关信息。与此同时，媒体还报道康菲溢油索赔第一案自去年底立案后至今仍无进展。种种迹象表明，环境突发事件不仅造成了各种可见的物质性损害，而且也产生了深远的社会影响。处理环境突发事件，既要重视消除可见的物质性损害，更要重视减轻社会损害，促进社会的恢复和建设，以确保社会的良性运行。

环境突发事件的物质性损害往往是清晰可见、迫切需要及时处理的，例如对水体、土壤、空气的污染，造成动植物的死亡，对人民生命财产的威胁，等等。但是应该看到，这样的处理过程既是一个物质技术过程，同时也是一个社会过程，不可避免地涉及一系列的社会动员、协调、控制和修复。这样一种社会过程是处理物质性损害所必须的，但是如果实施不当就会引发社会损害。事实上，环境突发事件本身往往也直接导致社会恐慌、失序乃至混乱等社会损害。自2004年以来，一系列重大环境突发事件往往都伴随着规模较大的群体性事件。例如，2004年的四川沱江特大水污染，2005年的浙江东阳化工污染和松花江特大水污染，2009年的江苏盐城水污染、陕西凤翔铅污染和湖南浏阳镉污染，等等。据估计，近年来我国由环境污染引发的群体性事件以接近年均30%的速度递增，其对抗程度明显高于其他群体性事件，成为威胁社会和谐与稳定的重要因素。

概括而言，所谓社会损害是指环境突发事件及其处理过程对社会运

---

[*] 本文发表于《世界环境》2012年第2期。

行所造成的种种负面影响。择其要者而言，可以说有四个方面：一是由于环境突发事件所直接引发的社会失序，具体表现为大众恐慌、群体冲突等；二是由于环境突发事件及其处理过程所造成的对社会信任的损害；三是在环境突发事件处理过程中对于社会公正的损害；四是在环境突发事件处理过程中所呈现的主导价值对于社会价值的损害。除了第一个方面的损害与环境突发事件的物质性损害一样，具有明显的可见性，其他方面的社会损害相对来说是比较隐性的，但是一旦造成损害则具有长期性、连锁性的影响，并且会成为诱发整体性社会危机的温床。在实际的应对环境突发事件的工作中，相对来说，人们给予物质性损害以及短期的社会失序以更多的重视，对于其他方面的社会损害则关注不足——这本身也就是在造成社会损害。

就第一方面的社会损害而言，可以说目前的政府有关部门已经积累了一定的经验。在早期信息渠道有限的情况下，采用"捂盖子"的做法虽然在一定程度上控制了环境突发事件的社会影响范围，换取了所谓"社会安定"，但是实际上积累了社会问题，增强了社会的脆弱性。随着信息渠道的不断丰富以及公众对于知情权的日益关注，继续采用"捂盖子"的做法，其本身已经成为诱发社会混乱的重要因素。自从2003年"非典"危机以来，政府已经意识到信息公开的重要性。2007年，当时的国家环境保护总局制定发布了《环境信息公开办法（试行）》，突发环境事件的应急预案、预报、发生和处置等相关情况被列为政府主动公开的环境信息。在此后应对环境突发事件的过程中，整体来讲，主动公开信息已经成为一个方向，并且这种信息公开在防止社会混乱、促进危机解决方面确实发挥了重要作用。今后需要进一步关注的是促进信息公开的全面性，正视并积极引导多种主体所公布的信息，加强专家在分析和发布信息方面的重要作用，特别是要严惩各种瞒报信息以及蓄意制造恐慌的行为。当然，这里强调信息公开和有效引导对于防范或减缓社会危机的作用，并不是忽视其他各种及时、有效的手段，例如提供安全的替代环境和环境产品（水、食品、空气等），尽快减轻和修复环境损害，等等。归根结底，环境恢复安全是促进社会安全的决定性因素。

本文着重强调的是在应对环境突发事件的过程中，还需要切实关注其他三个方面的损害，也就是前面提到的在社会信任、社会公正和社会价值方面可能造成的损害。

就社会信任损害而言，一些人为蓄意制造的环境突发事件，其本身就是对社会信任的巨大挑战和威胁。例如，江苏东海人为蓄意倾倒有毒化学废弃物事件，山东沂南亿鑫化工有限公司故意排放大量含砷有毒废水污染南涑河事件，云南曲靖陆良化工实业有限公司将5000多吨工业废料铬渣非法倾倒污染珠江源南盘江事件，江苏盐城标新化工有限公司明知在"氯代醚酮"生产过程中所产生的钾盐废水中含有有毒、有害物质，仍将大量废水直排入河污染居民饮用水事件……如此等等，明显弱化了公众对于企业以及相关人士的信任，很多污染企业没有最低限度的社会责任感，对于相关环保法律规定置若罔闻。而在政府应对环境突发事件的过程中，一些官员自私自利、知法犯法，不能及时向公众公布信息并积极引导公众共同应对危机，也严重损害了公众对于政府的信任。例如，在松花江特大水污染事件中，从当时的国家环保总局到省市环保局，都没有及时采取有效措施，包括按照有关规定全面、准确地报告水污染程度。即使最近发生的广西柳江镉污染事件，其肇始是在1月15日，但是1月26日才被公众广泛知晓，由此也被认为又是一起捂了多日"盖子"的恶性环保事件。甚至，在一些环境突发事件中，公众对于有关专家的意见是否客观中立也产生了疑问。这样一来，如果公众对于企业、政府和专家的信任程度弱化，很明显不仅不利于环境危机的解决，也对社会有机体构成了重大伤害。因此，在防范和应对环境突发事件的过程中，应当高度重视取信于民，促进社会信任，开展各项工作都应努力做到开诚布公、切实有效。特别是，对于蓄意违法违纪的企业和官员，应当及时采取惩罚手段，并加大惩罚力度。与此同时，有关专家也应恪守专业道德，客观中立地分析事态并提供建议，对于蓄意误导者也应坚决惩处。

就社会公正损害而言，主要是指突发环境事件的损害在社会成员之间的分配不公正，包括遭受生命财产损失的相关人员不能得到公正的赔偿。理论上讲，环境污染对特定范围内的所有社会成员都造成损害，但是，由于不同社会成员之间的社会地位、组织程度以及环境知识掌握等方面的差别，他们遭受损害的程度以及规避损害的能力往往是有差别的，有时甚至是有很大的差别。一般而言，环境污染对于农村地区以及直接依赖环境资源以获取生计的农民可能造成更多的损害，而农民规避损害的知识与能力也是相对不足的。与组织严密并且掌握更多社会资源的污染企业相比，分散的公众也处于相对弱势的地位，其在寻求补偿和赔偿的过程中往往也会遭受不公正的对待。即使是付诸诉讼，受害者也往往面临着种种举证的困难以及司法的偏袒而难以保障其正当权益。最近有媒体报道康菲溢油索赔第一案自去年底立案后至今仍无进展，这就是一个例证。进一步而言，妇女和儿童相对于其他社会成员，在环境污染中具有更多的脆弱性，由此容易遭致更多的损害。在已经发生的多例铅污染事件中，明显的直接受害者都是儿童和妇女。因此，我们在应对环境突发事件时必须高度关注社会公正的诉求，避免种种导致社会不公、引发社会公正损害的行动与政策。如果不幸至此，将会对一些社会成员造成绝对的或相对的社会剥夺，积累更多的不满情绪，使得社会运行面临更大的风险。在此，尤其需要强调政府行为的公正适当，强调司法制度和司法过程的更加完善和公正，强调污染补偿和赔偿的合理与及时，总之是强调政府和司法部门等对于社会弱势群体要给予足够的关注和保护。

就社会价值损害而言，主要是指一些环境突发事件产生以及应对这些事件时所遵循的逻辑严重歪曲了社会的价值导向，矮化甚至漠视了人的尊严和生命的宝贵。我们往往可以看到，在一些环境污染引发群体性事件之前，受害者都曾多次直接反映或上访，要求企业搬迁或停止排污，有关新闻媒体也曾予以披露，甚至一些民意代表也曾多次发出呼吁或提出议案，但是一直得不到彻底解决，从而积累民怨。而在一些环境突发事件发生之后，对一些社会成员造成了明显的侵害后果，但是他们的赔偿要求得不到满足，排污单位和有关部门甚至无视他们的维权意愿和赔偿要求。这样不仅凸显了前文所说的社会不公，而且也凸显了某种强权即真理、金钱至上的错误价值观。事实上，在一些环境突发事件及其处理的背后，往往可以看到政府及其部门对于排污企业的庇护，看到排污企业与一些社会主体的利益结盟。2005年浙江东阳画水镇因化工污染而引发恶性群体性事件，其根源正在于东阳市政府将数家化工厂、农药厂迁到当地建成所谓"化工工业园"。我们注意到，尽管目前中央政府已经将环境保护置于相当重要的地位，但是一些地方政府仍然存在着盲目的GDP崇拜倾向，过于看重政府的生财之道，由此严重偏离科学发展观，歪曲了以人为本的发展的价值导向，事实上"倡导"了"吃子孙饭、断子孙路"，只要今天财富、不要明天健康的错误的不可持续的价值观。更有甚者，一些排污企业勾结黑道，打压受害者，让一些普通大众产生"做好人受罪，过日子艰难"的绝望感，严重损害了人的尊严。因此，我们在预防和应对各种环境突发事件时，一定要关注正确的价值导向，坚决践行科学发展观，切实做到以人为本，彰显生命的尊严和宝贵，引导人们充满希望地生活。

总而言之，我们应对环境突发事件不能仅仅关注各种有形的、短期的物质损失，正视并着力减轻各种有形无形的甚至是有着长期性影响的社会损害，同样是非常重要的，它不仅是我们正确应对环境突发事件的应有内涵，而且是促进社会长治久安的重要工作。在此意义上讲，环境突发事件往往更加凸显了社会建设的重要性，同时也提供了推进社会建设的一个重要切入点。如果我们在应对环境突发事件的过程中能够更加自觉地、更多地遵循社会运行规律，积极推进社会建设，我们就可以更加有效地化解环境危机，并为减少未来可能的危机及其社会损害创造更为有利的社会条件。当然，从另外的方面看，社会建设应是一项常态的长期性工作，我们在经济发展的同时应当从日常工作的各个方面高度重视社会建设，倡导正确的社会价值，促进社会信任和社会公正，这样也是防范环境危机和减轻环境突发事件之损害的有效手段。

以社会影响评价推动双赢[*]

社会影响评价的形成条件

记者：社会影响评价是怎么产生的？

洪大用：社会影响评价是英语直接翻译过来的词汇，来源于北美地区。欧洲国家称其为社会分析。

社会影响评价来源于1969年出台的《美国国家环境政策法》。这一法案提出，环境问题包括社会议题。但实际上，在此后的几年里，人们都不知道社会议题应该包括哪些方面、怎样去评价。直到1973年，美国阿拉斯加一个输油管发生了爆炸。当时，从环保角度出发，人们只考虑了输油管的泄漏、对冻土和驯鹿的影响等问题，但石油开采对于当地爱斯基摩人的生活影响这时候就显现出来了。人们开始意识到，工程项目不仅会对环境产生影响，对人的影响同样存在。

此后，1993年和2003年分别出版的两本社会影响评价原则和指南，进一步推动了社会影响评价的发展。社会影响评价逐步成为工程项目和环境政策社会影响评价的重要技术手段，到现在已成为一种成熟的专业领域。

记者：哪些条件促成了社会影响评价的形成？

洪大用：发展社会影响评价有几个重要的前提。

一是任何工程项目都是嵌入社会经济系统当中的，而不是孤立于社

---

[*] 本文为接受《中国环境报》记者的采访记录，发表于《中国环境报》，2012年9月10日，收录本书时格式略人做了编辑。

会经济系统之外的。无论是修建一条高速公路，还是建设一个核电厂、化工厂，都会嵌入当地的社会经济文化背景当中。就如同一颗石子投入水中，必然会产生一定的影响。

二是随着现代科学的发展，工程项目带来的社会影响是可以预测的。包括经济学、社会学、心理学、人类学在内的各种社会科学知识可以预测未来的影响。

三是这种对于影响的分析和得出的结论，是可以影响和改变决策的。

对应现实来说，如果认为一个项目就是一个孤立的投资项目，与社会经济系统没有太大的关系，其影响是不可预测的和不可预期的，或者影响是可以预期但由于是官方的决策老百姓不能反对的，那么，社会影响评价就不能发展起来，成为一种必要的工具。

社会影响评价的特点

记者：什么是社会影响评价？社会影响评价有哪些特点？

洪大用：社会影响评价是应用社会科学的理论和方法，对工程项目或环境保护政策所产生的社会影响进行调查研究和评估的过程。

从理论上讲，社会影响评价主要包括以下几个方面：

第一，过程性。社会影响评价不是一次性的，不是只在立项时做过就结束了。而是贯穿于项目的设计、执行，到项目的运行和终结的整个过程。比如，建设一个化工项目，应在这一动议开始的时候，就要引入社会影响评价。而不是在论证都做完了以后，在项目执行过程中遭到老百姓的怀疑和质询的时候才来做社会影响评价，这就完全滞后了。

第二，参与性。社会影响评价是社会动员和社会沟通的过程。社会影响评价不仅要靠专家按照专业知识进行评价，还要倾听所有利益相关方的不同声音。比如，在一个地方建设化工项目，不仅要倾听当地政府的态度，还要了解当地居民的意见。一个项目从策划设计到执行、运行的过程中，每一个环节都要有多方的共同参与，相互讨论、相互交流信息。这本身就是沟通和动员的过程，也是项目实施的组成部分。

第三，多样性。社会影响评价采用了一些成本效益的分析方法，但这种方法往往只针对的是项目带给居民就业机会、收入的改变，以及生活质量、环境质量的改变等。而社会影响评价不仅包含了这些内容，同时还包括一些不可以进行量化的评价，比如价值观。因此，社会影响评价要应用包括人类学和社会学等在内很多科学方法，去评价项目的社会影响。

第四，建构性。社会影响评价的影响是中性的。在评价的过程中，才能逐步明确哪些是好的、哪些是坏的。对于投资方和政府来说，不要过度排斥社会影响评价，好像社会影响评价就是动员老百姓来反对项目。其实不然。在沟通和动员的过程中，多方的相互交流信息，能够进一步明确对当地居民、对当地政府、对不同利益方的好处和坏处。在评价过程中达到一定的共识，能够更好地促进项目的实施。

社会影响评价的主要指标

记者：社会影响评价的主要指标有哪些？

洪大用：我国的社会影响评价刚刚起步，还没有达到专业化，多数采用的是国外的指标。结合本土的国情，社会影响评价指标应该包括以下因素。

一是人口。在任何一个地区，执行一项环境政策，或修建一个基础设施项目、建设一个企业，都要考虑到当地人口构成的因素，包括性别、民族、种族等。在美国，种族概念就比较重要。美国早期很多垃圾处理设施都修建在黑人居住区，但后来黑人对建设垃圾处理厂的反抗就很激烈。再如，在我国一些老的社区和一些少数民族地区，社区的凝聚力很强，动员起来反抗的可能性会很高。此外，工程建设可能带来的移民、临时工人、外来的就业者等迁入性的人口结构因素影响也需要考虑其中。

二是社区。包括社区的就业机会构成、经济状况、土地利用情况、历史文化传统影响，以及社区的认同强度等。

三是权利结构。政府的控制能力、民间组织的发育程度、受影响人群的组织能力等，这些政治权利结构和分配情况都要考虑在内。比如最近因群体事件遭到否决的项目，如果是在计划性体制时期，可能就不会出现这样的问题。但现在就必须要考虑到社会政治权利结构和分配的变化。政府普遍不被信任、老百姓自主能力在增强。如果想当然地认为政府的决策就可以付诸实施的话，就会遇到问题。

四是制度结构。主要是指社区的基础设施，包括医疗、教育、就业等的制度安排情况。比如，在某一地区有一个很强的行业协会，它要保护行业利益、抵制外来竞争者。那么，在这里做相应的投资显然是不利的。再比如，政府要启动的一个工程项目要拆迁工厂、下岗一批工人，那么这些工人就会成为一股强烈的反对力量。因此，社会的就业制度、福利制度安排、利益集团的分化等，都是必须要考虑的因素。

五是个人态度。这是最直接的因素。比如在一些贫穷地区，当地的居民更愿意接受新建项目。但在一些经济发展水平较高的地区，人们更关注环境质量，对污染的抗拒就更强。因此，社会影响评价一个重要工作就是调查当地居民对项目的信任程度、了解信息的充分程度、接受程度、对未来收益的预期等主观态度。还要了解当地人群之间的关系，如在亲属网络、社交网络发达的地区，动员能力也较强。

社会影响评价方法有专家头脑风暴、小型座谈会、问卷调查、参与观察等社会学研究方法。但最核心的问题是了解当地居民的态度和反应。目前的研究模式有两种：一种强调实证，即明确影响是客观存在的，只要方法是科学合理的，就可以揭示其影响；另一种强调人文主义，即影响是在沟通过程中定义的，不是一开始就存在的。要倾听各种利益相关方的声音，更多的是倾听和理解。

我国社会影响评价现状

记者：我国开展社会影响评价的现状如何？

洪大用：我国1979年的环保法和1989年修订的环保法要求，要对工程项目和建设项目进行环境影响评价，主要是对环境污染、生态破坏方面的影响评估。《环境影响评价法》2002年开始实施后，我国工程项目环境影响评价制度得到充分重视和有效实施。但作为一种强制性的制度，我国环境影响评价制度实施也仅有10年时间，而社会影响评价制度还几乎没有涉及。

我国社会影响评价目前尚没有明确的法律依据。水利部、住房与城乡建设部、国家发改委在进行一些项目可行性论证的时候，提到了社会影响评价。国家发改委还委托中国工程咨询总公司起草了一个社会影响评价指南，包括对收入、就业、性别、社会弱势人群等因素进行分析。一些有外资介入的项目，如亚洲银行和世界银行的一些项目，也要求进行社会影响评价。我国的小浪底工程、北京的一些高速公路项目，都做过社会影响评价。

总体来看，我国社会影响评价目前的状况是：第一，刚刚起步；第二，制度不规范不成熟；第三，没有与中国实际情况相适应的指标体系；第四，更多的是专家在幕后进行的评估和分析，缺少利益相关方特别是公众的参与；第五，更多做的是表面性文章，没有真正影响决策，也没有纳入实际的项目执行中进行考量。

当前，我国亟待建立社会影响评价制度化的规定。同时，还要加强社会影响评价研究和人员培养。

我国开展社会影响评估的重要性

记者：为什么在当前的环境形势下，急需开展社会影响评估？

洪大用：社会影响评价不仅是保护环境的重要手段，同时也是促进经济发展方式转变的重要手段，更是适应社会民主化、促进公众参与的重要手段。

首先，环境影响评价要强调以人为中心的本质。环境保护最终不是为了保护环境自身，而是为了人的福利、人的健康、人的安全、人的社会生活质量。因此，在环境影响评价当中，理应把人放在一个突出的位置，而不能就事论事，就环境论环境。一个工程项目，排放了废水、废气，影响了水质和空气质量，最终影响到人的身体健康和生活质量。因此，要将社会环境影响评价纳入环境影响评价之中。

在国际上有两种方式：一种是在环境影响评价之中进行社会影响评价，如美国；另一种是将社会影响评价作为一种独立的领域进行评价。

其次，经济发展到目前阶段，应正视公众对环境的关心，特别是对生活质量要求不断提高的现状。我国经过30年的发展，经济水平得到显著提升。对于老百姓来说，有了钱以后，更关心的是生活品质。怎样把老百姓对环境的关心引入政策的制定和项目的实施过程中，是必须要考虑的问题。任何项目如果忽略了民意基础，可能都会面临一定的风险。

最后，经济发展方式转变的内涵要扩展，不能仅仅局限于企业的自身行为。经济发展方式的转变通俗的理解是指企业通过技术制度进步，提高技术含量、减少污染排放，实现资本密集型增长，而不是劳动密集型、粗放型的增长。实际上，从社会学角度来看，所谓发展方式的转变，应该把经济放到社会当中去，把企业放到人群当中去来看待这种转变。企业做什么、怎么做、向哪个方向发展，不是投资方一家说了算，而应该是社会共同参与来决定企业的发展方向。企业的社会责任、企业的发展方式转变，包括企业自身的行为转变，都要更多倾听老百姓的声音，更多扩大公众参与。在这一阶段，经济发展方式的转变要更多地考虑公众需要什么、公众怎样看待经济发展、公众需要什么样的项目。

需要强调的是，在现阶段国情下，社会影响评价不能向"零和博弈"方向发展。就是说，社会影响评价要发展，但不是简单地作为否定项目的一种工具。不是说政府赢了，项目就可以实施了；老百姓赢了，项目就否定了。而应该向"双赢博弈"的方向引导，即在项目投资、政策执行和相关利益方的利益主张之间寻找一个可持续的平衡点。

我国目前仍属于发展中国家，经济发展仍以制造业为主。制造业免不了产生污染，只是污染的形式和程度有所不同。因此，在目前阶段，一方面，要高度关注公众参与，高度关注促进经济发展方式转变，把社会影响评价作为促进这一转变的重要手段；另一方面，要积极引导多方理性的沟通和博弈，找到一个多方都能够接受的可持续的平衡点。比如，投资方从收益中拿出更多资金用于地方社会福利，以赢得当地的支持等。

关于中国环境问题和生态文明建设的新思考*

中共十七大报告将"建设生态文明"作为中国实现全面小康社会奋斗目标的新要求之一，并明确提出到 2020 年要基本形成节约能源资源和保护生态环境的产业结构、增长方式、消费模式，生态文明观念在全社会牢固树立。2012 年召开的中共十八大进一步提出要更加自觉地贯彻落实科学发展观，把生态文明建设放在突出地位，融入经济建设、政治建设、文化建设、社会建设各方面和全过程，努力建设美丽中国，实现中华民族永续发展。笔者认为，生态文明的提出和建设实践，直接针对中国日趋严峻的环境状况，必将进一步丰富中国特色社会主义建设的内涵，并引领中国发展的新维度、新方向和新境界。本文围绕如何认识中国环境问题、如何理解生态文明、如何通过社会建设推进生态文明等方面，谈谈个人的一些观点。

关注中国环境问题的新趋向

改革开放以来，中国快速的工业化城市化进程伴随着严重的环境破坏，这应该是不争的事实。同时，中国政府（特别是中央政府）一直重视环境保护，加强环境立法，充实环保机构，并逐步加大环境保护投入，致力于改善环境质量，这也应该是不争的事实。新世纪以来，有关数据表明中国经济增长与环境状况之间呈现出一定意义上的走向双赢的

---

* 本文为在一系列会议发言基础上整理而成的论文，发表于《探索与争鸣》2013 年第 10 期。

趋势。在经济增长方面，以国内生产总值（GDP）来衡量的经济规模不断扩大，年均增长继续保持较高速度；与此同时，《中国统计年鉴》数据显示，从2007年到2011年，中国环境污染治理投资总额逐年递增，累计达到25649.9亿元[1]。中国政府在2011年发布的《中国环境状况公报》中指出：与2005年相比，2010年全国化学需氧量排放量和二氧化硫排放量分别下降12.45%和14.29%，两项主要污染物均超额完成了"十一五"的总量减排目标[2]。2012年的公报继续显示：全国环境质量总体保持平稳。全国化学需氧量排放量和二氧化硫排放量分别比上年减少3.05%和4.52%[3]。

然而，当我们浏览各种媒体的环境报道时，发现"环境形势严峻依旧""水环境质量不容乐观""水污染触目惊心""雾霾指数频频爆表""癌症村频现""垃圾围城"之类的标题新闻频繁出现，感觉心情并不轻松。笔者在2010年参与设计的"中国综合社会调查"（以下简称CGSS）[4]数据表明：在全国城乡随机抽样的3716名受访者中，70%的人认为中国面临的环境问题"非常严重"和"比较严重"，认为根本不严重和不太严重的只占12%，另有18%的被访者认为"既严重也不严重"。由此可以说媒体和公众对于环境状况的主观感知和反应，与政府公报的客观环境状况之间存在一定的差距和不一致。为什么会这样？笔者认为主要是因为中国环境问题出现了一些值得关注的新趋向。

第一，由于中国所处的发展阶段和在很大程度上继续沿用的发展模式，使得中国发展所造成的环境压力依然是很大的。大体上，中国目前仍然处在工业化城市化的中期阶段，城市建设不断扩张，制造业仍在发展，钢铁、水泥、电力等能源原材料工业所占比重仍然较大，这种情形意味着难以避免的较大的能源资源消耗和环境污染排放。与此同时，中国政府动员型的、高速度的、高投入的、没有充分考虑环境成本的发展模式实际上仍然在延续。全国各个地区之间仍然存在着激烈的GDP竞

---

[1] 参见中华人民共和国国家统计局《中国统计年鉴（2012）》，"表12-39：环境污染治理投资"，http://www.stats.gov.cn/tjsj/ndsj/2012/indexch.htm。

[2] 参见中华人民共和国生态环境部《2010年中国环境状况公报》，生态环境部网站（http://www.mee.gov.cn/gkml/sthjbgw/qt/201301/t20130109-244898.htm）。

[3] 同上。

[4] "中国综合社会调查"（CGSS）是中国人民大学发起的一个连续调查项目，数据对外公布。

争，工业化遍地开花，环境污染和破坏也随之全面扩散，影响人群更加广泛，社会关注自然就更为强烈。

第二，中国高速发展所造成的环境问题复合效应日趋明显，环境治理难度加大。由于所谓后发优势的影响，后发展国家的工业化进程在时间上被高度压缩。例如，英国、美国完成工业化分别花了200年、135年，而日本、韩国仅分别花费65年、33年。在中国，还要加上我们特定发展模式的作用，所以我们长期保持了很高的发展速度。在快速的大规模的工业化过程中，各种环境问题集中爆发，交互叠加。可以说，从天空到地上、从地上到地下、从陆地到海洋、从国内到国外、从具像到抽象，都有我们发展所"制造"的环境问题。这样一种形势显然比发达国家分阶段出现各种环境问题要严峻得多，使得我们在环境空间上的回旋余地非常有限，并且导致我们应对环境问题的意识准备、知识储备、能力建设和资源分配等方面都存在巨大不足，难以有效治理环境问题。

第三，由于中国城乡之间、区域之间发展不平衡，在客观上创造了环境压力在区域间转移的可能，并且诱发了新问题。从全国总量来看，一些环境污染数据呈现某种下降趋势，似乎表明环境治理已经取得效果。但是，若进一步从数据结构上看，下降的主要是东部发达地区和城市。例如，按照《中国统计年鉴（2011）》发布的数据，从2002年到2010年，全国二氧化硫排放量先增后降，在2006年达到2588.8万吨后呈稳定下降趋势。但从各地区看，北京2002年是19.2万吨，2010年降到11.5万吨；而同期内蒙古则从73.1万吨增加到139.4万吨[①]。其他指标如工业废水排放达标率、工业烟尘排放达标率、工业氮氧化物排放达标率、工业固体废物综合利用率等，位居前列的也主要是东部发达省市[②]。特别是，中国的环境治理呈现出比较明显的重城市、轻农村倾向，城市污染向农村转移有加速趋势。由此可以说，虽然整体上的环境压力数据可能确实呈现下降趋势，但是环境压力的地区分布和影响人群却更加广泛，越来越多的地区遭受环境破坏，越来越多的居民直接感

---

① 参见中华人民共和国国家统计局《中国统计年鉴（2011）》中"表12-27：各地区二氧化硫排放量"，国家统计局网站（http://www.stats.gov.cn/tjsj/ndsj/2011/indexch.htm）。

② 参见中华人民共和国生态环境部《2010年中国环境状况公报》，生态环境部网站（http://www.mee.gov.cn/gkml/sthjbgw/qt/201301/t20130109-244898.htm）。

知到环境质量下降。

第四,由于中国资源环境禀赋并不是很好,加上日积月累的环境破坏,所以环境衰退正在逼近环境容量的极限,由此产生的社会焦虑等广泛的极限效应正在显现,直接影响着人们对环境问题的认知和判断。总体上讲,资源紧缺、环境空间有限是我国的一个基本国情。我国人均耕地、淡水、森林仅占世界平均水平的32%、27.4%和12.8%[1],矿产资源人均占有量只有世界平均水平的1/2,煤炭、石油和天然气的人均占有量仅为世界平均水平的67%、5.4%和7.5%[2],而单位产出的能源资源消耗水平则明显高于世界平均水平。我国石油、铁矿石等进口量和对外依存度迅速提高,其中石油对外依存度已从21世纪初的32%上升至2012年的57%[3]。在另外一方面,由于环境系统自身的运行极其复杂,长期累积的复合性的环境破坏以及对环境治理的长期欠账,已经使得一些地区的环境状况在短期内难以修复,甚至不可逆转。由此,说中国生态环境形势严峻是相当合理的。

第五,中国发展过程中长期累积的各种环境问题,其对公众生命财产的直接威胁正在显现,由此激发着更加强烈的环境关心和环境维权。环境状况由改变到真正变坏是一个相对长期的过程,其所产生的负面影响也是逐步累积的,初始阶段往往不易被发现和确定。现在,越来越多的数据开始证实,随着环境污染的加剧,居民罹患各种恶性肿瘤的风险也越高。一些地方频繁出现的癌症村(例如,淮河流域的沈丘县1年癌症死亡2千人),就是水源遭受长期污染的一种结果,近期由中国疾控中心专家团队研制的《淮河流域水环境与消化道肿瘤死亡图集》证明了这一点[4]。与此同时,工农业生产设施陈旧、管理不善、问题累积,导致环境突发事件数量和造成的直接损失都在日益增多。《全国环境统

---

[1] 参见《党的十七大报告解读:建设生态文明,基本形成节约能源资源和保护生态环境的产业结构、增长方式和消费模式》,人民网(http://cpc.people.com.cn/GB/67481/94156/105719/105720/6572141.html)。

[2] 参见《中国的能源政策(2012)》,中国政府网(http://www.gov.cn/jrzg/2012-10/24/content_2250377.htm)。

[3] 参见《我国石油对外依存度达57%,能源安全形势严峻》,新华网(http://news.xinhuanet.com/fortune/2012-10/25/c_123867221.htm)。

[4] 参见《淮河流域多发"癌症村",沈丘县一年癌症死亡两千人》,新华网(http://www.hb.xinhuanet.com/2013-06/28/c_116322641.htm)。

计公报》数据显示：2005—2010年的6年间，全国统计突发环境事件4022次，年均670次，造成直接经济损失（不包括2005年松花江污染事故损失）累计达到90799万元。另有相关报道表明，自1996年以来，由于环境污染损害诱发的群体性事件逐年增多，年均增速超过两位数。

第六，随着环境问题及其治理的日益复杂化，我国环境治理的制度和体制存在着相对失灵的现象。应该说，中国政府是非常注重推动环境法制建设的，目前已经形成了以《中华人民共和国宪法》为基础，以《中华人民共和国环境保护法》为主体，以环境保护专门法及与环境保护相关的资源法、环境保护行政法规、环境保护行政规章、环境保护地方性法规为主要内容的环境法律体系。与此同时，中国也已建立国家和地方环境保护的标准体系。但是，在社会转型时期，受着各种复杂因素的影响，相关制度的虚置和扭曲执行还是比较普遍的现象。很多组织和个人的环境破坏行为得不到有效制止和惩处，不是无法可依，而是有法不依、执法不严的结果。更重要的是，考虑到环境治理的关联性、整体性和复杂性，迫切需要更加适切、更加有效的针对中央与地方、地方与地方、部门与部门、政府与公众、政府与企业、政府与市场等方面的体制性安排，但是目前这些方面体制创新的进展还很有限。现有的体制在促进有效环境治理方面存在着诸多局限，环境保护难以形成有效的分工协作，地方主义、部门主义长期成为环境保护的大敌。

第七，当前中国环境问题的新趋向还表现为公众环境意识的进一步觉醒。在中国政府长期重视宣传教育的影响下，在环境信息日益公开并且其传播更加方便快捷的条件下，在日益严峻的环境形势的激发下，随着生活水平的日益提升，公众越来越关注生活质量，对于环境质量的要求也就更高更严。相对地，其对于环境问题的容忍度也就降低了。原来迫于生计被忽视的或者勉强承受的一些环境问题，现在已经不能容忍了；原来没有关心的环境问题，现在也越来越关心了。最近一两年里，一些城市居民对于PM 2.5问题的高度关注就是一个例证，这种关注甚至已经驱动政府修订空气质量监测标准。前述CGSS数据表明：在全国城乡随机抽样的3716名受访者中，65.7%的受访者表示对环境问题"非常关心"和"比较关心"，表示"完全不关心"的只占3.1%；另有10.6%的人表示"比较不关心"，19.2%的人表示"说不上关心不关心"，1.4%的人表示无法选择。其中城市居民的环境关心水平平均已经超过70分，相比2003年的调查发现提高了9分左右。应该说，一个社会中越来越多的人关心环境问题，表明环境保护工作有了更好的社会基础。但是，这种情形也同时表明，环境问题越来越具有社会性和政治性了。

以上中国环境问题的新趋向表明，我们对于环境问题的理解已经不能仅仅局限于关注客观的环境状况。事实上，环境状况的社会影响、公众对于环境状况的反应和主张，社会对于环境状况的应对措施和能力，都应构成环境问题的重要内涵。解决环境问题的直接目标是改善客观环境状况，但是深入分析环境衰退的社会影响、认真回应公众的环境诉求、促进环境友好的社会变革，等等，同样是在解决环境问题。如果忽视环境问题的社会原因和社会影响，忽视环境问题的社会属性和政治属性，仍然以单纯的技术观点和对象化的态度看待环境问题，那么不仅无助于达到改善环境状况的直接目标，而且可能引发新的社会政治问题。

扩展环境问题分析的全球视野

进一步看，正确认识和把握中国环境问题，除了分析中国国内的影响因素之外，还应有全球视野，应在全球工业化进程、国际社会不平等和全球环境变化等大背景下看待中国环境问题。中国快速发展引起世人瞩目，与快速发展相伴随的环境衰退也正在成为国际社会消费的新话题。我们在客观分析国内因素、认真应对环境问题的同时，也应该谋求对环境问题之社会本质的更深刻的认识，以便有效应对国际社会的舆论和更好地推动中国环境治理。

诚然，从国内因素看，我们的人口状况、技术状况、资源环境禀赋、所处的发展阶段和所采用的发展模式、组织制度和体制安排以及某种程度上的价值偏差等，都是导致环境破坏和衰退的重要原因。但是，当今世界是密切联系在一起的，国内因素与国际因素密切相关，一个国家的环境状况并不是仅仅由其国内因素所独立决定的。我们应该充分认识到：中国环境问题是世界工业化进程以来环境问题的新发展，是与发达国家密切相关的。可以说，发达国家自身的环境改善并不直接意味着其在根本上改善了全球环境；甚至发达国家迄今为止也还没有为全球环境改善创造更好的条件。在此情况下，一些发达国家对发展中国家的环境恶化袖手旁观、蓄意指责甚至别具用心,是既非合理的,亦非道德的。

第一,地球有限的环境容量被发达国家优先挤占了,而且他们现在还消耗着大量的地球资源和能源,排放着大量的废弃物,他们应对全球环境恶化负有历史责任和主要责任。以全球温室气体排放为例,世界资源研究所等国际机构发表的数据显示,从工业革命到1950年,发达国家的排放量占全球累计排放量的95%;从1950年到2000年,发达国家排放量还占了全球的77%。即使是最近的十多年,发达国家的温室气体排放总量,仍在1990的水平上继续增长。就中国而言,虽然当下的每年总排放量很高,但是从1904年到2004年的100年间,其累计排放仅占全球的8%。其中,相当比例的排放还是为了生产供发达国家消费的产品,占了中国排放总量的14.5%—24%[①]。在能源资源消耗方面,发达国家同样占有与其人口规模严重不成比例的份额。包括中国在内的发展中国家实现其生存权、发展权,具有无可争辩的正当性,但是却只能在被高度压缩的环境空间中进行,所以必然遭遇严重、局促的环境问题。

第二,发达国家的"后工业化"在很大程度上是以发展中国家的工业化为前提的,发展中国家快速工业化进程中的环境衰退在一定意义上"支撑"着发达国家的环境改善。一般而言,美国等发达国家在20世纪60年代后进入所谓后工业社会,其产业结构中第二产业份额下降,第三产业逐步占据主导地位,城市化水平高,国内环境质量也逐步改善,同时依然保持着较高的经济发展水平,居民生活富裕程度仍在提高。其中的"奥秘"在哪里?就在于经济全球化和全球产业分工。发达国家在制造发展中国家的发展需求(当然其中也包含了发展中国家的自主愿望)的同时,以援助发展和共同开发等名义,将大量的易于造成环境破坏的制造业转移到了发展中国家,推动了发展中国家的工业化和全球新兴工业基地的形成,同时也加剧了发展中国家的环境衰退。而其自身则通过研发、设计、品牌以及管理组织、金融等环节保持着对发展中经济体的控制,并消费着发展中国家加工制造出来的廉价商品和服务。在这

---

① 参见《述评:中国温室气体排放总量大但人均水平较低》,新华网(http://news.xinhuanet.com/newscenter/2008-10/30/content_10281754.htm)。

方面，中美之间的关系就是发达国家与发展中国家关系的一个缩影。与美国的后工业化相比，中国仍然处在工业化的中期阶段，钢铁、煤炭、水泥、化肥、棉布、电冰箱、电视机、自行车、钟表以及电话通信中转设备等的产量都位居世界前列，大量产品经由出口供发达国家消费，大部分的产品附加值也为发达国家所攫取。有数据表明，中国出口占GDP的比重以及对世界出口增长的贡献率都接近40%[1]。整体上，越富裕、人均收入越高的国家，其出口占GDP的比重反而越低。这表明，中国正在作为世界工厂，利用自身有限的资源和环境空间，承受着日益严重的环境压力，支撑着全球经济，特别是支撑着发达国家的"后工业化"和"环境改善"。

第三，发达国家凭借其先发展的优势建立了不平等的政治经济格局，由此攫取了并且依然在攫取世界发展的大部分成果，继续扩大着世界各国的发展差距，削弱着全球环境保护的共识。全球发展的不平衡是世界环境保护的大敌，也是各国各地区内部环境保护的大敌之一。20世纪90年代以来，发展中国家和地区的经济增长速度明显快于发达国家的，东亚、拉美的一些发展中国家和地区正在崛起并影响着世界经济格局，这种趋势无疑具有重要的历史意义。但是，迄今为止，它既没有改变发达国家与发展中国家贫富差距持续扩大的事实，也没有改变发展中国家和地区之间及其内部贫富差距持续扩大的事实。根据世界银行发表的《2003年世界发展报告》，当时世界上最富裕国家的平均收入是最贫穷的20个国家的37倍，富国和穷国之间的差距、生活在脆弱土地上的人口总数在此前40年都增加了1倍[2]，全球性的贫困现象不仅未得到遏制，而且呈现日益加剧的趋势。从人口数量分布来看，北美、欧洲及亚太地区高收入国家的人口相对较少，却拥有世界财富的90%。而人口众多的中国、非洲、印度和其他亚洲低收入国家只拥有较少的世界财富份额[3]。全球前200名富翁均在西方国家，其财富超过发展中国家24

---

[1] 参见《张维迎：中国出口占GDP比重过高》，金融界网站（http://finance.jrj.com.cn/people/2009/11/2211346504605.shtml）；《中国对世界出口增长贡献率达36%》，人民网（http://finance.people.com.cn/GB/16916288.html）。

[2] 世界银行：《2003年世界发展报告：变革世界中的可持续发展——改进制度、增长模式与生活质量》，中国财政经济出版社2003年版，第2页。

[3] 参见《世界财富分布极不均衡》，人民网（http://paper.people.com.cn/rmrb/html/2006-12/07/content_12101403.htm）。

亿人口的总财富。而在140多个发展中国家中,有80多个不发达国家的国民收入在减少。全球有近2/3的国家在经济全球化进程中处于不利地位,其中有60多个不发达国家被排斥在经济全球化之外。① 毫无疑问,这样一种趋势的持续不可能为解决环境问题创造良好的国际条件,甚至也不利于发展中国家内部推进环境保护工作。

第四,发达国家在利用其技术、资金优势帮助发展中国家改善环境状况方面没有履行到应尽的责任。按理说,发达国家在其发展进程中占用了过多的资源与环境空间,享受着发展中国家用其自身环境恶化换来的商品、服务和财富,应当发挥其自身优势承担更多责任,自觉地帮助发展中国家解决环境问题,以便为全球合作创造适宜的条件,共同推动全球环境保护。然而事实并非如此,发达国家总是希望逃避其责任,保持其在经济技术方面的优势地位,常常让包括中国在内的广大发展中国家失望。前述CGSS数据和同年进行的国际社会调查项目(ISSP)数据表明,80.0%的中国公众同意"在保护环境方面,富国应该比穷国做出更多努力"这一说法,对富裕国家有很高的期待;但是,高收入国家公众中却平均只有36.1%表示同意这一说法,两者之间有着显著的反差。与此同时,接近一半(47.8%)的高收入国家公众认为本国在环境保护方面做得正好甚至已经做得太多。在应对环境衰退方面,发展中国家急需技术创新和资金投入,但是其自身能力很有限。在中国,尽管技术创新在资源能源节约和环境保护方面已经发挥了越来越重要的作用,但在客观上,中国的工业技术水平整体落后于发达国家。例如,有学者指出,在电力、交通、建筑、钢铁、水泥和化工与石油化工六大部门降低碳排放需要有60多种关键的专门技术和通用技术的支撑,对于其中的42种关键技术,中国目前并不能掌握。② 而发达国家总是找出各种理由拒绝先进技术推广,实际上是想凭借新技术重整并巩固其在世界体系中的支配地位。这种思维逻辑与携手发展中国家共同保护全球环境的逻辑是相悖的,事实上也在加剧着发展中国家的环境恶化,但这种恶化最终必将威胁全球各国。

第五,发达国家在助推消费主义,传播不良的价值观和生活方式方

---

① 李肇东:《消除贫困,任重道远》,《光明日报》2000年10月17日第C02版。
② 邹骥、傅莎、王克:《中国实现碳强度削减目标的成本》,《环境保护》2009年第24期。

面也负有重要责任，这是发展中国家环境恶化的一个重要原因，同时对全球环境保护也是非常不利的。很多西方学者的研究表明，以基督教教义为核心的西方文化过分强调了人类对自然的支配和控制，制造了人与自然的对立。而现代西方资本主义的崛起，强调服务于资本利益的大量生产、大量消费和过度开发，催生了消费主义思潮，更是加剧了人与自然的对立，直接制造了现代环境危机。但是，西方国家不仅没有充分反思其文化中的局限，而且凭借其强大的经济、技术和军事力量，在全球范围内通过多种方式大力推广其价值观念和生活方式，造成了发展中国家明显的价值混乱和种种流弊，由此加剧了发展中国家人与自然的紧张和对立，并在一定意义上实现了西方国家的环境危机转移。因此，分析看待包括中国在内的发展中国家的环境问题，必须注意到西方文化扩散的负面影响，深入反思和批判其所建构的人类"进步"方向与标准，例如对自然的征服和控制、对物质财富的掠夺和占有、对个人主义的张扬和追求、对自由市场的鼓吹和遵循，等等，袪除其"现代"的伪装，揭示其"西方"的本质；同时，要致力于发现自身文明的积极价值，重建新的文明形态，推动文明转型。如此，才有可能促进人的全面发展和人与自然和谐相处。

全面理解生态文明的科学内涵

现在来看环境问题背景下的生态文明建设。可以说，建设生态文明是我们反思日趋严重的生态环境危机而作出的自主的、合理的选择。它汲取了人类文明的优秀成果、总结了中外工业化城市化进程的经验和教训、着眼于人类未来的可持续福利，代表了人类文明的发展方向。毫无疑问，加强生态建设，改善环境状况，是生态文明建设的重要内涵，但是生态文明并不只是生态建设。

第一，生态文明建设内在地包括生态建设与社会建设两大方面，其实质是通过社会建设促进生态建设。马克思曾经指出："人们在生产中不仅仅影响自然界，而且也互相影响。他们只有以一定的方式共同活动和互相交换其活动，才能进行生产。为了进行生产，人们相互之间便发生一定的联系和关系；只有在这些社会联系和社会关系的范围内，才会有他们对自然界的影响"①。在《资本论》中，马克思针对未来社会与自然的和谐指出："社会化的人，联合起来的生产者，将合理地调节他们和自然之间的物质变换，把它置于他们的共同控制之下，而不让它作为一种盲目的力量来统治自己；靠消耗最小的力量，在最无愧于和最适合于他们的人类本性的条件下来进行这种物质变换。"② 这里明确表明了两层意思：一是必须透过社会关系来看待人与自然的关系；二是只有人类社会自身的改变才能缓和人与自然之间的对立。如果把生态文明建设只是理解为缓解环境危机、促进生态恢复，而不是对社会自身加以反思和变革，那就是肤浅的、片面的理解，必然导致舍本逐末、急功近利、事倍功半的行为。

事实上，正如中国政府所指出的，生态文明涉及生产方式和生活方式根本性变革，其实质就是要建设以资源环境承载力为基础、以自然规律为准则、以可持续发展为目标的资源节约型、环境友好型社会。③ 这样一种社会的建设包括了价值、组织、制度和技术等各个领域、各个层面的变革，是一项整体性的有规划的社会重建过程。

第二，生态文明建设是对生态中心主义与人类中心主义的双重超越。生态中心主义过分关注人类对生态环境的破坏作用，否认人类发展的合理性，强调人类必须停止改造自然的活动，实行零增长。持其极端观点者甚至认为应当在生物链中去掉人类，以维持生态自身的完整性。这样一种观点把人看成是邪恶的，忽视人的创造性，实际上也就否认了生态文明作为一种人类创造的文明形态的可能性。人类中心主义则过分关注人类自身的特殊性，关注人类自身需求满足和发展的正当性，强调人类对自然的开发利用。持其极端立场者甚至将自然看作是完全服务于人类的、可以予取予夺的对象化存在，并相信一切照旧的生活是可持续的，人类的特殊性使得人类终将化解生态危机。生态文明建设则是一方面强调尊重自然、顺应自然、保护自然；另一方面也强调人类认识自然、利用自然、改造自然的合理性，强调发挥人的能动性和创造性，在

---

① 《马克思恩格斯选集》第1卷，人民出版社1995年版，第344页。
② 马克思：《资本论》第3卷，人民出版社2004年版，第928—929页。
③ 胡锦涛：《在新进中央委员会的委员、候补委员学习贯彻党的十七大精神研讨班上的讲话》，载中共中央文献研究室编《十七大以来重要文献选编》（上），中央文献出版社2009年版，第109页。

正确认识并利用人类社会自身和自然界运行的客观规律的基础上，通过约束人类自身的行为和调整人类社会的社会关系，促进人与自然的和谐共存共生，由此也就在观念上实现了对生态中心主义与人类中心主义的双重超越。

第三，生态文明建设体现了以人为本，实际上强调了发展的目的应当是促进人的全面发展。以人为本是与以神为本、以物文本相对的。以神为本强调神性高于人性，神权高于人权，强调人对神的崇敬与服从。以物为本则是见物不见人，或者将人异化为物，以是否占有物质财富以及占有物质财富的多少来衡量人们成功与否和价值几何。文艺复兴和工业革命以来，在对宗教的批判和对科学的倡导中，人的价值得以发现，人性和人权受到重视与强调。但是，那时人的发现只是昙花一现，在接下来不断强化的资本和不断扩张的市场的作用下，"人"逃出了"神"的魔掌，又落入了"物"的陷阱，物的价值遮蔽了人的价值，对物的追逐与崇拜扭曲了人性，甚至湮灭了人的价值，也扭曲了人与自然的关系。所谓发展，常常被简单地等同于物质财富的增长，生产越多、消费越多，就被认为越是现代越是进步，就被认为发展取得了巨大成就；所谓成功，也被定义为对物质财富的占有，占有越多就越成功，消费越多就越幸福。毫无疑问，由此必然地导致人类对于自然的无限索取和压力，必然导致生态危机，必然导致对于人之独立、尊严和价值的漠视，最终必将毁灭人类赖以生存的自然基础以及人类社会自身。

生态文明建设具有明确的现实针对性，是在我国生产力获得相当发展的基础上，为了进一步明确发展的目的，缓和人与自然之间的对立而提出的新的文明追求。它是在人的发展史上对简单的以物为本的否定，可以说是对人的再次发现和对人自身价值的再次强调。生态文明并不否定人的基本生活需要和人类社会合理的发展需求，但是它明确重申发展是为了促进人的全面发展和内涵提升，发展本身不是目的。生态文明在保障人类基本生活需求得到满足的基础上，更加强调人格的独立、精神世界的丰富、合作共存的意识、对家人的热爱、对社区的归属、对友谊的珍视以及对自然的亲和，由此进一步彰显人性、维护人道、保障人权，从而丰富人的多方面内涵，真正提升人的文明程度。

第四，生态文明建设要重视文明对话，并继承和发扬此前各种文明的合理因素。我们认为，简单地将生态文明看作是对以前文明形态的否定和超越，这是不对的。事实上，任何文明都是有其自然基础的，没有自然基础的"文明"不过是海市蜃楼、空中楼阁，实际上不能存在。因此，每一种文明都包含着与自然界交往的价值取向、知识体系、制度安排和生产生活实践。在每种文明发展的一定阶段，都会遭遇一定形式的生态环境问题。比如说，原始时代的采集渔猎文明，会碰到采集渔猎对象减少的问题；农业时代的农耕文明会碰到地力下降和耕地不足的问题；工业时代的制造文明会碰到资源不足和环境污染、生态破坏问题。但是，由于人类的能动性和创造性，每一种文明实际上都发展出了一定程度的缓和其所遭遇的生态环境问题的知识、技术和制度安排，例如迁移、轮牧、休耕和清洁生产，等等。

所以，建设生态文明并不是要制造文明对立，强调与此前的文明形态彻底决裂。它在充分、彻底地否定此前文明，特别是工业文明之基本取向的同时，实际上应该继承、发扬此前文明中所积累的有利于促进人与自然和谐的各种要素，这些要素是生态文明建设过程中技术创新、组织创新和制度创新的重要基础。事实上，即使是被批评较多的工业文明，它在促进生产力发展，改善人民生活基础，促进人权保障，提供生态文明建设的物质基础等方面，也是具有重要价值的。不仅如此，工业文明也有各种更加具体的形态，其中发达的工业文明已经积累了比较丰富的生态化经验，更是值得汲取。

第五，生态文明建设应是一个不断趋近的历史过程。在一定意义上，生态文明建设有方向标，却无时间表，它是一个持续的寻求人与自然和谐相处的社会进程。这样说主要是基于三点：一是人类社会与自然界之间没有一劳永逸的和谐状态。人类文明发展的不同阶段有着与自然关系的不同类型，而由于人类社会自身和自然界内部的运动变化，这种不同类型的关系都有从和谐到不和谐再到新的和谐的过程。即使是工业社会，它在其开始乃至发展的相当长一段时间里，也并没有被意识到与自然之间有着严重的、本体性的对立。在对工业社会扬弃基础上建设新的文明形态，这种文明形态所能达到的人与自然和谐也只能是相对的。二是人类对自然规律、社会规律的认识是一个不断递进的过程。迄今为止，虽然我们对于自然与社会有了比以前时代多得多的认识，但是相对于未知世界而言，我们所取得的认识还是非常有限、非常肤浅的，我们的认识依然在不断深化之中，所谓大彻大悟尚需时日，甚至其本身就是相对的。三是人类从认识到实践是一个复杂的社会过程。由于社会自身的复杂性，形成共识本身就是相当艰难的事情，而由共识转化为一致性的持续行动，则更是难上加难，需要顽强的意志和持续不断的努力。

回到当今世界现实，要建成持续性的生态文明，必须有世界各国的高度共识和有效合作。在全球自然和社会联系都达到前所未有之密切程度的当今世界，生态文明注定是一种全球性的文明形态，生态文明建设注定需要全球范围的共同努力。换句话说，仅靠一个国家或少数国家的努力，是不可能建成持续性的生态文明的。由于自然、社会系统的复杂反馈，甚至任何一个地区游离于生态文明建设进程之外，都将对所谓生态文明构成巨大威胁。

第六，区域性的率先推进生态文明建设是有可能的。联系前文第五点，人们可能会觉得生态文明建设前路漫漫、遥遥无期，由此可能滋生两种心态：一是悲观绝望，放弃努力；二是依然故我，坐等便车。这样的心态对于积极推进生态文明建设是非常不利的。事实上，文明转型在于行动，从局部开始的实践创新，是示范引领生态文明建设进程所必须的。

基于以下几点理由，我们可以认为，生态文明在局部地区的率先推动确实是有可能的。首先，各国各地区的资源环境禀赋是有差异的，环境资源承载能力不同；其次，各国各地区的经济发展阶段、发展水平不同，对环境资源开发利用的程度不同，生态环境破坏程度也是有差异的；再次，各国各地区的社会发育程度不同，驱动社会变革的力量类型和水平也不同；最后，随着全球社会分工的日益发展，各国各地区在国际分工体系中的位置也是不同的。以上这些差异为特定国家和地区率先推进生态文明建设提供了机遇和回旋空间。一般而言，在那些资源环境禀赋不好、生态环境破坏严重、社会变革动力充足并且还有可能实现产业转移和再分工的国家和地区，应该是最有可能率先发起社会变革、推进生态文明建设的。中国目前似乎正是处于这样一种复合情形的国家，因此，中国政府在世界范围内率先将生态文明建设纳入国家政策议程，也不是难以想象的事情。当然，从长远和本质来看，区域性的生态文明建设是难以长期持续的，只有全球各国各地区实现更加均衡的发展和更加有效的合作，才可能有生态文明的持续未来。

通过社会建设推进生态文明

　　从社会学的角度看，深入推进生态文明建设需要虚实结合、内外兼修。一方面，要大力推进技术创新，加大环境治理投入，培育物质力，直接改善生态环境状况；另一方面，更要重视社会改革和社会建设，优化社会结构，培育社会力量，大力提升社会文明程度。社会学认为生态环境问题本质上是个社会问题，是由社会结构、社会过程和社会成员的行为模式导致的，反映了社会关系的失调，而不是一个简单的技术问题，更不是外在于社会的所谓客观问题。通过社会建设推进生态文明，既是生态文明建设的一般规律，更是当下中国社会发展阶段的特殊要求，包含了价值建设、制度建设和结构调整等广泛内容，在此择要提出几点。

　　一是审视和重建对自然价值的认识。当代生态环境的持续恶化，首先是由于人们对环境的认知和态度，以及对进步与发展的认识出现偏差。人们借助于技术进步，把自然环境看成是可以予取予夺的对象，而不是人类自身存在的一个组成部分；认为技术进步可以解决各种资源能源不足以及人类对环境的污染问题。实际上正是这样一种盲目的自信和自大，导致人类社会面对着日益增高的全面风险。而将进步与发展等同于物质财富的持续增加，则不可避免地扩大人类从自然中的索取、人为改变自然的组分以及向自然界排泄废弃物，从而造成各种各样的环境问题。因此，通过社会建设推进生态文明的首要之意是重建当今时代的价值，重新理解人与自然的关系，进一步考问进步和发展的真正内涵，切实贯彻科学发展观，更加重视家庭、社区、亲友、人与自然之间的密切互动以及基本生活需求的满足，努力追求人在自然界的诗意栖存，促进人自身的全面发展。

　　二是努力实现发展成果由全体社会成员共享。前文已述，当今世界的一个现实是发展成果的分配严重不均，太少的人占有了太多的发展成果。在国内层面，改革开放以来，贫富差距持续扩大，以基尼系数衡量，普遍认为在 0.48 左右。而西南财经大学中国家庭金融调查 2012 年发布的报告显示：2010 年中国家庭的基尼系数为 0.61，大大高于 0.44

的全球平均水平①。快速发展与发展成果分配严重失衡的并存，只会扭曲发展的目的，并制造进一步"发展"的强烈欲望和强大动力，特别是在占有越多的发展成果被认为是越有价值以及越是占有发展成果者越是恃强凌弱的情况下。由此，人类对自然的肆意索取就不可能停止。更重要的是，在社会成员难以共享发展成果的情况下，着眼于长期和整体利益的生态环境保护主张，很难形成整体的共识，甚至可能沦为占有发展成果者限制他人发展的一种工具，由此进一步加剧社会的不公、摩擦和冲突。因此，为了凝聚环境保护的共识，促进以人为本的发展，必须致力于调整发展成果的分配，努力实现发展成果由全体社会成员共享。

在经济增长的基础上，建立以政府财政支持和企业缴费为主的、覆盖全体居民的基础社会福利制度，是促进发展成果共享的重要制度安排。这样的制度安排在于满足居民生计、住房、就业、教育、医疗卫生、意外风险和养老等方面的基本需求，构建有效的社会安全网，防止社会成员因为无力抗拒风险而陷入生存困境，并促进全体社会成员的生活质量和人力资本的提升。事实证明，西方国家在经济增长的过程中注重集体安全，逐步建立健全了现代社会福利体系，在很大程度上保护并促进了公民的自由，催生了公民价值观在一定程度上的从拜物主义极化状态向多元价值的转型，特别是催生了与生态环境保护相亲和的后物质主义价值观，这种价值观是 20 世纪 60、70 年代环境保护运动在西方国家内部兴起的重要基础，而这些环境保护运动对于促进西方国家开展国内环境保护工作乃至在全球范围内设置环境保护议程，都发挥了积极作用。

三是促进社会力量的优化，重视组织化的、理性的公众参与。在现代社会运行中，有两种社会力量是系统的、有组织的、非常强大的，这就是政府和市场。政府在动员组织生态环境保护方面具有重要优势，特别是在搜集信息、制定政策、筹集资源、执行政策等方面。但是政府往往也面临目标冲突和效率低下等问题，甚至在权力过于集中时成为生态环境破坏的一个重要推手。市场在优化资源配置、提高生产效率方面具有优势，市场机制也可以运用到环境保护中，但是人们更多看到的是市

---

① 参见《西南财经大学中国家庭金融调查专题发布会在京召开》，人民网（http://scfc.people.com.cn/show-147125.html）。

场对于提供环境质量这一公共物品的无力之处。在这两种力量之外，组织化的、理性的公众参与是推动环境保护的重要力量。它不仅可以监督、督促政府和市场关注环境保护，而且可以帮助政府把环境保护落到实处，减少政府的监管成本。更重要的是，广泛的公众参与可以形成全社会自觉环保的氛围，这对生态环境保护无疑是有利的。鉴于中国发展现阶段公众参与严重不足的实际情况，我们应该从切实保障公民环境权利、敦促公民履行环保责任这两个方面同时入手，通过更加有效的制度创新和组织创新，培育公众参与这一重要民间力量，促进政府、市场和公众力量的优势互补、有效结合。

四是促进生态文明建设之损益分配的公平性，强化社会建设的公平取向以深化社会团结。在此，笔者认为尤其需要关注四个方面：

首先，优美的环境固然有利于人的健康，抽象地说也是人所共求的，所以推进生态文明建设似乎应该得到普遍的社会支持。但是，从社会学的角度看，在特定的条件下，比如说人的基本生存需求得不到满足，社会的"主流"价值观仍然过于强调物质财富的重要性，市场规则过于泛滥，等等，一些人也许就并不在意或者不能在意所谓的优美环境，而是倾向于采取短期行为以获取直接的为生存、生活所必需的"财富"。在此意义上，他们也许并不"赞成"所谓生态文明，甚至成为生态文明建设的"阻力"。面对这种情况，我们在强调环境保护的重要性并积极推进生态文明建设的同时，一定要对相关人群的行为予以深入的社会学的分析并提出妥当的有助于改善其生计的产业和制度安排，而不能简单地给他们贴上破坏环境的标签，并简单地禁止他们特定的生产生活行为。如果这样做，那是明显不公平的。实际上，即使简单地禁止，往往也是失效的，甚至引发激烈的冲突和对立，在更大程度、更大范围上妨碍生态文明的建设进程。

其次，应当看到社会成员对于当前生态环境破坏所负的责任实际上是差别化的。一个简单的例子是全球气候变化。前文提到，导致气候变化的温室气体，主要是发达国家在长期工业化城市化进程中所排放的，他们实际上挤占了后来者的排放空间，由此先受益并且是受益较大的。因此，在当前应对气候变化方面，发达国家就应该主动承担更多的责任。如果要求世界各国担负同等责任，显然就是不公平的。类似地，中国国内的生态环境问题也是长期积累的结果，有的集团从环境破坏中获益甚至获益较多，有的人群则是受损或受损较大的。所以，我们推进生态文明建设，需要从社会学的角度分析不同社会群体的责任情况，本着谁破坏谁付费、谁受益谁付费、谁开发谁保护的基本原则，促进生态文明建设之责任分担的公平性。

再次，应当充分意识到推进生态文明建设实际上必然涉及社会关系、社会结构的调整，特别是涉及人们之间利益关系的调整。抽象地讲，推进生态文明建设是有利于所有社会成员的，至少长期来看是如此。但是，从当前看，有些人可能付出的成本更多一些，有些人则受益更多一些。比如说，一些城市以环境保护的名义建设了大片的广场、公园，其中就可能涉及不少原居民的搬迁；一些地区被划为生态保护区，就会限制这些地区居民的发展机会和行为选择。因此，在建设生态文明的进程中，应当加强全方位的制度建设，特别是应当注意采用社会学的角度，对于建设项目和环境政策的社会影响进行科学评估，并设计合理的生态补偿和利益共享机制，确保相关项目和政策执行的公平性。实际上，这也是生态文明建设的相关项目和政策得以真正的、持续发挥作用的前提条件。

最后，应当通过合理的制度安排和赋权，切实避免生态文明建设的实际成本转移到社会弱势群体身上，使他们遭受社会的与环境的双重不公正待遇。发达国家在其改善自身环境状况、迈向生态文明的道路上，向发展中国家转移了不少的污染产业，出口了不少的危险垃圾。与此同时，在其国内的垃圾处理设施建设上，也将污染风险更多地转嫁给了弱势社区和居民。这种情况在美国尤其明显，以至于在20世纪80年代中后期爆发了"邻避"（NIMBY）运动并激起学术界和政府讨论、解决环境公正问题。中国建设生态文明是大势所趋、人心所望。但是，中国国内发展非常不均衡，不同群体的生存需求和环境意识差别还很大，这就为生态文明建设的实际成本在不同区域和人群之间实现转移提供了可能的机会。事实上，中国目前确实存在着一定意义上的污染下乡、污染西进等现象。如果缺乏完善的制度安排和公众参与监督机制，由于在社会经济结构中的弱势位置，弱势人群拒绝环境污染、维护自身权益的能力较弱，往往就容易成为强势人群追求环境质量的牺牲品。而如果这种现象日趋严重，就一定会加剧社会不公正，破坏社会团结，最终也将阻碍生态文明建设的整体进程。

迈向绿色城镇化*

最近,《国家新型城镇化规划（2014—2020年）》公开发布。这是一个"宏观性、战略性、基础性"规划，必将对中国未来的城镇化进程产生重要影响。所谓城镇化，从社会学的角度看，实际上是经济社会发展基础上的人口再分布和社会组织制度体系转型过程，是衡量社会现代化程度的一个重要指标。城镇化进程不仅是区域社会经济系统的改变，而且关联到整体的社会系统，深刻地改变了整个社会成员的生产生活方式，也大幅度地改变了人类社会系统与资源环境之间的关系，产生了广泛而深远的资源环境影响。总结国内外城镇化进程的经验和教训，我们必须认真地分析和对待城镇化的资源环境影响，旗帜鲜明地走绿色城镇化道路。

如何分析城镇化的资源环境影响？

关于城镇化的资源环境影响，现有的研究大多关注土地资源的损失、地形地貌的改变、水资源和能源矿产等的消耗、大气污染、水污染、噪声污染、垃圾污染，等等。例如，有的研究者指出空气污染、水污染和垃圾污染是城镇化进程中遭遇的最为突出的环境挑战，是"三座大山"[1]，或者认为污水排放、生活垃圾和私人汽车增长对城市环境造

---

* 本文为应约撰写的关于《国家新型城镇化规划（2014—2020年）》的学习文章，后以《绿色城镇化进程中的资源环境问题研究》为题发表于《环境保护》2014年第7期，发表时有删节。

[1] 曲格平：《中国城市化进程与环境保护政策——2001年4月11日在华盛顿世界银行城市发展训练班上的讲话》，中国环境生态网（http://www.eedu.org.cn/Article/epedu/florilegiums/qugeping/200507/5769.html）。

成了巨大压力[①]。这样一些认识非常清晰、具体，无疑具有重要的政策意义。但是，由于其过于关注城镇自身、过于关注具体结果，也对人们更加充分地认识城镇化的资源环境影响有一定的局限。如果我们进一步思考，深入地揭示城镇化对于资源环境影响的复合性、过程性、双向性、阶段性和社会性等特征，也许更加有利于理解和促进绿色城镇化。

第一，看待城镇化的资源环境影响要注意把握其多圈层重叠的复合性特征。至少，我们可以区分出内部影响、区域影响和整体影响三个递进的层次。现有的一些研究更多地关注内部影响，也就是城镇化带来的城镇地区资源环境的影响。相关的治理政策也主要是谋求城镇自身的资源环境改善，例如采用人均城市建设用地、城镇可再生能源消费比重、城镇绿色建筑占新建筑的比重、城市空气质量达到国家标准的比例等监测指标，推动绿色能源、绿色建筑、绿色交通、城市环境综合整治等重点建设。毫无疑问，这些方面确实是工作重点，而且在政策上具有很强的可操作性，同时也有利于控制城镇化所造成的区域性、整体性资源环境影响。但是，我们还应该充分认识到：内部影响并不等于区域影响和整体影响，城镇化在创造和扩大城镇这一"社会—环境"复合体的同时，也通过其人口聚集、产业辐射、生产生活排放等机制对周边的区域性资源环境造成影响，还通过其文化价值、制度建设和资源获取等对整个社会系统与资源环境的关系造成重要影响。比如说，北京的迅速发展，会对环北京社会经济圈造成影响，甚至也会对更远的山东、海南、云南等省乃至全国的土地利用方式以及人的价值观念产生影响。所以，仅仅考虑城镇内部的资源环境影响是有局限的，仅仅着眼于解决城镇内部的资源环境问题是有不足的。

第二，要注意从过程性的视角分析城镇化的资源环境影响。城镇化是一个过程。城镇化的资源环境影响虽然最终表现为对土地、水等资源的消耗以及对环境的种种污染与破坏，但是这些影响背后是具有时序的复杂过程，各种影响不是同时涌现的，而是在城镇发展各环节逐步累积的。至少，我们可以区分出城镇规划、城镇建设、城镇运行和城镇辐射四个环节的资源环境影响。比如说，在城镇规划过程中所确定的城镇定

[①] 曲格平：《中国环境保护四十年回顾及思考（回顾篇）》，《环境保护》2013年第10期。

位、土地占用和产业政策,等等,都是直接关乎该城镇未来的资源环境影响的;在城镇建设过程中,最主要的资源环境影响表现为土地利用、城镇布局、基础设施建设对生态的改造、人工建筑材料的使用,等等;城镇运行过程对于资源环境的影响主要是生产、生活过程所造成的能源资源消耗、污染废物排放、交通问题,等等;城镇辐射所造成的资源环境影响则主要表现为对周边区域以及区域外的资源攫取以及"社会—环境"系统的改变,等等。认识到这种多环节性,有利于我们更加系统地评估城镇化的资源环境影响,有利于采取更加系统的、有针对性的、过程性的治理政策,而不再只是关注局部的、最终的资源环境表现以及相应的末端治理和局部治理。

第三,应该认识到城镇化对于资源环境的影响具有双向性。一方面,城镇化的加速、城镇规模的扩张、城镇人口的增长以及城镇社会经济的发展,必然导致资源利用的增加,需要消耗更多的土地、水、能源、矿产等自然资源,同时也必然导致向环境中排放的各种废物增多,降低环境质量,挤压环境容量,造成各种各样的环境问题;另一方面,城镇化过程也会带来规模效应和集约效应,有利于提高资源使用效率,增加单位资源的产出,从而实现在同样的经济规模下消耗更少的资源,并且为充分发挥市场机制、降低污染治理成本、实现污染集中治理、改善环境质量提供了可能。城镇这样一种具有规模效应和集约效应的社会经济系统,对于协调人类与环境的关系也具有促进性的一面。因此,关注城镇化的资源环境影响,实际上是努力扩大其正面影响,同时抑制其负面影响,而不仅仅是关注其中的一个方面。

第四,应当正确认识城镇化资源环境影响的阶段性。城镇化是一个持续的发展过程。有关研究表明,城镇化对于资源环境的影响具有阶段性[①]。在城镇化的各个阶段,各种资源环境要素在城镇发展中的作用不同,资源环境的变化特征和主要问题也随之不同。一般而言,城镇化的资源环境影响大体上呈现拉平的"S"型曲线变化:在城镇化初期,由于城镇人口增长和社会经济发展相对缓慢,城镇对资源环境的消耗相对比较少;在城镇化中期,随着工业化加速发展和城镇人口、城镇规模快速扩张,城镇对资源环境的消耗进入快速增长期;在城镇化后期,随着

---

① 盛广耀:《城市化模式与资源环境的关系》,《城市问题》2009年第1期。

城镇产业结构调整和转向更加注重内涵的发展，城镇对资源环境的消耗趋于放缓；在城镇化成熟阶段，城镇对于资源环境的影响主要与居民消费需求相关，资源环境消耗总量将有所下降，但仍会维持在一个比较高的水平。不过，这种规律只是一般性的，在不同的时空条件下和不同的城镇化模式下，"S"型曲线的弯曲程度和拐点的位置是有着随机变化的，其中的关键影响因素涉及城镇化模式、产业政策、环境政策、技术水平和环保压力，等等。因此，我们既要客观地看待城镇化对于资源环境的阶段性影响的必然性，又要注意发挥人和社会的主观能动性，通过积极合理的制度建设，促进技术创新和行为调整，努力控制资源环境影响的峰值并使拐点提前到来。

第五，应当更加充分地认识到城镇化资源环境影响的社会性。现有的研究在很大程度上对这一点是有所忽视的，很多人在分析城镇化的资源环境影响时只关注了整体的物质层面，没有看到其差异性的社会分配层面。事实上，由于社会成员的地位差异，无论是对于资源的消耗还是对于环境的污染，不同社会成员的情形是不同的。通常的情况是，在缺乏合理的制度安排下，少部分具有社会优势的人消耗更多、排放更多，而具有社会劣势的人则相对来说更多地承受了资源消耗和环境污染的消极后果，并且由此更加强化了其社会劣势。因此，我们在分析城镇化资源环境影响时需要注意到这种社会性的差异，在整体上控制和约束城镇化资源环境影响时，需要关注社会公正，促进公众参与，努力追求发展成果和环保责任分配方面的公平性，关注那些影响弱势群体生产生活的资源环境质量。

必须正视城镇化的资源环境约束

积极推进城镇化，无疑对于保持经济持续健康发展、加快产业结构转型升级、解决农业农村农民问题、推动区域协调发展、促进社会全面进步等有着重要意义。改革开放以来，我国城镇化与社会经济同步快速发展就是一个例证。从 1978 年到 2013 年，城镇常住人口从 1.7 亿人增加到 7.3 亿人，城镇化率从 17.9% 上升到 53.7%，年均提高 1.02 个百分点；城市数量从 193 个增加到 658 个，尤其是千万人口以上的城市，从无到有，出现了 6 个；建制镇数量增长迅猛，从 2173 个增加到 20113

个。京津冀、长江三角洲、珠江三角洲三大城市群，以2.8%的国土面积集聚了18%的人口，创造了36%的国内生产总值，已经成为带动我国经济快速增长和参与国际经济合作与竞争的主要平台[1]。

与此同时，有部分数据显示城镇化进程中资源利用效率在逐步提升，环境保护在不断加强。例如，1990年，中国每亿元GDP消耗约52873吨标准煤，2010年下降到约8099吨标准煤[2]；从1990年到2011年，城市绿地面积由47.5万公顷增加到224.3万公顷，人均增加了接近6倍[3]；从2000年到2012年，城市燃气普及率由44.6%增加到93.2%，污水处理率由34.3%增加到87.3%[4]；从2007年到2011年，城市环境基础设施建设投资由1467.5亿元增加到3469.4亿元[5]。

但是，我国城镇发展对于能源资源的需求总量仍在快速增加，所造成的环境压力也在不断加大，城镇化面临着日益严峻的资源环境约束也是不争的事实。例如，1990年，中国能源消费总量为98703万吨标准煤，2010年已达324939万吨标准煤[6]；1996—2012年，全国建设用地年均增加724万亩，其中城镇建设用地年均增加357万亩；2010—2012年，全国建设用地年均增加953万亩，其中城镇建设用地年均增加515万亩。一些地方过度依赖土地出让收入和土地抵押融资推进城镇建设，加剧了土地粗放利用，浪费了大量耕地资源，威胁到国家粮食安全和生态安全[7]。又如，从1991年到2011年，城市污水排放量从近300亿吨增加到400亿吨；生活垃圾清运量从7600万吨增加到1.63亿吨；私人

---

[1] 《国家新型城镇化规划（2014—2020年）》，中央人民政府门户网站（http://www.gov.cn/xinwen/2014-03/16/content_2639841.htm）。

[2] 根据中华人民共和国国家统计局编《中国统计年鉴（2011）》中"表2-1：国内生产总值"和"表7-2：能源消费总量及构成"（http://www.stats.gov.cn/tjsj/ndsj/2011/indexch.htm）的有关数据计算。

[3] 中华人民共和国国家统计局编：《中国统计年鉴（2012）》，"表11-5：城市公用事业基本情况"，国家统计局网站（http://www.stats.gov.cn/tjsj/ndsj/2012/indexch.htm）。

[4] 《国家新型城镇化规划（2014—2020年）》，中央人民政府门户网站（http://www.gov.cn/xinwen/2014-03/16/content_2639841.htm）。

[5] 中华人民共和国国家统计局编：《中国统计年鉴（2012）》，"表12-39：环境污染治理投资"，国家统计局网站（http://www.stats.gov.cn/tjsj/ndsj/2012/indexch.htm）。

[6] 中华人民共和国国家统计局编：《中国统计年鉴（2011）》，"表7-2：能源消费总量及构成"，国家统计局网站（http://www.stats.gov.cn/tjsj/ndsj/2011/indexch.htm）。

[7] 《国家新型城镇化规划（2014—2020年）》，中央人民政府门户网站（http://www.gov.cn/xinwen/2014-03/16/content_2639841.htm）。

汽车从不足 100 万辆发展到 6000 多万辆。据世界卫生组织发布的报告，2009 年中国 31 个省会城市 PM 10 年平均浓度达到 98 微克/立方米，是该组织推荐标准的 4.9 倍，在 91 个国家中排名第 71 位[①]。如果按照更严格的标准监测，城市空气质量更为糟糕，目前广受关注的雾霾现象就是一个例证。

从公众主观认知看，我们在 2003 年和 2010 年的全国抽样调查表明[②]，城镇居民对于环境状况的关注度在提高，对于环境质量出现更加负面的评价，其改善环境质量的愿望更加迫切。2003 年，有 17.3% 的被调查者认为环境问题非常严重，这一比例到 2010 年上升到 24.4%。被访者反映突出的环境问题包括空气污染、生活垃圾污染、水污染、噪声污染和绿地不足等。2003 年，报告遭遇过环境危害的被访者占 76.6%，表示因此进行过抗争的占 39.0%；到 2010 年，相应比例分别迅速增加到 91.0% 和 54.7%。与此同时，被访者的环境知识、环境意识水平都有所提升。按照国际上比较通行的 NEP 量表测量的环境意识水平从 51.60 分增加到 53.36 分（满分 75 分），按照我们设计的环境知识量表测量的环境知识水平从 5.18 分增加到 5.72 分（满分 10 分）。而表示"从未有过"自觉的环保行为的人所占比例则大幅下降，由 63.1% 降至 36.7%，表示"经常或总是"参与环保的由 15.2% 增加到 37.3%。被访者在对政府环保工作的评价方面，则显示出了更加不满的趋势。2003 年，被访者中认为中央政府在环保方面"尽了很大努力，有一定成效""取得了很大成绩"的占了 51.3%，认为"片面注重经济发展，忽视了环境保护工作"的只占 3.6%；到 2010 年，相应的比例分别是 35.5% 和 8.4%。就对所在地的地方政府环保工作评价而言，2003 年被访者中有 47.8% 的人认为"尽了很大努力，有一定成效""取得了很大成绩"，认为"片面注重经济发展，忽视了环境保护工作"的占 5.9%；到 2010 年，相应的比例则分别是 28.9% 和 12.3%。

有关研究表明，城镇化与能源资源消耗和环境污染关系非常密切。

---

① 曲格平：《中国环境保护四十年回顾及思考（回顾篇）》，《环境保护》2013 年第 10 期。

② 调查由中国人民大学与全国其他高校联合进行，是"中国综合社会调查"（CGSS）项目的年度调查，覆盖全国城镇，样本数分别为 5073 个和 2392 个。

城镇化每增加 1 个百分点，平均需多消耗能源 4940 万吨标煤，钢材 645 万吨，水泥 2190 万吨[①]。城镇人口与生活污水排放量相关系数高达 0.98，与工业废气排放量的相关系数则超过 1。按照 2010 年的城镇人口数据计算，城镇化率每提高一个百分点，生活污水排放将新增 37980 万吨，生活垃圾产生量将新增 293 万吨，工业固废产生量将新增 2.41 亿吨，并会导致生态环境质量综合指数下降约 0.0073[②]。按照世界城镇化发展的普遍规律，目前我国城镇化仍在快速发展区间中。《国家新型城镇化规划（2014—2020 年）》提出，到 2020 年，城镇化率要达到 60% 左右[③]。由此可见，随着城镇化的速度持续加快、城镇规模持续扩张，其资源环境需求也将持续增加。

事实上，如前文所述，我们分析城镇化的资源环境影响还不能仅仅局限在城镇地区内部，应该关注其区域影响和整体影响。一方面，随城镇人口快速增长和社会经济迅速发展而产生的巨大能源资源需求，已经很难在城镇内部及其周边区域获得有效供应，跨区域的能源资源采集势在必行而且规模将不断扩大。例如，"西电东输""西气东送""南水北调"等重大工程，在很大程度上都是为了保障城镇运行，同时改善城镇环境。但是，这样大规模的能源资源采集和输送存在很大风险，也对能源资源输出地的社会经济结构以及社会系统与环境之间的关系造成很大影响，其中包括了一些负面影响。随着这些负面影响的累积，不仅加剧了能源资源输出地与城镇之间的矛盾和冲突，而且也在更大的范围内加剧了资源环境问题。如果考虑到能源资源的采集正在超越国境，甚至可以说中国城镇化进程也在一定程度上加剧了世界资源环境压力，并且面临着更大的有效供应风险。另一方面，在城镇运行和发展过程中所积累的环境污染往往超越了城镇区域生态系统的容量。为了缓解城镇区域所面临的环境压力，大量污染物（例如污水和垃圾）被排放到了城镇周边区域，一些污染企业也被转移扩散到周边区域，由此造成了更大范围

---

① 《环保部课题组：城镇化与环境污染矛盾将越发尖锐》，新华网（http://news.xinhuanet.com/politics/2011-09/19/c_122052425.htm）。

② 李佐军、盛三化：《城镇化进程中的环境保护：隐忧与应对》，《国家行政学院学报》2012 年第 4 期。

③ 《国家新型城镇化规划（2014—2020 年）》，中央人民政府门户网站（http://www.gov.cn/xinwen/2014-03/16/content_2639841.htm）。

的环境破坏、更深刻的城乡差距乃至城乡之间的对立和冲突。有资料表明，从2000年到2010年，未经处理的城镇污水累计排放量超过2000亿吨，90%以上的城镇垃圾在郊外或农村堆放或填埋，截至2011年累计堆放或填埋量超过60亿吨[①]，这些对农业农村和农民生活环境都是破坏性的。

进一步而言，我们也不能仅仅关注城镇化资源环境影响的物质层面，还要关注其社会层面。一个客观的事实是，我国城镇在快速发展的同时，其内部也在急剧分化，资源与环境空间占有和分配的不平等在加剧，不受节制的资源占有、消耗和挥霍与为了有限的资源苦苦挣扎的现象同时并存，城镇内部出现新的二元矛盾。特别是，大量农业转移人口难以融入城市社会，产城融合不紧密，产业集聚与人口集聚不同步。被统计为城镇人口的2.34亿农民工及其随迁家属，未能享受城镇居民的基本公共服务[②]，包括环境服务。他们在消耗有限资源的同时，还承受了更多的环境衰退的影响，在生产生活过程中遭受相对较多的环境危害。这样一种状况无疑也是城镇经济社会发展和环境质量改善的重要隐患。

因此，迄今为止的中国城镇化虽然取得了巨大成就，但是在多种意义上都面临着更为明显、更加严峻的资源环境约束，是一种不可持续的城镇化。我们必须对此予以正视并花大力气加以解决，紧紧围绕全面提高城镇化质量，加快转变城镇化发展方式，坚持走"以人为本、四化同步、优化布局、生态文明、文化传承"[③]的新型城镇化道路。

通过加强制度建设推进绿色城镇化

从工业化城镇化开发角度看，《全国主体功能区规划》已经明确指出我国国土空间具有以下特点：陆地国土空间辽阔，但适宜开发的面积

---

① 李佐军、盛三化：《城镇化进程中的环境保护：隐忧与应对》，《国家行政学院学报》2012年第4期。
② 《国家新型城镇化规划（2014—2020年）》，中央人民政府门户网站（http://www.gov.cn/xinwen/2014-03/16/content_2639841.htm）。
③ 同上。

少；水资源总量丰富，但空间分布不均；能源和矿产资源丰富，但总体上相对短缺；生态类型多样，但生态环境比较脆弱；自然灾害频繁，灾害威胁较大。① 在既往的国土空间开发利用中，已经造成了耕地减少过多过快、生态系统功能退化、资源环境问题凸显、空间结构不合理、城乡和区域发展不协调等突出问题。因此，未来的开发必须高度重视全国统筹协调，根据资源环境承载能力、现有开发密度和发展潜力，将国土空间划分为优化开发、重点开发、限制开发和禁止开发四类功能区域。这是国家制定和实施新型城镇化规划的一个基本背景。

在社会学意义上，《全国主体功能区规划》《国家新型城镇化规划（2014—2020年）》等文件的制定和实施，体现了人和社会能动性的发挥，直接指向了中国快速工业化、城镇化进程中的制度建设滞后问题。前文已述，城镇化的资源环境影响是双向的、有规律可寻的。国内外城镇化实践所积累的经验和教训，使得我们探索新型城镇化道路，最大限度地控制城镇化对于资源环境的负面影响，同时最大限度地发挥其规模效应和集聚效应，成为一件可能的事情，而实现这一可能的最重要路径就是加速推进制度建设，促进社会组织制度体系转型。

中共十八届三中全会在谈到生态文明建设时强调指出，必须建立系统完整的生态文明制度体系，用制度保护生态环境。② 《国家新型城镇化规划（2014—2020年）》第二十七章也专门指出，要完善推动城镇化绿色循环低碳发展的体制机制，实行最严格的生态环境保护制度，形成节约资源和保护环境的空间格局、产业结构、生产方式和生活方式。③ 可以说，《全国主体功能区规划》《中共中央关于全面深化改革若干重大问题的决定》《国家新型城镇化规划（2014—2020年）》等文件提供了很好的制度建设框架，但是在实践中我们仍然需要依据这些文件更加具体、更加系统地予以持续推进。只有通过持续努力形成科学、合理、严密的制度体系，才能贯彻落实美好的发展理念，约束偏离发展理念的

---

① 《国务院关于印发全国主体功能区规划的通知》（国发〔2010〕46号），中央人民政府门户网站（http://www.gov.cn/zwgk/2011-06/08/content_1879180.htm）。

② 《中共中央关于全面深化改革若干重大问题的决定》，人民出版社2013年版，第52页。

③ 《国家新型城镇化规划（2014—2020年）》，中央人民政府门户网站（http://www.gov.cn/xinwen/2014-03/16/content_2639841.htm）。

行为，同时也促进符合发展理念的各种创新活动，最终也才能保证国家规划转化为有效实践，积极推进绿色城镇化。结合相关文件的学习，笔者有以下几点体会。

一是进一步加强制度建设必须着眼于城镇化资源环境影响的复合性，注意全方位地协调城镇发展与资源环境的关系。既要考虑到根据不同的生态环境条件控制各城镇人口数量、占地规模、产业布局和生产生活排放等，从而控制城镇内部的资源环境问题，改进城镇自身的环境质量；又要考虑城镇发展对于周边区域的资源环境影响，防止简单的污染输出和污染产业转移以及由此造成的环境不公正现象，统筹规划市区、城郊和周边乡村发展；还要考虑城镇发展对于我国乃至世界整体的资源环境系统影响。城镇发展在消耗全国各地资源并占用整体环境空间的同时，应该让全民受益，实现共同发展。为此，必须坚定不移地实施主体功能区规划，严格按照主体功能区定位推动城镇发展；进一步将统筹城乡发展、区域发展落到实处，特别是要加快消除城乡二元结构的体制机制障碍，推进城乡要素平等交换和公共资源均衡配置，让广大农民平等参与现代化进程、共同分享现代化成果[①]，同时高度重视农村环境整治和建设，加强农村环境保护工作。

二是进一步加强制度建设要关注城镇发展全过程的资源环境影响，将制度建设贯穿于城镇发展的各个环节。在城镇规划环节就要加强制度约束，保障规划的科学性、权威性和稳定性，加强城市群规划与城镇体系规划、土地利用规划、生态环境规划等的衔接，依法开展规划环境影响评价。在城镇建设环节，要大力改进基础设施建设，尽量不破坏或少破坏原有的生态环境，确保不降低生态环境的净化能力，减少施工过程中的噪声污染、大气污染、水污染和固废污染等，同时大力推广使用节能低碳环保建筑材料，着力减少资源消耗。在城镇运行环节，要努力控制生产生活各领域的能源资源消耗，发明推广新型能源资源，减少污染排放，发展循环经济，建设节约型社会。在城镇辐射环节，要输出城镇生活的正能量，遏制基于城镇的消费主义思潮，不断完善生态补偿制度，大力建设城镇发展共同体，努力促进与城镇关联区域的共同发展，

---

① 《国家新型城镇化规划（2014—2020年）》，中央人民政府门户网站（http://www.gov.cn/xinwen/2014-03/16/content_ 2639841. htm）。

保障整个社会系统的生态环境安全。

三是进一步加强制度建设要关注城镇社会系统的各个领域，推动形成复合性、整体性的资源节约和环境保护力量。推进绿色城镇化是一项系统性、整体性工程，单靠环境保护部门、单靠环境政策，是不可能实现的，必须使环境保护部门有效参与综合决策，必须使环境政策体现在经济、社会、政治和文化各个领域的政策设计之中，必须全面推进组织制度体系转型。在经济领域，特别是要更加尊重市场规律，充分利用好市场机制。"紧紧围绕使市场在资源配置中起决定性作用深化经济体制改革"[1]，促进能源资源价格体系完善，坚持能源资源有偿使用和鼓励节约、激励创新原则，推动环境污染成本内部化和基于市场机制的环境污染第三方治理。在社会领域，尤其要注重基本公共服务的均等化，大力缩小贫富差距，促进社会公平正义，完善群众环境权益保障机制，大力促进公众参与环境保护和资源节约。在政治领域，关键是完善综合决策机制，切实保障绿色城镇化进入决策议程，得到充分重视；同时要实行最严格的环境监管制度，保障环境监管和行政执法的独立性，建立陆海统筹的生态系统保护修复和污染防治区域联动机制[2]，大力完善环境监测和评估，推进环境信息公开，严格环境影响评价和环境问责，更好发挥政府作用。在文化领域，要继续加强宣传教育，有效树立尊重自然、顺应自然、保护自然的生态文明理念并将该理念全面融入城镇发展，倡导绿色生产、绿色生活和绿色消费，推动形成绿色低碳的生产生活方式和城市建设运营模式[3]。

四是进一步加强制度建设要特别关注制度的落实和有效性。制度建设并不仅仅是制定制度文本，更重要的是包括制度的实施和评估，只有能够真正发挥作用、形塑实践的制度才是活的有效的制度。为了保障制度的有效性，以下三个方面是特别重要的。首先是在制度设计时要充分遵循客观规律。就推进绿色城镇化的制度设计而言，要特别注意遵循生态环境演化规律、社会系统演化规律以及生态环境与社会系统相互作用的规律，违背这些规律的制度设计就是不科学的，因而也是难以落实并

---

[1] 《中共中央关于全面深化改革若干重大问题的决定》，人民出版社2013年版，第3页。
[2] 《国家新型城镇化规划（2014—2020年）》，中央人民政府门户网站（http://www.gov.cn/xinwen/2014-03/16/content_ 2639841.htm）。
[3] 同上。

发挥长期效用的。其次是在制度设计时要充分考虑程序的合理性，需要凝智聚力，广泛开展调查研究和多方协商，保证程序公开和公众参与。仅仅依靠长官意志或者专家意见进行关门设计的制度往往是难以落实并发挥效益的。实际上，制度设计中的广泛参与也可以看作是制度实施的一个方面，至少可以广泛地凝聚共识，为制度实施创造更好的社会基础。再次是制度设计与制度实施能力建设需要并重，后者在保障制度实施方面甚至发挥着更为直接、更为重要的作用。结合前文的有关分析和《国家新型城镇化规划（2014—2020年）》等文件的阐述，在推进绿色城镇化的制度实施方面，建立生态文明考核评价机制，把资源消耗、环境损害、生态效益纳入城镇化发展评价体系；建立完善跨区域城镇发展协调机制，以城市群为主要平台，推动跨区域城镇间产业分工、基础设施、环境治理等协调联动；保障环境监管和行政执法的独立性……，都是加强制度实施能力建设的重要机制。但是，统筹城镇发展的物质资源、信息资源和智力资源，发挥城市创新载体作用，推动物联网、云计算、大数据等新一代信息技术创新应用，促进跨部门、跨行业、跨地区的政务信息共享和业务协同，实现城镇资源环境规划与管理的信息化，是尤其需要予以充分肯定和强调的方面。

总之，推进绿色城镇化是中国新型城镇化的核心内涵之一，是推动城镇健康发展的必然选择。这样一种城镇化进程，不仅是物质层面的，更重要的是制度层面的，体现为城镇社会乃至整体社会系统的全面的组织制度体系转型。这样一种转型是否顺利、是否成功，直接关乎中国新型城镇化的未来，甚至关乎中国整体发展的未来。

长汀县水土流失治理实践对推进生态文明建设的理论启示[*]

长汀县地处福建西部，武夷山脉南麓，曾是我国南方红壤地区水土流失最严重的区域之一。1949年前，福建长汀就与陕西长安、甘肃天水并列为中国水土流失最为严重的三大地区。在20世纪40年代，长汀县就开始研究治理水土流失，但是直到20世纪80年代才开始有实质性进展。特别是21世纪以来，长汀县水土流失治理取得了显著成绩。根据2012年底的最新遥感调查结果显示：长汀县的水土流失面积已经由1985年的146.2万亩减少为45.12万亩；森林面积由275万亩增加到370万亩，森林覆盖率由59.8%增加到79.4%，林木蓄积量由1025万立方米增加到1289万立方米。

在前期搜集分析相关文献资料的基础上，今年8月21日至24日，我们赴当地进行调研考察。其间，与县委县政府主要领导和有关部门、基层乡镇、村民委员会和村民代表进行座谈，实地考察水土流失治理重点区域，了解长汀县域经济发展规划，获得了很多感性认识，切身体会到长汀县水土流失治理所取得的显著成就，也激发了我们对于生态文明建设的一些理论思考。我们认为，长汀县的实践对于加快推进我国生态文明建设可能具有以下五个方面的重要理论启示。

第一，在大力推进社会经济的系统变革中建设生态文明。长汀县的水土流失问题存在了很多年，也很早就开始了治理的研究和实践，但是效果长期不显著，为什么？我们认为主要是因为原有的治理大体上是在

---

[*] 本文基于长汀县的实地调研，发表于《福建日报》，2014年11月6日。

不改变原有的生产生活方式的背景下实施的，依然延续着传统的农业生产和能源消费模式，是在一个相对封闭落后的社会经济系统中实施治理。这样的治理不可能从根本上改变人地紧张关系，因而注定是没有出路的。人口数量的持续增长、传统生产方式的持续使用、缺乏新生产方式的有效激励等，都只能使得土地负载持续过重、水土流失状况持续恶化，或者是边治理、边恶化，难以有根本上的恢复。调研表明，长汀县在新时期取得水土流失治理的显著成绩，明显是与顺应当地以及全国范围内工业化、城镇化的发展趋势，促进农业劳动力转移，深化农业生产经营方式改革，实施能源消费替代战略，推动社会经济系统的全面变革密切相关的。

广而言之，由于中国的实际国情，生态环境所面临的压力在传统的农业社会中就已经存在，并且局部形势非常严重。传统的落后的农业生产与生活方式，并不是像一些人所想象的都是环境友好型的，实际上是生态环境持续恶化的一个重要原因。因此，我们今天要大力推进生态文明建设，就不仅仅是要转变工业社会的生产生活方式，更不是要简单地回归传统的农业社会。事实上，我们必须大力推动双重的社会经济系统变革：一是推动传统的封闭落后的农业生产方式向更加开放的集约高效的现代农业生产方式转变；二是推动传统的粗放的工业生产方式向更加先进的、集约高效的现代工业生产方式转变。只有在这样深入系统的社会经济变革中，才能持续有效地推进生态文明建设，缓解生态压力，促进生态恢复。

第二，善于识别和把握环境治理与生态文明建设的"机会之窗"。长汀县水土流失治理在最近30多年来，特别是21世纪以来取得显著进展，与对工业化、城镇化进程所创造的生态治理的"机会之窗"的及时识别、把握和充分利用是密切相关的。或许这种识别、把握和利用的自觉性、预见性不够，但是不可否认，长汀县水土流失的治理实践在事实上确实契合了社会经济发展所带来的"机会之窗"，从而给其他地区更加自觉的、有意识的行动提供了重要启示。伴随着工业化、城镇化进程，大量农村劳动力向非农产业转移，极大地减轻了水土流失区的生态承载压力和水土流失治理压力。根据《2013年长汀县统计年鉴》数据，2012年长汀县乡村从业人员中从事第二、三产业的比例共计约61.5%。我们在曾经的水土流失重灾区三洲镇三洲村走访时，据村委会干部反映,该村目前的劳务输出所占比例大约是40%,其中二成左右的村民在长汀县城转移就业,二成左右赴县外务工经商。如果没有非农产业和就业的快速发展,长汀县人地关系的紧张形势就难以缓和,水土流失治理也就难以有效推进。

推而言之,我们应当辩证地看待快速的工业化、城镇化进程对资源环境的影响。一方面,很多的环境污染和资源消耗问题是与粗放的工业化、城镇化进程密切相关的;另一方面,工业化、城镇化也确实为治理和保护广大农村的生态环境提供了新的条件和空间。放眼全国,可以说很多地区对这样的条件和空间还认识不够、把握不够、推动不够,在环境保护和生态文明建设方面还有着一定程度上的"头痛医头、脚痛医脚"的应急倾向,着眼于长远、整体的考虑还不够,过于把资源集中在低效的污染治理等方面,对广大农村的生态环境治理和保护重视不足、投入不够。如果再大胆地设想一下:顺应工业化、城镇化进程,我们将生态文明建设的一个重要突破口选在农村生态恢复和建设上,采用"围魏救赵"的战略,其全局性影响又将如何?我们认为这样做至少会有以下一些方面的好效果:首先是优先保住了绿水青山;其次是有助于改进农村基础设施建设;再次是有助于缩小城乡差距;最重要的是可以示范"发展"的另外一种价值维度和模式,有助于优化整个国土空间格局,为中国生态文明建设守住根据地。

若是由此再做进一步的思考,我国生态文明建设实际上是大有作为的。虽然在整体上,我国面临着多种环境问题在特定发展阶段交叉复合的巨大压力,解决环境问题的难度非常大,但是,我们也应当认识到环境问题是随时间和空间不同而不同的。只要我们根据具体的时空和情境条件对环境压力采取分析性的态度,总能找到适当的突破口,利用各个击破的战术,化解整体性压力。面对日益严峻的生态环境形势,一味地担忧和抱怨是没有用的,关键在于怎么识别机遇、怎么积极作为。只要思想到位、方法到位,生态文明建设总是可以具体化为有效行动,是可以有所作为甚至大有作为的。

第三,充分发挥政府的社会动员和组织优势,持之以恒地采取积极行动。长汀县水土流失治理实践表明,政府的高度重视、认真谋划、大力推动、全面协调是一条重要的经验。早在1949年12月,长汀县就成立了"河田水土保持试验区";1983年开始,时任福建省委书记的项南同志大规模地启动了长汀县水土流失治理工作；1986年，水利部把长汀县河田镇列为南方小流域治理示范区；1999年和2001年，当时主政福建的习近平同志两次视察长汀县，指导水土流失治理工作；从2000年起，福建省把长汀县水土流失治理列入"为民办实事"项目，并给予持续的有力度的资金支持；2008年，财政部和水利部将长汀县列入国家水土保持重点工程实施范围。如果没有各级政府的长期支持和大力推动，长汀县水土流失治理要取得现在的成就是难以想象的。

事实上，环境保护和生态建设具有公益事业的属性，美好的生态环境可被看作是一种重要的公共物品。理论上讲，生产和提供这种公共物品可以有多个主体、多种机制，包括政府的、市场的和社会的，等等。但是，由于这种公共物品所具有的外部性，往往使得市场的、社会的主体缺乏首创的积极性，只能依靠政府着眼于长远利益和整体利益而率先发起行动。而由于类似水土流失治理这样的环境保护事业需要长期持续推动才能见效，所以也就需要政府持之以恒、不懈努力，需要每一届政府都有着"功成不必在我"的胸襟和认识。长汀县水土流失治理在非常困难的条件下取得显著成效，正是与各级政府一届接着一届干，发扬"滴水穿石，人一我十"和"抓铁留痕"的精神密不可分的。加快推进生态文明建设，必须通过有效的制度安排和精神激励，促进政府发挥第一推动力的作用。

要充分发挥政府作用，利用政府的社会动员、社会组织和持续运作的优势，并不是说在生态文明建设中仅仅依靠政府唱独角戏。事实上，长汀县水土流失治理的实践表明，充分依靠群众、动员群众、组织群众、教育群众，充分发挥市场机制的作用转变资源配置方式，也是实现有效治理的重要支撑。甚至，随着治理实践的不断深化，市场的、社会的主体和机制正在发挥着越来越重要的、具有某种方向性和替代性的作用。例如，长汀县通过政策激励，培育种植大户、专业合作社和专业协会等，涌现出一大批治山能人（如断臂"铁人"兰林金，女"愚公"马雪梅等），建立了有效的社会组织，奠定了很好的水土流失治理的社会基础。又如，长汀县利用市场机制引进厦门树王银杏制品公司，租赁山地2300余亩，种植银杏4万余株，年产值超过千万元，为持续推进水土流失治理开辟了新的资金来源，培育了新的治理主体。这样一些努力正在增强为政府接力的力量。

第四，充分尊重在发展中环保、在环保中发展的客观规律。环境保护是生态文明建设的核心，加强和改进环境保护工作是大力推进生态文明建设的题中之义。在当今时代，世界各国的有效实践表明，环境保护工作是有客观规律可循的，其中最为本质性的规律就是处理好发展与环保的关系，促进发展与环保的高度融合。脱离环保谈发展是盲目的发展，也是危险的发展，甚至注定是失败的发展；而脱离发展谈环保也只是一厢情愿，最终注定是事与愿违。在加强环境保护、大力推进生态文明建设的过程中，利益相关方的利益建构、实现和协调始终是必须予以高度重视和解决的，必须使得各方在环保中看到利益、实现利益，协调利益。长汀县在治理水土流失的实践中十分注意推动产业结构和增长方式的转变，十分注意在这种转变中做大发展的成果，让广大人民群众在发展和环保的统一中得到实在的利益，体现了对于客观规律的遵循。

前文已述，环境保护只能因势利导、顺势而为，必须在大力推进社会经济的系统变革中建设生态文明，也就是说只能在发展中实现环境保护，但是需要切实推进发展方式和内涵的转变。长汀县的实践表明，通过大力发展纺织、稀土、机械电子、农副产品加工、名城旅游等主导产业，目前已经成功实现了产业结构转型，其2012年三大产业所占比例分别为18.8%、48.6%和32.6%。产业结构转型创造了大量的非农就业机会，推进了城镇化，使得农村劳动力快速向城镇非农产业转移，从而大大减轻了水土流失区的生态承载压力和水土流失治理压力。不仅如此，长汀县还重视制度创新，致力于完善促进发展的激励机制。其林权制度改革就发挥了很好的促进发展和环境保护的双重作用。该项改革旨在实现还山于民、还利于民、还权于民，从而使生态受保护、林农得实惠。其"谁治理、谁投资、谁受益"和"谁造谁有"的原则，吸引了120多家公司参与造林和治理水土流失。自2002年实施林权改革以来，长汀县完成植树造林56万亩，涌现出一批新型林业大户。例如，河田镇刘源村村民刘静美于2006年在重点水土流失区河田镇红中村承包了相见岭山场，植树造林4470亩进行水土流失治理，总投资达500多万元，成为水土流失治理区科技兴林示范户。

长汀县的实践也彰显了在环保中发展的重要性，其在水土流失治理的实践中非常注意为经济发展和百姓致富创造机会，以"生态美、百姓富"为工作目标。例如，长汀县推广"草牧沼果"循环种养生态农业，鼓励群众发展果业、养殖业和农副产品加工业，增加农民收入。水土流失重点区域的三洲镇大力发展经济林业，种植杨梅 1.2 万多亩，年产杨梅 3000 余吨，并发展了杨梅深加工的相关产业，产值达 5000 多万元，使得很多群众获得了增加收入、改善生活的新机会。目前三洲镇已被誉为"海西杨梅之乡"，政府也和专业协会、种养大户等一起做了进一步的产业发展规划。

第五，注意为局部地区率先推进的生态文明建设实践创造更加有利的制度支持条件。我们曾经在相关论文中指出，生态文明建设在局部地区率先推进是有可能的，但是如果没有局部与整体的良性互动，局部地区的努力最终是不可持续的。长汀县的实践表明，水土流失治理确实取得了非常显著的成就，但是长汀县与外部发达地区的发展差距还是很大，最重要的是长汀县的局部努力得到的外部正向反馈还是非常有限。在很大程度上，长汀人还有在为别人做贡献的心理纠结。

在此，尽快完善并实施区域生态补偿制度就是一个关键。长汀县是汀江的发源地。汀江水源保护受益的不只是长汀县，整个汀江流域都是受益者。共同受益，责任分担，应是一个合理的逻辑。中央七部门联合调研组《关于支持福建长汀推进水土流失治理工作的意见和建议》曾经提出："长汀及汀江源头其他县每年可得 1.5 亿元生态补偿资金，其中中央财政 9000 万元，广东省每年补偿 3000 万元，福建省本级财政安排 3000 万元，并给予长汀县倾斜。"但是，长汀县的同志们表示，"生态补偿机制协调不下来，多次跟广东省政府沟通，对方认为上游几省的水路都进广东，如果只补某一个地方（如长汀），其他省市怎么办？如果都补，广东省又负担不起"。很明显，区域生态补偿制度的实施存在着困境。长此以往，肯定会挫伤长汀县开展水土保持和环境保护工作的积极性。

当然，也不能把眼光仅仅盯在区域生态补偿制度建设上。除了这种财政性支持机制之外，我们还应该积极探索其他市场化的补偿机制。十八届三中全会指出要"发展环保市场，推行节能量、碳排放权、排污权、水权交易制度，建立吸引社会资本投入生态环境保护的市场化机制"，这种规划无疑是非常具有远见的。其中的碳排放权、水权交易制度的完善和实施，应该都是有助于调动像长汀县这样的局部地区开展生态环境保护和建设的积极性的，是把绿水青山变现成金山银山的可选择路径。

总而言之，长汀县水土流失治理仍在实践之中，还存在着一些不足和潜在的困难、风险，特别是在其可持续性和公平性方面，尚要付出诸多努力。但是，长汀县的实践确实对加快推进我国生态文明建设具有一些重要的理论上的启示。深入总结分析长汀县的成功实践，应该会有更多更深刻的理论发现，从而为加快我国生态文明制度体系建设提供一些理论指导。

推进基本环境服务城乡均等化*

21世纪以来，中国现代化进程中一度被有所忽视的农村环境问题引起了更多关注。至少从2004年开始，中央每年发布的"一号文件"都提到了农村环境问题。2005年10月，中共十六届五中全会通过的《中共中央关于制定国民经济和社会发展第十一个五年规划的建议》，在建设社会主义新农村的框架下突出了对于"村容整洁"等内容的强调。2007年11月，国务院办公厅转发了有关部委《关于加强农村环境保护工作的意见》。2008年7月，国务院召开了首次全国农村环境保护工作电视电话会议。2015年初，中央下发的"一号文件"明确提出要"继续支持农村环境集中连片整治，加快推进农村河塘综合整治，开展农村垃圾专项整治，加大农村污水处理和改厕力度，加快改善村庄卫生状况。加强农村周边工业'三废'排放和城市生活垃圾堆放监管治理"[①]。

农村环境事关整体社会利益

中央对农村环境问题的持续关注表明了对于农村环境治理的积极推动，但是也从一个侧面反映了农村环境问题及其社会经济影响的严峻性。根据环境保护部和国土资源部2014年4月发布的《全国土壤污染状况调查公报》，我国土壤污染比较严重，总的点位超标率为16.1%，其中耕地点位超标率为19.4%，无机污染物超标点位数占全部超标点

---

* 本文发表于《中国社会科学报》，2015年7月15日。
① 《中共中央国务院关于加大改革创新力度加快农业现代化建设的若干意见》，人民出版社2015年版，第15页。

位的82.8%。另据环境保护部发布的《2013年中国环境状况公报》，我国农村地区对生活污水进行处理的行政村数只占9.0%，对生活垃圾进行处理的行政村数只占35.9%，在全国2352.7万吨化学需氧量排放中，农业源的排放占到47.8%。另有资料表明，从2000年到2010年，未经处理的城镇污水累计排放量超过2000亿吨，90%以上的城镇垃圾在郊外或农村堆放或填埋，截至2011年累计堆放或填埋量超过60亿吨，这些对农业、农村和农民生活环境都是破坏性的。可以说，由于环境污染与生态破坏复合、生产问题与生活问题叠加、外生问题与内生问题交织、环境破坏与环境治理失衡，农村环境状况依然十分令人担忧。

进一步而言，当今中国农村环境问题不仅体现为一些农村地区日益严峻的环境污染、生态破坏，也不仅体现为由此引发的日益增多的农民抗议行动，而且还体现在广大市民对于环境质量以及食品安全的担忧上。严格来说，已经不存在纯粹意义上的、孤立的农村环境问题，农村环境与城市环境密切相关，农村环境问题就是中国环境问题，是影响整个经济社会运行和人民群众健康的大问题。这是因为环境系统是一个内部要素彼此联系的、有着复杂反馈的整体。水是流动的，空气是流动的，土地是一体的，土地上生产的作物也是流动的。传统的"一方水土养一方人"的自给自足的经济社会格局早已被打破，生产生活要素在全社会乃至全球范围内加速流动。由此，农村地区的环境污染和生态破坏，最终都会通过复杂的食物链、物质流反馈、威胁到包括城市居民在内的所有人的健康。因此，没有解决农村环境问题，就不能说解决了中国环境问题。

城乡环境分治制约农村环境治理

要加强和改进农村环境治理必须着眼于城乡环境统筹，切实改变长期以来存在的城乡环境分治现象。在环境治理方面，特定阶段的城乡分治现象有其必然性和一定程度的合理性，但是，随着农村环境风险的持续增长，必须彻底反思城乡分治政策的局限性。第一，城乡分治的环境政策违背全社会成员环境权利平等、基本利益一致的原则。城乡居民都是中华人民共和国公民，不应该在基本的环境权益方面被差别化对待。第二，城市优先的环境治理在一定程度上、在一些地区实际上演变成了转移性治理，即将环境负担转移到了农村地区，这里面存在着基于权利不平等、信息不对称等因素的强制、误导或者交换，直接损害了广大农村居民的环境权益。第三，城市优先的环境治理在很大程度上是短视的，长期来看存在一些负面后果。短期来看，城市可以控制本区域的水污染、大气污染、垃圾污染等，但是，农村地区的水体、大气和垃圾污染最终会反过来影响城市的环境质量以及居民健康。那些在城市居民直观感觉上比较遥远的耕地和生态系统，实际上直接影响着所有人的健康和生存安全。如果不从根本上减轻环境负荷，整体环境容量也只会越来越小，最终的结果必然是覆巢之下完卵无存。更重要的是，城乡分治的环境政策，将会导致城乡差距更加全面地扩大，由此会加剧城乡对立与冲突，妨碍城乡环保共识的形成，并且必然会伴随着人口向城市的持续聚集和日益加大的城市环境压力。第四，由于客观存在的城乡经济社会发展差距，在城乡分治的政策框架下，实际上必然会导致农村环境治理的乏力乃至缺失，无助于控制和解决农村环境问题。因为农村地区不仅在财政能力上要严重落后于城市，而且在制度资源、组织资源、知识资源和思想意识资源等方面，都要比城市落后。单纯依靠农村地区自我解决环境问题，是非常不现实的。

改变城乡环境分治现状的关键在于促进城乡基本公共服务的均等化，让城乡居民共享发展成果。所谓基本公共服务，按照一般的理解，是指建立在一定社会共识基础上，由政府根据经济社会发展阶段和总体水平来提供，旨在保障个人生存权和发展权所需要的最基本社会条件的公共服务，理应包括基本环境服务，这也是公共服务中最基础、最核心的部分，与人民群众最关心、最直接、最现实的切身利益密切相关。但是，自从基本公共服务均等化的议题和政策设置以来，政府主要推动并取得一定成效的是城乡免费义务教育、基本医疗保障、公共文化体育设施、社会保障制度、社会福利救助、公共就业服务和保障性住房等领域，对基本环境服务均等化的关注和行动尚有很大不足。实际上，在基本环境服务领域，农村地区供给和需求之间的矛盾越来越突出。一方面，随着环境状况的恶化，环境质量越来越成为影响农村居民生命健康、财产安全以及农村社会安定的重要因素，实际的教训激发了越来越多的农民对于环境改善的需求和对环境权益的维护；另一方面，由于农村环境保护规划不足、投入不足、制度缺失、组织不全、人力短缺，政府在提供农村居民基本环境服务方面的作为和效果非常有限。环境保护部原部长周生贤曾经指出，全国4万个乡镇、近60万个行政村大部分没有环保基础设施，每年产生生活垃圾2.8亿吨，不少地方还处于"垃圾靠风刮，污水靠蒸发"的状态。与政府供给基本环境服务不足相伴随的，是农村地区自身提供服务的能力也有很大不足，特别是农村地区治理能力不足、人口流动化、社区空壳化，更使得提高其自身供给能力的空间和条件非常有限。所以，在进一步促进城乡基本公共服务均等化的工作中，必须加大和改进农村基本环境服务的供给，切实推动城市反哺乡村、工业反哺农业、市民带动农民。

政府统筹城乡环境治理

将基本环境服务纳入城乡基本公共服务均等化的范畴，不断改进和扩大其供给，直接看来，是统筹城乡解决农村环境问题的需要；从根本上讲，实际上是在经济社会发展和环境风险扩大的背景下，通过重建社会，促进社会的整体性、均衡性转型以应对整体性环境风险的客观需要。面对持续扩大的环境风险，社会内部的系统变革和有效整合，是有效应对风险的重要前提。通过制度建设，为广大城乡居民有效提供包括环境服务在内的各项基本公共服务，正是保障社会安全、促进社会团结、增强社会抗风险能力的必由之路。正如本文开头所说，我们已经欣喜地看到，中国政府在21世纪以来，特别是在最近的几年中，已经开始设立农村环保专项资金，启动了拉网式农村环境综合整治试点工作，规划建设农村环境治理基础设施，并且开展了一些专项治理。在中国社会主义制度下，只要坚决地摒弃城乡环境分治政策，下决心统筹城乡环境治理，农村环境状况的持续改善就是可以期待的，最终也必将有利于中国整体环境状况的改善，符合社会主义生态文明建设方向和要求。

当然，在统筹和改进基本公共服务方面，政府应当履行基础职责，但它不应是唯一的主体。完全由政府全方位、全过程包揽，这样的服务供给不仅是低效率的，也是不可持续的。根据笔者了解，中国政府最近几年在推进农村生活垃圾治理方面取得了一些进展，但是农村居民的参与程度还不够，围绕垃圾治理的自我组织情况并不乐观，长期来看的效果可能不会显著。考虑到在快速推进城市化的过程中，农村居民的社区意识也在削弱，基层社会组织程度乃至家庭联系都在弱化，对于身边环境的疏离感也有上升的趋势。所以，在充分发挥政府提供资源优势的同时，进一步创新基本环境服务的供给机制，高度重视并有效激发农村居民和社区的参与，提升其参与环境治理、自我改进环境服务的意愿、责任和能力，同时利用合理的市场机制，鼓励城乡民间组织大力协同和参与，就是非常必要的。这样不仅可以直接改进基本环境服务，而且可以积累社会资本，最终有利于实现二者之间的良性互动，向真正可持续的社会迈进。

精心打好生态文明建设持久战[*]

党的十八大把生态文明建设纳入中国特色社会主义事业"五位一体"总体布局,将"中国共产党领导人民建设社会主义生态文明"写入党章,表明了中央推进生态文明、建设美丽中国的坚强意志和巨大决心。十八大以来,从思想转变到理论创新,从总体设计到制度建设,从体制改革到工作推进,生态文明建设取得了显著进展,得到了广大人民的拥护,这是五年来党和政府工作的突出亮点之一,不容低估,不容动摇,更不容否定。同时,我们也应充分认识到,生态文明建设是一项极其复杂的系统工程。在一定意义上讲,生态文明建设有方向标,却无时间表,是一个持续地寻求人与自然和谐相处的社会进程。作为一个发展中的大国,推进生态文明建设面临着更为严峻的国际国内挑战,需要我们保持战略定力,精心做好打持久战的各项工作,常抓不懈,久久为功。

生态文明建设进入攻坚期

我们说生态文明建设进入攻坚期,包括了两层含义。第一层含义是作为生态文明建设的主战场,环境保护战场上的战役已经打响。讲到生态文明建设,毫无疑问的一个直接目标就是治理环境污染,改善环境质量。在数十年的传统型高速增长之后,我们对生态环境的欠账已经太多。2012 年,我国经济总量约占全球 11.5%,却消耗了全球 21.3% 的

---

[*] 本文部分内容以《生态文明建设:正确对待三种思维坚持三个观点》为题发表于《中国社会科学报》,2017 年 9 月 6 日。

能源、45%的钢、43%的铜、54%的水泥,排放的二氧化硫、氮氧化物总量居世界第一①。国内经济社会持续发展的资源环境约束日趋严峻。而且,环境问题不仅仅是环境问题,已经演变为社会问题、政治问题,广大人民反映强烈。所以,推进生态文明建设,必须首开环境保护主战场,啃下环境质量改善这块硬骨头。我们进入这个阶段就是攻坚阶段。第二层含义是进一步的,也就是说在环境保护主战场上,我们的战役打响了,在取得初步成果的同时,也面临着巩固成果和持续推进的严峻挑战,真正攻坚克难的时期已经到来。

可以说,以上两层意义上的攻坚期密切相关。第二层意义上的攻坚期对于深入推进生态文明建设具有影响全局的意义,需要引起高度重视。在目前阶段,这层意义上的攻坚形势表现出了以下四个特点。一是政治共识强化,战略目标明确。十八大以来,以习近平同志为核心的党中央就环境保护和生态文明建设提出了一系列新理念新思想新战略,凝聚了全党和全国人民的共识,明确阐述了战略目标和工作任务。诸如"绿水青山就是金山银山""保护生态环境就是保护生产力,改善生态环境就是发展生产力""要把生态环境保护放在更加突出位置,像保护眼睛一样保护生态环境,像对待生命一样对待生态环境""走向生态文明新时代,建设美丽中国,是实现中华民族伟大复兴的中国梦的重要内容"之类的深刻论述,获得了广泛的认同。

二是制度越细越实,压力层层传导。十八大报告提出要把生态文明建设放在突出地位,融入经济建设、政治建设、文化建设、社会建设各方面和全过程,加强生态文明制度建设。十八届三中全会提出要加快生态文明制度建设,建立系统完整的生态文明制度体系,实行最严格的源头保护制度、损害赔偿制度、责任追究制度,完善环境治理和生态修复制度,用制度保护生态环境。2015年4月,中共中央、国务院印发了《关于加快推进生态文明建设的意见》。此后,《生态文明体制改革总体方案》《环境保护督察方案(试行)》《党政领导干部生态环境损害责任追究办法(试行)》《大气污染防治行动计划》《水污染防治行动计划》《土壤污染防治行动计划》等一系列重要文件陆续出台,被称为"史上

---

① 董峻、王立彬、高敬、安蓓:《开创生态文明新局面——党的十八大以来以习近平同志为核心的党中央引领生态文明建设纪实》,《经济日报》2017年8月3日第1版。

最严"的新环保法也从 2015 年开始实施。日趋严格细密的制度设计和制度执行,将环境保护的压力从中央传导到地方,从政府传导到企业,从国家传导到个人。环境保护全面动真格、硬碰硬了。

三是利益冲突显化,舆论出现杂音。天下没有免费的午餐。动真格的环境保护必然涉及利益的调整和重组。特别是,2015 年 7 月通过的《环境保护督察方案(试行)》建立了环保督察机制。这是我国环境治理方式方法的重大创新。自 2015 年以来,以中央环保督察组的形式,围绕中央高度关注、群众反映强烈、社会影响恶劣的突出环境问题,环保部组织开展了覆盖全国的环保督察行动。仅前三批就立案处罚 1 万多家企业,问责 1 万多人,罚款近 8 亿元人民币,还拘留上千人[①]。实践表明,这种环保督察掀起了督政督企、传导压力的强风暴,形成了全国性的高压态势,产生了巨大的威慑作用,在推动环境保护大局、维护人民整体利益、解决重点环境问题、开创环保工作新局面等方面,都具有重大意义,发挥了积极影响,值得充分肯定。与此同时,类似这样的环保风暴也不可避免地让一些人、一些地区、一些部门、一些行业的利益受到了损失,从而导致了一些质疑、批评甚至反对环保督察的声音,使得环保工作面临更为复杂的新形势,需要引起高度重视。

四是化危为机示范,转型曙光初显。在重拳出击之下,环境保护取得了重要的阶段性成果。例如,与 2013 年相比,2016 年京津冀地区 PM 2.5 平均浓度下降了 33%、长三角区域下降 31.3%、珠三角区域下降 31.9%[②]。2016 年,我国单位 GDP 能耗、用水量分别比 2012 年下降 17.9% 和 25.4%[③]。更重要的是,一些地方和企业开始变被动为主动,积极寻找产品、产业和经济发展的突围转型之路。例如,在重工业密集、淘汰落后产能任务繁重的河北省廊坊市,去年在生产总值、固定资产投资、财政收入等多项经济指标增速均居全省第一的同时,又一举甩掉了全国大气污染倒排"前 10"的黑帽子,打出了一套去产能、调结

[①] 参见董瑞强《环保督察"风暴"席卷全国背后》,2017 年 8 月 12 日,经济观察网(http://www.eeo.com.cn/2017/0812/310380.shtml)。

[②] 董峻、王立彬、高敬、安蓓:《开创生态文明新局面——党的十八大以来以习近平同志为核心的党中央引领生态文明建设纪实》,《经济日报》2017 年 8 月 3 日第 1 版。

[③] 参见侯雪静、高敬《推进美丽中国建设——党的十八大以来生态文明建设成就综述》,2017 年 8 月 12 日,中国政府网(http://www.gov.cn/xinwen/2017-08/12/content_5217433.htm)。

构、增效益的组合拳①。新产业、新业态、新模式、新产品加速发展，让人们看到了经济转型呈现出更加绿色、更有活力的新前景。中国在此阶段推进生态文明建设的理念和实践，也已经引起了联合国的关注，为全世界的绿色发展贡献了新的选项。

警惕三种思维，坚持三个观点

针对生态文明建设攻坚期日渐显现的压力、阻力和挑战，我们要始终坚定推进生态文明建设的大方向，并对生态文明建设的理念与实践保持清醒的自觉和反思。我们一定要学好用好唯物辩证法，一定要注意统筹兼顾、循序渐进、稳扎稳打，一定要注意"因事而化、因时而进、因势而新"，一定要着力于推进整个社会经济体系的深刻变革。在此，我们尤其要对三种思维，即技术思维、行政思维和突击思维，保持清醒的自觉，用其所长，避其所短，警惕简单化、片面化。同时，要始终坚持三个观点，即社会观点、群众观点和长效观点，要有"踏石留印、抓铁有痕"的力道与韧劲，同时又有"功成不必在我"的胸怀和担当。

一是警惕技术思维，坚持社会观点。技术是人与自然联系的一种纽带，技术变革不断推进着人与自然关系的变革。现代技术的快速发展以及以此为基础的经济体系，在创造巨大社会财富的同时，也对自然环境形成了巨大压力和破坏，积累成了当今威胁全人类的生态环境问题。与此同时，技术发明与创新在重构人与自然关系方面，也发挥着重要作用，以至于人们在推动环境保护的过程中非常强调技术创新，这是完全合理的。但是，如果对技术因素强调过分，而忽视社会变革，这样就容易误入歧途，导致舍本逐末、急功近利的各种行为。环境保护涉及生产方式和生活方式的根本性变革，其本质是要建设以资源环境承载力为基础、以自然规律为准则、以可持续发展为目标的资源节约型、环境友好型社会。这样一种社会的建设包括价值、组织、制度和技术等各个领域、各个层面的变革，是一项整体性的有规划的社会重建过程。所以说，我们既要看到环境问题具有技术性的一面，同时又要看到其是社会

---

① 董峻、王立彬、高敬、安蓓：《开创生态文明新局面——党的十八大以来以习近平同志为核心的党中央引领生态文明建设纪实》，《经济日报》2017年8月3日第1版。

中的问题、由于社会原因而导致的问题、必须有社会变革才能根本解决的问题，这就是坚持环境保护的社会观点。

尤其需要指出的是，对技术因素的强调和重视，如果形成了一种思维定式，使得这种思维走向普遍化、简单化、片面化，只看到有限因素之间的有限的线性关系，忽视各因素之间关系无限延伸的、网络的、立体的状态，这样就一定会遮蔽我们对于社会复杂性的认识，让我们见物不见人，忽视对于当事人的价值、情感、历史、权力和利益等的尊重。在此种思维支配下，我们的工作方式和方法很容易出现问题，很容易简单、粗暴，这样不仅不利于推进实际的环保工作，甚至还会引发一些新的社会矛盾与冲突。毕竟，环境保护不只是解决物的问题，重要的是解决人的问题。

二是警惕行政思维，坚持群众观点。行政管制是应对环境问题的手段之一。在我国现行体制下，充分动员各级行政体系，发挥各级政府在环境保护中的作用，尤其具有重要意义。最近几年来的实践进一步证明了这一点。在抓住关键少数、调整干部考核、实行离任审计、组织环保督察、落实环保问责等强力制度的约束下，整个行政体系高效运转起来，政令畅通有了保障，干部不作为、乱作为、不碰硬等现象得到遏制，环境保护工作推进很快，这是有目共睹的。尤其是最近，中办、国办就甘肃祁连山国家级自然保护区生态环境问题发出通报，包括3名副省级干部在内的几十名领导干部被严肃问责[1]，引起了行政体系的强烈震动，也在社会上彰显了中央保护生态环境的坚定意志，保持了环境保护的高压态势。但是，过于强化行政思维，不仅限制了对环境保护其他手段的开发和利用，而且容易导致行政依赖，出现"一放就乱、一收就死"的恶性循环。更为重要的是，在社会矛盾集中期和凸显期，片面强化行政思维也容易加剧上下级之间、部门之间以及政府和企业、民众之间的紧张，激化一些社会矛盾，导致社会矛盾集中指向政府，损害政府的权威并最终会影响环境保护工作大局，这是需要密切关注的。

在我们结合实际情况适当运用行政思维的过程中，我们始终要坚持群众的观点，走群众路线，这是本质性的要求。环境保护为了群众，最

---

[1] 《中办、国办就甘肃祁连山国家级自然保护区生态环境问题发出通报》，2017年7月21日，生态环境部网站（http://www.mee.gov.cn/xxgk/hjyw/201707/t20170721_418244.shtml）。

终是要依靠群众。我们要尊重群众，动员群众，教育群众，团结群众，引导群众，服务群众，要与群众平等沟通协商，充分调动群众的积极性主动性创造性，多从群众的立场出发，多些服务意识，多做帮助群众一起干的事情。只有这样才能更加暖人心、得人心，才能更好团结人、凝聚人，才能夯实环境保护的群众基础，密切干群关系，减少环境保护成本，并且保障环境保护的持续性。毕竟，"干部干，群众看"、干部命令群众干等现象，都不应是正常现象。

三是警惕突击思维，坚持长效观点。由于我国环境问题的历史欠账太多，环境形势的演变非常严峻，来自人民群众的反映非常强烈，所以我们推进环境保护的心情很迫切，希望能让广大群众尽量快地看到环境治理的成效，希望能够为我国经济社会持续发展赢得更为有利的时间与空间，这样就不得不采取一些非常措施，重拳出击，猛药治疴。实践证明，这是有效果的。但是，我们也要警惕，避免突击思维片面化、常态化，总是靠搞运动来推进环境保护。突击思维走向极端，不仅违背环境保护自身的规律，也与我国社会经济发展的客观阶段之间存在着很大的张力。在明知不可的情况下搞突击，企图毕其功于一役，不仅会导致一些地区、一些部门和一些干部对于权力的不适当运用，激化社会矛盾，恶化干群关系，而且还会助长各种形式的应付、对付和投机钻营、欺上瞒下现象，掩盖住实际的问题，麻痹领导者的意识。每一次突击甚至还会造成社会损伤，制造新的问题，增加环境问题的复杂性，加大后续解决问题的难度。

作为生态文明建设的主战场，环境保护也注定是一场持久战，不可能速战速决。策略性地突击治理可以提振士气、赢得民心，但是战略上必须保持定力，坚持长效的观点。欲速则不达。深入推进环境保护，需要更加注重细化、实化的制度建设，需要着眼于民生的持续改善，需要推动社会经济体系的整体转型，这些都需要付出长期的艰巨的努力，需要持续不懈的工作，也需要非同寻常的耐心，特别需要着眼于长效机制建设。策略性地突击只能是扣动长效机制建设的扳机。最终胜利的取得一定不是政府单方面的突击推动，而是广大群众与政府一起自觉行动起来。

最终，警惕三种思维，坚持三个观点，其关键在于把认识统一到中国特色社会主义事业"五位一体"总体布局和"四个全面"战略布局上来，统一到不断加强和改进党的领导上来。统筹兼顾，总揽全局，关键在于党的正确领导。我们要不断增强政治意识、大局意识、核心意识、看齐意识，自觉在思想上政治上行动上同以习近平同志为核心的党中央保持高度一致，全面深入科学准确地把握好中央的决策部署。"博学之，审问之，慎思之，明辨之，笃行之。"在推进环境保护和生态文明建设的实践中，我们要切实践行习近平总书记的要求①，在坚持马克思主义基本原理的基础上，以更宽广的视野、更长远的眼光来思考和把握我们面临的一系列重大战略问题，在理论上不断拓展新视野、作出新概括。特别是要不断提高战略思维能力，不断增强工作的原则性、系统性、预见性、创造性，以更宽广的视野、更长远的眼光来思考和把握环境治理与生态文明建设的新变化、新特点、新趋势，持续改进实际工作。

系统性创新是生态文明建设的关键

生态文明建设是人类文明发展史上的重大转型，是全方位的、多层次的、复杂而深刻的社会变迁过程。② 生态文明建设是对生态中心主义与人类中心主义的双重超越，是一个不断趋近的历史过程，内在地包括了生态建设与社会建设两大方面，其本质是促进生态建设与社会建设的良性循环。大力推进生态文明建设，要求我们在总结并继承人类文明优秀成果的基础上，以推动人的全面发展和社会进步为宗旨，着眼于系统性的全面创新。这种创新当然包括技术经济层面的，但更重要更深入的是观念、价值、行为、制度、组织、治理等全方位的创新。在当前我们加大环境治理力度、推动经济转型升级的基础上，尤其要持续地协调推进以下几个方面的创新工作。

一是价值观、发展观的创新。这是一场艰难的革命。虽然说我们在抽象意义上已经接受了建设生态文明的观念，但是我们在很大程度上依

---

① 《习近平在省部级主要领导干部"学习习近平总书记重要讲话精神，迎接党的十九大"专题研讨班开班式上发表重要讲话　强调高举中国特色社会主义伟大旗帜为决胜全面小康社会实现中国梦而奋斗》，《人民日报》2017 年 7 月 28 日第 1 版。

② 洪大用：《关于中国环境问题和生态文明建设的新思考》，《探索与争鸣》2013 年第 10 期。

然受着传统价值观的影响，依然行进在传统的发展道路上。我们很多人对于什么是发展，如何实现发展，什么样的社会是好社会，什么样的生活是好生活，什么才叫人的全面发展等的认识，仍然受着工业文明乃至农业文明的严重影响。我们很多人仍然有着追求物质增长的强烈冲动，仍然有着严重的拜金主义倾向，仍然陶醉于对自然的征服和利用中，仍然不习惯于合作应对日益严峻的环境危机。一句话，我们很多人仍然生活在赶超型发展的阴影中。因此，我们需要持续推动价值观、发展观的创新，深入建构新的发展理念、发展价值、发展模式和发展道路。在此意义上，我们仍然需要一场深入持续有效的关于发展的再认识、再动员过程。

二是政府自身的创新。"工欲善其事，必先利其器。"在发展中国家的发展进程中，政府的作用和影响非常重要。中国社会主义现代化取得如此举世瞩目的成就，与政府的精心组织、领导和推动是密不可分的。在中国发展新阶段，在推进环境治理和生态文明建设的新征程中，政府依然要发挥重要作用。与此同时，政府也需要与时俱进，改革创新，明确新职能，重构新形象，转变工作方式与方法，更好地发挥资源配置作用，而不能简单地承袭老面孔，采用老办法，只关注传统型的命令与控制。特别是，政府应当朝着学习型政府、服务型政府、信息化政府持续努力，应当从直接从事创新活动逐步转变为激励社会、市场主体的创新活动，为社会、市场主体的创新活动提供支持、提供服务、提供引导，真正激发全社会的创新活力。为市场与社会主体主动适应生态文明建设的创新活动搭把手、指条路，长期来看，这样要比简单地利用行政权力实施关停并转等形式的直接管制效果好。

三是社会参与的创新。近年来，我国环境信息公开的程度不断提升，公众参与环境保护的实践也不断优化，这是走在正确的方向上。但是，应该说，公众参与的广度、深度和效度都还有所不足，公众参与的制度保障还不够细化实化，公众参与的主体地位还不够平等，受到的尊重还不够充分。事实上，从宏观发展战略的制定，到中观的环境政策设计和执行，再到微观的项目立项和企业生产，都应该有制度化的有效的社会参与。值得强调的是，在开展环境治理、惩处环境破坏行为的时候，我们也应更多地践行法治精神，注重依法治理；更多地倾听多方面的声音；更多地尊重各类主体应有的权利。这样，我们可以尽量把正确的事情做好、做周全，化解矛盾，消除后患。

四是民生保障的创新。"将欲取之，必先予之。"推进环境治理和生态文明建设是大势所趋，民心所向，在所必然。但是，在一些具体的情境下，当环保与温饱的矛盾交织在一起，当环境保护要牺牲百姓生计的时候，环境保护就会遭遇巨大的阻力，即便暂时排除了这种阻力，它也会周期性地再现。所以，我们一定要追求生态美、百姓富的双赢。在社会层面上，要减轻环保的阻力，赢得更多群众对于环境保护和生态文明建设的支持，我们除了要大力推动共享发展成果、迈向共同富裕之外，还要注重深入分析和准确把握人民群众对美好生活的向往，要有面向全体群众的切实可感的生计保障制度建设，减轻群众在就业、收入、住房、教育、医疗、养老等基本生活需求方面所承受的风险和压力。这就需要我们进一步保障和改善民生，着力建设与经济发展相适应的、保障全体百姓生计安全的、具有中国特色的现代社会福利制度体系。在一定意义上，这个体系的创新与完善，将会为推进环境治理和生态文明建设创造更好的社会条件和更为直接的动力。

最终，持续推动环境治理和生态文明建设，顺利打好这场持久战，要求我们高举中国特色社会主义伟大旗帜，牢固树立中国特色社会主义道路自信、理论自信、制度自信、文化自信；要求我们竭心尽力，精心组织，通过全面深化改革和创新，不断完善和发展中国特色社会主义制度，切实推进国家治理体系和治理能力现代化。在持续创新过程中，我们需要更加注重系统性、整体性、协同性。环境治理与生态文明建设所需要的创新，一定不是局部的、片面的、孤立的。大力推进生态文明建设需要全社会持续的协同有力的大合唱，绝不是一个部门、一个地区的独唱。

加快建设绿色发展体系*

习近平同志强调，要建设资源节约、环境友好的绿色发展体系，实现绿色循环低碳发展、人与自然和谐共生，牢固树立和践行绿水青山就是金山银山理念，形成人与自然和谐发展现代化建设新格局。① 绿色发展体系是现代化经济体系的重要组成部分，其核心目标是形成人与自然和谐发展现代化建设新格局。建设绿色发展体系是一项系统工程，不可能一蹴而就，需要科学、全面的制度作支撑。从实践来看，建设绿色发展体系需要完善资源环境监测体系、绿色发展决策体系、绿色产业布局体系、生态产品供给体系、生态环境治理体系、绿色技术创新体系、绿色投融资体系和绿色发展价值体系等。

当前，建设绿色发展体系需要在一些关键环节下功夫。比如，在切实加强资源环境监测体系建设、完善生态环境监管体制、建立资源环境承载能力监测预警机制的基础上，进一步加强绿色发展总体设计和组织领导，完善绿色发展决策体系，从整体上推进绿色发展。为此，必须始终坚持以人民为中心的发展思想，坚持节约资源和保护环境的基本国策，坚持走生产发展、生活富裕、生态良好的文明发展道路。我们要充分发挥社会主义制度的优越性，加强党总揽全局、协调各方的领导核心作用，强化党政同责、一岗双责，强化环保督察巡视，抓住领导干部这个"关键少数"，落实审计问责制度，切实推动在各个决策层面把绿色发展放在突出位置，融入经济社会发展各方面和全过程。

---

* 本文发表于《人民日报》，2018年4月24日。

① 参见李海涛主编《新时代中国特色社会主义发展战略》，人民出版社2019年版，第76页。

再如，继续完善制度，把资源消耗、环境损害、生态效益等指标纳入经济社会发展评价体系，也是建设绿色发展体系的重要基础。为此，要着眼于绿色发展的特色、高效、循环、互惠、环保等要求，坚定不移实施主体功能区制度，建立国土空间开发保护制度，严格按照主体功能区定位走特色发展之路；健全能源、水、土地等节约集约使用制度，完善最严格的耕地、水资源、环境等管理保护制度，以最少资源投入换取最大产出；实施循环发展引领计划，减少单位产出的物质消耗和排放，推进生产系统和生活系统循环链接；深化资源性产品价格和税费改革，建立反映市场供求和资源稀缺程度、体现生态价值和代际补偿的资源有偿使用制度和生态补偿制度，推动形成地区间、群体间、代际间公正合理、多元化的生态补偿制度，在互惠互利中实现绿色共赢。

应当强调的是，绿色发展要有可持续性，需要上下结合、内外联动，其中培育绿色发展的内生动力非常重要。为此，我们要高度重视社会价值体系建设，使全社会在绿色发展上形成思想自觉和行动自觉。应继续加强资源环境国情教育，增强危机意识、节约意识、保护意识和预防意识；积极引导树立正确的发展观、生活观，坚持以人为本、反对以物为本，倡导简约适度、绿色低碳和有助于提升个人素养的生活方式，抵制奢侈浪费和不合理消费，鼓励着眼长远的人力资本投资；加强生态文明理念教育，使全社会尊重自然、顺应自然、保护自然，深刻认识到绿水青山就是金山银山、保护生态环境就是保护生产力、改善生态环境就是发展生产力，从而像保护眼睛一样保护生态环境。

还应认识到，创新是推动绿色发展的直接动力，必须大力加强支撑绿色发展的创新体系建设。这里的创新是全方位、多层次、多类型、系统性的，既包括宏观和中观层面的创新活动，也包括微观层面的创新活动；既包括以企业为主体、市场为导向、产学研深度融合的可以带动新产品新工艺新业态新行业发展的绿色技术创新，也包括充分发挥市场作用、更好发挥政府作用以提高资源配置效率为重点的体制机制创新，还包括理论创新、文化创新和价值观念创新等多方面创新。特别需要强调的是，要着力创新绿色发展的投融资体系，壮大绿色金融，全方位多渠道地为绿色发展的各个方面提供有效的资金支持。

【教育教学】

建设一流大学需要科学的评估体系*

我很荣幸能够在学校庆祝教师节大会上作为教师代表发言。首先请允许我作为一个人大培养的学生向在座的各位前辈、各位老师致以诚挚的问候，祝各位老师身体健康、心情愉快、事业发达！

18年前，在第一个教师节前夕，我作为一名学生来到人民大学学习。我为能够进入人民大学感到自豪，为能够在人大学到真东西感到充实。18年来，能够在人大不断成长，首先归功于许许多多直接或间接教导我的老师们！

客观地说，在80年代，作为人大的学生是非常骄傲的，能够考入人大的学生，一样可以上其他著名高校。进入90年代，在整个大环境的作用下，由于不尽合理的教育资源分配机制，人民大学在发展过程中有些失速，相对来说，发展速度慢于其他兄弟院校。作为人大培养的学生，作为在人大工作的教师，曾经一度非常迷茫，甚至感觉有些委屈。

进入21世纪，母校又出现了迅猛发展的势头。在校园规划和建设、学科规划和建设方面已经取得一些重要成就，并且展现出一幅很美好的发展前景。这种巨大变化归功于整个国家的发展，归功于中央领导的重视，归功于学校领导的精心谋划，更归功于广大教职员工的辛勤工作。

如果说21世纪的头20年对整个国家来说是一个重要的战略机遇期，那么，也可以说这个20年对于人大而言，也是一个重要的战略机遇期。在此期间，如果全校上下紧密团结，抓住机遇，精心谋划，努力工作，共谋发展，我们将朝着世界知名的一流大学快步迈进，一个美好

---

* 2003年9月10日，中国人民大学召开庆祝教师节大会，本人作为受表彰教师代表被安排发言，本文是发言稿，题目为收录本书时所加，未正式发表。

的明天是可以期待的。

建设世界知名的一流大学，有很多方面的工作需要做。但是，学科优势是学校发展的核心竞争力之所在。我们需要根据高等教育发展的规律，根据中国社会经济发展的实际需要，结合人大的特色，合理布局学科点，重点发展优势学科，需要完善学科发展的平台，更需要着力培养全面发展的学科带头人。

要建设和保持学科优势，就必须加强制度建设，而制度建设的一个方面就是建立有效的考核和评估机制。我们深知，在整个大环境并不很好，在整个学术发表、出版、评估机制并不完善的情况下，在一个学校内部建立非常合理的评估机制是很困难的。但是，评估和考核本身是必需的。任何部门、任何单位实际上都存在某种评估和考核机制。合理的评估和考核是达成组织目标的重要手段。

为了推进学科发展，促进学术繁荣，激励产出成果，学校建立了科研考核的制度。这次科研考核在各个单位、各个层面都产生了巨大反响，应该说整体方向是对的，达到的效果也比较明显。但是，目前的考核机制也还存在一些不足，仍需要进一步完善。

在我个人看来，在建设和完善考核、评估制度时，必须充分意识到以下几点：

第一，考核与自觉同样重要。考核是一种外部约束，是一种常规管理机制，但是，单纯考核也可能导致低水平的应对，不利于达成考核的真正目标。加强校园文化建设和师德建设，激发教师爱岗敬业的责任感和内在的创造性，也是非常重要的。须知在以前没有严格的考核的情况下，人大也诞生了许多知名教授。在看似严格的考核制度下，也许不一定能考核出名家与大师。

第二，分类考核与综合考核同样重要。按照同样的数量标准对所有学科、所有人进行考核固然有合理性，但是注意到不同学科的实际情况，注意到不同教师的特长所在，也是非常重要的。

第三，数量考核与质量考核同样重要。根据一般的考核规则，数量自然重要，但是对于学术成果，强调质量同样重要，甚至是更重要。在今后的考核中，应当引进同行评议等机制，注重对学术能力和成果质量的考核。

第四，科研考核与教学考核同样重要。大学在根本上是培养人的地方，科研与教学应当处于同等重要的地位。要建设世界知名的一流大学，不仅要出高水平的科研成果，而且要培养优秀的人才，一个重要的连通机制就是促进科研成果向教学的转化。今后对于教学的考核也应当更加完善、更加合理。

第五，教学项目与专业项目同样重要。对教学问题进行研究是教师的应尽之责，承担教学研究项目，应该与承担专业研究项目受到同等重视。

第六，针对个人的考核与加强学术团队建设同样重要。应该注意到以个人为对象的考核，存在着瓦解团队合作的可能。在学术研究中，团队合作是非常重要的。如何既加强团队建设，又能使人才脱颖而出，这是需要深入研究并慎重考虑的问题。

我还想说，任何评估机制都有一个评估结果。我在这里首先是作为一名教师发言，而不是作为受表彰者发言。

以上只是我个人的一点看法，不足之处请大家批评指正。预祝大家中秋佳节，阖家欢乐！

由密歇根大学的教学体验看一流人才培养[*]

笔者于2006年2月至8月第二次赴美国密歇根大学访问交流，相比6年前的短暂停留，这次时间较长，对该校的接触、了解也更多一些，各方面的感受也更深一些。尤其是还特意旁听了两门课程，对其教学过程颇有感触。从切身经验出发，笔者认为密歇根大学的教学对国内高校深化教学改革、创建一流大学、培养一流人才颇有借鉴之处。

一流大学要培养一流人才

密歇根大学建于1817年。据我了解，密歇根大学虽然不像哈佛大学、牛津大学那样有名，但也在一流大学的行列之中。早在1891年，密歇根大学就有2000多名学生，是当时美国最大并且世界知名的大学。今天，密歇根大学仍享有"美国公立大学典范"的盛誉，并与加州大学伯克利分校、伊利诺伊大学香槟分校一起被称为"美国公立大学三巨头"。

根据《美国新闻与世界报道》对2005年度美国研究型大学的排名，虽然密歇根大学名列第25名，但是挤入前20名的大学几乎都是私立大学。如果看看专业排名，密歇根大学的健康服务管理、社会工作等都是全美第一的。护理、生育护理、公共卫生、社会学等都排进前5名，还

---

[*] 本文为2006年8月自美国密歇根大学访问进修回国后向学校提交的简短心得，最初被发表在《中国人民大学校报》上，后来被《中国高等教育》杂志编辑注意到，又邀请扩展篇幅，发表在该刊2007年第12期。原文题目是《深化教学过程改革，注重学习能力培养——在一流大学体验教学过程》，发表在《中国高等教育》杂志时编辑调整为该标题。

有医药研究、法学、工程、公共政策、商学、教育等，也都排进了前10名。

美国的大学和专业排名虽然也要看其办学理念、师资储备、教学科研、学生素质、资金状况和基础设施等许多方面，但是，衡量大学和专业水平的核心指标乃是能否产出高质量的研究成果和高素质的毕业生。因为，师资储备、资金状况、基础设施等都可以看作投入指标，没有投入自然没有产出，这些指标对培养人才和科学研究等产出有着重要影响，但是，它们又并不必然地产出高质量的人才和科研成果，所以，仅仅依据这些指标本身，是无法判定大学或专业水平的。如此看来，那些简单依据这些指标所搞的大学排名就是没有太大意义的，那些过分注重这些指标来创办一流大学的努力也难以直接达到真正的目标。大学或专业的水平，最终还是要看其产出了什么。除了高质量的科研成果外，能否培养出社会承认的杰出的一流人才，可以说是衡量一所大学水平及其社会影响的关键指标。密歇根大学能够跻身世界一流大学之列，与其毕业生的优秀表现有着很大关系。美国前总统福特就是密歇根大学引以为豪的杰出毕业生之一。

从另一方面讲，大学能否培养出一流人才，实际上要看大学的办学理念和办学过程，要看大学对于各种教育资源的合理配置和使用。换句话说，如果一所大学能够培养出一流人才，那么，它的办学理念、办学过程以及对于各种资源的配置和使用肯定就具有成功和独到之处。因此，评估大学的人才产出实际上也就包含了对大学办学过程的评估，重视人才产出的评估实际上也就是重视大学办学能力的评估。显然，这种能力并不简单地等同于大学所拥有的静态资源，而是一种在先进理念指导下统筹资源的能力。正是这种能力的高低，决定了大学命运的盛衰。只有那些有着优秀产出，特别是能够培养出一流人才的大学，才能跻身一流大学。创建一流大学，必须高度重视一流人才的培养。

一流人才培养的关键在于学习能力的培养

一流人才的标准是什么？是掌握知识多的人吗？是取得杰出成就的人吗？我们对此的回答可以说"是"，也可以说"不是"。准确地讲，大学所培养的一流人才应该是具有非凡学习能力和创造能力的人，正是这样的人，才有可能取得杰出的成就，值得社会的承认和尊敬。因此，大学培养一流人才的关键是注重学生学习能力和创造能力的培养。密歇根大学的教师在教学过程中，非常注意培养学生学习的自主性和创造性。换句话说，学生的自我学习、自我创造在教学过程中占有十分重要的地位。

在我所旁听的一门课程即将结束时，任课教师发给每个学生的一份自我评估表给我留下了深刻印象。这份评估表要求学生给自己的课堂参与状况打分，这个分数将是评定学生学习成绩的重要依据。评估的具体内容则包括5个方面：第一，学生对该课程是不是有备而来，比如说是否阅读了教师指定的参考文献，是否思考了这些文献，是否能把阅读的收获整合进专业学习和课程学习中；第二，学生是否经常地、建设性地参加各种课堂讨论，并熟悉与讨论相关的材料，这里学生参与的质量尤其关键；第三，学生是否积极、主动地参与现场学习和模拟实践，并把这些教学环节与整个课程学习结合起来；第四，学生是否认真、耐心地听取其他同学的评论和质疑，并虚心向其学习；第五，学生是否觉得自己为实现课程的整体目标作出了积极的贡献。

我之所以对这份评估表有着深刻印象，是因为它的确可以说是考核学生学习效果的一种新颖方式。其新颖之处在于：让学生自己评估自己，而不是单靠教师评定，这样不仅可以减少教师与学生之间的不必要争议，而且事实上也考核了学生的诚信程度，是培养优秀学生的一个方面，体现了教书育人的理念；这种考核是督促学生自主学习、创造性学习的一种方式，体现了在教学过程中对学生参与和自我学习的高度重视。学生们在这种考核标准的压力下，不得不为课程认真准备。

事实上，在密歇根大学，很多教师授课时都很注意督促学生主动参与、自我学习。教师上课时，一般不会限定一本教材，而是会给学生一个简单的教学大纲，内容包括课程设置的依据、课程的目标、课程大致内容、参考文献、考核方法，等等。同时，学校有专门机构搜集、汇编教师开列的参考文献，并出售给学生。这些文献是学生在课程学习过程中必读的，其阅读量之大是国内很多大学的学生都不能想象的。这些文献不仅要读，而且要读懂，要有读后的感受，否则在课堂发言时教师一下子就能看出来，并因此影响到学生的学习成绩。在整个课程教学过程中，教师更多的只是充当领航员和监督者的角色，教师的主要工作是在掌握学生自我学习情况的基础上真正的释疑解惑，而不是按照教材或者自己的理解灌输所有的课程内容。为了督促学生自主学习，在教学环节的设计上，任课教师都很重视安排很多课堂发言和讨论，鼓励学生组成学习小组，并认真组织学生现场学习和模拟实践等。在课程结束考核时，学生在这些教学环节上的表现都是决定其学习成绩的重要因素。

当然，强调和促进学生自主学习，并不仅仅是靠具有强制性和消极性的学习考核。事实上，学校为了促进学生的自主学习，也努力创造各种条件，营造自我学习的氛围。首先，学校不会强制学生学习某个专业，学生所学专业是自己选择的结果，无论是其满意的选择还是不满意的选择，终归是自主选择。这样，学生在进入专业学习时就不会存在巨大的逆反心理。其次，学校提供了极为方便的图书资料检索系统。密歇根大学图书馆的收藏是非常丰富的，尤其是管理系统运转很好，电子收藏很多。这样，学生获取相关的研究信息和资料就非常方便，而不至于求索无门。再次，学校与社会是密切相连的，走的是开放办学的道路，而不是关门办学，学校与所在社区之间有着各种密切的联系，这种联系为学生走出课堂，走向实践提供了方便。在一些应用性很强的专业，比如说社会工作专业，学校还配备专门的实习指导人员，并为学生顺利完成实习创造各种有利条件。最后，整个校园文化是鼓励学生的独立性、自主性、批判性和创造性的，倡导学生与老师之间的平等沟通，而不是一味地强调师道尊严，把学生定位成被动的、依赖性角色。

创建一流大学要进一步深化教学过程改革

目前，建设"世界一流，人民满意"的大学已经成为国内一些高校的重要目标，这一目标是与我国正在崛起的大国地位相称的，也是中华民族伟大复兴的一个重要组成部分。

在创建一流大学的过程中，必要的有形资源投入和"硬件"建设是非常重要的，特别是相对我国教育投入长期不足、很多学校教育基础设施非常落后的情况而言，加大有形资源投入更显重要。但是，在实际工作中，我们也注意到有些大学过分看重各种静态教育资源的占有，而有关的各种不合理的大学评估与排名又进一步强化了这种占有的冲动。相比之下，在看不见的"软件"与过程方面，很多大学所下的功夫还明显不足。换句话说，有些大学走的是外延扩张式的创建一流之路，忽视了内涵提高之路，也就是注重内部机制改革和核心竞争力培育的路径。要真正创建一流大学，最终必须重视这后一条路径，尤其是要注重产出能力的提高。由此而言，上述密歇根大学的经验至少为我们深化教学过程改革、培养杰出人才提供了参照。

反观国内一些大学的教学，虽然在教学改革中不断得到优化，取得进步，但是，也还确实存在着以教为主，忽视教学互动、忽视培养学生自主性和创造性的一面。大体上讲，指定教材—按教材讲授—布置期中作业或考试—安排期末考试，这是很多教师组织教学过程的一般模式。再做仔细一点，一些教师可能增加一些案例教学和课堂讨论的环节。但是，这种教学模式总体上仍然是以教为主，重在传授知识。而学生在教学过程的主动参与、学生课堂学习与社会实践感受的联系、学生自主学习和组织知识、学生对于改进课程的贡献等方面还是没有受到应有的重视。在这种教学模式下，学生确实有可能完整地掌握一门课程的知识，但是在运用知识，特别是创造新知识方面的能力就得不到强化；学生有可能在考试中获得高分，但是在自主创造方面却表现出低能；学生有可能在理解问题方面能力很强，但是在发现问题和解决问题方面的能力很弱；学生可能复制课程内容，但是并不能增进课程内容。很明显，这样的教学模式不仅很难培养出适应社会需要并且能够创造杰出成就的一流人才，而且也很难通过教学相长来改进教学自身，以致一些教师的授课内容长期重复，毫无新意。

以上教学过程之缺陷的存在，固然在一定程度上与一些教师个人的因素有关，比如说教师精力投入不足，为怕麻烦图省事，为降风险重传统，不愿探索、创新，等等，但是，很多客观存在的其他因素也确实对教师改革教学过程施加了限制。比如说，第一，目前很多学校的师生比偏高，导致老师常常是大班授课，班级人数过多是很难开展有效的课堂讨论的；第二，一些学生的所学专业并非出于自愿选择，而是调剂的结果，学生对于专业的认同度不高，自主学习的积极性很难调动；第三，很多学校对于学生的社会实践没有给予充分的重视，在拓展学校与社会之间的联系、教学与实践之间的联系方面，所投入的人力和资源非常有限，导致教学过程只能局限于课堂教学；第四，一些学校过分看重规范化教材在指导学生学习方面的作用，而忽视了教材自身所具有的缺陷，强化了教师和学生以教材为本的倾向。事实上，规范化的教材不仅存在着内容更新慢的局限，更重要的是，教材是经过加工的，在学生与原始文献之间架起桥梁的同时，也在学生与原始文献之间创造了距离，而这种距离是有很大负面作用的。以教材为本在某种程度上不如让学生直接阅读有关的原始文献；第五，从基础教育就开始的"应试教育"导向，限制大学生的素质。一些学校的大学生既无自主学习、参与讨论的习惯，也缺乏这方面的能力，从而导致一些老师想改革教学过程，却得不到学生的有效回应。

以上教育过程的缺陷乃是与整个教育的观念以及相关的制度安排还没有充分转变有关的。传统的教育非常强调教学过程中的知识传授，这在一定条件下是有其合理性的。其合理性的三个最重要的前提是：所传授的知识是无争议的、所传授的知识是适应社会需要的、社会不鼓励创造与变革。换句话说，在一个没有或不鼓励变迁的社会中，强调单纯知识传授的教育观念与制度安排具有很强的合理性。但是，我们今天所处的社会是一个快速变迁并且鼓励创新的社会，知识更新速度也大大加快，社会需要的是有自主性和创造性的人才，因此，传统的教育观念与相关的制度安排明显落伍。新的教育观念应当更加突出学生学习的主体性，更加强调师生之间的平等沟通与交流，更加强调教育过程中的知识创造，更加强调学生自主学习能力和创造能力的培养。只有善于学习、善于创新的学生，才是真正优秀的学生，才是社会真正需要的人才，才是能够作出杰出成就的人，因此也才是一流大学培养学生所应确立的重要目标。

为此，我们在创建一流大学的过程中，有必要借鉴国际上一流大学的经验，更多地加强大学的各种"软件"建设，致力于推动教育观念与制度安排的转变，尤其是要深化教学过程改革，加强人才培养能力建设。这里，一方面需要学校围绕教学过程改革创造更为方便的条件，提供更为优质的服务以及更为合理的制度安排，另一方面也需要广大教师的大力支持和积极行动，需要学生的正面理解和积极参与，需要整个教育系统乃至全社会的协同努力。

主体教育与全面发展——创造通识教育的"人大模式"[*]

20世纪90年代以来,因应社会需求变化、高等教育改革和大学生文化素质教育的推进,通识教育成为我国高等教育改革与发展中的一个热点问题,无论是理论研究,还是教育实践都十分活跃。

中国人民大学是一所以人文社会科学为主的综合性大学。在长期的人才培养实践中,学校非常注重以人为本,体现通识教育理念,完善课程建设,着眼于提高学生的综合素质、促进学生全面发展,初步形成了具有我校特色的通识教育模式。

我们认为,从本质上讲,通识教育是一种教育理念,一种教学方法,一种制度安排,一种人才培养模式,而不是一类课程,不是某种特殊能力的培养。通识教育的精义和价值在于以人为本,激发人的主体性,培育人的创造性,促进知识的整合。通识教育之"通",取的不是其"广博"之义,而是其"融会贯通"的"通达"之义,这种"通达"是增进人之创造性和主体性的重要前提和途径。

通识教育的贯彻有赖于学校与社会、学校各部门、学校与学院、教师与学生的有效互动与协调;通识教育的内容既指贯通古今中外、融会科技人文,又包含了知行合一、理论联系实际;通识教育的落实实际上贯穿于人才培养的各个环节、各个阶段,既涉及培养目标、课程体系、

---

[*] 本文是与同事张晓京、刘东风同志合作,对人大通识教育所做的总结、思考和前瞻,我曾在复旦大学2008年举办的通识教育论坛上做过同主题演讲。本文曾被收入熊思东等主编的《通识教育与大学:中国的探索》(科学出版社2010年版)。后来,我还提出"重根、求理、力行、有我"等通识教育理念,并在中国人民大学积极探索实践。

实践环节、管理制度等，又贯穿于学生全部在学期间乃至完成学业之后；此外，通识教育的最终目标是要养成学生的主体性和创造性，而不是简单的多种知识的灌输。就此而言，我们所理解的通识教育实际上是一项"全方位、立体化、全过程、重自主"的人才培养系统工程，其核心是加强学生主体教育，促进学生全面发展。

基于以上对于通识教育的理解，我们在推进通识教育的实践中有以下一些主要做法和体会，特提出与大家交流。

首先，确立"国民表率、社会栋梁"的人才培养目标，着力塑造学生的创新人格，强化对学生的主体教育。

我们认为，通识教育的重要目标是通过教育理念的创新以及教育内容、教育方式的变革，更好地培育学生的主体意识，增进学生对于自我、社会和整个世界的适切理解，达致身心和谐，养成自觉永续的创造性。

纽曼在《大学的理念》中说，大学是训练和培养人的智慧的机构，大学讲授的知识不应该是对具体事实的获得或实际操作技能的发展，而是一种状态或理性（心灵）的训练[1]。大学是一个心灵状态的训练所。但是，随着工业化的兴起，传统的大学理念受到严峻的挑战。现代大学日益挣脱"高门危墙"，从昔日的"象牙塔"转变为"社会的服务站"，工具理性与实用主义占据上峰。人们越来越倾向于把接受高等教育视为一种"人力投资"，把大学视为"知识工厂"，旨在训练社会各个行业的"人力"，以区别于畜力与机械力。对此，芝加哥大学前校长赫钦斯提出了严肃的批评。他认为，大学教育之目的不在训练"人力"（manpower），而在培育"人之主体性"（manhood）[2]。正是这种对主体教育的弘扬和回归推动着一批教育家投身于通识教育的实践，为守护传统的大学精神而努力。

主体教育的价值在于赋予学生超越自在阶段，走向自为阶段的能力，引导其以开放的精神、创新的视角、全局的观念对待整个世界，能够自觉摒弃狭隘的视野，不跟风，不逢迎，不媚俗，不浮躁；不唯上、

---

[1] ［英］约翰·亨利·纽曼：《大学的理想》，徐辉、顾建新、何曙荣译，浙江教育出版社2001年版。

[2] 金耀基：《大学之理念》，生活·读书·新知三联书店2001年版，第15页。

不唯书、不迷信权威；不急功近利、不随波逐流，有独立的判断，能够自主地选择生活方式，并能够做到"诗意地栖居"。

我们认为，适当的人才培养目标是激发学生这种主体意识的关键因素。在70多年的办学历程中，我校形成了一个鲜明的办学特色，就是始终培养人民共和国高水平的优秀建设者和社会各行各业、各个层面的领袖人才。在新世纪，我们进一步强化了这样的办学特色和人才培养定位，秉承毛泽东同志对人民大学的前身陕北公学"始终站在时代的前列"的深情勉励，提出了"国民表率、社会栋梁"的人才培养目标。我们以此激励学生的主体意识，指导我们的教学设计和教学过程。

概括地说，所谓"国民表率"，就是要求大学生具有正确的道德认识、真挚的道德情感、坚强的道德意志、良好的道德习惯。这样的人应具有大局意识、担纲意识、参与意识、时代意识以及自觉的学习创造意识；这样的人应讲诚信、善合作、肯奉献；这样的人对于国家民族的振兴应具有强烈的使命感、责任感，能够自觉地规范自身的行为，养成乐学、勤学、善学的良好习惯；同时，作为人民大学的学生，我们还要强调培养他们热爱人民、心系大众、放眼世界的立场，以及忠诚、勤勉、朴实、友爱的品质。而"社会栋梁"，则体现了我们对毕业生知识技能的期望，就是要求大学生必须具备扎实的知识基础和专业技能，当学生毕业走向社会时，不仅能够成为"合格的公民"，而且成为有创新思维、创新精神和创新能力的不同行业的骨干，在全面构建社会主义和谐社会中做出卓越的贡献。

为使教学设计体现"国民表率、社会栋梁"的人才培养目标，我们始终坚持以马克思主义理论武装学生，既重视专业素质的培养，又重视思想道德素质的提高；既注重科学知识的传承，又注重人文精神的培育；既强调心智的启迪，又强调身体的康健；既强调中国国情的教育，又培养学生具有广阔的国际视野。我校还对学生提出了"明德博学、求是笃行"的学业水准和学术要求，努力把学生塑造成为身心、德识、知能、思行等方面协调发展，具有和谐健康人格的创新人才，成为中华民族传统美德的自觉传承者，成为社会主义现代化建设的积极实践者。

我们深知，适当的教学方式对于培育学生的主体意识同样非常重要。在此方面，我们大力推进研究性教学和实践性教学。在研究性教学方面，我们着重推进由灌输式教学向启发式教学转变、由学习教材向阅读元典转变、由被动学习向主动学习转变，充分重视教学大纲的指导作用和对学生阅读经典文献的考核，充分重视教学过程中的学生主体性，鼓励学习主动思考、自我学习。为此，我们正在积极推进本科核心课程必读文献制度建设。在实践性教学方面，我们认为加强实践教育是培育学生主体性的重要方式。我们鼓励学生读千卷书，行万里路，在学生培养计划中增加了实践教育的学时，着重建设长期性的教学实践基地，并鼓励学生通过多种途径参与各种社会实践，以促进学生理论与实践相结合，在社会实践中自主检验课堂学习效果，在社会实践中自主发现新知识，在社会实践中锤炼自己的品格与意志，在社会实践中体验社会、了解社会、感悟人生，塑造完善的自我。

我们认为，主体教育的灵魂是塑造学生的创新性人格。所谓创新性人格是指人的非智力因素的有机结合和高度发展，是创新型人才表现出的整体精神面貌。因此，没有创新性人格，人的创新活动将陷入困境，或者是昙花一现，无疾而终。在着重主体教育的通识教育实践中，注重学生创新人格的养成尤为重要。

塑造学生的创新性人格，第一，要重视培养学生高度的社会责任感和追求真理、献身科学的品质。崇尚科学、热爱真理、富有社会责任感，是创新的根本动力，并决定了创新的目的与方向，是创新性人才成长的动力、目标与价值导向。这就要求学生要勇于探索、敢为天下先、敢于坚持、执著追求。当然，这种对真理的坚持，绝不是固执己见，而是充分尊重不同观点，兼容并蓄，从不同观点中汲取营养，有容乃大。

第二，塑造创新性人格就是培养学生关注现实、关注前沿的学术品格。学习与研究要深入学术领域，站在学科前沿，体验实践呼唤，感知时代脉搏，要面向社会、面向世界、面向未来，要在丰富多彩的社会实践中发现问题，寻找有价值、有意义的课题与项目。这就需要我们培养的学生具有敏锐的问题眼光。马克思曾指出，对一个时代来说，"主要的困难不是答案，而是问题"，"问题是公开的、无畏的，左右一切个人的时代的声音。问题是时代的口号，是它表现自己精神状态的最实际的呼声"[①]。发现问题和解决问题的过程是我们把握时代脉搏，认识事物规律的过程。没有问题意识，就不可能发现问题和提出问题；不善于

---

① 《马克思恩格斯全集》第 40 卷，人民出版社 1982 年版，第 289—290 页。

发现问题和提出问题就不可能有实质性的创新。

第三，塑造创新性人格要求培养学生严谨勤奋的学风和对学术研究的自觉兴趣。创新性离不开人的主观努力，亦即人的主观能动性。高尔基曾经指出，才能不是别的什么东西，而是对事业的热爱。当学生迷恋学习与研究时，就为创新性的发展提供了巨大的动力。坚强的意志对于创新性的发展也有重要意义。一些人的成功往往不是因为他们有高于常人的天分，而是他们具有坚强的意志。华罗庚根据自己的成长经历，曾经指出所谓天才就是坚持不懈努力的人。创新还需要力戒急功近利、急于求成的浮躁心态和方法，要甘于寂寞。马克思曾把理论研究比之于"入地狱"，说："在科学的入口处，正像在地狱的入口处一样。"[①] 中国历史学家范文澜也说过："板凳须坐十年冷，文章不写一句空。"要勤奋为本，严谨为先，身体力行，一以贯之。

第四，塑造创新性人格也要注意培养学生善于与他人团结合作的协作精神。随着时代的进步和科技的发展，人们所掌握的知识越分越细致，个人不可能知晓一切，而现实问题又都是复杂的，需要有跨学科、跨专业的综合视角。因此，只有团结协作，才能避免因个人知识和能力的不足所造成的局限性；只有集思广益，众志成城，才能有所突破，有所创新。

其次，在扎实的专业教育的基础上，促进专业教育与通识教育的互补，着力营造促进学生全面发展的教育氛围。

在通识教育实践中，有人把通识教育与专业教育简单对立起来，这种观点是不妥当的。我们认为，在现代教育发展过程中，专业教育的迅速发展有其自身的必然性和合理性；但是，专业教育发展到今天，其固有的一些局限性暴露得也非常明显。在此背景下强调发展通识教育，不应是对专业教育的简单否定，而应该是促进专业教育与通识教育的良性互补、有机整合、融会贯通。

我们认为在通识教育实践中培养创新性人才，需要强化系统的专业训练。所谓术业有专攻，是指学生应该尽可能多地掌握本专业领域的理论、方法、知识和信息。从高等教育发展史上看，学科的分化和专业化大大促进了知识体系的深化和丰富，在某种程度上保证了学科发展的效

[①] 《马克思恩格斯文集》第2卷，人民出版社2009年版，第594页。

率和思想上的创造性。在知识体系和学科体系日趋细化的今天，如果不进行某一学科的系统的专业训练，不系统地掌握一门学科的基础知识和分析方法，不深入了解前辈学者在本学科领域所做的贡献和同行们所研究的前沿和方向，就很难有所创新。创新并不是空中楼阁，而是需要夯实基础，系统的专业训练就是打基础的工作。

我们在推进通识教育的过程中非常注重做好做强专业教育。为此，我们首先强调要明确专业教育的定位。我们遵循教育规律和人才成长规律，将掌握基本知识、基本理论和基本技能的"三个基本"作为本科专业教育的主要目标。为了推进以"三个基本"为核心内容的专业教育，我们非常注意加强专业主干课程建设和精品课程建设，精心组织策划系列教材，严格要求高水平教师给本科生上课，采取多种方式推动教学方式和考核方式改革。我校法学院、新闻学院、商学院等学院通过本科教学改革立项，探索建立了情景模拟、诊所式教学、仿真实践、模型构建、咨询演示等创新性的教学方式。劳动人事学院等单位积极探索课程教学改革，坚持多学科视角、多层次设计、精细化导向，形成了以知识为基础、以技能为导向、以能力为根本的课程教学体系架构。经济学院、财政金融学院等单位则积极探索复合型人才培养模式，建立了"经济学—数学实验班"和"中美金融学高级实验班"，尝试培养复合型优秀人才。这些改革都已取得了初步的显著成效。

但是，我们今天要做好做强专业教育，决不能仅仅从单一学科的范围内去理解，除了学习本学科的知识外，专业训练的另一层含义是要注重学科交叉结合，培养学生较宽的视野和多方面认识问题、解决问题的能力。以社会科学为例，比如政治学将研究范围扩展到国家、政府、政党，把原来属于社会学视野中的非正式组织纳入到本学科研究的范围；当代经济学家则用经济学的假设、理论和方法来研究传统的国家、政府、阶层、利益团体及权利等政治学主题。这些以问题为核心的研究课题，需要的是不同学科之间理论基础、研究方法和研究工具的相互借鉴和渗透，这一趋势打破了专业壁垒，加强了学科之间的交流，拓展了研究主题及研究范围，形成了大量交叉性、综合性、边缘性的新的研究领域。

由此，我们在加强专业教育方面就要高度重视重构基础、反映前沿、交叉融合，将学科专业设置综合化，努力打破课程界限，开设跨学科、跨专业的课程，按知识、能力、素质协调发展的要求来重新设计与当代科技、经济、社会发展相适应的教学计划和课程体系，以使大学真正成为培养和创造创新性人才的摇篮。我校在长期实践中已经逐步形成了加强专业教育的基本模式，即"宽口径、厚基础、重素质、多选择"的本科人才培养模式。

鉴于专业教育自身的局限，我们在加强专业教育的同时，逐步深化通识教育改革，努力促进专业教育与通识教育的互补，促成学生的全面发展。在此方面，我们的初步做法是不断改善和加强共同课建设，强化共同课的通识教育导向，提高公共课的教学质量。

一段时间以来，由于教育理念的偏差及其他原因，在过分强调细化的专业教育的同时，我校的一些共同课程在某种程度上逐渐被削弱，甚至只是特指一些技能性、工具性的课程，其向学生提供广阔知识视野和发展潜力的教育意义被忽视了。

最近几年，我校从加强通识教育的高度重新审视我们的办学理念和课程设计，大大强化了本科共同课程。我们从人民大学的实际情况出发，将本科课程分为三大模块，即全校共同课、部类共同课和学科专业课。全校共同课分为思想政治、通用素质、身心健康、人文艺术、自然科学、社会科学等几个部分，旨在打好学生的知识基础，形成初步的认识能力。与此同时，我们将本科专业划分为五大部类，即：人文艺术、经济学科、管理学科、法政学科和理工学科等，要求每个部类的所属学院提供部分通用性较强的基础课程，作为本部类平台的共同基础课程，并供其他部类学生选修。这样做的基本目的就是要进一步拓展学生的专业基础，增进学科和知识的融通与互补，形成跨学科学习和研究的能力。

我们深知，改进和加强课程建设虽是促进学生全面发展的重要途径，但是，学生的全面发展也离不开学校的教育氛围，特别是文理渗透、相互交融的综合性大学的育人氛围。为了促进学生的全面发展，本质上要求大学，尤其是研究型大学必须要高度重视文理基础学科建设。从世界著名大学来看，一流的大学可以没有法学院、医学院、工学院，但一般都有理学院、人文学院及社会科学学院，也即高水平的基础学科（包括理科和文科），并以其为核心形成与高水平应用学科共生的学术生态环境。之所以强调建设高水平基础学科的重要性，是因为一所大学基础学科和基础研究的水平，反映了其对重大科研项目的发展趋势及其技术路线的判断和选择能力，决定了其人才培养和科学研究的水平。一所大学如果没有这样的学术环境和学术底蕴，即使囊括了大部分应用学科门类的大部分专业，也难以成为真正意义上的一流的综合性大学，难以形成有利于学生全面发展的育人氛围。

正是基于这样的认识，我校近年来在学科专业布局上主要做了两件大事，即在"主干的文科，精干的理工科"的原则指导下，努力发展理工类学科和交叉渗透学科，突出体现在理学院的建立和理工学科的整合；在加强人文学科的基础上，探索文科基础学科人才的新模式，突出体现在国学院的建立。

我校适当发展必要的理工学科决不是装点门面、赶时髦，其深远意义在于要在大学里形成文理渗透的学术氛围、育人环境、思维方式，使我们的学科发展水平包括人文社会学科的发展水平更能适应时代的需要，使我们的校风、学风中渗入理工科思维，使我们学生得到更加完整的教育，把人文素养和科学精神结合起来，实现文理交融、中西合璧、贯通古今，达成自身的全面发展。

再次，在通识教育的操作层面，注意以通识教育核心课程建设为抓手，致力于创造教与学的新境界。

为了进一步深化通识教育改革，我校在2007年成立了"中国人民大学通识教育委员会"，召开了两次全校通识教育工作会议，组织了对兄弟院校通识教育情况的考察，在各学院开展了教学理念大讨论，召开了各种规模、各种类型的座谈会，深入研究通识教育课程体系建设。我们认为，尽管通识教育是一项"全方位、立体化、全过程、重自主"的人才培养系统工程，但是通识课程建设是一个重要抓手，而且重视课程体系的优化是我校长期以来形成的突出优势，积累了一定的经验，有着比较好的基础，便于形成通识教育的突破点。

在广泛研讨和征求意见的基础上，我校已经初步形成了与新时期通识教育相适应的本科课程体系，并集中体现在2007级以来的本科教学方案中。新的方案注重建设了一批以全校共同课和部类共同课为形式、以元典课和素质课为内容、适应人民大学本科人才培养目标和人才培养需要、深受广大师生欢迎的通识教育课程。

在面向全校学生的学科通识课方面，除了长期开设的各类选修课程外，我们又确定了人文艺术、自然科学和社会科学三类共 50 门通识课程。其中，人文艺术通识课程 30 门，包括国学基础、中国古代经典选读（《诗经》《论语》《老子》《孟子》《庄子》《孙子兵法》《文心雕龙》《古文观止》《资治通鉴》《贞观政要》）、哲学导论、中国哲学智慧、西方哲学智慧、人生哲学、逻辑与批判性思维、科学技术与社会、中国古代文学（中国古代诗词、中国古代小说）、中国现代文学（中国现代诗歌、中国现代小说）、莎士比亚作品研读、中国古代史纲要、世界文明史、考古发现与探索、中国历史环境变迁、中外美术鉴赏、中外音乐鉴赏、舞蹈艺术修养、音乐基础等；自然科学通识课程 7 门，包括信息与社会、人工智能、物理与科技发展、化学与人类、环境与可持续发展、生态与环境、生命科学与健康等；社会科学通识课程 13 门，包括法学概论、人口概论、中国政府与政治、马克思主义政治经济学、经济学基础、西方经济学、风险管理、"三农"问题、统计学基础、管理学基础、公共管理学基础、职业生涯设计、社会调查方法等。

在面向相关学科学生的部类共同课方面，我们划分了人文艺术学科、经济学科、管理学科、法政学科、理工学科 5 大部类，确定建设 46 门部类共同课。其中，人文艺术学科 12 门，包括中国文学理论史、西方文艺理论史、中国古代史、世界近代史、中国哲学史、西方哲学史、国学通论、论语研读、世界文学、外国语言学、外国美术史、艺术概论；经济学科 7 门，包括财政学、货币银行学、宏观经济学原理、微观经济学原理、农业经济学、发展经济学、统计学；管理学科 10 门，包括管理学原理、组织行为学、人力资源管理、社会保障学、公共管理学、公共政策、人口管理、信息与管理、可持续发展理论与实践、环境保护与管理；法政学科 10 门，包括宪法学、法理学、社会学概论、社会研究方法、政治学概论、当代中国外交概论、新闻理论、传播理论、政党学概论、中国民主党派史；理工学科 7 门，包括电工与电路、程序设计导论、大学物理、大学物理实验、普通化学、普通化学实验、环境学基础。

在以上通识课程建设中，我们在整体上强调精简导论、概论等概述性的课程，强调要以元典为核心进行课程建设，创新教学互动模式，通过深度教学，引导学生读原著、读经典、读"大书"，增进学生直接与伟人对话的机会和能力，只有这样才能体现尊重学生主体性、培育学生创造性的通识教育理念，防止他们学到的知识是间接的、表面的、支离破碎的。在我们2007级以来的本科教学方案中，共同课中的原著选读课占了相当的比重。

经过将近一年的通识课程建设实践，我们还计划在以上课程中进一步确定通识教育核心课程、精品课程，比如国学基础、资治通鉴、世界文学、中外音乐欣赏、世界文明史、逻辑与批判性思维、科学技术与社会，等等，通过进一步加大资金支持、加强教学团队建设、改进教学方式、创新教材编写、优先推荐精品课程等措施，继续提高通识课程教学质量。

我们认为，在推进通识教育过程中重视加强通识课程建设，不仅仅是增加新的教学内容，而且是要通过课程组织、教学内容、教学方式、激励机制等方面的创新，在长期偏重工具主义取向的大学教育中，创造出一种符合通识教育理念的教学互动新境界，在增进学生主体性和创造性的同时，也努力培育一批学贯中西、融通古今、洞悉文理的学术大师。这样的大师正是我们现行教育体制下非常稀缺的，同时又是我们今天的大学和社会所急切呼唤的。

"经师易遇，人师难遭。"教师的职责不仅是传授知识，更应教学生做人，塑造学生的道德品质和创新人格，培育"道德文章，堪为师表"的大师型教师队伍，既是顺利推进通识教育的重要条件，也是通识教育的一个重要目标。

中国古人对教师提出了很高的要求。要求教师把"有言之教"和"无言之教"结合起来，"言教"在于说理，以提高学生的认识；"不言教"在于示范，实际指导学生的活动。在处理两者关系方面，孔子强调身教胜于言教，教师要以自己合乎规范的道德行为为学生做出榜样。西汉扬雄提出，"师者，人之模范也"[①]。韩愈的《师说》将教师定义为"师者，所以传道授业解惑也"，并提出"授之书，而习其句读者，非吾所谓传其道，解其惑也"。

近代著名学者钱穆有一段话讲得很精彩："西方人重其师所授之学，而其师则为一分门知识之专家。中国则重其师所传之道，而其师则应为

---

① 扬雄：《法言·学行》。

一具有德性之通才。"[1] 梅贻琦认为"所谓大学者，非谓有大楼之谓也，有大师之谓也"。这里的"大师"不仅因其学识渊博，而且因其是学生的道德楷模，是经师与人师的统一。在《大学一解》中，梅贻琦进一步用"小鱼和大鱼"的关系比喻了师生关系，指出："学校犹水也，师生犹鱼也，其行动犹游泳也，大鱼前导，小鱼尾随，是从游也，从游既久，其濡染观摩之效，自不求而至，不为而成"[2]。这种师生从游的和谐图景正应成为我们在实施通识教育改革中努力追求的目标之一。

我们认识到，通识教育的推进实际上对教师和教学提出了比目前更高的要求。我们现在有很多著名教师，他们在特定领域都是非常优秀的专家，但还不是理想中的学术大师，对于开展高水平的通识教育还不适应。相对于专业教育而言，通识教育的开展更有可能催生出学术大师。因为，通识教育强调的是"通达"与"融会贯通"，由此要求承担教育职责的教师不应仅仅是某个领域的专家，而应是具有广阔知识背景的通才；还因为，通识教育强调学生的主体性和创造性的养成，这样也必然创造教与学关系的新模式、新境界，更加有效地促进教学相长。

为此，我们在开展通识教育的过程中，敢于正视我们教师的现状，积极利用通识教育带来的机遇，努力通过教学观念的转变、教学体制的变革和激励制度的创新，吸引一批高水平的学者投身于通识教育事业，在促进学生全面发展的同时，努力培育出一批新时代的学术大师。

最后，展望未来，我们需要进一步总结问题，深化改革，在实践中不断完善通识教育。

由于通识教育是一项系统工程，我们在推进通识教育的过程中也遇到了一些挑战和问题。择其要者而言，体现为以下几个方面：

第一，教育观念的转变依然面临挑战。

由于长期以来过于强调工具主义取向的教育，过于强调专业教育，专业划分过细，一些教师、教学管理人员，包括一些学生、学生家长和用人单位，还不能很快转变观念，形成对于通识教育的认同。对于为什么开展通识教育，一些人还存在着各种模糊的，甚至是错误的认识，比如说挤占了专业教育的时间和内容、加重了学生和教师的负担、不利于

---

[1] 钱穆：《现代中国学术论衡》，岳麓书社1986年版，第162页。
[2] 刘述礼、周延复：《梅贻琦教育论著选》，人民教育出版社1993年版，第102页。

专业人才的培养，等等。

特别是，随着高等教育大众化阶段的到来，大学招生和毕业人数迅速增加，日益激烈的就业竞争对高等学校的人才培养产生了巨大影响。如何使今天的学生、家长和用人单位在急功近利的社会背景下，认同大学教育，尤其是认同高水平大学通专结合，而不纯以就业为导向的办学理念和课程设计，引导、鼓励学生在大学阶段静下心来读"圣贤书"，应该说是我们推进通识教育所面临的巨大挑战。

第二，资源配置方式转变困难，形成了对通识教育的体制性约束。

在长期重视专业教育的背景下，很多学校形成了以加强专业教育为中心的资源配置体制。师资、岗位、资金、设备等都是按照学科点和专业配置的，通常只有外语、体育、数学、计算机以及思想政治理论课被看成是公共课而享有一定的资源配置。

但是，在推进通识教育教育的过程中，需要突破专业界限，促进专业知识的互补与交融，要求一些按照专业教育配置的资源服务于通识教育，这样就引起了一些抵制和冲突。一些学院对于通识教育支持不够，不愿意投入更多、更好的资源用于开展面向全体学生的通识教育，而学校又没有根据通识教育的要求增加新的资源投入，由此影响了通识教育推进的速度和质量。

特别是，在推进通识教育过程中，要保证学生的自主性和选择性，就需要有更为丰富的通识课程资源可供选择，而当前我校通识课程的开发数量仍然非常有限；要保证课程教学符合通识教育的质量要求，则需要有优秀的教师承担通识教育课程，需要配备必要的助教协助主讲教师组织教学活动，而我们现有人力资源的数量和质量都还有限。这种状况促使我们考虑要进一步优化教学资源配置，以克服目前面临的体制性约束。

第三，对于承担通识教育任务的教师的激励机制尚不完善。

由于教学观念转变的滞后，一些人把通识教育简单地理解为增加公共课程，而在长期重视专业教育的背景下，一些人对从事公共课教学的教师的看法是不适当的，例如认为这些教师不专业，没水平，只会教学。在一些研究型大学，重科研、轻教学的风气尤其盛行，一般的教学为主型教师地位就不高，从事公共课教学的教师地位更低。在一些具体的制度安排上，例如教学工作量的核算尚不完善，而职称晋升、奖励等方面，往往也更看重科研成果等所谓"硬件"。

由此，在新形势下推进通识教育，很难吸引教师特别是优秀的教师来承担课程，很难做到让教师倾心教学、与学生充分地沟通与交流。在师资不足的情况下，也很难做到小班授课。而通识课程教学的特点正是集中体现为名师授课、小班制、师生的充分研讨和元典阅读，这些特点保证了通识课程教学的深度和质量。显而易见，现有激励机制的不完善，构成了对通识教育质量的严峻挑战。

第四，教育方式创新不足也成为影响通识教育质量的重要因素。

通识教育要求师生之间的充分互动，要求重视培育学生的主体性和创造性，推进通识教育实际上是要创造教与学互动的新境界。在此，教师教学方式的创新非常重要，如何深化研究性教学、实践性教学，如何改进教学效果，成为推进通识教育所必须着重考虑的问题。

受到各种因素的影响，目前一些教师在创新教学方式上的动力还不足，效果还很有限。一些教师习惯于课堂讲授，习惯于满堂灌，习惯于讲概论，习惯于照着教材讲，习惯于学生被动学习，缺乏以学生为本、从学生出发、由问题说起、因材施教、注重启发、实践育人等理念。一些教师认为教学方式的创新会给自己增加负担，是自找苦吃。由此，不仅无助于学生的进步，也限制了教师在教学过程中的自我提高，事实上偏离了通识教育的初衷。

需要强调的是，由于知识积累的加速和信息技术的迅速发展，我们今天正处在一个知识爆炸、信息开放的时代，如何充分利用这样一个时代的优势，在开放时代办好通识教育，鼓励学生自主学习，强化其自主学习的意识与能力，也是我们创新教育方式、推进通识教育所必须考虑的重要问题。毕竟，通识教育不是仅仅通过课堂教学完成的，更不是由老师包办来实现的。通识教育的核心目标是培养具有自主创新意识与能力的全面发展的人。

第五，进一步促进专业教育与通识教育的相互渗透、相互补充、彼此融合，仍然是我们需要认真考虑的问题。

我们认为，简单地把通识教育与专业教育对立起来，或者以通识教育贬低专业教育，或者以专业教育排斥通识教育，这两种倾向都是不对的。事实上，在强化专业教育的过程中，应当贯彻通识教育以人为本、追求通达的理念；在推进通识教育的过程中，也应当传递一种专业精神，要求学生潜心钻研、精益求精，掌握扎实的知识，而不是浮光掠影，追求泛泛之论。在此意义上，通识教育与专业教育是密切联系的，你中有我，我中有你，共同服务于培养高质量人才的目标。

由此，通识教育与专业教育就应该在一个教育体系中完美地结合起来，而不是简单地叠加。但是，在推进通识教育的实践中，确实还存在割裂二者、切块实施的现象，例如把大学的前两年安排为通识教育，后两年安排为专业教育。我们认为，这种做法还需要进一步反思、研究和改进。毕竟，通识教育的理念应当贯穿于整个教育过程。

第六，深入分析学生的通识教育需求，认识到通识教育需求的差异性，对于顺利实施通识教育非常重要。

目前，很多学生在高中阶段的学习是区分文理科的，由此导致学生在进入大学后的知识结构是有区别的。与此同时，由于每个学生的学习兴趣、学习能力是有差别的，从而导致学生进入大学后的知识状况也是分层次的、多样化的。换句话说，我们开展通识教育，不能假定学生的知识状况是完全一样的，应当注意识别不同学生的不同需求，针对不同需求实施不同的教育内容。只有这样做，才能真正体现以学生为本，因材施教。

考虑到通识教育是一个不断完善的过程，我们现阶段至少应当考虑文科背景和理科背景学生的不同的通识教育需求，在学生进入大学阶段后，分别实施不同的通识教育计划，这样就更有针对性，能够更好地强化通识教育的效果。与此同时，也可以使学校的通识教育资源配置更加合理、更加有效。

另外，考虑到学生知识状况和学习能力的差异性，我们在推进通识教育的过程中，要高度重视尊重学生的自主性和选择性。学校实施通识教育侧重的应是先进教育理念的宣传、充分教育机会的提供和必要选择指导的提供，而不是要求所有学生毫无选择地接受同样模式、同样内容的教育。如此，实际上也偏离了通识教育的初衷。

第七，在推进通识教育的过程中，应当注意推进必要的教育组织体制创新。

我们注意到，一些兄弟院校在推进通识教育的过程中，率先从组织体制上进行了突破。例如，2000年，浙江大学成立了"竺可桢学院"；2001年，北京大学推出"元培计划"，并于今年成立了"元培学院"；

2005年，复旦大学成立了"复旦学院"；2006年，南京大学成立了"匡亚明学院"。实践表明，这种组织体制创新具有一定的效果。

与兄弟院校不同，我们实施通识教育主要是在学校长期教育实践的基础上，利用自身的优势，侧重创新教育理念、教育方式和教育内容，着眼于教育内涵的提升和教育特色的创造，没有率先从教育组织体制上进行突破。但是，在通识教育的实践中，我们也日益认识到现行教育组织体制确实对通识教育的迅速推进形成了一定的制约，不利于各个相关主体的协调与通识教育的统筹。今后我们在继续强化自身特色的同时，也要借鉴兄弟院校的做法，尝试符合人大校情和特点的教育组织体制创新，以便更好地开展通识教育。

总之，在推进通识教育的过程中，我们希望通过自身的努力探索出一条既符合一般规律，又符合人大自身特点、具有人大自身特色的通识教育之路。我们认为，中国的情况与外国的情况不同，国内各个大学自身的情况也有很大差别，通识教育存在一般原理，但是没有统一的模式。我们更不能依靠行政力量强制推行某种模式，而是应当充分尊重和鼓励大学的自主性和创造性，每所大学在实践中创造的通识教育模式必然是多样化的、丰富多彩的。当然，我们也充分认识到，推进通识教育必然会遭遇这样那样的挑战和约束，事实上通识教育自身也是在不断发展的，由此我们需要有充分的思想准备，完善的通识教育是在艰苦实践中逐步形成的，绝对不是一蹴而就的。但是，我们坚信：扭转教育的工具主义取向、促进知识的互补与融通、培育具有主体性、自主创新意识与能力的全面发展的人，是当前推进通识教育的重要目标，也是今日大学的重要使命。我们将为此不懈努力、恪尽职责！

国际小学期推进在地国际化与双向国际化[*]

新世纪以来，围绕建设人民满意、世界一流大学的目标，中国人民大学积极开展改革和建设，初步实现了固本强基、重塑形象的阶段性目标。最近几年，我校把全面提升国际性，扩大国际影响，实现"十年腾飞"作为新的阶段目标，更加注重提升学校各个方面的国际性，包括人才培养的国际性。

2008年夏天，我校在北戴河召开院长工作会议，校领导明确提出创办国际小学期的设想。2009年1月22日，我校正式发布了《暑期学校（国际小学期）运行细则（试行）》。2009年6月29日—7月24日，我校首届暑期学校成功创办，为我校加强课程建设，创新人才培养模式，提升教师素质，提高教学质量积累了宝贵的经验，开创了提升教学国际性的新途径。

国际小学期的基本背景

我校创办国际小学期是顺应高等教育发展的新形势，根据我校实际情况而作出的慎重决策。

1. 主动迎接国际化的挑战

在当前经济全球化不断推进，高等教育国际竞争日益激烈的背景下，国外的一些优秀大学，以其优良的办学环境、良好的办学声誉、高

---

[*] 本文是与同事旋天颖、张伟同志合作对中国人民大学2009年创办国际小学期（暑期学校）工作的总结，部分内容曾发表在《中国大学教学》杂志，2010年第2期。

水平的师资和先进的人才培养模式来吸引国内的优秀学子。这种状况给包括我校在内的国内一流大学带来了越来越大的冲击。逆水行舟、不进则退，我们只有通过不断提升教育质量，在教学、科研、社会服务、国际交流以及校园环境和学习氛围等各方面向世界一流大学看齐，培养出更多的优秀人才，才能吸引优秀的学生，在激烈的高等教育竞争中站稳阵脚、有所作为。主动迎接这种挑战是我校创办国际小学期最为重要的背景。

2. 努力扩大学校的国际影响

从国家层面说，改革开放以来我们的经济快速发展，经济总量已经在世界上占有重要份额，我们在经济方面已经具有重要的国际影响。但是，相对而言，我们的文化软实力还不够强大，没有发挥出与经济地位相称的国际影响。要从大国走向真正的强国，必须注意扩大文化层面的国际影响，这是国家发展的重要战略，高等学校也要服务于这个战略。作为一所以"中国""人民"命名的以人文社会科学为主的重点大学，我校更应自觉承担促进国际文化交流、推广中华文化的历史使命。通过创办暑期学校，我们招收国际留学生、聘请国际师资，增加了国际交流的渠道，扩大了外国人对于中国文化、中国社会的了解和理解，这是符合国家发展战略的。

从学校层面来说，建设世界一流大学是我校前进的方向。长期以来，我校不断提升国际性，扩大国际影响，取得了明显成果。但是，相对于我校地位而言，相对于变化着的形势而言，我校的国际影响还不够。作为一所以人文社会科学为主的著名的研究型学府，我校很多主流学科有着显著优势，比如说经济、法律、政治、社会、文化等方面，这些方面也是国际上关注的。通过创办国际小学期，通过课程设置、暑期学校的各种学术活动等，有计划地推介我校的优势学科及其研究成果，向国际社会宣传人民大学，展示人民大学的实力，这样有利于进一步扩大人民大学的国际影响，符合双向国际化方向，有助于实现双向国际性的提升。

3. 着眼于提升人才培养质量，确保学生受益

不断提升人才培养质量始终是大学的核心使命。我校在人才培养方面有着很好的传统，学校强调研究型教学、实践型教学和通识教育，不断推进人才培养模式改革，致力于创造复合型、个性化、高层次、国际

性的人才培养特色，为国家和社会培养了一批又一批的优秀人才。但是，深入地看，在教学理念、教学方式与方法、教材选用、师资队伍等方面，我校与国际一流大学相比还有差距。创办国际小学期，邀请国际一流大学的教师来授课，实现在地国际化，不仅给学生创造了新的学习机会和学习体验，有助于学生扩大国际视野、学习学科前沿知识，而且对于我校老师来说，也多了一个吸收借鉴新的教学方式与方法，体验新的教学理念，开阔国际视野的机会。实际上，创办国际小学期对于提升我校管理干部的国际性也大有益处，这对进一步提升我校人才培养质量将产生一种综合效应。

我校在教育教学方面始终坚持以人为本，努力创造各种学习机会，改善学习条件，让广大同学受益。我们创办国际小学期也是为了使学生原来只有两个学期的学习机会增加为三个学期，以便更为充分地利用大学时光。而且，国际小学期是一个不寻常的学期，给学生提供了很好的接触留学生、聆听国内外一流教授讲课的机会。与此同时，学生通过学习小学期课程也会有一些实质性的收获。例如，学生直接用英语听课、用英语交流、用英语写作业，明显有助于提高外语能力。从另外的角度讲，国际小学期也让部分同学直接感受到外语方面的差距，由此推动其通过各种方式提高自己的外语能力。我们还意识到，国际小学期可以为学生未来成长的设计提供一种机会。通过国际小学期的课程学习，学生接触国外老师，了解本专业前沿，对未来发展有一些更多的替代规划。最终，我们认为创办国际小学期也将有助于实现我校人才培养目标，为学生成为"国民表率、社会栋梁"打好基础。要成为"国民表率、社会栋梁"，其中一个重要的方面就是具有开阔的国际视野，增进对多元文化的理解。国际小学期让学生接触国外朋友，了解国外的一些情况，有助于开拓国际视野。

4. 探索加强通识教育的新路径

通识教育是要更好地促进人的全面发展。我们的人才培养要注重"道术结合、文理交融、中西汇通、知行合一"。我校有着比较好的重视通识教育的传统。2007年，学校在本科课程建设方面进一步加强了通识教育，建立了学科通识课程和部类共同课程。在教学实践过程中，我们发现通识教育是全方位、全过程、立体化、重自主的系统工程。通识教育不仅局限于课堂，不仅是在大学低年级，不仅是指跨学科教育，更不是强制性灌输，而应力求在整个大学教育中贯彻通识教育理念。

创办国际小学期对于学校进一步探索加强通识教育的新路径意义重大：第一，国际小学期给了学生跨专业、跨学科自主选择课程的机会，有助于促进学科通识。在春季学期和秋季学期，跨专业、跨学科选修课程受到专业课程安排的一些约束。第二，国际小学期可以促进不同文化的交流，增进学生对多元文化的理解。来自不同国家和地区的学生共同学习，交流对话，他们有不同的文化背景、不同的人生经历和经验，甚至有不同的价值观，这种交流和对话有助于增进学生对多元文化的包容和理解，是达成通识教育目标的重要途径。第三，国际小学期有助于促进不同年级、不同专业学生的直接交流，强化同辈教育。同辈互助对于促进学生成长和全面发展是很重要的。学生在学校里不仅要向老师学习，也要向同学学习，向师兄师姐甚至师弟师妹学习。我们在国际小学期的课程学习和课外活动中打破专业、年级、学生层次等界限，期望较好地促进同辈互学互助。第四，我们在暑期学校招募一批志愿者，通过学生志愿报名，与海外学生结成学习伙伴。我们认为，这种志愿服务活动对于促进学生全面发展也是很重要的。

国际小学期的基本做法

我校并非国内第一家创办暑期学校的大学。因此，我们在设计阶段着重强调体现我校特色。我校暑期学校以全面提升教学国际性、增强学校国际竞争力为指导思想，力图实现高水平、国际化、有特色的建设目标。我们非常强调国际性特色，通过聘请国际一流大学教师、招收国际学生，营造国际化的校园氛围，同时鼓励我校优秀教师承担全英文暑期学校课程，创造了多文化、多学科、多层次交融的课堂和环境。特别是，我校暑期学校致力于双向的国际性提升。一方面，我们大多数课程用英文讲授，而且大多由国外一流大学的一流师资讲授；另一方面，我校又发挥自身以人文社会科学为主的优势，调动校内经济学、政治学、社会学、法学、新闻学、国学等学科的著名学者，将我校的特色课程在暑期学校推出，向国际学生介绍中国和我校的研究成果，希望借此扩大学校的国际影响，实施"引进来"与"推出去"有机结合的国际化战略。

1. 开设全英文课程

我校 2009 年暑期学校（国际小学期）在学校层面共设置了三大系列 57 门核心课程，包括中国研究系列课程、学科前沿及学科通识系列课程和语言培训系列课程。除对外汉语培训类课程外，其他课程的授课语言为英文。具体课程包括：

（1）中国研究系列课程。包括中国政治系列课程、中国法律系列课程、中国文化系列课程、中国经济系列课程 4 个专题系列，总共 16 门。

（2）学科通识和学科前沿系列课程。包括经济管理类、人文社会科学类、理工类 3 大类，共 34 门课程。

（3）语言强化系列课程。包括对外汉语培训和本校学生英语强化培训，共 7 门。其中汉语课程开设了 9 个班，高级英语口语开设了 20 个班。

2. 聘请海内外一流师资

我校今年聘请承担暑期学校核心课程教师总人数为 111 人，其中我校教师 53 人，海外（包括港澳台地区）教师 48 人，国内其他高校和科研机构教师 10 人。

从教师职称来看，教授 54 人，研究员 6 人，副教授 18 人，助理教授 3 人，讲师 20 人（不包括 10 名承担高级口语课程的外教）。

我校核心课程师资来源主要为国际一流大学的外籍教师、"长江学者"讲座教授、中国人民大学讲座教授等国内外知名教授，以及优秀海归博士。除中国研究系列和对外汉语培训系列课程的开课教师为我校优秀教师以外，其他类别的课程主要是聘请国际一流大学教师以及国内著名高校和研究机构的知名学者和教师，如：英国牛津大学、伦敦经济学院、诺丁汉大学、格拉斯哥大学、美国加州大学欧文分校、加州大学伯克利分校、俄亥俄大学、纽约州立大学、犹他大学、匹兹堡大学、波士顿大学、雪城大学、贝勒大学、美国夏威夷大学、加拿大温莎大学、意大利高等研究院、日本北海道大学、丹麦哥本哈根大学、中国香港中文大学、香港城市大学，以及清华大学、中国科学院等 20 多所高校和研究机构。

3. 校院两级办学

我校暑期学校实行校院两级办学，发挥两个积极性，确保活动充实、丰富多彩。除学校组织开设核心课程外，各学院在暑期学校运行期间还举办各类学术讲座、学术会议，开展各种特色教学项目，组织学生的实习、实训。整个暑期学校期间，参与暑期学校课程和活动的，校级层次有2000多人，院级有5000多人。两者相加，本次暑期学校实际参与的人数学生共约7000人，我校在校生共约2万人，暑期学校期间，在校参加活动的学生达到常规学期的三分之一，可谓一个名符其实的学期。形成一定的规模是暑期学校得以持续发展的一个重要保障，也为我校暑期学校的进一步发展创造了一个非常好的开端。

两个层次办学的另一个优势是学校核心课程与各学院组织的各项活动相得益彰，在暑期学校参加课程学习的学生，还可以有机会参加各类学术会议和讲座，各类活动融合在一起，凝聚了暑期学校的"人气"，提升了暑期学校的学术氛围，形成了暑期学校期间以学术性和国际性为突出特征的校园文化。

同时，与其他高校暑期学校不同的是，虽然同为小学期，但我校将其视为一个正常的学期，各项教学、管理、活动等的安排均按正常学期对待。校院两级办学的模式，使各部门联动，各学院参与，初步形成了具有我校特点的暑期学校运行模式。

4. 丰富多彩的学习实践活动

暑期学校期间，除课堂授课之外，学校还组织了其他类型的学习交流活动，践行实践型教学和交流型学习。

一是课程实践，如文学院专门组织学生到白云观等地进行实地考察和实践。此外，学校还组织部分国外学生到国家汉办实地考察。这些活动的组织，突出了在中国、在人大参加暑期学校课程的特色和优势。

二是体验类活动，组织国外学生游览故宫、长城、颐和园，参观中国国画展，通过这些活动，使国际学生加深对中华文明的了解，切身体验中华文化，感受一个日新月异的中国。

三是交流类活动，我们组织学生学习伙伴，促进国际学生和我校学生联合参加交流活动，展现我校学生风采，弘扬中国传统文化。

以上活动的组织不仅增进了国际学生在中国学习的兴趣，也为中外学生在实践和交流中彼此理解和学习创造了机会，由此增值了我校暑期学校的教学效果。

5. 多元化的学生构成

我校今年暑期学校的学生来源有四大类：一是本校学生，这是暑期学校的主体，占参加暑期学校核心课程学习学生的90%；二是国际学生；三是港澳台学生；四是来自国内其他高校的学生。

在注册学校层面核心课程学习的2200人中，有117名国外留学生（学院层次的暑期学校活动还有留学生55人），10名港澳台学生，17名国内其他高校学生。国际学生来自全球20多个国家。校内学生共有2056名，其中本科生1842人、硕士研究生188人、博士研究生26人（不包括参加各院系组织的教学实践活动的人数）。

6. 完善的教学及管理环节设计

我校暑期学校开发了专门网站，用以介绍暑期学校项目和开展招生、教学管理。在学生选课之前，暑期学校网站上就公布了每门核心课程的中英文教师简介，详细介绍授课教师的教育背景、研究方向等信息，努力让学生更方便、更全面地了解授课老师情况。另外，我们在网上公布了每门课程的中英文课程简介和课程大纲，让同学们了解所选课程的授课内容，方便学生选课和学习。

除教师简介、课程简介和课程大纲以外，授课教师还提前推荐所使用的授课教材、参考书目等，以便学生提前预习。因很多课程采用的是英文原版教材和参考文献，其获取价格较贵或者可利用的资源较少，我们为了方便同学学习相关课程，提高学习效果，保证教学质量，提前将该类文献书目及参考资料信息提交给图书馆，图书馆根据暑期学校核心课程所涉及的教材，及时审购了一批中英文书籍，供暑期学校学生借阅。另外，我校图书馆还制作了48部暑期学校核心课程教材电子书，让暑期学校的学生下载使用，基本满足了学生学习需要。

我校暑期学校课程教学方式灵活多样，除课堂讲授外，还采用小组讨论、实践学习等方式方法。无论是课堂讲授、讨论，还是完成作业和考试，学生都要全部使用英文，这给我校学生的学习提出了很大挑战，但是，挑战也是动力，通过迎接这种挑战，很多同学较快地提高了英语表达水平。

由于我们努力做到教学设计完整、教学管理环节到位、课程教学符合国际规范，我校今年暑期学校的各项教学活动进展顺利，获得了学生好评。

国际小学期的教学活动评价

　　为了解暑期学校核心课程的教学质量，我校暑期学校项目办公室对暑期学校核心课程任课教师进行了教学质量评估。回收有效问卷共2897份，参与学生包括中国籍学生2804人次，海外学生78人次，评估教师106名，覆盖了87个班级。

　　我们主要针对10个大的方面对课程教学活动进行评价：学生对课程的总体满意度、对课程大纲的满意度、对授课教师的满意度、对授课教师利用课堂时间的满意度、对教师教学准备的评价、对教师为学生准备学习材料的评价、对教师教学方式的评价、对课堂发言情况的评价、对师生之间英语沟通的评价、对学生课程受益情况的评价。

　　评估结果显示，同学们对于暑期学校核心课程和教师都予以充分肯定，大部分学生都认为所参加的课程是"一门优秀的课程"，任课教师非常优秀。教师能充分有效地利用课堂教学时间，精心准备每一次课程，教学资料清晰，课程目标明确。教师的教学方法注重培养学生独立思考的能力，学生们在课堂上可以畅所欲言。大多数学生认为自己和教师之间不存在英语沟通的障碍。同学们普遍认为参加暑期学校课程受益匪浅。

　　具体评估结果如下：

　　（1）对课程的满意度：82.37%的人次对所学课程满意或非常满意。

　　47.75%的人次对所学课程非常满意，认为所选课程是一门非常优秀的课程；34.62%对课程比较满意；有368人次（12.72%）对所学课程感到一般；有102人次（3.52%）和40人次（1.38%）分别对课程表示不满意或非常不满意。在78位海外学生中，有50人对课程非常满意；有25人对课程比较满意；有2人对课程感到一般；还有1人对课程比较不满意。

　　在学生表达的书面意见中，一些学生指出课程很有意义，也很有用，从中可以学到很多知识。另外还提到一些不足，如：课程时间安排不是很合理，有的科目安排时间过长，有的则不够用；有些课程有些难度，不太容易理解；有的应用口语强化课程，上课时与阅读相关的联系过多，没有很好地起到提高口语的目的；课程应该既涉及研究前沿，又能与生活密切联系；上课时应既有理论解释，又有实验或者生活来验证。

（2）对课程教学大纲：有2450人次（85%）认为教学大纲清晰，课程目标比较明确。

另外，有315人次（10.9%）认为教学大纲一般，有70人次（2.43%）认为不是很清晰；46人次（1.60%）认为很不清晰。海外学生中，有76人次认为教学大纲清晰；有1人次认为教学大纲不是很清晰。

（3）对教师的满意度：2566人次（88.63%）对任课教师评价满意或非常满意。

有1733人次（59.86%）对教师非常满意；有833人次（28.77%）对教师比较满意；有234人次（8.08%）感到一般；有61人次（2.11%）比较不满意；还有34人次（1.17%）对非常不满意。

海外学生有56人次对课程教师非常满意；有19人次对课程教师比较满意；有2人次感到一般；还有1人次非常不满意。

在学生表达的书面意见中，一些学生认为大部分教师上课很认真，准备也很充分；不论是在课上还是课下，都可以很轻松地和老师交谈。另外，还建议教师对于专业名词需要更多地解释以便让同学们能更容易理解；希望上课时，安排更多的讨论时间，注意课堂时间的合理分配；尽可能地多应用一些其他元素，如视频、音乐、图片、电影等，课堂效果会更好；多提供一些参考书，方便做辅助性学习；在上课语言方面，希望教师尽量说得慢一些，清晰一些。

（4）教师是否充分有效地利用课堂时间：有86.33%的人次感到满意。

有1506人次（52.09%）表示对教师充分利用课堂时间感到非常满意；有990人次（34.24%）表示满意；有278人次（9.62%）感到一般；有88人次（3.04%）表示不满意；有29人次（1.00%）表示非常不满意。

海外学生中，有48人次表示对教师充分利用课堂时间感到非常满意；有26人次表示满意；有2人次表示一般；还有1人次表示不满意。

（5）对于教师的教学准备：有2606人次（90.14%）认为教师准备比较充分。

有 204 人次（7.06%）认为教师对每堂课的准备一般；有 47 人次（1.63%）认为教师对每堂课的准备比较不充分；有 34 人次（1.18%）认为教师对每堂课的准备非常不充分。

在海外学生中，有 55 人次认为教师对每堂课的准备都十分充分；有 19 人次认为教师对每堂课的准备都比较充分；另外还有 3 人次认为一般。

（6）对于教师为学生准备的学习材料：有 2501 人次（86.63%）的学生认为教师为学生们准备的学习材料清晰明了。

有 277 人次（9.59%）认为教师为学生们准备的学习材料一般；有 74 人次（2.56%）认为教师为学生们准备的学习材料比较不清晰；还有 35 人次（1.21%）认为教师为学生们准备的学习材料很不清晰。

在海外学生中，有 2 人次认为教师为学生们准备的学习材料一般，1 人次认为比较不清晰，其余 73 人次都认为教师为学生们准备的学习材料清晰。

（7）对于教师的教学方式：有 2338 人次（81%）认为教师的教学方法能够培养学生独立思考的能力。

另有 419 人次（14.5%）认为一般，有 86 人次（2.98%）认为课程不能够激发学生独立思考的能力；有 44 人次（1.52%）认为课程完全不能够激发学生独立思考的能力。

在海外学生中，只有 1 人次认为课程不能够激发学生独立思考的能力。

（8）对于课堂发言：2520 人次（87.25%）表示在课堂上基本可以就各个问题畅所欲言。

有 1771 人次（61.32%）表示在课堂上可以就各个问题畅所欲言；有 749 人次（25.93%）表示在课堂上基本可以就各个问题畅所欲言；有 265 人次（9.18%）表示一般；有 57 人次（1.97%）表示在课堂上基本不可以就各个问题畅所欲言；还有 46 人次（1.59%）表示在课堂上完全不可以就各个问题畅所欲言。

在海外学生中，有 49 人次表示在课堂上可以就各个问题畅所欲言；有 26 人次表示在课堂上基本可以就各个问题畅所欲言；有 1 人次表示对在课堂上的问题畅所欲言感到一般；另外还有 1 人次表示在课堂上完全不可以就各个问题畅所欲言。

（9）关于和教师之间英语沟通问题：有 2260 人次（79.08%）认

为基本上没有障碍。

有1352人次（47.31%）认为完全不存在障碍；908人次（31.77%）认为基本上没有障碍；417人次（14.59%）认为有一些障碍；116人次（4.06%）认为有比较多的障碍；另外还有65人次（2.27%）认为障碍很大。

在海外学生中，有43人次认为完全不存在障碍；有31人次认为基本上没有障碍；有1人次认为有一些障碍；另外还有1人次认为有比较多的障碍。

（10）对于学习课程的收获：有2116人次（73.14%）认为自己收获比较大。

有1115人次（38.54%）认为自己在这门课上受益匪浅；有1001人次（34.60%）认为自己在这门课上受益比较大；有570人次（19.70%）认为自己在这门课上受益一般；有151人次（5.22%）认为自己在这门课上受益不明显；还有56人次（1.94%）表示自己在这门课上受益很小。

在海外学生中，有38人次认为自己在这门课上受益匪浅；有27人次认为自己在这门课上受益比较大；还有13人次认为自己在这门课上受益一般。

综上，我校今年创办暑期学校（国际小学期），总体上是比较成功的，初步达到了预期目标，呈现了我校自身特色。当然，在创办暑期学校的过程中，我们也遭遇了一些困难，积累了一些教训。我们认为，无论是经验还是教训，是成功还是不足，都是一笔宝贵的财富。如果我们持之以恒，不断总结，坚持将国际小学期办下去，就能越办越好，就能真正办出我校的特色，就能在提升我校国际性和人才培养质量方面切实发挥重要作用。

人大暑期学校的模式是否适合推广到其他学校呢？我们认为，其推广价值主要是在理念层面，对其他大学提升人才培养国际性具有一定启示。这一实践表明在提升人才培养质量的过程中需要不断创新、改革人才培养模式，从各种渠道、以各种方式提升人才培养的国际性。可以说人大的具体模式在综合性大学有一定的推广价值，但对很多学校而言却不一定能够普遍推广开来。人才培养的模式应该是多元化的。不同学校有不同的情况，应该因校制宜，不必简单效仿。

积极探索人文社会科学拔尖
创新人才培养模式*

人才培养始终是高校的中心工作,而解决好培养什么人、怎样培养人,则是人才培养的核心问题。因应国家社会经济发展的需要,《国家中长期教育改革和发展规划纲要(2010—2020年)》明确提出了培养拔尖创新人才的目标和部署。本文对中国人民大学的人才培养实践进行总结分析,贡献人文社会科学领域拔尖创新人才培养的一些做法,以供讨论和交流。

人文社会科学同样需要培养拔尖创新人才

当前中国特色社会主义建设正处在关键阶段,经济增长、社会进步、政治建设、文化繁荣、生态保护、国家安全、国际交流等领域,都需要大力推进技术创新、制度创新、理论创新和观念创新。中国要真正从大国走向强国,必须坚持走自主创新之路。而要有效推动自主创新,建设创新型国家,就必须尽快推动我国实现从教育大国、人力资源大国向教育强国、人力资源强国的战略转变。这当中,一个核心问题就是继续解放思想,深化教育改革,落实教育优先发展,选拔和培养大批拔尖创新人才。

改革开放以来,我国教育事业取得了前所未有的辉煌成就,为我国社会主义建设提供和储备了大量人才,作出了巨大贡献。但是,面对国内外的新形势、新问题、新挑战,我国教育还有很多不适应的方面。其

---

* 本文发表于《中国高等教育》,2010年第13、14期合刊,发表时略有删节。

中，最为突出的就是拔尖创新人才培养还有很多不足。著名学者钱学森之问以及任继愈之忧，就直接指向这一问题。而这个问题又与教育体制、人才培养模式、人才选拔机制等密切相关，需要整个教育界乃至社会各界共同破解。《国家中长期教育改革和发展规划纲要（2010—2020年）》对此高度关注。在其征求意见稿中，高度突出了改革创新、人才培养、培养质量等主题，其中多处提到了拔尖创新人才培养。

高等学校承担着培养高级专门人才、发展科学技术文化、促进现代化建设的重大任务。《国家中长期教育改革和发展规划纲要（2010—2020年）》指出：提高质量是高等教育发展的核心任务，是建设高等教育强国的基本要求。要牢固确立人才培养在高校工作中的中心地位，着力培养高素质专门人才和拔尖创新人才。教育部已经准备实施基础学科拔尖创新人才培养试验计划，选择数学、物理、化学、生物、计算机等基础学科和部分高校，探索基础学科拔尖创新人才培养模式改革。

需要强调的是，推动中国从大国向强国的战略性转变、实现中华民族的伟大复兴，需要人文社会科学承担重大历史责任。我们党历来高度重视人文社会科学。进入新世纪以来，江泽民同志在多个场合反复强调人文社会科学的重要作用，指出人文社会科学同自然科学有"四个同样重要"，对人文社会科学要"五个高度重视"，人文社会科学有"两个不可替代的作用"。胡锦涛同志也强调，自然科学同人文社会科学犹如车之两轮、鸟之两翼，同等重要，需要下大力气繁荣发展人文社会科学。这当中，至少与对自然科学一样，高度重视人文社会科学拔尖创新人才培养，是其题内之义。

事实上，人文社会科学的人才培养能力和整体研究能力，是一个国家软实力的组成部分，是一个国家创新体系的理论灵魂，也是一个国家综合实力的重要体现。人文社会科学的人才培养，尤其是拔尖创新人才培养的质和量，关系着一个国家的人力资源水平和素质，影响着一个国家经济社会发展的水平和内涵。世界主要国家普遍认识到高等院校，特别是高水平大学，不仅是科学技术知识创新的源泉和科技拔尖创新人才的培养基地，而且是人文社会科学知识创新的基地和人文社会科学拔尖创新人才的培养基地，因而十分重视高等院校人文社会科学拔尖创新人才的选拔和培养。当前，在人文社会科学领域，我们同样迫切需要立足中国发展实践，着眼国际学术前沿，更新人才培养观念，改革人才培养模式，创新教学方式方法，培养国家需要、社会渴求、学生希望的人文社会科学拔尖创新人才。

中国人民大学是一所以人文社会科学为主的综合性重点大学，被誉为"人文社会科学领域的一面旗帜"，承担着培养人文社会科学人才的责任和使命。我校拥有 8 个国家重点一级学科，33 个国家重点二级学科。其中，理论经济学、应用经济学、法学、政治学、新闻传播学、社会学、马克思主义理论 7 个学科排名全国第一。长期以来，我校践行"道术结合、文理交融、中西会通、知行合一"的培养理念，坚持"宽口径、厚基础、多选择、重创新、国际性"的培养模式，营造"全方位、全过程、立体化、重自主"的育人氛围，致力于实现"国民表率，社会栋梁"的人才培养目标，为国家和社会培养了大批优秀人才，为繁荣发展人文社会科学作出了重要贡献。

进入新世纪，我们认识到人才培养面临着新形势、新问题、新机遇、新挑战，继续自觉担当起创新人文社会科学领域人才培养模式的使命，着力培养信念执著、品德优良、知识丰富、能力过硬的高素质专门人才和拔尖创新人才。

培养人文社会科学拔尖创新人才的初步探索

我校在首批国家基础学科人才培养和科学研究基地的基础上，经过认真研究和设计，自 2003 年开始，从本科学生抓起，循序渐进，先后设置了若干拔尖创新人才培养实验班。例如，为了培养熟练掌握先进分析工具、具有创新精神的后备高级经济学人才，我校于 2003 年创办了经济学—数学（双学位）实验班。为了突破传统学科界限，加强中国传统文化教育，培养具备文史哲综合素质的拔尖创新人才，传承中华文脉，我校于 2004 年创办了国学教育实验班。继之，在取得初步经验后，我校又于 2006 年创办了金融学—数学（双学位）实验班，并在 2009 年继续创办了工商管理—法学（双学位）实验班，以满足新时期对高端复合型、国际化的金融、企业管理和法律人才的迫切需求。目前，以上实验班已经毕业 106 人，在校学生 377 人。

我们在创办实验班的过程中，努力更新人才培养观念，改革人才培养体制，改进人才培养模式，创新教学方法，特别提倡学思结合、因材施教、知行合一、瞄准前沿。

学思结合，是注重启发式、参与式、研究型教学，帮助学生学会自主学习、独立思考；因材施教，是关注学生的不同特点和个性差异，发展每一个学生的优势潜能，激发学生的好奇心和挑战性，营造自由探索的学术环境；知行合一，是促进课堂教学与社会实践、游学的有机结合，不断摸索，循序渐进，不浮躁，不跟风；瞄准前沿，是追踪国际学界的发展趋向和研究方法，同时也关注中国自身的经验和国家重大需求。

总的来看，我校探索人文社会科学拔尖创新人才培养的基本经验可以说是：坚持依托优势学科，明确培养定位，确定重点方向；坚持"兴趣第一，优中选优；本硕连读，交叉培养；名师指导，因材施教；立足中国，放眼世界"。

第一，明确定位，高标准、严要求，力争为未来培养大师级的领军人物。

经济学—数学实验班旨在培养具备扎实的现代经济学理论基础，熟练掌握数量分析方法，能够灵活运用所学理论解决重大现实问题的未来经济学大师。金融学—数学实验班旨在培养既掌握现代金融理论又具有实际应用能力，能够活跃在财政金融理论分析和政策研究前沿的未来金融学大师。工商管理—法学实验班旨在培养有全面、系统的工商管理和法律基础知识，从而兼具实务技能和法律素养的高端商务法律人才和管理精英。国学教育实验班则是着眼于培养能够融通文史哲、传承中华文脉的高级国学人才。

第二，优中选优，好中更好，保证确有学习兴趣的高质量生源。

我校本科招生的分数线位居全国高校前列，学生素质普遍很高，学习潜力很大。而实验班的学生一般是在入校后再次遴选：面向多个院系，公开发布招生通知，由学生自愿报名。然后采取笔试、面试相结合的形式，根据学生的未来志向、高考成绩、笔试成绩和面试表现确定人选。我们坚持宁缺勿滥的原则，严格控制班级规模，各实验班每年招收20名左右学生，一些实验班报录比高达20∶1，进入实验班的竞争非常激烈。

第三，坚持依托优势学科，实行跨学科培养，努力造就具有复合型知识结构的创新人才。

实验班所依托的经济学、金融学、法学、工商管理、文史哲等优势学科均在全国排名第一或位居前列。我校经济学院、财政金融学院、法学院、商学院和国学院群英荟萃，产出大批高质量、具有重大影响的优秀科研成果，并与欧美和日本等许多地区、国家的著名学府建立了稳定的合作关系，具备探索拔尖创新人才培养的学科基础。

实验班的课程设计跟踪国际前沿，借鉴国外一流大学成功的育人模式和经验，严格遵循跨学科的原则，听取中外专家的意见，经过充分论证，形成了独具特色的跨学科"课程包"。在满足一般性通识教育和思想理论教育要求的基础上，经济学—数学实验班和金融学—数学实验班将数学工具融入经济学、金融学的理论教学，工商管理—法学实验班将工商管理专业、法学专业的核心课程有机结合，帮助学生建立复合型知识结构。实验班学生毕业后，可以获得两个学科的学位。国学教育实验班则打通了文史哲的学科界限，系统规划了跨学科的课程体系，学生毕业后可以根据自己的研究兴趣自主选择学位类别。

第四，积极探索教学方法的创新，不断改进教学模式。

充分利用国内外优质教育资源，提供特殊培养环境和条件。我校为实验班配备了一批理论功底深厚、教学经验丰富、师德师风高尚的优秀学者，分别讲授专业核心课程；邀请国际一流学者讲授前沿理论，并安排优秀博士生助教进行习题辅导。其中，经济学—数学实验班近年来聘请美国、德国、日本等世界知名大学的外籍教师开设了前沿课程共16门。另外，我校还定期邀请国际顶尖学者前来演讲，如诺贝尔经济学奖得主斯蒂格里茨（Stiglitz）、蒙代尔（Mundell）、泽尔滕（Selten）、麦克法登（McFadden）等都曾作客实验班。

坚持个性化培养，最大限度发掘学生的内在潜质。在拔尖人才的培养过程中，我校贯彻"精品教育""高端育人"的理念，采用针对性的精英培养模式。对实验班进行单独建制，小班教学，加强师生之间的互动。引入导师培养机制，从学生的课程选择、学习进度和论文写作等各方面给予指导，对学有余力的学生"量身定做"课外学习计划。为每个实验班配备了答疑助教和生活辅导员，解答学生在学习和心理上的困惑，进行人性化、全方位引导。

注重提升教学活动的国际性，促进学生的国际交流，扩展学生的国际视野。实验班的一些课程采用双语教学或全英文教学，指导学生阅读经典文献，以逐步培养学生学习国际前沿资料的能力。我校邀请世界知名大学的一流专家学者为实验班学生授课或讲座，推荐优秀在校学生出境交流，交流高校遍及美欧著名学府。2009年，我校还首创"国际小学期"，着力营造"在地国际化、双向国际化"的校园氛围，学期中的课程全部是英语授课，大部分教师来自国外一流大学，实验班学生踊跃参加小学期学习。

利用"人大经济论坛"等优质网络，搭建开放式平台，启发学生原创性思想。据国际权威网站调查机构Alexa统计表明，由我校经济学院创办的课外学术平台——人大经济论坛，在国内所有经济论坛中排名第一。论坛现有90多个版块，涵盖经济、金融、管理等各个分支，注册会员160多万人，平均每天访问人数在20万以上、点击量接近100万、发帖参与讨论5000人次以上。论坛已发展成国内最大、最好的经济金融管理学习、交流网站，为实验班学生提供了一个很好的启发、交流、讨论原创思想的网络平台。

第五，重视学生的科研训练，着力培养学生的创新素质与能力。

专业学习与创新型研究并进，注重学思结合，注重学生科研创新思维的培养。采用启发式教学，加强师生互动。课程中，教师经常要求学生阅读相关领域国际前沿文献，了解学术前沿动态；课程外，建立由教师指导，学生自发组织的研究小组，鼓励学生发挥创造力，进行观点碰撞。

创造条件让学生参与各种高质量科研活动。在教师指导下，实验班学生参与了国家自然科学基金项目、国家社会科学基金项目等多项国家级重点课题以及多项省部级科研项目，科研成果丰硕。经济学—数学实验班主办了国内高校中唯一一份完全由本科生自主创办的学术刊物《数理经济学研究》（中文版、英文版共出版4期），将学生科研作品推上更加宽广的国际交流平台；每年举办一次"经英杯"论文比赛，鼓励学生学以致用、研究现实问题，促进学生科研能力和实践能力的提升。

第六，坚持知行合一，突出培养学生的历史使命感和社会责任感，鼓励学生关注中国和世界的重大现实问题。

我校定期举办有巨大影响力的"中国宏观经济论坛"，让学生了解中国和世界重大现实问题，部分经济学—数学实验班学生甚至参与撰写"中国宏观经济论坛"报告。此外，"大师走进实验班"系列讲座、"宏观经济形势讨论班""热点问题学术沙龙"等实验班特色活动,也加强了学生对国内外重大现实问题的敏锐感知力。

实验班积极创造条件让学生外出调研、游学,以切身体验并深入分析现实经济和社会情况。国学教育实验班每学年都开展外出游学活动,实地考察和了解中国传统文化遗迹,聆听国学大师的演讲,感受中华文化的博大精深。经济学—数学实验班组织实施"人文奥运"等大型调研项目4个;学院资助学生自主实践项目13个。此外,经济学—数学实验班学生还主持了7项国家级"国家大学生创新性实验计划项目",自主联系实际开展调查和研究。目前,该实验班已与中国人民银行和其他四大国有银行、国家统计局等机构建立了长期、稳定的合作关系,为同学们的实践活动提供了更为广阔的舞台。

人文社会科学拔尖创新人才培养实验成效显著

从现在的结果看,我校在人文社会科学拔尖创新人才培养的探索中已经迈出了坚实步伐,取得了初步的明显效果。事实证明,在人文社会科学领域,我们不仅迫切需要,而且也完全有可能探索拔尖创新人才的培养。

第一,实验班优化了学生的知识结构,强化了学生的专业基础。

实验班跟踪国际前沿,借鉴国外一流大学成功的育人模式和课程设计。例如,将数学工具纳入经济学、金融学的教学过程中,学生既深入理解了经济学、金融学理论,又可以灵活、熟练地使用数学工具分析经济、金融问题,为未来的发展打下了良好基础。将工商管理和法学课程相结合,使学生既精通市场营销、企业管理等领域的专业知识与技能,又掌握了与现代企业制度、企业并购等相关的法律知识,同时培养了学生的管理技能和法律素养。打通文史哲的学科界限,系统学习中国传统文化,更加增进了学生对于中国国学精髓的系统理解和把握。

第二,实验班提升了学生的专业竞争能力,塑造了学生的创新品格。

实验班学习气氛浓厚,学生关注学科前沿、潜心学术研究,表现出长期从事科学研究的强烈热情和献身精神。在经济学—数学实验班已毕业的学生中,80%选择攻读更高层次学位,30%选择出国深造。有21

人通过激烈竞争，相继取得英国剑桥大学、美国明尼苏达大学、哥伦比亚大学、纽约大学、普度大学、印第安纳大学、弗吉尼亚大学、法国图卢兹大学、德国慕尼黑大学等国外一流大学深造的机会，其竞争能力获得国外一流大学的高度评价。

第三，实验班培养了学生的自主创新能力，一些学术新星崭露头角。

经过坚实的理论训练和综合素质培养，根据学生实际情况因材施教，实验班同学展现出良好的研究素质。目前，经济学—数学实验班的学生已在 *Annals of Economics and Finance*、《经济研究》、《金融研究》等国际 SSCI 期刊以及国内一流学术刊物发表论文 26 篇，在"创新杯"、"海龙杯"、美国大学生数学建模竞赛、全国高等院校数学建模竞赛等各种高层次学术竞赛中获奖达 32 人次。

第四，实验班赢得了国外学术同行的高度评价，促进了国际学术交流与合作。

最近几年，经济学—数学实验班推荐学生在校期间出境交流学习共计 17 人次，遍及美国、英国、丹麦、日本等国家。实验班同学与各国师生就学术问题和全球经济形势展开了广泛而深入的交流，建立了良好友谊。目前，经济学—数学实验班已与日本京都同志社大学等高校建立了长期友好合作关系，使得双方的交流活动能在一个更加规范、稳定的平台上进行。

第五，实验班促进了学生的全面发展，学生满意度显著提高。

创新的培养模式、个性化的辅导方式、高效充实的学习生活和多姿多彩的班级活动使学生身心全面健康发展，班风端正。有的实验班已经获得国家级、省市级优秀班集体称号。由于新型培养模式为学生提供了整合性的课程学习、科研实践、交流深造的机会和平台，大大增强了学生的幸福感。创办实验班也显著增加了我校对于优秀学生的吸引力，赢得了广大学生和家长的关注，越来越多的优秀学生急切希望报考我校，加入实验班学习。

第六，实验班的教学创新已经获得了比较广泛的认可。

实验班在更新人才培养观念、改革人才培养模式、创新教学方式与方法等方面所作出的诸多探索，产生了很大的社会反响，得到了相关专家和政府部门的良好评价。2009 年，我校"马克思主义经济学中国化及教学体系改革"获得国家级优秀教学成果一等奖;"新时期国学教育的探索与创新""财政金融专业国际性人才培养模式探索"获得国家级优秀教学成果二等奖。

近期,为统筹我校拔尖创新人才培养试点,进一步探索、总结和推广人文社会科学拔尖创新人才培养模式,学校拟正式成立中国人民大学明德书院,统一协调各实验班和试点单位,同时采取系列重大举措,进一步加大对拔尖创新人才培养的支持力度,争取为我国人文社会科学拔尖创新人才培养作出更多的探索。

研究型大学需要什么样的
本科人才培养体系？*

我们探索研制新形势下的本科人才培养路线图，其核心任务是要回答这样一个问题：中国的研究型大学需要一个什么样的本科人才培养体系？

中国人民大学有着70多年的办学历史，积淀了优秀的育人传统。在其发展的每一个阶段，中国人民大学都承载着党和国家的重要使命，有着清晰的人才培养目标，为中国革命、建设和改革开放培养了大批具有厚重品质，始终奋进在时代前列，在各行各业发挥引领作用的杰出人才。

新世纪以来，学校进一步凝练人才培养目标，即："国民表率、社会栋梁"，并采取加强通识教育、鼓励学生参加科研、创办国际小学期、开展跨学科复合型拔尖人才培养实验等重要举措，不断完善"宽口径、厚基础、多选择、重创新、国际性"的人才培养模式，大力倡导"专业教育和通识教育相结合，课堂教育与课外教育相结合、知识传授与能力培养相结合、国内学习与国际学习相结合"的培养方式，注重对学生基础理论、基本知识和基本技能的教育和训练，在提升人才培养质量、促进人才培养目标实现方面，已经取得了初步成果。

当前，中国正处在从教育大国向教育强国转变的关键时期。党的十七大作出了"优先发展教育，建设人力资源强国"的战略部署。《国家

---

* 从2011年开始，在中国人民大学党委的领导下，我负责牵头研制中国人民大学本科人才培养的新路线图，和我的同事旋天颖、蒋香仙、王建等人密切配合、推进工作。在全校上下共同努力下，2013年4月22日，新的路线图正式发布实施。本文是为发布会准备的对该路线图设计理念、基本依据、行动路径和培育重点的简单介绍，未正式发表。

中长期教育改革和发展规划纲要（2010—2020年）》明确提出"按照面向现代化、面向世界、面向未来的要求，适应全面建设小康社会、建设创新型国家的需要，坚持育人为本，以改革创新为动力，以促进公平为重点，以提高质量为核心，全面实施素质教育，推动教育事业在新的历史起点上科学发展，加快从教育大国向教育强国、从人力资源大国向人力资源强国迈进，为中华民族伟大复兴和人类文明进步作出更大贡献"，并要求推进人才培养体制改革，"注重学思结合。倡导启发式、探究式、讨论式、参与式教学，帮助学生学会学习；激发学生的好奇心，培养学生的兴趣爱好，营造独立思考、自由探索、勇于创新的良好环境"。

面对新形势、新要求、新问题、新挑战，中国人民大学自2011年12月起，在党委领导下，成立专门工作小组，通过各学院、各部门的协同攻关，历时16个月，先后起草15种版本，最终完成路线图并发布实施。

路线图紧密结合我校校情、师情和学情：第一，我校是综合性研究型重点大学，有着光荣历史，承载着为国家和民族培养杰出人才的使命，担负着探索精英人才培养、引领研究型大学本科人才培养体系改革和建设的责任；第二，我校很多学科在全国具有领先地位，9个学科全国排名第一，师资队伍力量雄厚，教师的科研能力很强，国际化程度正在迅速提高，具有将科研优势转化为教学优势，以带动学生参与、实现教学相长的巨大潜力；第三，我校学生素质非常优秀，自主学习能力和成就动机都很强，而且超过60%的本科生都要继续攻读研究生，有着开展研究性学习的良好基础和迫切需求。

路线图的核心理念是"立德树人"，培养社会主义事业的建设者和接班人。这个理念包括了三个方面的重要内涵：一是回归大学本位，坚守大学精神。大学本位是什么？就是培养人才。学科建设、科学研究、社会服务、国际交流，其终极目标都是培养人才，是为人才培养服务的。人才培养需要坚守大学精神，这种精神就是探究知识、追寻真理、教学相长的精神。二是注重人格教育，养成健全高尚人格。现在学生的健全人格养成在很大程度上受到忽视，有著名学者指出我们的高等教育正在培养"精致的利己主义者"，这是明显偏离我们的人才培养目标的。与我校的地位和使命相称，我们要致力于塑造学生健全、高尚的人格，养成"行为精英、心为平民"的习惯，激励学生承担使命、奉献社会，从而克服小我、成就大我。三是注重自主学习能力的培养。我们的学生素质很好，学习知识、掌握知识的能力很强。我们仅仅教会学生知识是不能满足他们需求的，也不利于实现我们的人才培养目标。因此，我们要更加注重学生自主学习、自主思考能力的培养，致力于教会学生发现真问题、开展真研究、提出真见解的能力。概括地讲，以上三个方面内涵可以浓缩为16个字：承担使命、探究知识、增强能力、奉献社会。

实现路线图理念的路径是什么？那就是全面系统的制度建设，我们称之为"研究型学习制度体系"，简称"研习制"。这样一个制度体系包括了兴趣培育、目标管理、主要路径、条件支持、价值引导五个大的方面，具体体现为精实课程、国际研学、名师沙龙、拓展支持、全员导师、研究实践、双选认证、公益服务8项制度。

其中，全员导师、名师沙龙制度的主要功能就在于密切师生关系、激发学生的学术兴趣，培养学生的向学之心、好学之心；国际研学、研究实践制度的重要功能在于厘清研究性学习的目标要求，那就是"顶天立地"：既要有宽阔的国际视野和跟踪国际学术前沿、开展跨文化沟通的能力，又要立足中国实际，增强国情意识、民情意识和把握真问题的能力；精实课程制度是我们实现研究性学习的主路径，我们在减少必修课程学分和课程门数的同时，采取切实措施，明确课程教学规范，丰富课程教学内涵，强化课外学习和课内互动，加大学习过程考核的比重，努力实现教学模式由以教师为中心、以知识传授为内容的灌输型向以学生为中心、以问题解析为导向的互动型的全面转型；考虑到实现我们所倡导的研究性学习，学生需要具有优秀的外语能力、健康的身体和心理、方便的科研机会以及复合型的知识结构，等等，我们注重加强条件支持方面的制度建设，国际研学、拓展支持、研究实践、双选认证以及教师教学发展等制度，都有利于改进研究性学习的条件；最终，我们的研究性学习并非只是为了学习而学习，而是要让学生具备服务国家和社会的意识与能力，因此我们需要设定健康的价值引导，注重学生的人格教育，在这方面，公益服务、拓展支持等方面的制度安排都可以提供有效保障。因此，我们五个方面8项制度是相互关联、浑然一体的，共同服务于我们提升学生研究性学习能力，培养具有厚重品质、始终奋进在时代前列、能在各行各业发挥引领作用的杰出人才的目标。

在人民大学，推进以上全面系统的制度改革和建设，是有着很好基础的。我们所推进的工作，基本上可以说是锦上添花的工作。与已有的工作基础相比，我们更加浓墨重彩，描绘了"五朵金花"，努力使我们的本科教育更加美好，让更多的学生能够更好地受益。

哪"五朵金花"呢？第一朵"花"是变革的课程教学模式，也就是前面讲的精实课程制度的落实。我们知道，这是有很大难度的，但是我们必须积极稳妥地全面推进。没有这样一个基础教学模式的变革，再先进的培养理念、培养方式也难以落实，教学质量的提高难以企及，我们所设定的研究性学习目标也不可能全部实现。这朵"花"盛开了，我们的教学改革就成功了一半。

第二朵"花"是专业选择和知识复合的自主性，也就是前面讲到的双选认证制度的落实。我们的路线图鼓励学生跨学科、跨专业进行课程学习，为学生自主选择副修专业和课程提供最大程度的方便。为此，我们致力于精实通识教育、专业教育课程设置，合理压缩必修学分，同时在专业选修课程设置上强制性规定跨学科专业的学习要求。此外，要求各学院全部课程对全校学生开放，供学生自主选修。要求各专业副修课程优先数字化，供学生网络学习。要求各学院在国际小学期组织开设副修课程，并探索部分专业利用周末时间组织副修学生学习课程。

第三朵"花"是跨文化沟通能力提升。我们不仅组织开设促进跨文化沟通的课程和系列讲座，而且努力打造"公共外语强化＋专业外语教学＋国际小学期学习＋国际交流学习"的四阶段一贯制能力提升链条。我们在大学前三个学期开设密集的外语听说读写课程，提升学生的外语应用能力；从第四学期开始，我们充分利用日益国际化的师资队伍，组织开设高质量的双语课程和全英文课程；由此，学生可以更好地利用入学后的第二个国际小学期学习全英文课程，与国际上一流大学的一流教师密切接触。在此后的第三、四学年，学生可以参加各种国际交流学习，进一步拓展国际视野，实践跨文化沟通。

第四朵"花"是健全人格养成。路线图中对于学生的人格教育有着更多的强调和多方面的制度安排。我们致力于发挥优秀教师言传身教的示范作用，加强对学生的人生引导；我们还创建党员先锋营，充分发挥学生党员的模范带头作用，促进学生的同辈教育；我们重视公共艺术教育和心理健康关怀，引导学生读史修身，并不断完善学生公益服务的制度安排；我们关怀每一个学生，努力促进对学生发展的分类指导和个性化辅导；我们还一如既往地重视改进思想政治理论课的教学形式和内容，努力增强教学效果，帮助学生树立正确的世界观、人生观和价值观。总之，我们致力于不断创新和完善人格教育的形式、内容和方法，致力于营造和风细雨、润物无声的育人氛围，努力促进每个学生的健康成长。

第五朵"花"是人才培养统筹。我们充分认识到教学与人才培养是两个概念。人才培养既要重视课堂教学，也要重视课堂外学习，二者应该围绕人才培养目标有机结合起来。我们坚持全员育人、全过程育人的理念，强调要发挥学校各部门、各学院和广大教职员工的合力，共同推动人才培养质量的提升。特别是，为了克服部门分工和学院领导分工所存在的局限，我们成立了本科人才培养委员会，学校党委书记、校长共同担任委员会主任，组成人员包括了相关分管副书记、副校长；各学院院长或执行院长；相关职能部门主要负责人；其他专家和校友。该委员会要切实履行以下职能：落实学校党政联席会议的重大决策，统筹本科人才培养相关工作，研究本科人才培养方面的突出问题、重大趋势，并提出学校决策咨询建议。同时，依据法律和有关规定，负责组织审定人才培养方案、人才培养管理制度设计和重要表彰处分方案，指导学校招生工作、专业建设、课程建设、教材建设、教学组织建设、教学条件建设、教师教学培训和学生管理等工作。

今年4月22日，我们将在校内召开路线图实施动员大会。当前和今后一段时期，我们将会同学校各部门、各学院努力工作，全面、稳妥又锲而不舍地予以推进。我们期望通过辛勤浇灌和科学方法，通过全校师生员工的共同努力，尽快催放以上"五朵金花"，让我们的本科教育更加美好，让莘莘学子更加受益，从而能够更好地成长为"国民表率、社会栋梁"！

创新创业教育不能本末倒置[*]

中共十八届五中全会提出牢固树立并切实贯彻创新、协调、绿色、开放、共享的发展理念，创新驱动发展是促进经济提质增效升级、全面建成小康社会的国家战略。深化高等学校创新创业教育改革，是教育战线落实国家战略的迫切需要，也是当前推进高等教育综合改革、促进高校毕业生更高质量创业就业的重要举措，国务院和教育部对此已经做出了重要部署，提出了明确要求。各高校也高度重视，积极响应，出台了各具特色的实施方案。创新创业教育改革已经成为当前教育改革的焦点议题，引起了全社会的广泛关注。

在看到高等学校创新创业教育改革形势大好的同时，我们也要警惕出现盲目跟风和冒进的苗头，特别是需要澄清对于创业教育的一些误读和误导。其突出表现有三：一是视野狭窄，将创业的"业"简单地理解为"企业"；二是急功近利，盲目鼓励学生脱离专业学习过程，过早介入创业实践；三是本末倒置，过于强调创业知识和技能的训练，简单地以是否创业成功作为人才培养的标准，忽视了健全人格的养成。

事实上，创业教育是高校人才培养的题中之义，加强和改进人才培养，就是要为国家和社会培养更多更好的、能在各个领域建功立业的优秀人才。在此，真正"建功立业"的人可以说都是创业的人。创业的"业"并不仅仅是"企业"，以创造性的精神和能力成就任何事业的行为都可以看作是创业。创办企业固然是创业，创新管理模式、创办社会组织、创新研究领域、创建新的学科乃至在任何就业岗位上从事创造性

---

[*] 本文原题为《创业教育需要固本强基》，《中国教育报》2015年12月9日发表时改为此标题。

工作，都可以说是在创业。如此理解创业，才是更为科学全面的，也在实践上可以开拓更为广泛的创业空间，促进学生的多元发展，促进整个社会的协调发展。

大力推进创业教育也不能走向盲目地鼓励学生脱离课堂、脱离专业、脱离学校跻身于商海，这样不仅增加学生个人成长的风险，而且会加剧社会整体的风险。青年学生中蕴藏着巨大的创业冲动和潜力，这是客观事实，高等教育的一个重要目标正是努力将学生的创业冲动和潜力转化为真实的能力。这样一种转化的过程离不开课堂教学、专业教育和必要的创业训练、创业实践。针对传统上创业教育与实践脱节，教学方式方法单一，针对性实效性不强；实践平台短缺，指导帮扶不到位等不足，我们需要大力加强创业实践环节，但是不能过于急功近利。我们在为全体学生提供创业机会并为特定学生提供精准指导扶持的同时，还是要着眼长远，高度重视坚守和完善常规的人才培养体系，将创业教育融入专业教育的全过程，更加重视知识传授、能力提升、意识普及和精神培育。

更为重要的是，加强创业教育不能本末倒置，过于强调创业之术，忽视创业之道，简单地以创业成败论英雄。高等学校要始终坚持立德树人、以德为先，重视学生健全人格的养成。在此意义上，比起创业技能的训练而言，创业价值观的教育更为重要，推进创业教育需要高度重视固本强基。实践表明，如果没有对于国家、民族和人民的热爱，没有对社会责任的自觉和担当，没有宏大使命的内在驱动，那么就很难焕发出学生持续、强劲的创造动力，也很难实现高层次的创业成功。因此，我们开展创业教育，要高度重视理想信念教育，重视世界观人生观价值观的引导，重视学生创新精神、合作精神、社会责任和家国情怀等的培养。创业教育不能简单地以利诱人、以术导人，价值观的素养才是教育之本，才是决定学生能走多远、飞多高，能在多大的天地中施展抱负建功立业的关键因素。

中国人民大学在加强和改进创业教育的实践中，始终坚持将创业教育纳入人才培养体系之中，与专业教育紧密结合，始终注重学生创新精神、创业意识和创新创业能力的训练和培养，始终贯彻立德树人之理念，以"国民表率、社会栋梁"之目标激励学生学习成长和创新创业。我们特别重视三个"三位一体"：一是价值引领、能力培养和知识传授三位一体，积极促进学生全面发展，养成学生健康人格，提升学生综合素质，为学生毕业后的持续发展奠定良好基础；二是创业教育、创业训练和创业实践的三位一体。创业教育体现在多样化的课程、讲座建设和持续推进的教学方式方法变革。创业训练包括了学生自主训练和导师指导的训练、创业竞赛等形式。创业实践包括了有组织的创业观摩见习和学校自主创业实践平台建设；三是创新、创意和创业三位一体。创业的基础是创新，创新精神勃发产生创业的动能。创意是紧密结合我校人文社会科学优势的一种考量。根据我校实际情况，我们认为强调创新、创意、创业三位一体教育是改进创业教育的一条特色路径。

为进一步推进创业教育，我校非常强调协同育人。首先是致力于在学校内实现协同。学校成立了跨部门、跨学院的创业学院，着眼于整合学校各种创业教育资源，丰富创业教育课程，加强创业导师队伍，促进跨学科专业学习，完善创业训练环节，有目标地推动创业实践。其次是重视推动校企合作、校地合作和学校间的交流合作，充分利用各行各业优秀校友资源推进创业教育。目前，各项工作正在循序推进之中，全员全方位全过程的创业教育氛围正在形成和强化。

打造创新创业教育升级版[*]

深化高校创新创业教育改革是党中央、国务院做出的重要决策，是一项事关国家创新驱动发展战略、高等教育综合改革和毕业生更高质量就业创业的系统工程，意义十分重大。深入学习贯彻《关于深化高等学校创新创业教育改革的实施意见》等文件精神，落实教育部的重要部署和明确要求，坚持立德树人，有力有序有效地将创新创业教育融入人才培养全过程，是高等学校在新时代的历史使命和责任担当。

中国人民大学自2002年被教育部确定为9所创新创业教育试点高校之一以来，有组织地、积极有效地开展了系列工作，取得了一定的成绩。特别是自2012年以来，学校认真研究改进，将创新创业教育进一步融入整个人才培养体系，制定实施了以促进"立德树人"和"研究性学习"为核心的本科人才培养路线图，同时进一步完善创新创业教育链条，积极构建全员全过程全方位的创新创业教育体系，打造创新创业教育升级版。

第一，始终注重价值观塑造，以价值引领、知识传授和能力培养为一体，养成学生健康人格，提升学生综合素质，促进学生全面发展。

作为一所具有光荣历史和优良传统的高等学府，中国人民大学自陕北公学时期以来，为中国革命、建设和改革事业培养了大批优秀人才。一代又一代人大人秉承"实事求是"的校训，始终与党和国家同呼吸、共命运，始终奋进在时代最前列，形成了宝贵的创业精神和自觉的人生

---

[*] 本文原题为《构建全员全过程全方位的创新创业教育体系——中国人民大学积极打造创新创业教育升级版》，《中国高等教育》2016年第2期发表时改为此标题。我的同事周荣、莫海兵等协助推进了相关具体工作。

追求。

育人为本，价值引领作先导。创新创业教育是高校人才培养的题中之义，加强和改进人才培养，就是要为国家和社会培养更多更好的、能在各个领域建功立业的优秀人才。长期以来，中国人民大学坚持"立学为民、治学报国"之理念，始终重视履行"立德树人"之根本使命，强调以德为先，促进学生德智体美全面发展，突出承担使命、探究知识、增强能力、奉献社会的培养要求；始终重视理想信念教育，重视世界观人生观价值观的引导，不断加强和改进思想政治理论课教学，开拓"红船领航"、学生生涯引领计划等多种活动载体，培养学生的创新精神、合作精神、社会责任和家国情怀；始终致力于培养具有厚重品质，奋进在时代前列，能在各行各业发挥引领作用的"国民表率、社会栋梁"。实践表明，如果没有对于国家、民族和人民的热爱，没有对社会责任的自觉和担当，没有宏大使命的内在驱动，那么就很难焕发出学生持续、强劲的创造动力，也很难实现高层次的创业成功。世界观人生观价值观的素养才是教育之本，才是决定学生能走多远、飞多高，能在多大的天地中施展抱负建功立业的关键因素。

育人为本，知识传授为基础。创新创业教育不能脱离学科专业教育。高校开展创新创业教育要摒弃急功近利思想，应着眼长远，站在服务国家创新驱动发展战略的高度，坚守和完善常规的人才培养体系，将创新创业教育融入学科专业教育的全过程，更加重视改进学科专业设置和知识传授过程，帮助学生构建完整、扎实、复合型的知识体系。2013年4月，学校正式发布实施本科人才培养新的路线图，以强化立德树人和研究性学习为核心，全面加强了课程建设、专业建设、教学过程建设和跨文化沟通能力培养，着力创新课程内容和形式，加强教师教学培训和指导，创新教学方式和方法，通过精实课程、国际研学、名师沙龙、拓展支持、全员导师、研究实践、双选认证、公益服务8项制度以及16个具体项目和配套的支持政策，全面推进研究性、创新性学习制度体系建设，着力完善"宽口径、厚基础、多选择、重创新、国际性"的人才培养模式，持续提高人才培养质量。

育人为本，能力培养是重点。创新创业教育的本质是育人兴国，其要义在于增强学生学习真知识、发现真问题、开展真研究、提出真见解的能力，特别是在教学过程中注重引导学生整合知识、内化知识、运用知识以及自我学习，持续搜寻、发现和创新知识的能力。围绕本科人才培养路线图的落实，学校面向全体学生实施了新生导师制，加强了学生成长的规划和引导；全校所有课程面向全体学生开放，学生在很大程度上可以自由组合课程，实现跨专业学习、个性化成长；百分百的学生英语应用能力得到强化，口语水平要求能在国际会议发表学术演讲；百分百的学生可以不出校门参加国际小学期课程学习，直接感受国际化教学氛围，开拓国际视野；所有学生都有机会参与研究性课程、沙龙学习，接受探究能力的训练；所有有需求的学生均可自主设计或参与科研创新项目，参加创新创业课外竞赛；百分百的学生都被要求参加社会实践，深入了解国情，开展社会服务，培育本土情怀，强化实践能力，涵养创新动力。学校还不断改进和加强体育教学、心理教学，着力培养学生的健康体魄和健全人格。

第二，始终注重创新创业教育链条的精心设计，以创业教育、创业训练和创业实践为一体，推动全过程优化，打造金字塔型有机衔接、科学合理的创新创业教育体系。

"台上一分钟，台下十年功"，创新创业素质的养成是日积月累的结果。高等学校开展创新创业教育必须结合专业教育和课程教学，注重在改造专业教育和课程教学中培育学生创新创业素质，而不能简单地、盲目地鼓励学生脱离课堂、脱离专业、脱离学校学习开展创业实践。与此同时，高等学校也要拓展教育空间和形式，为真正有创业意愿的学生提供良好的训练机会、实践平台和优质服务，做到教育、训练和实践的有机衔接。

完善课程教育，满足多样化需求。学校大力推进以研究性、实践性教学为重点的人才培养改革，着眼于全面改进课程体系、课程教学和培养环节，注重激发学生探究知识和问题的兴趣，训练学生创新创业思维，增强学生创新创业意识和能力。在此基础上，学校组织开设面向全体学生的创新创业教育必修和选修课程以及相关的系列讲座，专门加强创业教育。学生在完成以上两个阶段教育之后，仍有意愿系统学习创业教育专门课程的，学校依托商学院、劳动人事学院、法学院、文化科技园等单位，组织建设创业教育证书课程包供学生学习，其中又细分为人力资源创业、企业经营创业、金融服务创业等多个方向的课程小包，以方便学生根据实际情况选学。特别是，学校充分发挥文化科技园联系业界和富有实战经验的优势,组织开发了创业实战训练课程供学生学习。与此同时,学校加强实践教学,通过改进专业实习、实施"千人百村"等大型社会调查,帮助学生深入掌握专业知识,了解社会需求,厘清创新创业方向,把握创新创业的亮点、重点和难点。通过采取以上措施,我们逐步聚焦创业目标人群,并针对确实具有创业潜质和意愿的学生提供进一步的创业训练机会,搭建创业实践平台。学校的目标是建设点面结合、局部与整体衔接的金字塔型创新创业教育体系。

丰富训练机会,鼓励模拟创业。学校在本科人才培养体系中设立了"大学生创新实验计划"(创新训练项目)和"大学生创业训练计划"(创业训练和创业实践项目)两个子项目平台,构建起一个全方位、多层次、广覆盖、重实效的"大学生创新创业训练"体系。学校通过组织学生"创业之星"大赛、"创业引领计划"、"创意创新创业大赛",参与"创青春"、"创新杯"竞赛、"挑战杯"首都大学生创业计划竞赛以及ACM国际大学生程序设计国际大赛等具有学科背景的各类赛事,组织"星期五创业吧"、创业论坛、创业校友"大手拉小手"等互动式专题讲座、学术沙龙等创新创业教育活动,形成了朝暮有服务,日月有指导,四季有重点,年年有总结的创新创业训练方式,方便广大同学自主开展创新创业训练。特别是,学校"创业之星"大赛自2009年开赛以来,已连续举办七届,累计有400余支创业团队、2000多名学生参赛,赛出创业企业数十家。这种浓厚的创业训练氛围,既营造了独立思考、自由探索、勇于创新、宽容失败的育人环境,又让学生通过创业训练的试水,激发创业活力,提高创业能力。

搭建创业平台,助力创业实践。针对拥有模拟创业优秀项目且创业意愿强烈的学生,学校建设学生创业园、创业孵化基地、创业示范基地等场所,配比创业资金,为学生创办企业提供各种孵化支持。目前,学校学生创业园共有51支学生创业团队入驻。园区为学生创业提供创业培训、项目选拔、风险评估、开业指导、入园服务、融资服务、跟踪扶持等一条龙企业孵化服务,服务能力持续提升。学校还依托中国人民大学创业联盟、中关村创业大街、创新创业基地等资源,不断扩大对学生创新创业实践的支持范围,持续改进从课程建设、实践训练、拓展服务,到创业导师指导、创业政策扶持、创业资金扶助等全过程工作。学校还大力推动校外专业实习基地和创业就业实践基地、创业示范基地、创业实习基地等建设。学校被评选为第一批北京地区高校示范性创业中心建设单位、"北京市教育创新先进单位"。学校学生创业园也于2010年被认定为首批"国家级高校学生科技创业实习基地",孵化器公司于2014年被科技部认定为"国家级科技企业孵化器"。

第三,始终注重协同育人,充分发挥学校多学科优势,加强校内、校地、校企协同,多渠道集聚优质创新创业教育资源,形成创新创业教育合力。

创新创业教育是一种全员、全过程、全方位教育,涉及学校所有教师、学生,以及各个学院、各个部门,并关联多样化的社会主体。作为一所以人文社会科学为主的综合性研究型大学,中国人民大学始终重视发挥多学科、强学科的优势,促进校内资源链接和整合,强化协同育人氛围。与此同时,学校积极培育校企、校地之间的协作,不断拓展社会资源,助力创新创业创意教育。

健全体制机制,促进校内协同。中国人民大学高度重视建立健全校内各院系、各部门的协同机制,构建全员、全方位、全过程的金字塔型创新创业教育体系。学校成立创业学院,由主管校领导兼任院长,教务处、学生处、招生就业处、文化科技园、商学院、劳动人事学院和法学院作为主要组成单位,进行创业教育顶层设计和推动,致力于整合校内各类资源,组织开展创新创业教育研究、课程建设、教材建设和师资队伍建设,推动创业训练和创业实践。学校注重加强学生就业创业工作的组织领导,成立"学生就业创业工作领导小组",由党委书记和校长担任组长,并建立学生就业创业指导中心,不断改进就业创业指导与服务。学校创新人才培养模式,大力推动学生跨专业学习,致力于培养更有创新创业基础素质的复合型人才。特别是,学校设置了复合型专业,例如国学、PPE(哲学政治学经济学),以及跨专业培养的各种实验班,例如经济学—数学实验班、金融学—数学实验班、法学—工商管理实验班、法学—新闻学实验班等,这些措施在发挥学校学科优势促进复合型人才培养方面发挥了重要作用。

推动校地合作,开辟教育新空间。高校是创新的重要动力和源泉,主动适应我国经济发展新常态,为创新驱动发展的国家战略提供支撑,是高校的责任所在、使命所在。与此同时,加强理论与实践的联系,促进教育与生产劳动和社会实践相结合,也是当前改进和创新高校人才培养的迫切需要。中国人民大学作为中国人文社会科学高等教育和研究的重要基地，被誉为"中国人文社会科学的一面旗帜"，拥有丰富的高水平的学科、学者、学术资源，具有面向实践转化优势的巨大潜力。学校一直重视拓展与地方政府的各种合作，为地方发展转化成果、出谋划策，同时将广阔的社会作为人才培养的大舞台、新空间。近年来，学校先后与福建、云南、四川、浙江等地开展省校合作，并与全国多个市县建立了密切的合作关系，建设了一大批专业实习、社会实践、就业实习和创业实习基地，大大拓展了广大学者、学子深入基层、发挥专长参与当地经济社会建设和锻炼自己的机会。近期，创业学院又先后与北京市海淀区、江苏省苏州市、贵州省贵阳市等地合作共建了8处创业实训基地，并与瀚海智业集团合作建立了首个学生海外创业实训基地。

加强校企合作，发掘校友资源。校企合作既是促进企业发展的重要路径，也是加强高校人才培养的客观需要。企业可以提出最为现实、最为紧迫、最为可能的社会需求以及创新创业空间，从而使学生了解创新创业的最前沿。基于互利共赢模式，企业也最有可能投入学生创新创业所需要的紧缺资源。所以，加强和改进创新创业教育必须高度重视拓展校企合作。中国人民大学与国内外众多企业建立了长期的富有成效的合作关系。特别是，中国人民大学毕业生有着优秀的创新创业传统，校友自主创业成功率在国内高校校友中名列前茅。近年来，学校涌现出了以刘强东、裘国根等为代表的一批创业成功校友以及"青年菜君"任牧、"奥秘之家"胡宇翔、"格物者"许方雷等一批青年创业学子，这些校友企业为我们拓展校企合作提供了广阔空间。学校充分依托校友企业、社会企业，共同组建学术与实务相结合、创新与创业相结合、创意与产业相结合的创业导师队伍，合作开发课程，加强学生创业实习和实训，为学生创业实践提供全方位的支持和服务，由此形成创新驱动创业、创业带动就业、校友支持创新创业的良性循环，大大促进了学校创新创业教育的发展。

在"双一流"建设中大力
加强本科人才培养[*]

2015年10月,国务院下发《统筹推进世界一流大学和一流学科建设总体方案》(〔2015〕64号),这是新时期指导和推动中国高等教育发展的重要文件。文件指出要"坚持立德树人,突出人才培养的核心地位,着力培养具有历史使命感和社会责任心,富有创新精神和实践能力的各类创新型、应用型、复合型优秀人才"。此后,《中共中央关于制定国民经济和社会发展第十三个五年规划的建议》进一步强调了在"十三五"期间要"提高高校教学水平和创新能力,使若干高校和一批学科达到或接近世界一流水平"。2016年3月29日,教育部召开直属高校"十三五"规划编制和中央部门所属高校教育教学改革专项工作视频会议,指出一流本科是一流大学的重要基础和基本特征,要求高校编制"十三五"规划要进一步强化人才培养中心地位,大力发展一流本科教育,将建设一流本科教育纳入"双一流"建设方案,不断提升教学水平和创新能力。

在"双一流"建设中重视人才培养,强调提升教学水平,进一步明确了高校办学的出发点和落脚点,是回归大学本位的重要标志,是一流大学建设向纵深推进的重要标志。人才培养是大学最为核心的职能,教学、科研和社会服务都应该有利于人才培养。离开了人才培养,其他方面即使达到"一流",也不能证明一所大学是一流"大学",因为它在很大程度上已经不是"大学"了。而遍览世界一流大学的办学实践,其在人才培养中又都普遍重视本科人才培养,这不仅是因为本科教育是

---

[*] 本文发表于《中国大学教学》2016年第4期。

高等教育的基础，是学校赖以生存、发展和赢得长期认同的基础，而且是因为本科教育是大学展示办学质量、服务社会和履行使命的最重要平台。在一段时期内，通过专门项目改善大学办学条件，加强学科建设、科学研究和师资队伍建设，这是非常必要的。现在应该是进一步发挥前期建设效益，促进学科科研优势转化为人才培养优势，在大学内部形成以人才培养为中心的良好生态，整体推进一流大学建设的新时期了。

中国人民大学始终秉承"立学为民、治学报国"之宗旨，致力于实现"国民表率、社会栋梁"的人才培养目标，在学校事业发展过程中将持续加强和改进人才培养作为首要的战略目标。从2011年开始，经过广泛的调查研究，我校在总结本科人才培养经验与教训的基础上，重新规划了本科人才培养路线图，并于2013年正式发布实施。我们的"路线图"明确强调了立德树人、以德为先的人才培养理念，着眼于促进学生德智体美全面发展，突出了承担使命、探究知识、增强能力、奉献社会的培养要求。结合学校传统和学科水平、师资队伍、学生素质的比较优势，我们以促进研究性学习为核心，着眼于建设研究型学习制度体系，通过精实课程、国际研学、名师沙龙、拓展支持、全员导师、研究实践、双选认证、公益服务等方面的制度建设，进一步完善人才培养方式，促进学生学习真知识、发现真问题、开展真研究、提出真见解，为承担使命、奉献社会并逐步成长为未来的"国民表率、社会栋梁"打下扎实基础。在学校制定的综合改革方案和"十三五"规划中，我们继续把提高本科人才培养质量作为一流大学和一流学科建设的重要内容。

笔者认为，在"双一流"建设中大力加强本科人才培养，创建一流的本科教育涉及很多方面，是一项需要持续推进的系统工程，当前尤其要强调价值观养成、创新创业教育、国际化人才培养和提高教学水平等重要方面。

切实注重学生适切价值观的养成

古人曾说教师的作用是传道、授业、解惑，传道是第一位的。近代著名学者梁启超在谈到"为学与做人"时，也优先强调了做人的重要性。他认为，学生在学校里学习的数学、物理、化学、哲学、政治、经济等专门知识只是做人的手段，即使样样学得精通也不等于达成了做人的目的。只有具备智、仁、勇的品格，才能成为健全的人，才能驾驭和善用日益增长的知识。

作为以人才培养为核心使命的现代组织，高等学校也应该把养成适切的价值观作为人才培养的首要任务。适切的价值观是养成健全人格的基础和支柱，是学生安身立命之本，更是决定学生能走多远、飞多高，能在多大的天地中施展抱负、建功立业的关键因素。2010年发布的《国家中长期教育改革和发展规划纲要（2010—2020年）》明确提出要"全面贯彻党的教育方针，坚持教育为社会主义现代化建设服务，为人民服务，与生产劳动和社会实践相结合，培养德智体美全面发展的社会主义建设者和接班人"，"重点是面向全体学生、促进学生全面发展，着力提高学生服务国家服务人民的社会责任感、勇于探索的创新精神和善于解决问题的实践能力"。

在当代中国高校的人才培养工作中，着力培育学生服务国家服务人民的社会责任感是价值观教育的重要方面。我们的国家依然是发展中国家，我们的民族还是发展中的民族，我们的人民也是发展中的人民，实现中华民族伟大复兴中国梦的道路上依然面临种种严峻挑战和风险，需要一代一代地接力奋斗。人才培养的实践也表明，如果没有对于国家、民族和人民的热爱，没有对社会责任的自觉和担当，没有宏大使命的内在驱动，那么就很难焕发出学生持续、强劲的学习和创造动力，很难培养出杰出人才。不仅如此，作为一个体系的社会主义核心价值观，包含了富强、民主、文明、和谐、自由、平等、公正、法治、爱国、敬业、诚信、友善等多方面的内容，这些内容都应该融入高校人才培养全过程，与高校人才培养体系紧密结合。

经验表明，加强价值观教育不能止于简单、抽象的说教，这样效果有限，甚至会走向反面。养成学生适切的价值观体现在对学生培养的各个方面、各个环节。中国人民大学在本科人才培养实践中，除了持续改进和加强思想政治理论教育、加强师德师风建设之外，还积极探索开展多方面的特色教学活动，取得了比较显著的效果。现简单举例如下：

（1）加强校史教育。中国人民大学的前身是在抗日战争期间的延安组建的陕北公学，历经华北联合大学、华北大学，到1950年正式命名组建中国人民大学，她是中国共产党在新中国创建的第一所新型正规大学。这所大学在党的领导下，始终与祖国和人民同呼吸、共命运，始终坚持"实事求是"的校训和"立学为民、治学报国"的办学宗旨，始终致力于培养奋进在时代前列的各行各业的"国民表率、社会栋梁"，创造了光荣的历史。我们不仅在新生入学时开展校史教育，在平时也开展多样化的重温校史活动，特别是组织开设专门的校史课程，用校史、校友、校训激励学生，引导学生。

（2）引导学生阅读历史经典。曾经担任中国人民大学校长的李文海教授说过：一个不讲历史的民族是没有希望的民族，一个不重视历史的国家是没有前途的国家。中华民族有着代代相传的悠久历史。引导学生熟读历史，不仅可以增进对民族的了解和认同，积淀学生的人文素养，而且可以鉴古知今，激发学生的使命感。我们把阅读历史经典列入必修学分，通过课内与课外结合、指定与自选结合、教师指导与学生自学结合、阅读与实践结合等灵活多样的形式，培育了全校性的浓厚的读史氛围。

（3）促进学生对多元文化的学习和理解。当今世界是多元的，当代大学生应有开阔的国际视野，有着对多元文化的基本了解和尊重。我们注重加强国际理解教育，推动跨文化交流，增进学生对不同国家、不同文化的认识和理解。我们引导学生阅读历史经典，自然包括了世界历史与文化的经典著作。不仅如此，我们还组织开设了大量的跨文化沟通类的课程和讲座，特别是举办国际小学期，营造跨文化跨国家交流学习的氛围，取得了很好效果。同时我们还采取多种措施，扩大中国学生出境和境外学生来校交流学习的机会。

（4）引导学生深入基层开展社会调查研究。读万卷书，行万里路，知行合一，这既是专业教育的重要路径，也是价值观教育的重要方式。我们除了由各学院组织常规性的实践教学之外，每年夏天都由学校组织数以千计的同学，分赴全国各地农村，开展"千人百村"社会调研，让学生接触社会最基层，了解民生最前线，激发学生服务人民、建设社会的使命感和责任感，培育学生的家国情怀。

（5）将公益服务纳入毕业学分要求。学校倡导学生"行为精英，心为平民"，要有人文关怀、服务意识，关心、关爱他人，服务社会弱势群体。通过学校和学院的各类公益服务社团，组织广大学生参加社区服务、扶贫支教、法律援助、文化助残、环境保护、人道救助等各项志愿服务活动，并进行评估考核，强化学生公益意识、服务精神。

（6）促进朋辈互助与引导。社会学研究表明，同龄群体对于一个人的成长过程具有重要影响。让学生彼此交流、相互学习、自我教育，是价值观教育的一个重要机制。我们除了举办品牌性的"红船领航"计划，发挥学生党员的模范带头作用之外，还广泛开展形式多样的学生之间互帮互学活动，引导学生健康成长。

继续深化创新创业教育改革

深化高校创新创业教育改革是党中央、国务院做出的重要决策，是一项事关国家创新驱动发展战略、高等教育综合改革、高校人才培养要求和毕业生更高质量就业创业的系统工程，意义十分重大。深入学习贯彻《关于深化高等学校创新创业教育改革的实施意见》等文件精神，落实教育部的重要部署和明确要求，有力有序有效地将创新创业教育融入人才培养全过程，是高等学校在新时代的历史使命和责任担当。目前，全国高校都在积极推进创新创业教育，探索着多种多样的教育模式。"十三五"期间深化高等学校教育教学改革，创新创业教育仍然是重点工作之一。

应当认识到，在高等学校深化创新创业教育改革，不是简单地做加减法。比如说增加一些创新创业教育课程，增加一些实践育人环节，增加一些创业平台，甚至增加一套教育体系，而相应减少一些课程、培养环节，甚至盲目鼓励学生脱离专业学习，过早介入创业实践。如果这样做，可以说是对深化创新创业教育改革的一种误读，其实践的效果肯定是有问题的、不可持续的。我们认为，创新创业教育改革的实质是引领整个人才培养体系和培养方式的改革，是将创新创业教育融入人才培养全过程。这里，"融入"很重要，必须以创新创业教育促发人才培养体系的"化学反应"。

深化创新创业教育改革还应注意对"创业"的科学理解。事实上，能在各个领域、各个行业真正"建功立业"的人，都可以说是创业的人。创业的"业"并不仅仅是"企业"，以创造性的精神和能力成就任何事业的行为都可以看作是创业行为。创办企业固然是创业，创新管理模式、创办社会组织、创新研究领域、创建新的学科乃至在任何就业岗位上从事创造性工作，都可以说是在创业。如此理解创业，才是更为科学全面的，也在实践上可以开拓更为广泛的创业空间，促进学生的多元成长，促进整个社会的协调发展。

深化创新创业教育改革要更加重视学生创新素质的培养，以创新促创业，寓创业于创新，可能是加强创新创业教育的一个方向。大学的校园文化、人培养模式、人才培养环节、课程教材建设、教学方式方法、课外教学活动安排、学生学习评价以及教学管理制度等方方面面，都应该注意培养学生的创新精神、创新意识和创新能力。良好的创新素质是成功创业的重要前提。

深化创新创业教育改革也要科学看待学生的创业实践。有越来越多的学生毕业后自主创业，可以说是一件好事。但是，盲目地鼓励学生脱离课堂、脱离专业、脱离学校跻身于商海，不仅会增加学生个人成长的风险，而且会加剧社会整体的风险。青年学生中蕴藏着巨大的创业冲动和潜力，这是客观事实，高等教育的一个重要目标正是努力将学生的创业冲动和潜力转化为真实的能力。这样一种转化的过程离不开课堂教学、专业教育和必要的创业训练、创业实践。针对传统上创业教育与实践脱节，教学方式方法单一，针对性实效性不强；实践平台短缺，指导帮扶不到位等不足，我们需要大力加强创业实践环节，但是不能过于急功近利。我们在为全体学生提供创业机会并为特定学生提供精准指导扶持的同时，还是要着眼长远，高度重视坚守和完善常规的人才培养体系，将创业教育融入专业教育的全过程，更加重视知识传授、能力提升、意识普及和精神培育。

深化创新创业教育改革需要着眼于完善协同育人机制，在更为广阔的空间里整合教育资源。创新创业教育具有很强的实践性，依靠传统的教育模式，局限于学校内的教育资源，是很难取得良好效果的。必须实行开放办学，大力推进校校之间、校地之间、校企之间的广泛合作，充分发挥校友的积极作用，整合多样化的教育资源，以促进创新创业教育的师资队伍建设、课程建设和实习实践，创建良好的创新创业生态圈。

最终，深化创新创业教育改革还必须重视学生健全人格的养成。在一定意义上，比起创新创业技能的训练而言，创新创业价值观的教育更为重要，推进创新创业教育需要高度重视固本强基。实践表明，如果没有对于国家、民族和人民的热爱，没有对社会责任的自觉和担当，没有宏大使命的内在驱动，那么就很难激发出学生持续、强劲的创造动力，也很难实现高层次的创新创业。因此，我们推进创新创业教育，不能简单地以利诱人、以术导人，要高度重视理想信念教育，重视世界观人生观价值观的引导，重视学生创新精神、合作精神、社会责任和家国情怀等的培养。

中国人民大学在加强和改进创业教育的实践中，始终坚持将创业教育纳入人才培养体系之中，与专业教育紧密结合；始终注重学生创新精神、创业意识和创新创业能力的训练和培养；始终贯彻"立德树人"之理念，以"国民表率、社会栋梁"之目标激励学生学习成长和创新创业。我们特别重视三个"三位一体"：一是价值引领、能力培养和知识传授三位一体，积极促进学生全面发展，养成学生健康人格，提升学生综合素质，为学生毕业后的持续发展奠定良好基础；二是创业教育、创业训练和创业实践三位一体。创业教育体现在多样化的课程、讲座建设和持续推进的教学方式方法变革。创业训练包括了学生自主训练和导师指导的训练、创业竞赛等形式。创业实践包括了有组织的创业观摩见习和学校自主创业实践平台建设；三是创新、创意和创业三位一体。我们认为创业的基础是创新，创新精神勃发产生创业的动能，创意是紧密结合我校人文社会科学优势的一种考量。创新、创意和创业三位一体教育是符合我校实际情况的一条特色路径。在"双一流"建设过程中，我们将结合实际情况，持续不断地完善创新创业教育。

以创新思维推动国际化人才培养

随着经济全球化的深入发展和中国综合国力的快速提升，中国国际影响不断扩大，与全球各国联系日益紧密，并越来越多、越来越深地参与全球治理，由此对国际化人才培养产生了越来越大的需求。《国家中长期教育改革和发展规划纲要（2010—2020年）》提出，要"加强国际交流与合作"，"引进优质教育资源"，"提高我国教育国际化水平"，"适应国家经济社会对外开放的要求，培养大批具有国际视野、通晓国际规则、能够参与国际事务和国际竞争的国际化人才"。

"规划纲要"实施5年来，我国教育国际化取得显著进展。"十二五"期间，出国留学总数达到215万人，大大超过自改革开放后32年的总和；国家公派留学 8.89 万人，年均派出量是此前 32 年间年均派出人数的 3.5 倍；留学回国人员总数合计 160 万，是此前 32 年的 2.7 倍；2010 年之后来华留学达到 202 万人，超过此前 30 多年的总和。与此同时，2010 年以来，在引进一批世界一流大学、创建高起点和示范性二级学院的基础上，全国累计新增本科及以上层次的中外合作办学项目约 700 个[①]。

  在一定意义上讲，中国高校人才培养从一开始就是国际化的，因为中国现代大学制度就是从西方引进的。大学的理念、大学内部的治理、大学学科专业设置，乃至大学的教学科研与社会服务活动，无不受到西方大学的影响。当然，现代大学制度在中国落地生根之后，也逐步彰显出自身特色。在一些特定的阶段，中国大学甚至走着完全不同的道路。但是，时至今日，大学发展的重要目标仍然是向国际一流大学看齐，实际上是向西方的大学看齐。推动高等教育国际化的主要内容也还是学习借鉴西方大学办学方法和人才培养方法。这样一种国际化人才培养，与变化着的世界格局不适应，与中国在国际上的影响和利益要求不适应，与具有数千年优秀文化传统的中华民族的伟大复兴不相适应。因此，在"双一流"建设中加强国际化人才培养迫切需要创新思维。

  一是大力推进多元国际化。目前中国学生出国留学的主要目的地仍然是西方国家，超过 70% 的留学生集中在美、英、澳、加等国家，国内大学引进的所谓优秀师资、学者也大多来自西方发达国家。这种现象有其现实合理性，特别是从工具理性的角度看，西方的先进方面是值得学习而且实用的。但是，世界毕竟不能等同于西方，不能以西方技术经济的先进性遮掩了世界民族文化的多样性。各国各民族人民的和平相处更需要增进彼此的了解。当代国际化人才培养需要真正的全球视野，需要保持对全球文化多样性的充分尊重和关注，培养学生更具国际性的跨文化沟通能力。事实上，随着中国融入全球经济体系的程度日益加深，国家利益所在也不仅仅是西方发达国家，"一带一路"沿线国家乃至广大发展中国家，与中国有着密切的利益关系，我们迫切需要加强对这些国家文化传统、经济社会政治与环境等各个方面的全面了解，培养大批能够落实国家战略的专业人才。因此，我们推动国际化人才培养既要关

[①] 《我国教育国际化程度显著提升》，《中国教育报》2016 年 3 月 15 日。

注西方，也要超越西方，真正适应多元世界的现实。

二是大力推进双向国际化。国际化不能是简单的输入、输出，而应该是相关主体的双向互动。一方面，我们需要学习西方发达国家大学好的做法，不断改进我们的人才培养；另一方面，我们也要充分发掘中华民族的优秀教育传统，总结自身教育理念、教育方式、教育内容的特色和先进性，并直面中国发展的现实需求，讲好中国发展的故事，推动西方国家了解中国高校人才培养的经验。中国人民大学在创办国际小学期、提升人才培养国际性的实践中，就非常强调"双向国际化"的推动，强调中外教师、学生之间平等的双向沟通与交流。需要指出的是，双向国际化也体现在我们与发展中国家的教育交流与合作中。一方面，我们要更加注重招收发展中国家留学生，为这些国家培养高级专门人才；另一方面，我们也要有计划地鼓励、引导中国学生到广大发展中国家交流学习，增进对他们的了解。

三是大力推进国际性的共构。世界是一个不断发展变化的世界。当今世界与几十年苏联和美国两个超级大国称霸的世界非常不同，与一百多年前列强瓜分的世界非常不同，与两三百年前西欧北美力量崛起影响的世界也是大为不同的。与此相应，国际性的概念也是不断发展变化的，有其相对稳定的一面，也有不断演变的一面。简单地说，国际性不是静态地一成不变地等待着某个国家或者大学去学习、体会和实践的东西，而是在不同主体的不同实践中被不断建构和发展的东西，它是有关何为先进、何为标准、何为正确、何谓规律等的一系列观念。中国大学人才培养的国际化需要对"化"什么的问题保持清醒的自觉和积极的建构。

四是大力推进内涵国际化。学生交流学习、优秀教师交流互换、优秀教材和课程资源的引进，乃至先进教学技术的开发和应用，都是人才培养国际化的重要表现。但是，在一定意义上，这些都是表层的国际化。国际化人才培养要落地生根，要持续发展，必须大力推进高等学校内涵的国际化，要真正营造一种全员全过程全方位的"在地国际化"氛围。学校的办学理念、人才培养理念、教育教学方式和内容、教学管理乃至相应的人员素质和硬件支撑系统等，都要体现国际化，否则国际化就只是暂时的标签，或者与学校常规人才培养脱节，成为两张皮，至少也是不均衡、不全面的国际化。中国人民大学创办国际小学期就是试图以开放促改革、促建设，推动形成全面的"在地国际化"氛围，实现学校深层的内涵国际化。

五是大力推进主动国际化。在一段时期内，很多发展中国家大学的国际化是被动的、反应式的国际化，这种国际化往往导致对本民族教育传统、教育体系信心的丧失和全盘的模仿、借用。中华民族是有着悠久历史的民族，中华民族的教育史也是非常丰富并极有启发、推广价值的。我们应当对本民族、本文化以及国家未来充满信心和自信，从民族复兴、国家发展和人类命运共同体的前景的高度，积极主动地推进人才培养国际化。没有主体意识和充满自信的国际化，一定是没有前途的国际化。

通过教学过程持续优化提升教学水平

随着社会经济发展和国家对教育事业投入的持续增加，中国教育，包括高等教育获得了快速发展，这是有目共睹的。很多大学校园面积得到扩大，校园基础设施和办学条件得到大幅度改善，教师待遇大幅提升，各种称号的优秀教师越来越多，学科建设和科学研究成绩突出，特别是科研成果数量持续增长，已经产生了越来越大的国际影响。按照国际发表情况的各种排名，中国很多大学和学科在国际排名榜中都获得越来越靠前的位置。但是，与此同时，提高人才培养质量的呼声却是越来越强劲，中国大学的快速发展并没有显著地改进人才培养质量，或者说离各方的期待还有很大差距。

应该说，改革开放以来，在推动高等学校快速发展的同时，各级政府和各高等学校也在积极推动教育教学改革。比如说，实行学分制，扩大学生学习的自主性；推进素质教育，促进学生全面发展；加强通识教育，夯实学生成长和发展的基础；改革人才培养模式，为学生学习成长创造更好的路径；扩大学生国际交流，提升人才培养国际性；实施教学质量工程，从人才培养的各个环节提供教学质量保障；推进创新创业教育，着眼于培养学生的创新精神、创业意识和创新创业能力。这些改革在一定程度上都取得了显著成果，但是又在整体上具有为改进人才培养营造环境和优化条件的特征，表现出某种绕着核心矛盾走的倾向，对于人才培养核心环节的促动仍然有很大不足。

人才培养的核心环节是什么？是教学过程。师资水平再高，没有体现在教学设计、课堂教学、教学指导等各个方面，不能让学生受益，就不能切实提高人才培养质量，那些高水平的师资就只是一种摆设。同样，大楼盖得再漂亮，教学实验设施再先进，如果不能与教学过程的改进相结合，也是无助于提升人才培养质量的。学校学科建设和科学研究的成绩再突出，如果不能转化为人才培养优势，不仅不能推动人才培养质量提升，甚至会演变成弱化人才培养过程的因素。尊重教育教学规律，推动人才培养改革，推进"双一流"建设，必须切实落实《国家中长期教育改革和发展规划纲要（2010—2020年）》的要求，有力地直击教学过程，注重学思结合、知行统一、因材施教，切实推进教学过程优化，通过教学方式方法改革创新，强化教师和学生之间有效的良性互动，切实提高教学水平。

一是要为教师教学能力提升提供专业性支持，促进教师教学发展。目前很多高校教师并非师范类毕业，所接受的教育学训练非常有限甚至是空白，他们在研究生学习期间的教学实践也有不足。一些教师科研做得好，但是并不一定胜任教学，特别是能够识别并依据教学对象差异调整和发展教学方法。因此，高校设立教师教学发展中心之类的专业机构为教师开展教学提供支持性服务就很重要，是直接有利于改进教学过程的。中国人民大学教师教学发展中心不仅为有需求的教师提供分析、诊断和教学改进服务，还对新教师施行教学准入制度，只有培训、考核得以通过的教师才能正式走上讲台授课。

二是要完善并落实教学过程控制的各项制度安排。高质量的教学过程依赖于健全细密、行之有效的制度保障，这些制度覆盖了从课程开发到课程评估改进的各个环节，应该是一个闭环体系。例如，（1）课程开发设置的程序性规定和科学论证制度，开设课程不能变成教师个人的随意行为；（2）课程教案的集体讨论制度；（3）课程教学大纲的审定、发布和执行制度；（4）学生学习过程考核制度；（5）教师课外接待、指导学生制度；（6）学生评教制度；（7）学生学习效果科学评估制度；（8）同行评估和改进课程制度；等等。最重要的是，我们必须认识到：教学过程是一个多主体互动协调的过程，不仅仅是单个教师和学生之间互动，更不是教师个人的自我表现。中国人民大学在2013年颁布实施本科人才培养路线图，其核心任务就是完善教学过程控制的制度体系，促进全面的研究性学习。

三是要充分重视学情分析,切实做到以学生为中心组织教学过程。大体上,沿袭至今的教学模式还是以教师为中心的教师教、学生学的模式,学生学习的主动性、积极性、参与性和创造性等都有不足,课堂教学气氛沉闷、单调是比较普遍的现象。中国古代教育家孔子曾说:"不愤不启,不悱不发。举一隅不以三隅反,则不复也",这里实际上就强调了以学生为中心,从学生的角度出发进行教育的问题。目前很多教师实际上不能做到这一点,不能详细分析学生的学习需求,了解学生学习状况和难点所在,认识学生学习方式的变化,以最能适应学生特点的方式组织教学过程。至于因材施教,由于生师比过高等原因,更是难以做到。因此,教学过程在很大程度上演变成不重反馈的单向施教和强制性灌输,这样的效果自然是不会好的。中国人民大学在新生入学伊始,就为学生配备优秀教师做导师,以15个左右学生为单位,由优秀教师组织开设新生研讨课,在促进教师了解学生和指导学生学习成长、引导学生适应大学学习生活、密切师生关系等发面都发挥了很好作用。

四是要积极发挥信息技术在优化教学过程中的作用。信息技术发展是具有革命性的,对社会生产、生活各个方面都产生了广泛而深刻的影响,对大学中的教育过程也已产生巨大冲击。从消极层面讲,现在课堂上学生带电脑、玩手机、上网等现象非常普遍。有些学校采取简单禁止的做法,效果并不好。若从积极层面看,信息技术发展实际上使得学生获取知识、学习知识的方式已经发生重大变革,教师、教材不是仅有的信息源,课堂也不是唯一的学习空间,学生可以超越时空及时、便捷地获得与课程相关的信息和知识。虽然信息技术发展也同样导致了知识传播方式的巨大变化,但是,由于代际差异的存在,教师对于信息技术掌握和运用的熟练程度往往不如更有学习优势的学生,所以教师的教和学生的学往往存在着明显的方法上的错位。就此而言,以更加有效的方式为教师应用信息技术组织课程教学提供支持、协助和服务,就是非常紧迫的课题。一些在线课程和教学技术的开发和应用,提供了改进高校教学过程的重要启示,需要予以适当推广。

五是要进一步在高等学校营造整体性的重视人才培养的氛围,尊重和呵护教学学术,强化高校教学社区建设,切实以人才培养为中心组织开展高校教学、科研和社会服务活动。教育管理机构和高等学校都必须充分认识到：教学过程是一个非常复杂的、具有创造性的过程，是需要教师投入大量精力的。高等学校应该充分尊重教师的教学投入，把教学活动与科研活动同样视作学术范畴，给予同样的肯定和激励，甚至应该更加强调教学活动，给予教学创新更大的激励。高校教师身份认同的基础毫无疑问应该是"教师"，是服务于培养学生的。如果相关制度设计诱使教师淡化、偏离这一身份认同，就会弱化教学社区、弱化教学投入、简化教学过程，从而弱化人才培养，最终使高校偏离自己的核心使命。

在"双一流"建设中正确
处理好几对关系*

　　今年是"双一流"一期建设的第四个年头,明年就要交账验收了。这次专题研修班是继去年上海现场推进会之后,给战线的又一次鼓劲、加油,也是部署和督促。一年来,我们调研了很多建设高校,在为"双一流"建设整体进展显著感到高兴的同时,也为各个高校、各个学科之间的不平衡感到担忧,感受到了压力。各位领导在学校都是分管"双一流"建设工作的,希望大家认真学习领会部领导的讲话精神,结合培训班中交流的好做法、好经验,把精神带回去,把任务带回去,把压力带回去,切实贯彻好、落实好,推动"双一流"建设加快发展、特色发展和高质量发展。借此会议总结机会,我就"双一流"建设中要正确处理好的几对关系简单谈点体会,供大家参考。

　　一是党的建设和学校建设的关系。中国共产党的领导、中国特色社会主义制度,这是我们学校建设的根本制度安排。坚持全面加强党对高校工作的领导、坚定中国特色社会主义办学方向,扎根中国大地办一流大学,这个立场和方向必须毫不动摇,各校党委要高度重视,一定要旗帜鲜明讲政治,立场坚定抓党建。陈宝生部长在去年上海现场推进会上强调了"双一流"建设的7条标准:可靠的、合格的、真实的、有特色的、有竞争力的、有产出的、可持续的,第一条就是可靠,这是1,没有这个1,立场方向出问题了,后面再多零都没有意义。抓好党建,最重要的是认识问题,不能把党建工作看成是上面来的事、外面来的事、

---

　　* 本文依据在"加快'双一流'建设专题研修班"(2019年5月30日)上的总结讲话记录稿整理而成,未正式发表。

与学科学术无关的事，这样就把党的建设和学校建设割裂开来，搞成"两张皮"。我们要有充分自觉，认识到加强党建是我们学校建设的份内事，是扎扎实实推进大学建设、推进"双一流"建设的动力源，是学校立德树人的根本保障，是中国特色大学制度建设的必然要求。我们一定要在扎扎实实抓党建中推动学校发展，党的建设和学校建设的目标都是促进高校落实立德树人根本任务，实现高质量发展，这是统一的。以党的建设促进学校建设，以学校建设落实党的建设，这种关系很重要。我们也不能空喊口号讲党建，这不是真正的讲政治。要以实绩讲政治，"双一流"建设推进越快，质量越高，越是体现了对党中央、国务院决策的自觉落实，我们要落实、落实、再落实，落实就是最大的政治。

第二，世界一流和中国特色的关系。一方面，"双一流"建设最终要建成世界一流大学和一流学科，不是关门建"一流"，自娱自乐，必须要对标世界一流大学和一流学科的可比方面，要达到世界标准、产生世界影响、获得世界公认，要在全球大学共同体中占据制高点、掌握话语权、扩大影响力。另一方面，我们要扎根中国大地办好社会主义大学，体现中国特色，包括体现中国文化历史、社会实践和制度背景的特色。这里最为关键的是要认识到守住特色、创造特色，就是创建世界一流大学的必经之路。习近平总书记曾经指出："世界上不会有第二个哈佛、牛津、斯坦福、麻省理工、剑桥，但会有第一个北大、清华、浙大、复旦、南大等中国著名学府。我们要认真吸收世界上先进的办学治学经验，更要遵循教育规律，扎根中国大地办大学。"① 简单地对标、模仿和追赶，照搬国外大学的发展模式，亦步亦趋，这是建不成世界一流大学的。世界一流大学不是简单学来的，是直面实践、运用智慧、面向未来创造出来的，中华民族伟大复兴的实践必然会孕育出世界一流大学和学科，我们要有这份自信。重要的是我们还要有直面大学发展和经济社会发展实践的巨大勇气，要有参与实践服务实践的自觉努力，要有穿越历史反思实践的创造精神，要在世界百年未有之大变局中把握好大学、学科未来的方向，做到代表未来、引领未来、创造未来，这样才能

---

① 中共中央文献研究室编：《十八大以来重要文献选编（中）》，中央文献出版社2016年版，第9页。

最终建成世界一流大学和一流学科。说白了，对照借鉴目前的世界一流和坚守中国特色，统一于创建未来的世界一流，我们着眼的是未来，要为引领未来的大学和学科而努力。

第三，一流大学和一流学科的关系。目前有些同志还是存在按照层级性的、单线进化的思路考虑大学发展，似乎一流大学A类是最高层级。没有入选"双一流"建设高校的学校以争取入选为目标，一流学科建设高校想跻身一流大学建设高校，一流大学建设高校中的B类又想进入A类。这样还是把大学看作有三六九等，还是体现了趋同化发展的倾向。昨天部领导在讲话中一再强调，大学不能只是"一指禅"，要有"五指山"。党中央、国务院做出统筹推进世界一流大学和一流学科建设的战略部署，就是要改变把大学分为三六九等的倾向，一体布局、统筹推进、特色发展、分类评价，实现整个高等教育的综合提升和内涵式发展，这是指导我们工作的基本原则。一流大学、一流学科建设高校不是谁高谁低的问题。一流大学肯定是要有一流学科，但也不一定所有学科都是一流；有真正一流学科的大学就是一流大学，没有大学的一流怎么能够为学科建设提供有效保障？现在区分一流大学和一流学科建设高校，主要考虑的是不同学校的实际情况和所要承担的任务。一流大学建设高校要更大力度地推进综合改革，带动学科整体水平提升，并发挥好高等教育的示范引领和支撑服务作用。一流学科建设高校也要深化改革，要聚焦重点建设学科，瞄准重点突破方向，着力实现特色发展，做到"一招鲜，吃遍天"，在不同方面争创一流。片面的层级性、趋同化思维是要不得的，我们要把精力花在学科布局、学科内涵和队伍建设上，各自发挥自己的比较优势，致力于百花齐放，而不是争抢一枝独秀。

第四，"大而全"和"小而精"的关系。这里是讲学校建设中的学科布局。"大而全"就像百货公司，各种学科应有尽有。我们在做大高等教育的时候经历过高校合并潮，似乎学校越大、学科越全就越好，一些行业特色、学科特色鲜明的类似"专卖店"式的学校都在合并浪潮中被并入或者组建为综合性大学。直到今天，还是有很多地方和高校在片面追求办成"大而全"的综合性大学。当然，国家是需要航空母舰式超级大学的，但是这绝对不能成为所有大学的办学目标和方向。我们应该更多地鼓励大学结合自己的地域位置、办学历史、学科状况和社会需求、办出特色、办出水平，朝着"小而精"方向发展，这是内涵式发展的重要方面。为此，我们应该调整评价方法，建立更加科学的发展导向。需要注意的是，大学的根本任务是立德树人，为了培养高质量人才，无论是"大而全"学校还是"小而精"学校，都要保证最为基础的学科设置，就像居家过日子一样，开门七件事：柴米油盐酱醋茶。作为大学，思想政治教育和文史哲数理化等基础学科应是标配，不一定都要达到一流水平，但是要能支撑高质量人才培养。有些学校片面考虑学科竞争与排名，忽视、削弱甚至裁撤一些事关人才培养的基础学科，这不是长久的有生命力的做法。在学科建设布局上，我们要以有利于人才培养为统领，处理好"大而全"和"小而精"的关系，既涵养底蕴，又突出亮点，因地制宜、因校制宜，甚至要因学科制宜，谋划好学科布局和建设策略。

第五，改革和发展的关系。现在大学发展的条件很好，有压力也有动力，很多大学都在发展的道路上奔跑。但是，发展有个质量问题，有可持续性问题，有外延式发展和内涵式发展的区别。我们看到一些学校还是走在外延式发展的轨道上，不愿意攻坚克难，不愿意深化改革，愿意做表面文章，愿意做大增量，追求短期政绩的冲动很强劲。这里原因很复杂，有制度安排和外部环境因素，也有人的因素。今天大学要发展，一定是要内涵式发展，要着眼于深化综合改革，解决内部矛盾，优化结构配置，促进可持续的发展。"双一流"建设强调四句话：以一流为目标，以学科为基础，以改革为动力，以绩效为杠杆。这是需要深刻体会并认真践行的。一些学校回避改革、回避矛盾，绕着矛盾走，搞"增量改革"。比如说，增加学科可以，但要调整学科就不行，因为学科调整要得罪人。其实，学校在学科布局、人事制度、招生教学、教师激励、国际交流等方面都需要大力度的改革，以改革激发活力，增强内生动力，完善内部治理体制和机制，实现可持续的、内涵式发展。如果"双一流"建设高校在这些方面琢磨不多、着力不够、效果不彰，就是不符合建设要求和预期。希望大家强化改革意识，增强斗争精神，奋力攻坚克难，要有踏石留印、抓铁有痕的力度，要有功成不必在我、久久为功的胸怀和定力，以巨大勇气来持续推进结构性改革，以科学改革促进学校学科高质量发展。

第六，本科教育和研究生教育的关系。大学的核心任务是立德树人，"双一流"建设高校承担着培养高质量本科生和研究生的任务。去年召开的全国本科教育大会上，陈宝生部长旗帜鲜明地强调本科教育，强调"以本为本、四个回归"，这是具有战略意义和全局意义的。在高等教育大国的基础上建设高等教育强国，我们必须切实把提升人才培养质量放在首要位置。总的来看，本科教育规模大，基础性强，一段时间来发展很快，在一些地区和学校，本科教育质量出现短板，所以一定要重视夯实基础，基础不牢，地动山摇，没有高质量的本科教育就没有高质量的研究生生源。对于"双一流"建设高校而言，要义不容辞地做好本科教育，发挥好示范引领作用。同时，"双一流"建设高校研究生教育的任务也很重，不少学校研究生的规模是超过本科生的，特别是"双一流"建设高校培养的博士生占到总量的将近80%。研究生教育对于一流大学和一流学科建设很重要，如果说本科教育是基础，那么研究生教育就是水平，没有水平就没有高度，没有高度就没有竞争力、没有一流的未来。所以我们要从提高人才培养质量的高度来统一看待本科教育和研究生教育，还要根据不同地区、不同学校、不同学科专业的实际情况，分类施策，做好统筹协调，不能顾此失彼。按照部党组的统一部署，近期将适时召开全国研究生教育会议，研究推进新时代研究生教育的改革和发展，大家要做好准备，认真研究谋划。

第七，学科建设和服务需求的关系。这在某种程度上讲，也是知和行、道和术、学和用的关系。为人民服务，为中国共产党治国理政服务，为巩固和发展中国特色社会主义制度服务，为改革开放和社会主义现代化建设服务，这是党的教育方针，是中国大学必须牢记并自觉践行的重要使命。"双一流"建设高校要在服务上做文章、做表率，不能关起门来搞学科建设，盲目追求学科排名，自娱自乐，自我陶醉。这里的关键是要做到高质量服务，不是简单地为了需求而需求，为了短期利益，只搞短平快。现在有些高校在科学思维与技术思维、系统考虑与项目考虑、借鉴创新与批判性创新等方面的关系处理上还是有局限的。高校的核心任务是立德树人，培养出高质量的人才是我们服务国家和社会的根本职责。所以，我们一定要有战略定力，精准把握方向，深刻把握经济社会发展的战略需求，始终着眼于引领和支撑经济社会高质量发展。特别是我们要重视基础性学科建设，把握好基础性问题，培养具有创新意识、创新精神和创新能力的优秀人才，不能在简单迎合需求的热热闹闹中迷失了高校的本分和初心。任正非先生说，国家之间的竞争最终是教育、人才的竞争。但培养人才不是应景的事，不能简单地砸向终端的制造，要砸向数学家、物理学家、化学家的培养，要加强基础学科建设，"卡脖子"问题根本上是"卡脑子"的问题。为了更好、高质量地服务需求，引领经济社会发展，支撑国家发展战略，"双一流"建设高校要把内功练好，把学科队伍建强，把科学研究做得更加基础、更加扎实、更加领先，以此带动人才培养质量提升。

第八，引进人才和自主培养人才的关系。事业发展归根到底在于人，"双一流"建设要高度重视人才队伍建设，引进人才和自主培养人才的关系要把握好。人才的合理流动是正常的，但是有些高校通过挖兄弟高校的人才来增强自己的学科实力，这样对于国家来讲人才总量并没有增加，却导致了人才使用成本成倍增加、人才抢夺大战恶性开展、校风学风遭到损害和教育发展严重失衡等问题。从引进人才的角度讲，我们要有更加宽广的国际视野，要在全世界挖人才，努力把中国变成世界人才高地，增加我们人才储备总量，这样才能支撑我国战略崛起和持续发展。随着世界形势的变化，以及西方一些国家对我高端人才的排斥，我们对海外优秀人才的吸引力也确实在增强，我们完全可以朝着聚天下英才而用之的方向持续努力。与此同时，我们要完善人才体制机制，深化教育教学改革，进一步提升自主培养人才和更好使用人才的能力。对于符合国家战略的学科方向，对于事关国家战略的地区，我们要优先推进人才培养平台建设，在学位授权和学科建设等方面给予支持，做好布局。各高校要立足自身培养人才，切实加强校级交流合作，不要恶性抢挖人才了。大家都是为了共同的事业，要在整体壮大人才队伍中实现共同发展。

第九，独立自主与合作共生的关系。"双一流"建设的主体是各个高校，但这不是说各个高校是在孤身奋斗。各高校在自主开展建设的同时，要经常性地相互交流、借鉴，积极拓展有效合作，在大学、学科共同体的成长中实现各自的特色发展。学科之间，学校之间，学校与产业之间，学校与地方之间，都要加强联系，形成良好环境，广泛汲取资源，这是推进"双一流"建设的重要方面。各学科、各学校不能搞关门建设，不能画地为牢、孤芳自赏，也不能只是眼睛朝上等靠要。我们在加快推进"双一流"建设的指导意见中，特别鼓励学科交叉、校际合作，鼓励建立学科之间、学校之间、学校与地方之间的协作共建关系，鼓励"双一流"建设高校和学科对其他高校、学科的辐射、示范、引领和带动，包括开展对口支援工作。比如说，我们已经组织了相关高校对口支援湘潭大学、新疆大学等高校的马克思主义理论学科建设。"双一流"建设要强化学校的主体地位，同时也要着眼于营造合作共生、共同发展的建设生态。国务院学位办、研究生司将与大家一起努力，推动合作平台与机制建设，创造更多交流合作机会，着力构建大学、学科发展的良好生态。

第十，学校主体和政府支持的关系。这里涉及政府和高校的职责划分。昨天部领导的讲话阐述了三点核心内容：怎么认识"双一流"建设，怎么推进"双一流"建设，怎么保障"双一流"建设。其中，第二点讲的时间最长，重点就讲高校作为建设主体应该做哪些事。"双一流"建设高校不能只讲困难不讲贡献，只等政策不做创制，只是要钱不管绩效，特别是不能等着"指挥棒"而缺乏主动担当和自主创新。各高校入选"双一流"建设范围，表明了党中央、国务院对大家的肯定、信任和支持，大家要主动担责，要有充分的信心和决心，大胆探索实践。有的学校领导说：现在也没说"双一流"建设怎么评价，学校不知道怎么建，最好是让干什么就干什么。这种状态很危险，总是抱持这样想法的学校是难以建成世界一流的。国家对"双一流"建设的要求是明确的，从"总体方案""实施办法"到"指导意见"都做了充分阐述，给予学校的定位和空间也是明确的。现在一些学校受各种学科评估和排名的影响太大了，大家能不能放下这个包袱？学位中心主持的第五轮学科评估即将开始，有些学校不淡定了，很多学科不淡定了。我们把评估作为学校学科发展的推动力可以，但看成指挥棒、看成是学科学校建设的目标，这就大大地异化了。"双一流"建设高校要坚持战略方向，坚定战略定力，着眼百年大计，自觉持续努力，在党的建设、学科建设、人才培养、科学研究、社会服务、国际交流与合作等方面主动作为，不能一切都依靠政府推动，做政策的"复印机"。政府的主要职责是把方向、出政策、搭平台、筹资源、做验收。在目前阶段上，国家投入"双一流"建设的资源是很多的，当然与高等教育发展的需求相比还有差距，国家有国家的难处，急需花钱的方面很多，只能逐步增加资源投入。我们要珍惜"双一流"建设的重大机遇，增强主体意识，在遵循学科建设规律、教育教学规律和人才成长规律的基础上，大胆实践，加快建设进程，不负党中央、国务院和广大人民的殷殷期盼。

立德树人，追求卓越，迈进研究生教育新时代*

《中国研究生》：新时代研究生教育在内涵式发展上应该重点关注哪些方面？

洪大用：党的十九大指出中国特色社会主义进入新时代，并提出要加快一流大学和一流学科建设，实现高等教育内涵式发展，这里自然包括了实现研究生教育的内涵式发展，是党中央对新时代研究生教育的明确要求。

研究生教育内涵式发展是在改革开放以来我国研究生教育快速发展的基础上提出来的新要求。我国研究生在读规模已经达到270万人，是世界上的研究生教育大国之一。为了更好地服务经济社会发展需求，支撑社会主义现代化强国建设，增强国家的国际竞争力，我们需要更高质量的、更有品牌的、更富影响力的研究生教育，需要培养出更加卓越的高层次人才，作出更多具有原创性的科研贡献，这就是研究生教育内涵式发展的核心要义。

具体来讲，研究生教育的内涵式发展应当重点关注的至少包括以下6个方面。一是聚焦立德树人根本任务。无论哪个层次的教育，培养出合格的人才，服务于中国特色社会主义伟大事业，这个根本任务不能忘记，这个教育主业不能荒废。偏离这样一个根本任务去办研究生教育，就不能说是走内涵式发展道路。二是突出质量导向。很明显，内涵式发展是相对于外延式扩张和粗放型增长而言的。研究生教育的内涵式发展就是要摒弃过度追求规模扩张、过度追求学科点的覆盖面，单纯铺摊

---

* 本文为《中国研究生》杂志编辑访谈录，发表于该刊2019年第1期。

子、跑马圈地不是内涵式发展。必须确立质量意识、培育质量文化、完善质量保障、进行质量评价，依人才培养、科学研究、社会服务的质量论英雄、配资源。三是深化改革创新、开放搞活，创建更加科学、更能适应新形势、更有效率、更可持续的体制机制，调动学校内部多方面的积极性，特别是要注意激发基层院系、教师和学生的积极性，培育研究生教育健康发展的内生动力。要向改革要动力，通过开放增活力，盘活存量，激发增量，而不是简单地回避矛盾和顽障痼疾做什么增量改革，只有勇于、善于向内发力才符合内涵式发展的要求。四是要调整优化学科布局和学位点设置，一方面持续加强基础学科和长线学科建设；另一方面应当顺应经济社会发展需要，动态调整学科专业，优化资源配置，培育新兴学科、交叉学科、前沿学科，提升资源使用效益。五是重视绩效评价。所谓内涵式发展，应该是更有效率的发展，是性价比高的发展，是用更少投入收获更大产出的发展。我们应当探索和完善研究生教育绩效评价制度，鼓励研究生培养单位进行自我评价，不断提升办学绩效。六是重视创造特色和品牌。大体上可以说，我们的研究生教育已经走过了跟跑的阶段，整体上进入了并跑，甚至是在一些方面领跑的阶段，我们要着力打造研究生教育的中国形象和品牌，增加中国研究生教育的品牌价值。各个研究生培养单位也要根据自己学校、学科传统和培养基础，在对接社会需求、提升培养质量的过程中创造各自研究生教育的特色，扩大其难以复制和替代的影响力，这样才是内涵式发展。

《中国研究生》：立德树人是教育的根本任务，您对省市区研究生教育行政管理部门、各研究生培养单位、导师、研究生落实立德树人分别有怎样的建议？

洪大用：聚焦立德树人，完成好这一根本任务，培养德智体美劳全面发展的社会主义建设者和接班人，可以说是一项巨型系统工程，涉及多个主体、多重机制、多个变量。当然，我们教育战线是首当其冲的，我们要认真贯彻落实全国教育大会精神，切实增强立德树人的意识和能力，把分内的事情做实做好。

首先我们应当明确，学校是办学主体，研究生培养单位是办学主体，在落实立德树人根本任务方面所发挥的作用不可替代，要积极主动有所作为。实际上，有不少研究生培养单位创造了很好的经验。这里要着重强调的是：第一，坚持社会主义办学方向，扎根中国大地办学育人。学校的办学方向出了问题，就谈不上立德树人了。所以，学校党委要加强对研究生教育工作的全面领导。第二，学校要自主推动学科专业的动态调整和优化，改革创新资源配置的体制与机制，为学科建设和人才培养营造良好环境和条件。第三，持续完善研究生培养体系，从招生、培养、学位授予到就业选择，从学科体系、教学体系、教材体系和教学管理体系，都要遵照立德树人、服务需求、提高质量、追求卓越的标准不断改革完善，并将思想政治教育工作贯穿到人才培养体系的全过程、全方位，切实改进和加强学生管理引导工作。第四，切实加强导师队伍建设，特别是要重视师德师风建设，不断优化导师队伍结构，提高导师队伍质量，建立健全调动激发导师潜心育人的积极性主动性创造性。

说到导师，我们要高度重视其在立德树人方面的重要作用。对于研究生培养而言，导师具有特别的重要性，他（她）是学生与学科、学校、学术、职场之间的重要中介和桥梁，是学生成长的重要引路人。我国研究生教育的快速发展离不开一大批优秀导师的精心指导。导师怎么导？习近平总书记在一系列讲话中曾经提出了明确要求，比如说好老师要有理想信念、有道德情操、有扎实学识、有仁爱之心，要坚持教书和育人、言传和身教、潜心问道和关注社会、学术自由和学术规范四个相统一。我们希望广大研究生导师们要铭记在心，自觉对照落实，经常自我反思是否努力做到了这些。

研究生本人是受教育的，是最高学历的学生，也在立德树人方面有着主观能动性。习近平总书记在多个场合对当代青年大学生的健康成长提出了明确要求，比如说勤学、修德、明辨、笃实，比如说志存高远、德才并重、情理兼修、勇于开拓，比如说爱国、励志、求真、力行，等等。作为大学生的重要组成部分，广大研究生们应当自觉学习贯彻总书记的重要讲话精神，严格要求自己，端正学习动机和态度，增强使命感责任感，系好研究生教育的第一粒扣子，努力做到又红又专、红专并进，自觉为中国特色社会主义事业奋斗终生。

各省市区学位委员会和研究生教育行政管理部门在落实立德树人根本任务方面负有重要职责，一些地方先行先试做得很好。首先是要组织贯彻落实党中央的决策部署，落实好国务院学位委员会和教育部等部委的相关文件要求，避免出现"肠梗阻"的情形，需要上下同心、齐心协力。其次是要认真组织调查研究，分析掌握辖区内研究生教育情况，以立德树人、服务需求、提高质量、追求卓越为标准，及时予以督导指导引导，并及时上报相关情况。再次是要有作为、敢担当，结合本辖区实际情况，将研究生教育纳入区域发展战略，根据区域内经济社会发展需求和科创中心建设等重大工程、重大计划，主动对培养单位提出明确需求，依法依规及时推动学科专业设置调整、学位授权点布局和招生计划、财政资金、支持政策等资源配置，统筹推进本辖区高水平大学和优势特色学科建设，促进本辖区内研究生教育高质量发展。

《中国研究生》："双一流"建设是我国教育发展的战略性工程，您此前担任中国人民大学副校长，现在履职教育部研究生司司长，您认为各地各高校在推进"双一流"建设中最应注意哪些问题？

洪大用："双一流"建设是党中央、国务院作出的重大战略决策，是新时代高等教育的标志性工程，是从高等教育大国迈向高等教育强国的历史性工程。"双一流"建设涉及学校、政府部门、企业、行业和社会很多方面。我们要重点建设的学校和学科已经遴选出来一年多了。2018年8月，教育部、财政部、国家发改委下发了《关于高等学校加快"双一流"建设的指导意见》，全面阐述了"双一流"建设的任务和要求。教育部党组书记、部长陈宝生同志在"双一流"建设现场推进会上，明确提出了"加快、建好"的要求，强调"双一流"建设要做到可靠、合格、真实、有特色、有竞争力、有产出、可持续。目前看来，各地各高校积极落实，"双一流"建设整体上开局良好、进展顺利，并创造了一些阶段性成果和经验。

如果说在推进"双一流"建设过程中，有容易出现偏差的地方，那就主要在于：第一点，主动作为不足。有的学校在争取进入"双一流"建设范围时很积极、很主动，但是列入建设范围之后在一定程度上存在跟着学、照着办、看着行的现象，反映出办学主体性自觉性不足，缺乏遵循教育教学规律和学科建设规律自主谋划、自主建设的勇气和担当。有的地方自觉投入也不足，主动支持高校跟不上。第二点，整体设计不足。有的地方和学校对于区域的、国家的和全球格局变化带来的社会需求缺乏深入分析，对于各校各地自身的特色和优势分析不足，对学科方向进行调整优化不足，有效聚焦重大需求不足，仍然是比较老套的列项目、分经费，不利于集成创新点，形成建设特色，发挥示范引领和服务国家作用。第三点，统筹推进不足。"双一流"建设的实质是通过重点建设带动整体提升，有的地方和学校对此认识不足，眼里只有列入建设范围的一流大学和一流学科，缺乏对不同类型高校、不同学科的统筹推进。第四点，改革开放不足。改革创新、开放合作是"双一流"建设的重要动力源。有的学校和地方深化改革、扩大开放的勇气和能力还不足，不愿意"惹乱子""添麻烦"，愿意做增量改表面，从而对改革创新的方向、焦点、力度和节奏把握不好，释放不出驱动学校学科发展的活力。第五点，一流意识不足。主要表现有三：一是囿于传统的赶超思维，发挥引领作用不足，实际上还是确定所谓"标杆"，跟着"一流"创一流；二是过于强调学校学科特殊性，对外开放交流不足，打拼不足，不能自觉扩大学校学科的国际影响力；三是教育自信不足，对扎根中国大地、坚持社会主义办学方向创出新一流缺乏坚定的信心、清晰的路径、明确的目标和稳健的步伐。第六点，战略定力不足。有的学校和地方还在围着各种不科学的评价指标转，亟亟于短期可见成效的所谓抓手，甚至存在急躁冒进重表面的现象，或者走向另外的极端，也就是手足无措、无所作为甚至乱作为。相应地，在以下方面的自觉努力就有不足，比如说自觉探索和遵循教育教学规律、紧紧围绕立德树人根本任务、切实加强教师队伍建设，着力深化改革以建立健全支撑一流大学和一流学科的科学合理先进的体制机制、完善社会主义建设者和接班人的人才培养体系，等等。

以上说的偏差主要是指容易出现的，有的确实出现了，主要是局部的、少量的，但是很有危害性，各地各高校应当注意研判防范、引以为戒。只要我们深刻领会党中央的战略部署，坚持以习近平新时代中国特色社会主义思想为指导，积极主动而富有创造性地贯彻落实"双一流"建设有关文件，全面加强党对高等教育的领导，坚定社会主义办学方向，我们就一定能够扎根中国大地办好一流大学和一流学科，并为世界高等教育贡献中国智慧和中国经验。

《中国研究生》：学科评估关系到学科建设和研究生教育的健康发展，也关系到研究生教育强国建设。要做到科学评估，需要注重哪些方面？

洪大用：评估很重要，做人做事都要评估。"双一流"建设也强调以绩效为杠杆，"花钱必问效，无效必问责"，这就是说要做绩效评估。

评估工作是我们日常生活的一个部分，更是我们事业发展的有机组成部分。对学科学校的评估，就是我们学位与研究生教育事业发展的一个重要组成部分。学位中心以前开展了多次学科评估，对学科建设和研究生教育发挥了重要的推动作用。就科学合理的评估工作来讲，它是我们从研究生教育小国、弱国逐步迈向一个大国、强国的助推器。

在刚刚结束的全国教育大会上，习近平总书记非常突出地强调了科学评价的重要性，指出要深化教育体制改革，健全立德树人落实机制，扭转不科学的教育评价导向，坚决克服唯分数、唯升学、唯文凭、唯论文、唯帽子的顽瘴痼疾，从根本上解决教育评价指挥棒问题。这就是说，科学合理的评估工作，其核心要更加聚焦高等学校立德树人根本任务，健全落实这一任务的有效机制。对于学科建设和研究生教育评估工作来讲，我想有几个最为基本的方面，是需要大家进一步研讨完善的。

首先是方向要明。一定要坚持以习近平新时代中国特色社会主义思想为指导，坚持党对学科建设和研究生教育的全面领导，坚持扎根中国大地办社会主义大学，坚持教育的"四为"方向。前不久在上海召开的"双一流"建设现场推进会上，教育部党组书记、部长陈宝生同志明确指出"双一流"建设的第一条要求就是可靠。党中央、国务院作出重大决策，建设一流大学和一流学科，是党之大计、国之大计的重要组成部分。我们开展学科建设和研究生教育评估工作，首先要看方向，要看是否是为人民服务、为中国共产党治国理政服务、为巩固和发展中国特色社会主义制度服务、为改革开放和社会主义现代化建设服务。偏离社会主义办学方向就犯下了根本性的错误。

其次是聚焦要准。一定要聚焦于学校学科立德树人根本任务的落实情况，要关注人才培养能力和人才培养质量，在这方面的指标设置要更加科学合理，占有更大权重。关于人才培养能力和质量，我想不仅仅是看当下学生规模和就业率，也要看学校的办学条件、师资队伍、学术水平和人才培养体系，还应综合考虑人才培养的历史表现，比如说学生毕业后的成长成才情况、毕业生对母校的认同和支持情况，等等。学生发展好，学生会感恩，一定是与学校学科人才培养能力强相关的，与学校学科以学生为中心、关心关爱学生成长相关。

最后是方法要对。也就是说评估方法要更加科学合理。我想，在对学校学科进行更为科学合理的评价方面，是否应当更加注意以下几对关系的统筹和平衡：一是结构性评估和功能性评估的关系。我们现在有些评估是割裂二者的，并且更多地看重大学在人才培养、科学研究、社会服务、文化传承与创新等方面的功能发挥情况，强调这些外在的、可观察的、可量化的指标，但是对大学内部资源配置、治理结构和治理机制等的评价忽视了，对其外部功能发挥的可持续性评价忽视了。二是投入评估、产出评估和过程评估的关系。我们光看产出不看投入是否科学？是否需要重视绩效评估？是否需要更加重视过程评估，特别是对人才培养而言？三是当下表现与历史表现和未来趋势的关系。我们是不是应该将一个学校一个学科放在一个时间连续体中进行评估，综合考虑其当下表现和历史成效、未来趋势？评估当下表现当然很重要，但是也应重视历史积累，这是学校学科的底蕴，我们还要评估一个学科一个学校未来发展的条件和能力，这关系到可持续性和成长性。四是一般性和特殊性的关系，也就是共性和特色的关系。毫无疑问，高校学科都有共性，都有可以比较的方面。但是，不同学校的品格不同、定位不同、使命不同、文化不同，甚至在发展环境、发展阶段上也存在差异，从而造成大学间不可比的差异性，我们是不是必须用一把尺子去量？五是外部评估驱动和内部自我驱动的关系。当前很多高校学科都在围着外部评估的指挥棒转，转来转去，甚至迷失了方向，损害了能力，异化了自我。外部评估对于学校学科发展可以作为重要的参考，但是主心骨在内部。归根结底，一所大学、一个学科跟一个人一样，只有自己形成了明确的方向感，建立了持续进步的体制机制，形成了良好的内部质量控制文化，才有源源不竭的内生动力。相对于运用外部评估手段，我们是否应该更加强调学院学科的自我约束、内生发展？以上谈的是五对关系处理问题。当然，我们讲方法要对时，也还包括注意评估的公平公正公开、适当定位评估者与被评估者关系等方面。

《中国研究生》：在新时代背景下，如何更好地开展学科建设与研究生教育评估工作？

洪大用：一些主要的方面，前面已经谈到了。我再强调一下当前学科建设与研究生教育评估工作的大背景，这是我们更好开展评估工作需要关注和研究的。一是党的十九大明确提出要加快一流大学和一流学科建设，实现高等教育内涵式发展。做好评估工作要深入理解高等教育内涵式发展这样一个命题。二是党的十九大提出了建设教育强国目标，全国教育大会进一步作出了部署。我们在从教育大国迈向教育强国的过程中，如何发挥好评估的作用，是要加快研究的。三是党的十九大指出中华民族正在经历从站起来、富起来到强起来的伟大飞跃，在这样一个大的飞跃中，评估工作如何助力也是现实课题。四是当前国外各种评估排名五花八门，我们如何取长补短研究出具有自身特色又能广为接受的评估思想和工具，对于掌握话语权、扩大影响力和正确引导学科建设与研究生培养来说，变得更加重要。作为一个研究生教育大国，我们不能简单地随着别人的节奏起舞，跟着别人的指挥棒乱转，我们要增强教育自觉，坚定教育自信。五是2018年8月教育部等部委联合下发了《关于高等学校加快"双一流"建设的指导意见》，指出要坚持多元综合性评价，探索建立中国特色"双一流"建设的综合评价体系和现代高等教育评估制度。在这些大背景下，为了更好地开展评估工作，我们特别要深刻反思和深入研究为什么评、评什么、如何评、谁来评和如何看待评估结果等一系列问题，对下一步的学科建设与研究生教育评估工作尽快作出更加科学合理的安排。

新世纪以来，学位中心组织了多轮学科评估和其他形式的评估，不断改进完善指标体系，不断改进工作方式方法，积累了比较丰富的评估经验，锻炼了较高素质的评估队伍，目前已经成为国内具有重要影响力的评估机构。学位中心开展的工作，对我们推进学科建设、提升学科质量、促进高校发展和人才培养做出了积极贡献。此外，中国学位与研究生教育学会下属的评估委员会，是一个重要的专业咨询组织，集聚了很多优秀的业内专家。多年来，评估委员会也组织开展了学位与研究生教育评估的科学研究和学术交流活动，举办了各种形式的学位与研究生教育评估培训班、经验交流会，开展了学位与研究生教育评估的咨询工作，积极同国内外有关学术团体交流协作，在推动学位与研究生教育战线交流经验、扩大评估的社会效益、服务政府决策等方面都发挥了积极作用。我想，学位中心和评估委员会，都是我国学位与研究生教育评估制度与质量保障体系建设的重要贡献者。我相信，有党中央、国务院和教育部党组的正确领导，在全体战线同志的共同努力下，我们学科建设和研究生教育评估工作将会更加完善，为推进"双一流"加快建设、特色建设、高质量建设，为研究生教育改革和发展，为加快推进教育现代化、建设教育强国、办好人民满意的教育作出新的贡献。

为新时代研究生教育发展
提供更好的智力支撑*

新中国研究生教育已经走过了70年的发展历程。70年来，我国研究生教育在摸索中前行，在实践中创新，从无到有，从小到大，走过了艰难的历程，取得了辉煌的成绩，为我国各行各业培养了近千万高层次创新型人才，在经济发展和社会建设中发挥了应有的高端引领与战略支撑作用。从我国研究生教育70年的发展中，可以总结出哪些特点和经验？进入新时代，我们应该怎样深化研究生教育改革发展，加快建设研究生教育强国？这些都要求高水平的研究生教育研究提供更加有力的智力支撑。

新中国研究生教育取得显著成就

从世界范围来看，以1810年德国柏林大学的创办为标志，现代研究生教育已经有200多年的发展历史。在我国，研究生教育也有一百多年历史。1902年，清政府颁布《钦定学堂章程》（又称"壬寅学制"）就提出了设立"大学院"的设想，培养专事高深学问的人才。1908年，上海的教会学校圣约翰大学就颁授了第一个医学博士学位。1917年，苏州的东吴大学颁授了第一个化学硕士学位。当然，这些最早授予研究生学位的大学都是教会大学，其授予的学位严格来说，不能算作中国的学位。1935年，国民党政府制定了《学位授予法》，对学位层级结构、

---

* 本文根据在第二届研究生教育学国际研讨会上的发言记录稿整理而成，发表于《学位与研究生教育》，2020年第1期。周文辉同志协助整理了引文注释。

学位授予的程序等作出了规定①。但是在新中国成立前，我国的研究生教育是不成体系的，发展非常缓慢，1935 年到 1949 年，一共只颁授了232 个硕士学位②。

因此，从某种意义上说，中国研究生教育的发展与中华人民共和国的发展是同步的。1950 年，中国人民大学和哈尔滨工业大学开始在苏联专家的帮助下培养研究生。1951 年，国家统一招收研究生，当时计划招收 500 人，其中由中国科学院招收 100 人，中国人民大学招收 200 人，北京大学、清华大学等其他 14 所高校一共招收 200 人。但当年实际上只完成了 276 人的招生计划③。从新中国成立到 1978 年改革开放，我国累计培养了 2 万多名研究生。1978 年改革开放以后，我国研究生教育事业进入快速发展阶段。1978 年当年招收研究生 10708 人④，到 2018 年，我国在校研究生达到 273 万人⑤，在规模上居于世界前列。改革开放以来，我国总计授予了 86 万个博士学位，806 万个硕士学位，成为名副其实的研究生教育大国。

截至 2018 年，我国一共批准了 738 个硕士或博士学位授予单位，也就是说我国现在有 738 个单位可以培养研究生，其中，普通高等学校有 545 个。我国开展研究生教育的高等学校，占本科高校的比例以及占整个 2663 所高等学校的比例还是相对较低的，尚有一定的发展空间。实际上，在英美等国家，很多高校都可以开展研究生教育，但多数是在硕士层次。

我国的学位授权是按学科开展的。国家现行学科目录中有 13 个大的学科门类，包括文学、历史学、哲学、经济学、法学、教育学、理学、工学、农学、医学、军事学、管理学、艺术学，在这 13 个学科门

---

① 许德雅：《国民政府时期学位制度"中国化"的历史演变》，《学位与研究生教育》2008 年第 1 期。

② 王战军、周文辉、李明磊等：《中国研究生教育 70 年》，中国科学技术出版社 2009 年版，第 7—8 页。

③ 中央教育科学研究所：《中华人民共和国教育大事记（1949—1982）》，教育科学出版社 1984 年版，第 41 页。

④ 梁桂芝、孟汇丽：《中华人民共和国学位与研究生教育要事志（1949—1993）》，西安交通大学出版社 1994 年版，第 187 页。

⑤ 王战军：《70 年探索奋斗：中国研究生教育发展规律与启示》，《学位与研究生教育》2019 年第 9 期。

类下，设有 111 个一级学科。一级学科下设有二级学科和研究方向，目前是由获得一级学科授权的单位自主设置。按学位授权点统计，现在我国约有 1.7 万个，包括学术博士学位授权点、专业博士学位授权点、学术硕士学位授权点和专业硕士学位授权点，其中，博士学位授权点有 4000 多个。

目前，我国专业学位硕士生招生数占全体硕士生招生数的 58%，专业硕士学位授予数占全部硕士学位授予数的 54%。这表明，我国专业学位研究生教育获得了很大的发展，形成了专业学位研究生教育和学术学位研究生教育共同发展的新格局。截至目前，我国共授予专业学位硕士 283.2 万个，专业学位博士 4.2 万个。

从研究生就业情况来看，我国培养的研究生原来有相当大比例毕业后去教学科研机构工作。但调查研究表明，2018 年教育部直属高校博士毕业生到教学科研机构任职的占 50% 多一点，全国博士毕业生到高校和科研机构任职的比例约为 38%[1]，所以研究生就业特别是博士生就业日益多元。

我国研究生培养实行导师负责制，研究生指导教师的数量也实现了快速增长。现有 43 万名研究生导师，其中 10 万名为博士生导师。这意味着我国高等学校 160 多万名教师中，将近四分之一是可以指导研究生的。

在规模不断扩大、结构不断优化的同时，研究生教育质量在整体上也有基本保证。我国实行学位论文抽检制度，教育部委托专门机构每年组织专家对博士学位论文进行抽检，抽检比例为 10%。2018 年的抽检结果显示，合格率达 96.3%。所以总体上来看，我国的研究生培养质量，特别是博士生培养质量是有基本保障的。

以上这些基本数据，反映了新中国成立以来，特别是改革开放以来我国研究生教育事业的快速发展。一个快速发展的研究生教育体系在中国的客观存在，是一个不容忽视的教育实践，也是一个需要深入研究的对象。我国的研究生教育研究要直面改革发展的实践，深入探讨在这么短的时间内办这么大的研究生教育，其逻辑、规律和经验是什么，其局

---

[1] 李永刚：《中国博士毕业生的就业选择与流动趋向研究——以教育部直属高校为例》，《中国高教研究》2019 年第 9 期。

限、不足和改进方向在哪里。

新中国研究生教育发展的突出特点

如何看待几十年来我国研究生教育的发展？这个问题涉及很多方面。整体上看，可以说是成就巨大，潜力巨大，任重道远。从其发展历程看，我国研究生教育大致呈现以下几个重要特点。

第一个特点是政府主导。这也是我国研究生教育发展最基本的特点。1980年我国颁布了《中华人民共和国学位条例》，学位条例是改革开放后第一部教育立法。教育主管部门根据国家立法制定学科目录，组织专家开展学位授权审核，指导各高校各学科的研究生培养计划；通过国家计划委员会（国家发展改革委）制订招生计划，通过国家财政部门提供资金支持，各相关主管部门协同推动研究生教育的发展。我国研究生教育的招生计划、经费支持和办学依据都是由国家主导的，这也是我国在短时间内，能够在一个发展中国家举办大规模研究生教育的重要保障。

第二个特点是两类主体。我国研究生教育有两个教育主体，即高等学校和科研机构。在其他国家，研究生教育主要是由高等学校来开展的，研究机构很少开展大规模的研究生培养。但在我国，新中国成立伊始，中国科学院系统就是培养研究生的"大户"。直到改革开放后，根据学位条例，我国研究生教育仍有高等学校和科研机构两个主体。虽然后来科研机构的职能定位和宏观环境发生了一些变化，科研机构培养研究生比例在逐步降低，但依然在我国研究生教育中发挥着重要作用。

第三个特点是快速发展。改革开放后，尤其是1999年以后，我国研究生教育发展非常迅速。从世界范围看，最近几十年研究生教育普遍发展较快。以美国为例，美国从20世纪70年代至今研究生培养体量也增加得很快。但我国的研究生教育几乎是从无到有发展起来的。从1978年招生1万多人，到1998年，还只有7万人的招生量[①]。又经过

[①] 《1998年全国教育事业发展统计公报》，教育部（http://www.moe.gov.cn/s78/A03/ghs_left/s182/moe_633/tnull_842.html）。

10年，到2009年，我国的研究生招生数达到50万人[①]。2019年我国研究生招生数有90多万，其中硕士生招生达到80多万人，博士生招生超过10万人。

第四个特点是实践创新。我国的研究生教育是"摸着石头过河"一步一步发展起来的。我们根据经济社会的不断发展，根据对研究生教育发展规律认识的不断深化，不断修正、调整研究生教育的规模、结构、管理体制和发展方式。例如在学位授权管理方面，我国学位条例并没有规定省一级的学位委员会起什么样的作用。经过多年的实践探索，现在我国建立了国家、省级教育行政管理部门和培养单位三级学位管理制度，省级学位委员会在区域研究生教育的统筹方面正在发挥越来越大的作用。再如专业学位研究生教育的发展也是如此。我国原来是没有专业学位的，这样一个学位类型在学位条例中是没有规定的，经过实践中的探索，到今天，专业学位研究生已经在我国研究生总数中占据相当大的比例。

第五个特点是学术导向。我国研究生教育在很大程度上是强调学术导向的。从制定《学位条例》开始就表现出明显的学术导向。《学位条例》规定，硕士学位获得者须"在本门学科上掌握坚实的基础理论和系统的专门知识"，"具有从事科学研究工作或独立担负专门技术工作的能力"，博士学位获得者须"在本门学科上掌握坚实宽广的基础理论和系统深入的专门知识"，"具有独立从事科学研究工作的能力"，"在科学或专门技术上做出创造性的成果"[②]，这些要求都体现出鲜明的学术导向。这种学术导向的一个突出表现是我国的硕士生教育与西方国家的硕士生教育不太一样。在西方国家，硕士学位基本上是一个过渡层次的、职业取向的学位，但在我国硕士学位是一级独立的、重要的学位。当然，近年来，随着我国研究生教育结构的调整与培养目标的改变，这种学术导向也在发生变化。同时，我们应该看到，这种学术导向在一定程度上影响了我国专业学位研究生教育的发展。近年来，我国高校在专业学位研究生教育管理体制改革、培养模式创新、实践基地建设等方面

---

① 《2009年全国教育事业发展统计公报》，教育部（http：//www.moe.gov.cn/publicfiles/business/htmlfiles/moe/moe_1485/201008/xxgk_93763.html）。

② 《中华人民共和国学位条例》，教育部（http：//old.moe.gov.cn/publicfiles/business/htmlfiles/moe/moe_619/200407/1315.html）。

开展了一系列实践探索，取得了很多成功经验。但毋庸讳言，从整体上看，我国的专业学位研究生教育无论是培养方式还是评价标准，很大程度上仍是以学术学位研究生教育为参照的，这显然不能适应高层次应用型人才的培养需要，也不利于专业学位研究生教育的长远发展，这是一个须着力解决的问题。

我国的学位与研究生教育事业走过了辉煌灿烂的70年历程，取得了非常显著的成绩，也展现出很多方面的特点，其中政府主导、两类主体、快速发展、实践创新和学术导向，应该是我国研究生教育发展中比较突出的一些特点。

重视以系统思维深化研究生教育研究

中国特色社会主义进入了新时代。新时代意味着我国的经济实力更强，结构更加优化，经济社会发展更加平稳协调、更加注重质量，将在全面建成小康社会的基础上朝着社会主义现代化强国迈进。这个宏观社会背景和百年未有的世界变局，对我国的研究生教育提出了新的挑战。无论是从整体上建设研究生教育强国的角度，从促进经济社会转型升级的角度，从增强国家核心竞争力的角度，还是从推进人类命运共同体建设、引领人类文明新时代的角度，研究生教育都具有非常重要的战略意义。它既是高端，也是引领，还是创新。研究生教育要服务于国家的战略需求，服务于人类文明的进步。

经过几十年的发展，我国研究生教育已经实现了从小到大的历史性跨越，进入了由大到强的新时代，我们站在了全新的起点上。在未来相当长的一段时期内，我国研究生教育的主题就是由大到强、由强到优。为此，迫切需要更加科学、更加系统的教育研究成果，来支撑、引导研究生教育事业的发展。从发展模式看，我国研究生教育走过了一个不断摸索、试验创新的时代，将要进入更加注重系统设计、科学规划的新时代。在这样一个时代，加强研究生教育的科学研究就显得愈发重要。

应该怎样开展研究生教育研究，使研究生教育发展得到更加科学的指导？我认为，研究视角非常重要。新时期开展研究生教育研究，需要增强系统思维，重点关注以下几个研究视角。

一是要把研究生教育自身的体系弄清楚，把体系内各个要素之间的关系弄清楚。学科专业的设置、教师的配备、课程的开设、教材的建设、实验设施、实习实践的条件和机制、质量评价、教学管理等，构成了研究生教育的体系。这个体系中的要素各自具有什么特点？要素之间有什么关系？怎样能使这个体系更加优质，更加高效，更加有助于培养更高层次的人才？在这方面，系统性的研究是非常重要的。研究生教育研究要有系统的观点，要重视研究生教育体系内各要素之间的关联性，不能只顾一点，不及其余。

二是要把研究生教育放在整个教育体系中看。整个教育体系，从基础教育，到职业教育和本科教育，再到研究生教育，是一个相互连接和贯通的体系。应该怎样在这样一个教育体系中看待研究生教育？换句话说，怎样建设一个教育强国的研究生教育？这里有一个核心问题：研究生教育与其他学段的教育有什么区别？研究生教育的核心和灵魂就是创新。尤其是在当前这个不断变化的时代，我们迫切需要具有前瞻性和引领性的创新，其中既有知识的创新，也有实践的创新。通过培养高水平的创新型人才，持续推进知识的创新和实践的创新，是研究生教育的根本使命，也只有研究生教育能够承担这样的使命。

最近，很多人在讨论，是本科教育更重要，还是研究生教育更重要？其实，本科教育也好，研究生教育也好，都是培养人，培养合格的社会主义建设者和接班人是教育的根本任务。如果缺乏扎实的本科教育基础，研究生教育的生源质量就不能保证；如果没有高水平的研究生教育，就没有吸引优秀本科生的平台，我国的优秀本科毕业生就会到英国、美国等国家的大学去读研究生。鉴于我国高等教育发展的实际情况，重视本科教育，是具有重要战略意义的。主要原因是：第一，在高等教育体系中，本科教育是基础，基础不牢，地动山摇。第二，从规模上讲，本科在校生远远超过研究生，具有量大面广的特点，必须予以重视。第三，在我国高等教育快速发展的特定阶段，有不少高校短时间内扩招了大量本科生，而师资队伍建设、条件与资源建设等跟不上，导致本科教育质量没有得到保证。第四，重视本科教育也是针对现实中的短板提出的，确实有一部分高校一段时间以来办学方向出现偏差，过度重视科学研究，对本科教育有所忽视。本科教育是我国做好做强研究生教育的基础和重要条件，所以一定要发展好本科教育。但是，我们必须充分意识到，研究生教育具有高端引领和战略支撑作用，研究生教育的高度和水平标志着一个国家教育的高度和水平,也标志着一个国家的核心竞争力,当下研究生教育存在的问题会影响国家未来的发展。从这个意义上说,研究生教育对于整个教育体系建设、对于教育强国建设具有特殊的重要意义,发挥着引擎的作用。我们要从教育体系的协调发展和高质量发展的角度看待研究生教育的改革和发展。

三是要把研究生教育放在社会体系中去看。教育系统不是封闭的系统,教育始终是在社会中存在、运行和发展的。我们要始终着眼于教育与社会的良性互动来发展研究生教育。要精准识别社会需求,根据社会的需求来改革研究生教育的供给,充分发挥研究生教育对经济社会发展的支撑和引领作用。要多渠道获得支撑研究生教育发展的资源,利用全社会的资源来支持研究生教育的发展。同时,我们还要不断优化政府支持研究生教育的体制和机制,使研究生教育更加具有活力,更加高效,能够获得更高质量的发展。所以研究生教育研究者要把教育与社会的关系弄清楚,要从社会体系的角度关注研究生教育的改革和发展。

四是要把研究生教育放在国际高等教育体系中看。在全球化的时代,没有一个国家的教育是孤立存在的,各国教育的开放、交流、合作日益频繁、深入,或者可以说正在形成新的全球性教育体系。某种意义上说,各种全球高等教育排名实际上也是在强化全球教育体系的建构。我国已经是教育大国,但是我国教育的高端也就是研究生教育,与发达国家相比还存在一定的差距。这里一个很明显的标志是国内很多高校普遍反映博士生的生源不如硕士生的生源,硕士生的生源不如本科生的生源,根本原因就是我国高校培养的最高端的一部分人才去了别的教育体系当中。这就表明,如果我国不能成为研究生教育强国,就会流失最优秀的人才,损失国家的核心竞争力,我国的研究生教育体系就不能与世界上其他先进的研究生教育体系并肩前行。所以我们要在国际体系中看待我国研究生教育的发展,要重视相互借鉴、相互学习、共同发展。

以上所言研究生教育自身的体系,研究生教育与教育体系的关系,研究生教育与整个社会体系的关系,以及我国研究生教育与国际高等教育体系的关系,都面临一些非常重要的课题,需要我们去深入研究。

努力为研究生教育研究创造更好条件

作为研究生教育的主管部门，我们将积极为研究生教育的研究工作提供必要的支持。有条件的高等学校也要加大对研究生教育研究的支持。这里有几个方面的工作非常重要。

第一，要推动建立更加科学、规范的研究生教育数据库来支撑研究生教育的科学研究。目前我国的研究生教育数据库建设非常薄弱。近年来，研究生教育界的专家学者开展了大量的研究工作，做了大量定性的政策阐述，当然也有不少调查研究，但是缺乏非常扎实的定量研究。一个重要的原因是缺乏系统的、规范的研究生教育数据库。我们不仅对国外研究生教育的数据介绍有限，对国内的研究生教育，从招生到学位授予的各个环节各个方面的数据积累也是非常不成熟的，这不仅不利于研究生教育研究的深入开展，也不利于研究生教育的政策制定和科学决策。

第二，有条件的高校可以建立专门的研究生教育研究平台。以《学位条例》颁布为标志，我国研究生教育作为一个独立的教育层级已近四十年，规模越来越大，地位日益重要，但相应高水平的研究支撑平台建设不足。目前北京大学、清华大学、北京理工大学等高校已经成立了专门的研究生教育研究机构，并开展了一系列卓有成效的研究工作，但是还不够，希望更多有条件的高校参与这种研究平台的建设。这种平台可以是跨学科研究中心，也可以是专门的研究机构和研究团队。希望通过各类研究平台的建设，汇聚专家队伍和研究资源，开展更加深入的研究、交流和合作，为我国研究生教育的改革和发展提供更加有力的智力支撑。

第三，要大力支持研究生教育研究学术共同体的建设。中国学位与研究生教育学会，各相关的专业社团，《学位与研究生教育》等学术期刊，还有研究生教育的学术交流会议，都是研究生教育研究学术共同体建设的重要支柱，在推动研究生教育的学科建设、科学研究、人才培养、社会服务等方面发挥着重要作用。所以我们将一如既往地支持、服务学术共同体，支持各相关学会、协会的工作，支持相关学术期刊的工作，也支持学位与研究生教育领域各种学术交流不断深化。希望学术共同体通过密切互动、相互交流,来凝聚共识,产出更多能够指导研究生教育改革与发展的高水平研究成果。

第四,要重视研究生教育研究人才的培养。研究生教育事业不是一时一地的事,它是长久的事业,需要有稳定的队伍。高水平的人才培养,对于高水平的研究生教育研究具有非常重要的意义。因此,要高度重视人才培养工作。希望相关的高校和研究机构培养更多的专业化的研究生教育研究人才,这样我们的研究生教育研究和实践才能够持续发展、不断改进,才能更好地为我国新时代的高质量发展和教育强国建设作出应有的贡献。

以制度建设统领学位与研究生教育工作[*]

制度建设是国家长治久安、事业兴旺发达的重要保证。党的十九届四中全会聚焦坚持和完善中国特色社会主义制度，推进国家治理体系和治理能力现代化，做出了一系列重大部署，要求各地各部门各级领导干部切实强化制度意识，带头维护制度权威，做执行制度的表率。我们第一时间关注、第一时间学习、第一时间落实四中全会精神，在部党组的领导下，切实加强制度建设，坚持将制度优势转化为治理效能，推动新时代学位与研究生教育的新发展。

严格执法加强和改进学位管理工作

学位工作依法创建，依制推进。1980年2月12日，第五届全国人民代表大会常务委员会第十三次会议通过了《中华人民共和国学位条例》。1981年5月20日国务院批准了《中华人民共和国学位条例暂行实施办法》。这两份文件明确了学位工作的宗旨、三级学位体系、学位授予条件、学位授权审核、学位授予办法等重要内容，是学位管理工作的基本遵循。在1981年7月召开的国务院学位委员会学科评议组第一次会议上，时任高教部部长的蒋南翔同志指出，学位立法和建章立制是我国教育和科学事业向前发展的一个重大步骤，是新中国教育史上的一个里程碑。

1983年5月27日，新中国首批博士学位授予仪式在人民大会堂隆

---

[*] 本文发表于《中国教育报》，2019年12月23日。

重举行，经中国科学院研究生院、中国科技大学、复旦大学等8个单位试点，共授予18人博士学位。从那时以来，我国学位与研究生教育事业快速发展。截至2018年，全国累计授予86万人博士学位，806万人硕士学位，5185万人学士学位。在研究生教育方面，国家布局了739家学位授权单位，约1.7万个学位授权点，在学研究生273万人，建成了世界研究生教育大国。

我们在坚持依法开展学位管理工作的同时，根据形势发展和实践需要，不断完善制度。1985年，启动了在职人员申请硕士、博士学位试点工作，开辟了在职人员申请学位的通道，丰富了终身学习制度。自1991年设立"工商管理硕士"以来，我们积极稳妥地发展专业学位教育，丰富了研究生教育的类型结构。2019年，颁布《学士学位授权与授予管理办法》，在规范学士学位授予工作的同时，强化创新型、复合型、应用型人才培养。此外，我们还在实践中不断完善学科目录设置，强化省级统筹职责，建立了国家主导、省级统筹、培养单位自主办学的三级学位工作体系。下一步，我们将加快推进《学位条例》修订工作，巩固改革成果，完善制度设计，为新时代学位与研究生教育发展提供更加有力的制度支撑。

不断发展质量导向的研究生教育治理体系

研究生教育是国民教育的最高端，是高等教育水平的重要标志，是国家创新力和竞争力的基石。自1978年恢复招生以来，我国研究生教育规模不断扩大，类型更加多样，体系日益健全，对国家创新和经济社会发展的支撑引领作用日益突出。在经历了1999年到2009年的快速发展之后，我国目前已经成为世界上的研究生教育大国，产生了日益广泛的国际影响。

党的十八大以来，我们持续强化质量导向，推动内涵发展，着力加强制度建设，改进治理体系。2014年，教育部召开了研究生教育质量工作会议，着眼构建学位授予单位、教育行政管理部门、学术组织、行业部门和社会机构共同参与的"五位一体"质量保障体系，制定发布了一系列文件，就导师队伍建设和课程建设等作出了规范性要求，按一级学科和专业学位类别制定了博士硕士学位基本要求，建立了学位授权点专项评估、合格评估制度和学位论文抽检制度。同时，贯彻落实"放管服"要求，着眼激发研究生培养单位内生动力，先后取消了研究生院设置、重点学科评选、优博论文评选等，不断扩大培养单位办学自主权。

为推进新时代研究生教育更高质量发展，近期即将召开首次全国研究生教育会议。围绕"立德树人、服务需求、提高质量、追求卓越"工作主线，坚持面向世界科技竞争最前沿、面向经济社会发展主战场、面向国家治理大战略，不断提升研究生教育支撑和引领经济社会发展能力。我们将推动出台《关于加快新时代研究生教育改革发展的意见》和三个配套文件，分别从严格规范质量管理、加强博士生导师岗位管理和系统规划专业学位发展等方面，聚焦问题、补齐短板、系统推进，进一步完善质量导向的研究生教育治理体系，提升治理能力，推进研究生教育治理现代化。

在"双一流"建设中加强制度执行和建设

重点建设充分体现了我国高等教育发展的制度优势和政策特色。2015年10月，继历史上的多次重点布局和"211工程""985工程"建设之后，国务院发布《统筹推进世界一流大学和一流学科建设总体方案》，提出了新时代推进高等教育发展的重大战略构想，明确了"加强和改进党对高校的领导、完善内部治理结构、实现关键环节突破、构建社会参与机制、推进国际交流合作"五大改革任务，指出了"建设一流师资队伍、培养拔尖创新人才、提升科学研究水平、传承创新优秀文化、着力推进成果转化"五大建设任务。2017年1月，教育部、财政部、国家发展改革委联合印发了《统筹推进世界一流大学和一流学科建设实施办法（暂行）》，进一步明确了"双一流"建设的基本原则、遴选条件、遴选程序、支持方式和管理方式，为双一流建设顺利实施提供了明确的制度保障。

为推动《总体方案》和《实施办法》落地落细落实，2018年教育部、财政部、国家发展改革委联合制定并发布了《关于高等学校加快"双一流"建设的指导意见》，明确了一流大学和一流学科建设的具体要求，并在上海召开了现场推进会。今年以来，在翁铁慧副部长的带领下，研究生司会同其他相关司局，深入100多个"双一流"建设高校，开展一对一调研，进行个性化指导，坚决维护政策权威，着眼政策执行效果，引导建设高校和学科落实立德树人根本任务，加快发展、特色发展、高质量发展，更好地服务国家和区域发展战略，作出更有价值的贡献。

随着"双一流"建设第一周期即将结束，为科学评价建设成效，落实动态调整，我们广泛征求意见，充分发挥专家作用，坚持以习近平新时代中国特色社会主义思想为指导，以立德树人为核心，对标对表《总体方案》《实施办法》和《指导意见》，推动"双一流"建设动态监测指标体系和成效评价办法的研制工作，争取尽快发布文件，为后续工作提供有力指导，切实保障"双一流"建设高质量推进。

扎根中国大地加快建设
研究生教育强国[*]

自 1978 年恢复招生以来，我国研究生教育规模持续扩大，管理和培养体系不断完善，服务国家战略和经济社会发展的能力不断增强，国际影响力逐步提升。在一定意义上可以说，我们一直奋斗在研究生教育强国建设的正确道路上。党的十九大和全国教育大会进一步廓清了我国教育发展方向、方针和方略，明确提出和部署了教育强国建设目标，进一步增强了我们扎根中国大地建设研究生教育强国的自觉性、自主性和自信心，极大地鼓舞了研究生教育战线的同志们，吹响了又好又快建设研究生教育强国的冲锋号。

研究生教育是教育强国建设的制高点

从站起来、富起来到强起来，这是中华民族的伟大梦想，教育强国一直是这一梦想中具有支撑和引领作用的重要组成部分。21 世纪以来，建设教育强国的呼声更加强烈，目标也日渐清晰。《国家中长期教育改革和发展规划纲要（2010—2020 年）》指出，提高质量是建设高等教育强国的基本要求。2015 年国务院印发的《统筹推进世界一流大学和一流学科建设总体方案》提出，到 21 世纪中叶基本建成高等教育强国。

---

[*] 本文发表于《学位与研究生教育》，2019 年第 3 期。内容基于我在三次会议上的发言记录整理而成：一是中国研究生院院长联席会 2018 年年会（2018 年 11 月 29 日，上海），二是第十二届全国学位与研究生教育评估学术会议（2018 年 12 月 6 日，南京），三是纪念恢复研究生教育 40 周年暨改革创新高端论坛（2018 年 12 月 8 日，西安）。郑玮斯同志协助提供了部分数据资料并整理注释。

党的十九大报告明确指出:"建设教育强国是中华民族伟大复兴的基础工程,必须把教育事业放在优先位置,深化教育改革,加快教育现代化,办好人民满意的教育。"① 这表明,建成教育强国是建成富强民主文明和谐美丽的社会主义现代化强国的重要内容,已经成为党和国家的战略意志和自觉行动。

2018年9月召开了新时代第一次全国教育大会,习近平总书记在讲话中指出,"教育是国之大计、党之大计",对建设教育强国作出了进一步阐述和部署:"新时代新形势,改革开放和社会主义现代化建设、促进人的全面发展和社会全面进步对教育和学习提出了新的更高的要求。我们要抓住机遇、超前布局,以更高远的历史站位、更宽广的国际视野、更深邃的战略眼光,对加快推进教育现代化、建设教育强国作出总体部署和战略设计,坚持把优先发展教育事业作为推动党和国家各项事业发展的重要先手棋,不断使教育同党和国家事业发展要求相适应、同人民群众期待相契合、同我国综合国力和国际地位相匹配。"②

众所周知,教育是多层次、多类型、多主体的宏大体系,教育强国一定是整个教育体系的协调发展、全面提高和先进强大。在最为基本的意义上,教育包括了学前教育、义务教育、高中教育、职业教育、本科教育和研究生教育等阶段,这些阶段是相互联系、彼此衔接的。尤其是研究生教育,作为国民教育体系的顶端和"神经中枢"③,是培养高层次人才的主要途径,是国家创新体系的重要组成部分,是科技第一生产力、人才第一资源、创新第一动力的最佳结合点,是国家的"一项战略资产"④,直接关系到国家竞争力水平,并对整个教育体系的质量和水平有着引领和标识作用。因此,研究生教育是教育强国内在的、具有引

---

① 习近平:《决胜全面建成小康社会 夺取新时代中国特色社会主义伟大胜利——在中国共产党第十九次全国代表大会上的报告》(2017年10月18日),人民出版社2017年版,第45页。

② 《习近平出席全国教育大会并发表重要讲话》,2018年9月10日,中央人民政府网(http://www.gov.cn/xinwen/2018-09/10/content_5320835.htm)。

③ Stimpson C. R., "Graduate Education: The Nerve Center of Higher Education", Langemann E. C., Lewis H., *What is College for? The Purpose of Higher Education*, New York: Teachers College, 2012, pp. 132–155.

④ CGS & ETS, "The Path Forward: The Future of Graduate Education in the United States", Jun. 20, 2010, http://www.cgsnet.org.

领作用且无法取代的重要组成部分,是教育强国建设的制高点。可以说,没有强大的研究生教育,就谈不上教育强国。教育部和国务院学位委员会在《学位与研究生教育发展"十三五"规划》中明确提出了加快从研究生教育大国向研究生教育强国迈进,到 2020 年为建设研究生教育强国奠定更加坚实基础的奋斗目标。

加快推进一流大学和一流学科建设,包含了非常丰富的内容,其中,立德树人,尤其是完善人才培养体系、着力培养国家经济社会发展急需的高层次人才,无疑是最为核心的内容。教育部党组书记、部长陈宝生同志在全国"双一流"建设现场推进会上明确指出:"一流研究生教育是一流大学和高等教育强国的重要标志之一,特别是博士生教育集中体现了大学实力水平。博士生作为国家科技创新的生力军,是实施创新驱动发展战略、抢占科技战略制高点的战略资源。"① 因此,加快建设研究生教育强国也是"双一流"建设的客观要求和核心内容。

当前加快推进研究生教育强国建设是有很好基础的。1978 年恢复研究生教育至今,大致可划分为三个发展阶段:第一个阶段(1978—1998 年)的 20 年里,新中国教育领域的第一部法律《中华人民共和国学位条例》颁布实施,建立了三级学位制度,形成了比较完整的研究生教育体系和体制机制,研究生教育规模稳步增长。第二个阶段(1999—2012 年)里,研究生教育快速发展,规模迅速扩大,类型更加多样,但也出现了对经济社会发展支撑和引领不足的问题,提升培养质量的呼声日渐突出。第三个阶段(2013 年至　)以来,实现研究生教育内涵式发展是基本方向,前期确立了"服务需求、提高质量"工作主线,教育部、国家发展改革委和财政部联合印发的《关于深化研究生教育改革的意见》和随后出台的配套文件是重要的工作指南。可以说,经过三大阶段发展,特别是在党的十八大以来,我国研究生教育取得了显著成绩,建立了日益完备的研究生教育体系,研究生规模继续扩大,结构优化取得明显进展,投入保障明显改善,整体上保证了研究生教育质量,扩大了研究生教育国际影响。目前,我国已经是世界上的研究生教育大国,基本实现了立足国内自主培养高层次人才的战略目标,研究生教育

---

① 参见《陈宝生同志在"双一流"建设现场推进会上的讲话》,《教育部通报》2018 年 11 月 7 日第 10—11 版。

的中国特色日益鲜明和突出，并对经济社会高质量发展作出了重要贡献。

事实上，研究生教育强国建设并非只是从今天开始。当初恢复研究生教育、建立学位制度，目的就是培养高级专门人才，促进科技教育自主自立自强。研究生教育从无到有、从小到大的过程，同时也是从弱到强的过程，其发展的不同阶段是前后相继、密切联系的，体现了研究生教育强国建设的不同形态。以此观之，今天研究生教育的基本方位就是在研究生教育强国建设第三阶段的过程中。

准确把握研究生教育强国的突出特征

研究生教育强国建设是一个持续不断的实践与反思过程。站在40年改革发展基础上，加快推进研究生教育强国建设，需要通过反思、比较以更加明确研究生教育强国的特征。研究生教育强国有哪些突出特征？本文结合对国际上研究生教育的考察，尝试提出以下7个方面。

一是有充分教育自信，已经摆脱了简单的不自觉的学习追赶状态，进入了面向未来自主探索实践、努力引领研究生教育发展潮流的状态。一个国家是不是研究生教育强国，要看研究生导师是否对自己的研究领域、研究问题和研究水平等有自信，要看学生是否有信心在这个国家进行研究生阶段学习，要看学校是否对其研究生教育方式方法充满信心，要看管理部门是否对其研究生教育体制机制充满信心。如果没有这些方面的自信，研究生教育存在普遍的浮躁、模仿、复制、追赶，唯他人马首是瞻，就谈不上研究生教育强国。自信是迈向自强的前提。哪怕客观存在差距，只要正确看待，清楚为什么向别人学习，知道如何学习、学习什么，就还有走向强大的希望。

二是建立起科学高效的资源配置体制机制。制度是强国的重要支撑。研究生教育需要广泛的资源投入，需要有效地调动政府、市场和社会各方的积极性。科学高效的资源配置体制机制，首先要能够及时准确识别并主动回应需求变化，只有服务需求才能获得有效和丰富的资源支持；其次要能够及时推进研究生教育供给侧改革，优化研究生学科专业和人才培养类型结构，盘活优化研究生教育存量；再次是能够鼓励公平竞争、促进优胜劣汰，通过科学合理评价，保证研究生教育的活力和质量，促进研究生教育高质量发展；最后是能够体现人民中心、国家意志，促进教育公平，保证办学方向。

三是形成具有示范意义的研究生教育标准。标准就是生产力，标准就是影响力，标准就是控制力。研究生教育强国一定是能够制定并输出标准的国家。这种标准是一个体系，包括学科划分、学位类型、学位授权、学制、招生、培养方案、培养环节、培养方式、学习评价、学位授予、管理制度等诸多方面。在实践基础上，通过持续不断的制度化，形成既符合研究生教育一般规律，又体现一个国家文化制度特色，并可借鉴可复制的系列标准，这是研究生教育强国建设的重要方面。

四是拥有高水平导师队伍。高水平导师和良性互动的师生关系至关重要。所谓高水平导师，不是各种"帽子"堆出来的，而是基于学术业绩、教学实践和社会服务为同行和学生认可并接受的。高水平导师不仅能够授业解惑，而且能够以身作则传承大道。这样的导师把立德树人看作一项事业，有强烈的使命感责任感；这样的导师勇于探索、追求创新，对于科学研究充满激情并且具有被公认的能力；这样的导师热爱学生，有仁爱之心，能够以学生为中心，因材施教、循循善诱；这样的导师具有奉献精神和社会责任感，具有强烈的自觉担当。不仅如此，研究生教育强国更为重要的是具有评价和吸引、激励导师的科学方法和制度，形成有利于大量优秀导师再生产的体制机制安排。

五是培养出卓越毕业生。"得天下英才而教育之"是教育者的梦想，这个梦想至少有四层内涵：选材地域广泛而不局限于一隅；能够选出真正优秀和适合培养单位的学生；坚持以学生为中心精心培育；对增进学生未来成长的能力抱有信心并切实培养出卓越人才。研究生教育强国应该是能够实现这种梦想的，这就意味着它的很多研究生培养单位已经形成了一系列细致科学的制度安排，能在国际范围内招收到最适合本单位培养的学生，这些学生具有优秀学术品质、科研潜力和创新素质，能够积极主动地投身于科学研究和发明创造事业。这些研究生培养单位也确实可以做到以学生成长成才为中心，努力增进学生学习的获得感，进一步激发学生的创造力，弘扬学生的优秀品质，拓展学生毕业后的成长空间。说白了，好的研究生培养单位一定是培养出了好学生的单位。

六是对经济社会发展和人类进步作出卓越贡献。培养出卓越人才是研究生教育的贡献之一，甚至可以说是最主要的贡献。但在人才培养之外，研究生教育贡献于经济社会发展、人类进步和未来世界的还包括知识整理、集成、创新和传播，科学技术发明、发现和应用，思想孕育、形成和传播，文化发现、整理、诠释和推广，制度创设、实验、推广和再造，如此等等，都是服务甚至引领经济社会发展的重要力量，是促进人类福祉和进步的重要方面，是开辟和创造未来世界的重要支撑。越是研究生教育强国，在这方面的表现也就越为突出。

七是具有重大国际影响力。一般而言，一国的研究生教育如果能够有以上诸种表现，就应该同时具有相当的国际影响力。比如说，其学术水准得到国际承认，学术范式在国际传播，毕业生取得具有国际影响的成就，在促进国际文化交流和全球治理等方面作出巨大贡献、具有重大影响，并掌握着研究生教育的国际话语权，引领世界研究生教育发展方向，如此等等。最为明显的一个表现就是，该国是否能够吸引大量的国际研究生，成为留学生主要目的地国。学生用脚投票的方向在一定程度上反映了各国研究生教育实力的强弱。

概而言之，如果一国的研究生教育具有充分自信，建立了科学高效的资源配置体制机制，形成了具有示范意义的研究生教育标准，拥有高水平导师队伍，培养出卓越毕业生，对经济社会发展和人类进步作出了卓越贡献，并因此具有重大国际影响力，这大体上就应该是研究生教育强国了。

辩证看待研究生教育强国建设的现实基础

改革开放40年来，在恢复研究生教育促进高级专门人才培养和科教事业发展的过程中，我们始终坚定社会主义办学方向，坚持党的领导，坚持改革开放，坚持重点建设发展策略，在迈向研究生教育强国的征程中取得了显著进展，奠定了加快建设的重要基础。但对照以上研究生教育强国突出特征，我们还有很大差距，面临很多挑战。正如习近平总书记在庆祝改革开放40周年大会上指出的，我们"已走过千山万水，但仍需跋山涉水"[①]，需要勇立潮头、加倍努力。

[①] 习近平：《在庆祝改革开放40周年大会上的讲话》（2018年12月18日），《人民日报》2018年12月19日第2版。

一是我们拥有教育自信的基础和信念,但实践中仍然存在着一些方面的不自信或自信心不足的表现。改革开放以来,研究生教育在党的领导下快速发展,这是我们确立自信的重要基础。党中央提出"四个自信"内在地包含着教育自信,这种自信是不断推动教育强国建设的基础和前提。但在实践中,有的地区、有的培养单位、有些人对我国研究生教育的一些方面还是缺乏自信,或者说教育自信在不同地区、不同培养单位、不同学科和不同人群之间分布不均衡。有的人对我们取得的成绩评价不足,对国外一些研究生教育体系过于美化,而缺乏客观、辩证、深入的分析和反思。承认一些方面依然落后,积极主动地借鉴学习是必须的,但这并不意味着形成乃至固化一种"落后心态",如果这样永远也建不成研究生教育强国。

二是我们建立了具有中国特色和强大资源动员能力的,以人民为中心的研究生教育体制机制,对我国研究生教育公平而快速的发展提供了重要支撑。但在新的形势下,这种体制机制也面临着新的挑战。首先是资源投入主体相对单一,主要依靠政府财政支持研究生教育,来自企业、社会和受教育者的直接投入相对较少。其次是资源配置刚性,在学科设置、招生计划制订、考试录取制度、生均拨款数量、培养年限乃至毕业生工资确定等诸多方面,有着很强的计划色彩,弹性不足或弹性难以实现。再次是长期单一的资源供给体制固化了研究生培养单位间的利益结构,在一定程度上不利于公平竞争。最后是导致了一定程度上的基层培养单位的创新扭曲,既表现为对政府的等靠要,又表现为追求规模扩张,甚至是追逐短期利益的逐利倾向。

三是我们非常重视建立研究生教育标准,早在1981年就颁布实施《中华人民共和国学位条例》,对学位层级、学位审核、学位授权和学位授予等作出了基本规范。但是,研究生教育的实践创新在一些方面已经突破了学位条例的规范,呼唤加快修订完善学位条例进程。与此同时,各研究生培养单位在研究生培养实践中也确立了研究生教育各个阶段、各个环节、各个方面的具体标准,但是这些标准的科学化、制度化、体系化、法治化还不够强,有效执行还有不足。在一些类型的研究生培养方面,甚至还没有建立起普遍认可、行之有效的标准体系。整体上讲,我们研究生教育标准移植复制的色彩还比较浓,中国特色和国际影响都还有限,在引领国际研究生教育发展方面的话语权非常不足。

【教育教学】

四是我们研究生导师队伍不断壮大，质量不断提升，但导师素质不均衡的问题还很突出。1981年国务院学位委员会发布首批博士生指导教师名单，共计1196人；2017年我国已有研究生导师40万人，其中博士生导师近10万人①。研究生导师中有不少人是从国外学成回来的，也有不少人在研究能力方面与国际同行处在同一起跑线上，甚至还有领先者。但是，也有导师国际视野不足，在对人类社会与自然世界的探究中缺乏更高的站位、更宽广的视野；对西方学术领域和发展方向缺乏必要的反思和批判，依然是跟着西方走"前沿"；对教学研究工作的使命感责任感和献身精神不足，功利主义现象并不鲜见；对师生关系处理不当，不能更好地理解、包容学生，引导学生超越自己；还有极少数导师师德师风问题突出，影响恶劣。

五是我们研究生规模不断扩大，在高水平科研中发挥着重要作用，但在招生选拔、奖助机制和培养方式等方面还存在比较突出的问题，不利于卓越人才的成长。目前研究生的主体还是国内学生，国际优秀学生占比还很低。国内本科生虽然攻读研究生的人越来越多，但优秀学生流失也不少，学习动机不明确的人不少。特别是博士研究生中，有明确学习目标、有志于从事创造性研究和开发的人占比还不高，为文凭而文凭的具有功利色彩的学生不少。培养单位和导师对学生主体性尊重不足、原创性呵护不足、主动性激发不足、全面发展引导不足的现象也存在，甚至有的研究生变成导师的"雇工"，导师则被称为"老板"。这样一来，学生在积极主动独立地作出创造性贡献方面的能力培养是有缺陷的，毕业后卓越成长的潜力也会受到限制。

六是我们研究生教育在实施创新驱动发展战略、建设创新型国家、增强国家核心竞争力等方面作出了重要贡献，但是进一步贡献的空间还很巨大。特别是在国际范围内，我们作出的原创性、标志性和具有引领作用的贡献还很不足，在基础研究方面的重大突破性贡献非常少，诺贝尔科学奖获得者很罕见。瑞士洛桑国际管理学院2018年公布的"IMD世界竞争力年报"表明中国大陆排名第13位，日内瓦世界经济论坛公布的2018年"WEF全球竞争力报告"则表明中国大陆排名还在第28位。2018年全球"高被引科学家"榜单在全球范围内共甄选出6078位

---

① 教育部发展规划司：《中国教育统计年鉴（2017）》，中国统计出版社2018年版。

科研精英,中国大陆入选 482 位,不到 8%①。最近中美贸易摩擦充分暴露出我们的科技产业短板,我们在材料技术、集成电路、装备制造、航空航天、生物技术等领域,创新储备和创新能力还很不足,对经济社会高质量发展和强国建设构成了制约。这些都是我们研究生教育大而不强的突出表现。

七是我们的研究生教育国际影响日益扩大,国际合作交流日益增多,与 51 个国家和地区签订了学历学位互认协议。按照上海交通大学"世界大学学术排名"(2009 年后改为"软科世界大学学术排名"),我国进入前 500 强的高校数量快速增长,2005 年只有 8 所,2010 年 22 所,2015 年 32 所,2018 年达到 51 所②。但是,从研究生中国际学生数量看,2014 年美国国际研究生数量达到 37 万人,中国 2015 年国际研究生数量只有 5.3 万人,而且主要来自周边国家和发展中国家,对发达国家优秀学生吸引不足。2015 年,一些国家授予博士学位中国际学生占比情况是:英国为 43.6%,美国为 36.6%,澳大利亚为 36%,日本、德国也均高于 17%③。我国到 2018 年这一比例也只有 3%。与此相对的是,我国出国留学生年均增长 15% 左右,远高于国际平均水平。2017 年,我国出国留学人员总数突破 60 万,占到全球国际留学生的四分之一,是全球最大的留学生输出国④。

加快推进新时代研究生教育强国建设

我们对研究生教育强国期盼已久,在阶段性建设中取得了显著成绩,但也存在不足。立足新时代,我们要不忘初心,牢记使命,勇于担当,加快研究生教育内涵式发展,奋力推进研究生教育强国建设。这是对"教育是国之大计、党之大计"的深刻理解,是贯彻落实全国教育大会精神、统筹推进一流大学和一流学科建设、加快推进教育现代化的

---

① 根据科睿唯安公布的数据整理。
② 根据 ARWU 官方网站发布的数据整理。
③ 根据英国高等教育统计中心、美国教育统计中心、澳大利亚教育部、德国联邦统计局、日本文部省及日本学生支援机构等网站数据整理。
④ 《2017 年出国留学、回国服务规模双增长》,2018 年 3 月 30 日,教育部官网(http://www.moe.gov.cn/jyb_ xwfb/gzdt_ gzdt/s5987/201803/t20180329_ 331771.html)。

客观要求，是中国特色社会主义事业迈进新时代的客观需要，也是回应人民群众对美好生活、对中华民族伟大复兴热切期盼的必然选择。

加快建设研究生教育强国，一是全面加强和改进党对研究生教育工作的领导。党的正确领导是我国研究生教育快速发展的根本保证，是加快推进研究生教育强国建设的根本遵循。只有坚持党的正确领导，才能保证社会主义办学方向，才能引导扎根中国大地办一流研究生教育的道路，才能保障研究生教育强国建设所需要的资源，才能突出立德树人根本任务，才能确保以人民为中心的价值取向，才能攻克制约研究生教育发展的顽瘴痼疾，才能实现研究生教育的"四为"目标。我们要切实按照中央统一部署，在研究生教育各领域、各方面、各环节加强和改进党的领导。

二是切实增强教育自信，坚定建成研究生教育强国的信心和决心。前文已述，在党的正确领导下，我们在很短时间内建成了研究生教育大国。事实上，我们整个高等教育体系都对世界高等教育作出了重要贡献，并在一些方面发挥了突破和引领作用，我们没有理由不自信。比如说，我们是穷国办大教育，并在整体上进入了世界中上水平；我们坚持以人民为中心，保障了教育公平；我们高等教育与经济社会发展和国家崛起同向而行，支撑了大国发展，实现了知行合一；我们高等教育传承发展了数千年的中华优秀文化，并受着这种文化的滋养涵育，底蕴深厚，这是世界上很多国家高等教育不可比拟的；我们倡导并践行立德树人、有教无类、因材施教、实事求是等教育思想，对现代大学之道和教育理念作出了中国贡献；我们高等教育为发展中国家的共同发展提供了重要支持，具有越来越广泛的国际影响。基于这些方面的突出成就，我们完全有理由相信可以建成高等教育强国，扎根中国大地办出世界一流研究生教育。没有教育自信就没有教育强国。当然，强调自信并不是盲信，不是盲目自大，而是一种实事求是的理性态度和科学精神，是一种面向未来世界的自主谋划和自觉行动。

三是牢牢把握立德树人、服务需求、提高质量、追求卓越的工作主线。建成研究生教育强国，首先是要坚持立德树人，培养出一批又一批德智体美劳全面发展的社会主义事业建设者和接班人，是要建成能够培养出这样人才的高水平人才培养体系，全面提升人才培养能力，这是研究生教育的出发点和落脚点，是始终不能忘记的根本任务，也是研究生教育的灵魂所在。与此同时，要根据研究生教育与经济社会发展需求密切相关的特点，坚持扎根中国大地办教育，解决中国问题，服务中国实践，引领中国未来。要注重细分需求、追踪需求，更要重视引领需求，并据此优化研究生教育学科专业设置、人才培养模式和科学研究方向，推动体制机制改革、分类发展和特色建设，促进研究生教育发展与国家和地方需求同向而行、相互匹配、良性互动、同频共振，从而有效支撑并引领中国特色社会主义伟大实践。提高质量是研究生教育内涵式发展的核心内容，是建设研究生教育强国的关键所在。要根据服务需求的类型、学科专业的差异和人才培养的规格等，努力发展多样化的质量评价标准，坚决扭转不科学不合理的评价办法，健全质量保障体系，严格制度执行，加强质量监测和分析，切实提高研究生教育质量。追求卓越是研究生教育各领域、各方面、各环节的共同要求，在前文所述的七个方面，都努力实现卓越，作出卓越贡献，才能加快建成研究生教育强国。

四是结合当前阶段的实际需要扎实推进研究生教育改革发展的若干重点工作。这里至少包括：第一，抓紧思想政治教育"生命线"。针对研究生教育特点，因事而化、因时而进、因势而新，考虑思想政治教育的丰富内涵，统筹发挥多方面作用，综合采取多种教育形式，注重教育的实际效果，切实改进和加强研究生思想政治教育，增强研究生学习创新的自觉性、使命感、责任感，为研究生教育铸魂强魄。第二，加快动态调整和优化学科专业布局，确立学科调整和优化的科学机制。在尊重学科分化规律、加强基础学科长线学科建设、布局发展新兴学科交叉学科的同时，要注意克服学科分化、利益固化、知识僵化、视野窄化、功能弱化的恶性循环；稳步扩大和规范研究生培养单位自主调整学科权力，同时切实体现各培养单位的优势与特色，充分反映各地区经济社会需求差异。第三，积极推动学位类型创新发展。加快发展专业学位教育，特别是博士专业学位教育，继续优化研究生培养结构。硕士专业学位教育经历几年的大发展，呈现出良好态势，对研究生教育改革发展具有重要意义，但还要深入调查研究，分析总结影响硕士专业学位教育质量的关键因素，切实推进相关改革，深化产学结合。积极推动设立具有重要社会需求并有利于扩大我国研究生教育国际影响力的新型专业学位项目。与此同时，为了回应更高水平的社会需求，促进经济社会更高质量发展，要加快发展博士专业学位教育，扩大博士专业学位类别和招生规模，完善培养体系、培养机制和质量保障体系。第四，大力推进研究生培养模式改革。加强科教融合、产学结合，高度重视跨学科育人，切实提升研究生创新素质和能力，着力培养更多创新型复合型应用型高层次人才，为经济社会发展和研究生教育自身的持续改进提供重要支撑，作出更有针对性、更具原创性、更为关键性的贡献。与此同时，要高度重视发挥我国政治优势和制度优势，围绕具有战略性的关键需求，组织设立示范型人才培养项目和特区，最大限度地集成政产学研多方优势，协同培养高层次紧缺人才，提升研究生教育核心贡献能力。在研究生培养方面要坚持质量第一，全面加强管理，严格研究生培养各环节、各方面，更加严格地把好入口关、培养关、毕业关，严格执行分流淘汰制度，坚决杜绝"学位注水"现象，确保研究生德才兼备、又红又专。第五，切实加强研究生导师队伍建设，充分发挥导师在立德树人方面的关键作用。特别是要重视导师理想信念和师德师风教育，把师德师风作为评价教师队伍素质的第一标准，促进导师的学术自信、学术自觉和学术自强，增进导师教书育人和为人民谋幸福、为民族谋复兴的使命感责任感，推动建立和谐协作、教学相长的良好师生关系。第六，深入推进研究生教育改革创新和开放合作。研究生考试招生制度、研究生教育资源投入机制、研究生教育质量评价制度、研究生教育国际交流合作机制以及学位法等方面的进一步改革，对提高研究生生源质量、激发研究生教育活力、促进研究生教育标准化法治化、扩大研究生教育国际影响等，都具有非常重要的意义。比如说，在研究生招生考试方面，探索研究生入学综合素质考试与专业考试分离，强化校本导向，同时更加严格纪律约束；在研究生国家奖助金的分配使用方面，进一步提高针对性和效率，更好地激励学生学习创新，同时发挥国家引导专业布局和人才培养的调控作用；在继续增加财政资源投入的同时，考虑因地制宜，针对一些地区的一些培养单位，更加聚焦需求调节，进一步加大专项科研经费对研究生教育的支持力度，积极调动多方资源投入。以上各方面，我们都要加快研究，稳妥推进。第七，继续加强重点建设，发挥"双一流"建设高校的示范引领作用。目前，"双一流"建设高校博士点数占到全国高校博士点数的64%，招收博士研究生占到了全国的81.3%，理应在研究生教育强国建设中承担更多责任，率先探索并创造经验。

总结起来，改革开放40年来最为突出的经验和启示之一，就是改革开放永远在路上,改革是发展的根本动力,开放是发展的重要条件。立足新时代,建设研究生教育强国,深化改革和扩大开放依然是重要法宝。我们要坚持以习近平新时代中国特色社会主义思想为指导,注重增强改革的系统性、整体性、协同性,在改革中完善,在开放中发展,这是加快建设研究生教育强国的必由之路。